智元微库
OPEN MIND

成长也是一种美好

终身学习核心知识库

ESSENTIALS OF
BEHAVIOR

# 组织行为学精要

原书第 15 版
15th Edition

[美] 斯蒂芬·P. 罗宾斯（Stephen P. Robbins）
[美] 蒂莫西·A. 贾奇（Timothy A. Judge）

著

郑晓明　杨来捷

译

人民邮电出版社
北京

**图书在版编目（ＣＩＰ）数据**

组织行为学精要 ： 原书第15版 / （美）斯蒂芬·P.
罗宾斯（Stephen P. Robbins），（美）蒂莫西·A. 贾奇
（Timothy A. Judge）著 ; 郑晓明，杨来捷译. -- 北京 ：
人民邮电出版社，2025. -- （终身学习核心知识库）.
ISBN 978-7-115-65586-8

Ⅰ. C936

中国国家版本馆CIP数据核字第2024CX3114号

## 版 权 声 明

◆ 著 [美]斯蒂芬·P. 罗宾斯（Stephen P. Robbins）
　　　[美]蒂莫西·A. 贾奇（Timothy A. Judge）
　　译 郑晓明
　　　杨来捷
　　责任编辑 张渝涓
　　责任印制 周昇亮

◆ 人民邮电出版社出版发行　　　　　　　北京市丰台区成寿寺路 11 号
　　邮编 100164　　电子邮件 315@ptpress.com.cn
　　网址 https://www.ptpress.com.cn
　　涿州市京南印刷厂印刷

◆ 开本：787×1092　1/16
　　印张：24.5　　　　　　　　　　　　　2025 年 2 月第 1 版
　　字数：400 千字　　　　　　　　　　 2025 年 2 月河北第 1 次印刷

著作权合同登记号　图字：01-2022-6004 号

定价：79.00 元
读者服务热线：（010）67630125　　印装质量热线：（010）81055316
反盗版热线：（010）81055315
广告经营许可证：京东市监广登字 20170147 号

# 译者序

斯蒂芬·罗宾斯的《组织行为学精要》终于出版了！这本教材，英文版自 2000 年 11 月第 5 版起，至今到第 15 版，我翻译了整整 24 年！这本书因受欢迎程度和广泛影响，堪称管理学中最经典的教材之一！我敢说："只要你翻开这本书，一定会被吸引，一定会有所收获！"我们并不怕自己所不懂的，怕的是我们懂的原来是错的。

在人类社会的运转中，组织是不可或缺的存在，它连接着个体与社会，成为二者之间运作的枢纽。无论个人的生活实践，还是社会的生产与再生产，都依赖于组织的存在与运行。而组织行为学正是研究这一复杂系统的科学，它探讨个体、群体和组织整体的行为规律与内在机制，揭示社会和经济活动中的隐藏动力。

对管理者来说，组织行为学不仅提供了提升组织效能的技术路径，更重要的是，它能令管理者具备更广阔的视野，通过对人类心理与行为的分析，理解并驾驭组织内部的复杂动力。换言之，组织行为学不仅能解决实际问题，它更是一种武器，一种通过分析组织内各个层级的结构性关系和动态力量来理解组织发展、推动组织变革的理论武器。在当前日益复杂和动荡的环境中，组织行为学的重要性愈发突出。

自英文版第 14 版《组织行为学精要》问世至今，世界的变化是翻天覆地的。技术的迅猛发展，尤其是人工智能和大数据，已经从根本上改变了组织的决策模式与运作逻辑。技术不再仅仅是辅助工具，更是成了推动管理变革的核心动力。与此同时，世界范围内的危机频繁涌现——金融危机、气候变化、大流行病等，这些危机不仅打破了传统的经济结构，也重新定义了组织的生存规则，给人与人、组织与组织之间的竞争与协作带来了新的常态。此外，在文化层面，面对内外部秩序遭受的剧烈冲击，人们开始更加深刻地思考工作的意义、社会的责任与企业的伦理问题。社会各界对公平、正义的呼声愈发强烈，对多元化和包容性的诉求愈发迫切，而这些关切同样重塑着组织的文化和管理模式。

为了回应这些时代发展的关键问题，英文版第 15 版做了许多及时的更新，在多个主题下专门新增了"人工智能与组织行为""危机中的组织行为"等重要内容，并大幅扩展了有关新型工作模式、组织形式、多元化和包容性等领域的讨论。这些更新不仅是对现实的直接反映，更是对社会思潮的积极回应，以及对管理领域最为迫切的一系列挑战所做出的思考与努力。

对中国的组织和管理者而言，不断深化的全球性变革无疑提出了新的要求。管理者必须把握住组织管理模式在时代浪潮中发生的根本性变革，思考如何将数据治理、人工智能等新技术应用于本土化的管理决策，在多元文化与全球市场的交汇处，通过危机管理确保组织具有持续韧性与竞争力。这些问题，是每一个管理者在时代变革中所面临的现实挑战。

纵览全书，结构严谨、观点新颖、材料丰富。它不仅通过大量的例子和图表深入浅出地分析了组织行为学的基本概念，并阐述了其在实践中的具体应用，更重要的是，它系统分析了每一种管理实践与方法背后的理论支持与学术基础。另外，本书简洁而精悍的语言、朴实而实证的文风，更会让你受益匪浅。

最后，我想说的是，翻译的意义远不止于对原著的语言进行转化，也不仅仅是一次跨文化的知识传递。译者更希望，这部译作能成为中国学者和管理者思考管理问题的起点，引发更多的探索与实践。翻译不当之处，敬请广大读者批评指正。

郑晓明　教授

2024 年 9 月于清华大学经济管理学院李华楼

---

郑晓明教授，现任清华大学经济管理学院领导力与组织管理系长聘教授，博士生导师，兼任中国工商管理案例中心主任；长期从事组织行为学、战略人力资源管理和领导力领域教学与研究工作。在国内外顶尖及一流的中英文刊物上共发表 136 篇学术论文，其中在 FT50（商学院顶级学术期刊目录）上共发表 28 篇高质量的研究论文，含《管理学会学报》（*Academy of Management Journal*）、《应用心理学杂志》（*Journal of Applied Psychology*）、《战略管理杂志》（*Strategic Management Journal*）等上的 10 篇；这些研究成果曾获美国管理学会（AOM）年会最佳论文奖，国家自然科学基金项目结题评估"特优"称号，教育部人文社会科学研究优秀成果二等奖等。另外，讲授的多门课程多次荣获清华大学"精品课程"称号，多次荣获"清华大学年度教学优秀奖"。现担任中国心理学会管理心理学专业委员会副主任，中国人力资源开发研究会第七届理事会常务理事，中国心理学会工业心理学专业委员会委员。

# 序

在 600 多页甚至 700 多页的大部头之外，你的另一个选择就是这本简明版组织行为学教材。这本书浓缩了组织行为学的所有关键要素，内容丰富，形式有趣。它在短期课程和管理培训项目中广受欢迎，在传统商科课程中也常常与体验式教学、技能发展活动、案例教学和其他阅读材料配套使用。目前，此书风靡美国、加拿大、澳大利亚及拉丁美洲、欧洲和亚洲的数百所大学与学院，并已经出版了西班牙语、葡萄牙语、日语、中文、荷兰语、波兰语、土耳其语、丹麦语和印度尼西亚语译本。

## ● 教与学的挑战

广大师生对简洁、清晰、要点明了的组织行为学教材都有着迫切的需求。为了满足读者的愿望，自 1984 年第 1 版发行以来，《组织行为学精要》（英文版）一直将篇幅控制在 325 ~ 450 页。

本书概述了组织行为学领域最核心的概念和理论，并保留了充分的灵活性，方便教师在课程中加入其他类型的学习体验和内容。因此，本书被广泛应用在各类课程和项目中，受到了社区学院、研究生院所乃至在线教育平台的一致欢迎。

篇幅精简的一大原因还在于，本书聚焦组织行为学的核心知识，并不包含课后习题、详细案例、练习或其他内容，这也为教师和课程设计留下了很大的灵活空间。

此外，《组织行为学精要》致力于将最前沿的组织行为学理论和研究转化为学习者可以直接应用于职场的实践。如能在工作中意识到组织行为学的重要性，任何专业的学习者都可以学有所得、学有所用。接下来，我们还将简要介绍本书另一个非常实用的内容：就业技能。

## ● 就业技能

作为一大亮点，本版教材以研究发现为基础，梳理、强调了组织希望求职者具备的五种关键能力，即"就业技能"，包括：批判性思维、沟通技能、合作技能、知识应用与分析技能，以及社会责任技能。在第 1 章中，我们专门新增了一节内容，用于详细介绍这些就业技能，并附上了一张矩阵表，标明本书各章内容与这些技能的对应关系。此外，在每一章中，我们都着重介绍了组织行为学与实际业务（如市场营销、销售）的联系，并提供了具体的实例和结果。

## ● 本版新增内容

### ○ 最前沿的研究和实例

本版新增了近 1000 则现实事例、研究成果和其他形式的内容。这些内容覆盖最新的研究发现、话题以及与当前内容对应的案例，涉及组织行为学的方方面面。

### ○ 危机中的组织行为

考虑到新冠疫情的大流行对组织行为的影响是前所未有的，因此，本版增加了有关危机中组织行为的新内容。此外，在相关章节中，如关于决策、团队、沟通和领导力的部分，我们也加入了对危机的讨论。此外，"动机：从概念到应用"一章还谈到了新冠疫情对远程办公的影响。

### ○ 商业伦理

英国石油公司的原油泄漏事件、富国银行账户欺诈丑闻和臭名昭著的安然事件让商业伦理问题空前凸显，而这也是组织行为学的重要研究话题。在本版教材中，我们在相关部分大范围增加了有关商业伦理的内容，如组织公平、不道德行为（如偏差行为）、道德行为、企业社会责任、反生产工作行为、道德情绪、黑暗三联征、不道德型领导（如苛责式领导）、偏见与歧视，以及道德文化和氛围。

○ **人工智能与机器学习**

人工智能（AI）及其应用（如机器学习）对组织行为学来说是颠覆性的。鉴于人工智能已经在组织中得到了广泛应用，成为组织行为学研究的前沿，我们还在全书中增加了大量有关人工智能的研究和应用实例，共有 40 多处。

○ **对多元化和全球化内容的进一步强调**

多元化与全球化依然是组织行为学研究的热门话题。本版教材将当代多元化和全球化问题与各部分内容进一步结合，新增了 90 多个与全球化和文化差异相关的实例以及 120 多个与多元化问题相关的实例。

# 目录

请扫描二维码
查询书中术语

第一部分

# 理解自己与他人

# 第 1 章

何谓组织行为学

● **本章学习目标**

» 给组织行为学下定义；

» 说明系统性研究对组织行为学的价值；

» 识别对组织行为学有贡献的几个主要行为学科；

» 解释为何组织行为学中几乎不存在绝对的准则；

» 识别管理者在应用组织行为学概念时可能遇到的机会与挑战；

» 比较组织行为学的 3 个不同的研究层次；

» 描述能通过学习组织行为学获得的、可以应用于其他专业或未来职业发展的主要
  就业技能。

现在，你可能在疑惑：什么是组织行为学？这门学科对我有什么意义呢？我们很快就会给出组织行为学的定义，不过在那之前，让我们"以终为始"，先探讨这样一些问题：组织行为学为什么很重要？这个领域的研究又能为你带来什么？

在商学院的历史上，有相当长的一段时间，与组织中人类行为相关的内容并没有在教学中受到重视。这大概让你感到很意外，因为你可能会想：人创造了环境❶，一个组织的有效性要取决于其中的人的有效性；这样想来，努力去理解工作场所中的人，理解我们制定决策和沟通互动的过程，难道不应该是理所当然的吗？近几十年来，商学院和组织的确逐渐意识到，人际交往技能同样是决定管理有效性的重要因素。如今，精通组织行为学对你来说比以往任何时候都重要。我们正经历着组织行为学革命性的变迁，这门学科不断受到越来越多人的追捧。2016 年德勤的《全球商业趋势报告》指出，当今的组织已经认识到它们需要理解"是什么让人们向往加入组织、精勤贡献组织、甘愿追随组织；哪些人更有可能成功；哪些人会成为最好的领导者；以及如何提供最优质的客户服务和推动创新"。❷

在现代职场中，有关组织行为学及人际交往技能的知识对你的成功和事业发展至关重要。领英（LinkedIn）的首席执行官（CEO）杰夫·维纳（Jeff Weiner）曾经表示："沟通能力的差距……是美国各个主要城市之间的第一大技能差异❸。"而且，这一点与几乎所有的工作都是相关的：怪物公司（Monster，一家全球性招聘公司）从市面上挖掘了近 100 万份招聘信息，想确定当今的组织最希望申请人具备哪些技能❹。沟通技能赫然位列榜首，紧随其后的是与组织行为学相关的一系列其他技能，包括解决问题的技能和影响他人的技巧。此外，掌握这些技能对你的职业发展来说也很有必要。一项针对 20 个行业的 2100 位首席财务官的调查指出，缺乏人际交往技能是某些员工难以在职业生涯中获得进步的首要原因❺。归根结底，组织行为学将帮助你掌握职场成功和进步的关键工具。在本书中，我们会重点关注如何用组织行为学知识和实践帮助你：（1）运用分析性思维和批判性思维；（2）做出更好的决策；（3）更高效地与他人沟通和互动；以及（4）在职场的行动中始终怀有一份社会责任感。过往的研究指出，上述这些"就业技能"往往受到雇主的高度重视，而缺乏这些技能则可能引起工作中的诸多问题❻。

站在组织的角度来看，首先，组织行为学可以帮助一个组织从优秀走向卓越，也能给公司的利润带来直接的好处。我们会发现，许多提供理想职场环境的企业在财务表现方面往往也很突出，例如露露乐蒙（Lululemon）、领英、主幕视频（Zoom Video）、西南航空（Southwest Airline）、贝恩公司（Bain & Company）、谷歌（Google）、波士顿咨询公司（Boston Consulting Group）和脸书（Facebook）❼等。这样的结果和这些企业对组织行为学的重视是密不可分的❽。其次，提升管理者的人际技能可以帮助组织吸引和保留绩效卓越的下属，这一点非常重要，因为杰出的员工总是供不应求的，人才替换的成本也十分高昂。此外，职场人际关系的质量与员工的工作满意度、压力水平和离职率均有很强的相关性。一项覆盖了上百家企业、超过 20 万人的研究表明，与同事和上级的积极社交关系与员工工作满意度呈现强相关，它还能减轻工作压力和离职意愿❾。积极的职场人际关系会帮助员工充分成长，使他们对工作和生活更加满意，还会让他们以更积极的情绪面对工作，在工作中体会到更大的意义❿。最后，在组织中强调组织行为学原理可以培养人们对社会责任的感知。许多大学已经开始将社会创业教育纳入课程体系，从而培养未来的领导者们在自己组织的运行过程中考虑社会问题的能力⓫。这一点尤为重要，因为我们越来越有必要去理解企业社会责任（也称 CSR）的手段和目的⓬。

在当今竞争激烈、要求严苛的职场中，无论管理者还是员工，单靠技术性能力已经无法获得成功，他们还必须学会跟人打交道。本书旨在传达有关人类行为的知识和理解，以此帮助组织中的人们习得与人交往的技艺。通过阅读这本书，我们相信你将更好地理解自己与他人，收获终身受用的技能与智慧。

## ● 管理学与组织行为学

如今，未曾接受管理培训或是没有管理经验的员工走向管理岗位的情形越发普遍了。美国劳动统计局称，雇员规模处于 100 ～ 500 人区间的这批企业，平均每半年只提供不到 1 小时的管理培训⓭。此外，根据一项大范围的调查，超过 58% 的管理者表示自己没有接受过任何形式的管理培训，而 25% 的管理者坦承自己在受到任命时并没有做好领导下属的准备⓮。雪上加霜的是，领导工作对人的要求却越来越高了：平均而言，一名管理者要领导 7 名直接向其汇报的下属（而以往的常规情况下只有 5 名下属），而且管理者与下属相处的时间也在不断减少⓯。盖洛普调查发现，在 82% 的情形中，组织会把错误的人选提拔到管理岗位上⓰。就这一结果，我们得出的结论是，你越是能知人善任，就越能为成为合适的管理者人选做好准备。组织行为学将助你一臂之力。

## ○ 高效的管理活动 vs 成功的管理活动

为什么有的管理者比别人管理得更有效呢？为了回答这个问题，知名学者弗雷德·卢桑斯（Fred Luthans）及其合作者采取了一个独特的视角来研究管理者❶。他们提出了这样的一个问题："在组织中晋升最快的管理者和工作最出色的管理者所开展的活动和做事的重点是一样的吗？"你也许会认为答案是肯定的，但事实往往并非如此。

卢桑斯和同事们研究了超过 450 名管理者。这些人都会开展下列四类管理活动：

1. **传统管理工作**：包括决策、计划和控制等；
2. **沟通**：日常信息互通和文书处理；
3. **人力资源（又称HR）管理**：激励、惩戒、冲突管理、人员配备和培训等；
4. **发展人际网络**：包括组织内的社交活动、政治行为，以及与组织外部成员互动等。

平均而言，管理者将 32% 的时间用来处理传统管理工作，29% 的时间用来沟通，20% 的时间进行人力资源管理，剩下 19% 的时间则用来维护和发展人际关系。然而，管理者在这四类活动中分配的时间和精力其实存在着巨大的个体差异。最成功的那批管理者（指的是他们在组织中升职最快）把最多的时间花在了发展人际网络上，在人力资源管理中投入的时间则最少，这在某种意义上暗示了不同类型的管理活动对管理者成功的贡献不同。的确，还有许多其他研究在澳大利亚、以色列、意大利、日本和美国的不同样本中也印证了发展人际网络的行为和社会关系与在组织中取得成功的关联❶。不过，卢桑斯和同事们还发现，那些最有效的管理者（即他们能够保质保量地完成工作，使下属具有较高的满意度和承诺）在沟通活动中投入了最多的时间，对人际关系却最为忽视。事实上，沟通和管理有效性的关联也是很明确的。当管理者在与同事和下属互动的过程中，将自己的决策解释清楚、向各方寻求信息（即便这些信息有时是负面的）时，管理活动就最为有效❶。

## ○ 组织行为学的定义

我们已经了解了管理者从事的活动，也理解了为什么它们在组织行为学中如此重要。接下来，我们可以再从更宽泛的意义上探讨一下人们在组织中的行为。

组织行为学（organizational behavior，OB）是这样一门学科：它研究个体、群体和组织结构对组织中行为的影响，其目的是利用相关知识提高组织的效能。这句话比较长，下面我们会将它拆分开来解释。

组织行为学是一个研究领域，也就是说，它是基于一套共同的知识体系形成的一个独立的专业范畴。这门学科关注组织中行为的三类决定性因素：个体、群体和组织结构。此外，组织行为学可以获取关于个体、群体和组织结构对行为影响的知识，并利用这些知识提升组织的运行效率。

综上所述，组织行为学是研究人在组织中做什么，以及这些行为如何影响组织效能的学科。另外，由于组织行为学对与员工相关的问题格外关注，所以这门学科通常会研究与工作满意度、缺勤、员工离职、工作效率、员工绩效和管理相关的行为问题。虽然人们对组织行为学所涉及各个主题的相对重要性还存有争议，但我们姑且可以列出一些核心主题 ⑳ ：

> » 激励
> » 领导者的行为和权力
> » 人际沟通
> » 群体结构和过程
> » 态度的形成和知觉
> » 变革过程
> » 冲突和谈判
> » 工作设计

## ● 以系统性研究补充人类直觉

无论你是否明确思考过这个问题，实际上你几乎终生都在"解读"他人——观察他们的行为，并试图解释你目睹的现象，或试图预测人们在不同情况下会怎么做。随意解读他人行为背后的因果关系经常导致预测的谬误，不过，你可以通过运用更系统的方式来提高自己预测的准确性。

所谓"系统的方式"，即认定行为并非随机产生的；正相反，我们可以找到行为背后的一致性，并对其加以修正，从而反映个体之间的差异。

这种根本上的一致性是非常重要的。为什么呢？因为它是预测的基础。行为通常是可预测的，而系统性研究（systematic study）则是对行为做出精确预测的一种手段。在使用系统性研究这个术语时，我们指的是关注事物的关系，明确其中的因果，并依据科学证据得出结论。所谓的"科学证据"是指在有控制的条件下收集和测量，并以严谨的方式解读的数据。

循证管理（evidence-based management, EBM）进一步补充了系统性研究，它指的是在现有的最佳科学证据的支持下做出管理决策。这就好比，我们希望医生能根据最新的证据来为病人做出医疗决策，循证管理的思想认为管理者也应当如此，即对管理问题的考虑应该更科学一些。你可能会疑惑：真的有管理者认为决策不应该基于证据吗？然而事实是，大多数管理决策依然是"拍脑袋"做出的，对现有证据进行的系统性研究实则少之又少 **㉑**。

　　系统性研究与循证管理方法都是对人类直觉（intuition）的补充。当然，通过"非系统"方法得出的结论也不都是错的：一篇针对数百项研究的综述文章指出，数据驱动的判断（即基于算法）的准确率只比人们出于直觉的判断高10%左右 **㉒**；另一项研究还发现，与传统观念相反，大多数人或许反而更倾向于依赖数据驱动的判断来评估他人（在该研究中是专家群体）甚至是自己做出的判断 **㉓**。杰克·韦尔奇（Jack Welch，通用电气前 CEO）说过："当然了，最难的就是知道什么时候应该跟着感觉走。" **㉔** 但是，如果我们做出的所有决定都是基于直觉的，那么我们很可能只是在依据不充分的信息行事。这样做就好比明明对风险和收益还一知半解，就急于做出投资决策一样。

## ○　以大数据和人工智能为管理赋能

　　1749 年，"统计"（statistics）一词被发明出来，顾名思义，统计的本义正是"对状态（state）的描述" **㉕**。也就是说，至少在那时，人们就开始用数据来评估行为了。最初，统计学为国家统治服务，不过由于当时的数据收集手段比较原始，统计分析的结论也是相对粗糙的。"大数据"的概念（指汇编大量数据用于统计分析）直到计算机的处理能力发展至能够储存和操控海量信息，才真正成为现实 **㉖**。大数据最初被应用于在线零售的市场营销环节，此后逐渐普及到几乎所有商业领域。下面让我们来具体看看它的应用场景。

## ·　大数据的使用现状

　　无论公司收集了多少兆字节（TB）的数据，数据来源有多么复杂，数据分析的目的无外乎这几种：预测未来的事件，比如消费者会不会买某本书、航天服会不会出故障；持续监测风险，比如火灾有多大可能发生、贷款有多大可能违约；预防大大小小的灾难，大到飞机失事、小到库存积压 **㉗**。正是因为有大数据，位于美国旧金山的西部银行才能利用客户数据开发出阶梯式定价系统，伦敦的 Graze（格瑞滋）网站才能精准地把握用户偏好，在客订零食发货时一并寄出不同的试吃样品 **㉘**。此外，组织也逐渐开始关注高速数据（fast data），基于持续且可操作的信息流做出实时决策 **㉙**。

## ·　大数据的最新趋势

　　现如今，用大数据来理解、帮助和管理员工的趋势方兴未艾。就这一点而言，商业领域的未来颇为乐观，因为无论学者、媒体还是企业的领导者，都意识到了数据驱动的管理和决策的广阔前景。管理者可以运用数据清晰地描绘组织的使命，同样也可以运用数据来理解和验证企业运行的因果逻辑，从而组织员工开展相关的活动来达成这些使命 ❸。大数据已经被越来越多地用来做出有效决策（将在"知觉与个体决策"一章中讨论）和管理组织变革（将在"组织变革与压力管理"一章中讨论），它使组织能够获取和管理大量数据和信息，而近期，处理和分析这些信息的技术也有了巨大的进展 ❸。人工智能（即被植入了像人一样思考、工作和反应的运行程序的机器 ）❸ 就是这样一种技术，它能帮助组织适应当今数据的巨大量级和极致的更新速度。

无论你是《星际迷航》的粉丝，还是《星球大战》的发烧友，谈到"人工智能"，你可能都会不自觉地想到机器人。的确，我们能够看到机器人在工作场景中的一些应用（如机器人可以帮助医院夜班人员为病患提供远程夜间协助 ）❸。不过，在当今的人工智能领域，最受关注的其实是机器学习技术，即通过训练而能够完成特定任务，并基于即时接收的信息和反馈持续"学习"和"进步"的软件 ❸。数以亿计的资金被投资于人工智能，而其中的60%都流向了机器学习技术 ❸。这种技术已经帮助许多组织取得了巨大的成功，尤其是在电子商务产业中：根据一项调查的估计，亚马逊有超过 1/3 的交易订单源自人工智能辅助进行的产品推介广告 ❸。在后续的章节中，我们还会进一步讨论人工智能（包括机器人和机器学习技术）对组织行为学研究和实践的贡献。

- **人工智能的局限**

随着大数据处理的技术手段和人工智能的不断发展，隐私保护和技术应用恰当性的问题也如影随形 ❸。当需要通过监控仪器进行数据采集时，这些问题就格外突出。例如，有研究者在纽约的布鲁克林区进行了一项实验研究，希望提高当地居民的生活质量，然而该研究采取的红外摄像头、传感器和手机无线网络信号等数据收集途径却是侵入性的 ❸。位于得克萨斯州达拉斯市的 Bread Winners Café（面包赢家咖啡厅 ）对餐厅的所有员工进行不间断的监控，并基于所得的数据给予服务员晋升或惩罚 ❸。大数据和一些其他技术确实成效卓著，至少在短期内如此——有研究发现，监控有可能提升任务绩效和促进员工的组织公民行为（即施予他人帮助）❹。然而，也有批评的声音指出，虽然弗雷德里克·泰勒（Frederick Taylor）在 1911 年提出的行为分析和监控能提高生产效率，但这种观念早就被阿尔弗雷德·斯隆（Alfred Sloan）超越了——后者提出，管理的成功关键在于为员工提供富有意义的工作 ❹。

即使不用于监控，使用人工智能本身也会带来类似的隐私和恰当性隐忧 ❹。机器人和自动化带来的安全风险和工作替代威胁已经是老生常谈了 ❹，不过人工智能最直接的局限性或许在于，它可能无法"意识到"自己的局限，往往关注特定的细节信息而忽略显而易见的"全局"❹。例如，某个算法可能无意间将员工对比萨口味的偏好纳入预测其在工作中偷窃行为的指标之中（"要当心爱吃菠萝比萨的员工！"）。因此，我们需要对机器学习加以监督，避免不合理的预测和决策。此外，人工智能也可能被用来实施不道德行为。例如，脸书就禁止了英国一家大型汽车保险公司的数据挖掘行为，因为该公司竟从用户的社交媒体信息中了解用户的人格特质，并基于此（不同的人格特质与驾驶安全倾向可能有不同的关联）向用户收取不同的保险费❺。

总而言之，我们既不是在建议你就此抛弃一切直觉，也不是建议你完全依赖机器学习算法指定所有决策。面对人情世故，领导者常常以本能行事，有时也能取得很好的结果；但更多的时候，人的先见和倾向性是一种阻碍。我们真正想给你的建议是，尽可能充分地运用证据补充自身的直觉和经验。如果能够审慎地利用大数据和人工智能，又对人类的行为倾向有足够的了解，那么你做出的决策自然质量更好、偏颇更少。重申一遍：我们建议你尽可能充分运用科学证据来补充自己的直觉和经验。组织行为学会帮助你做到这一点。

## ● 与组织行为学相关的学科

作为一门应用行为学科，组织行为学建立在诸多行为科学的基础之上。这些学科主要包括心理学、社会心理学、社会学、人类学等。其中，心理学主要提供了个体或微观层次的分析基础，而其他学科则帮助我们理解群体过程和组织等宏观概念。图 1-1 列示了这些学科对组织行为学的主要贡献。

### ○ 心理学

心理学（psychology）旨在测量、解释乃至改变人类和其他动物的行为。心理学领域的许多分支均对组织行为学有所贡献，包括学习理论、人格心理学和咨询心理学等，其中最重要的是工业与组织心理学。

早期的工业与组织心理学主要关注疲劳、厌倦和其他妨害绩效的工作条件。近期的研究已经拓展到学习、知觉、人格、情绪、培训、领导效能、需求和激励、工作满意度、决策过程、绩效评估、态度测量、员工甄选、工作设计及工作压力等方面。

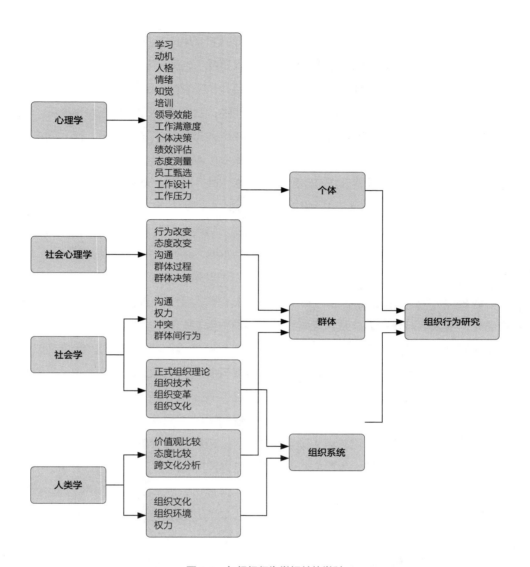

**图 1-1　与组织行为学相关的学科**

## ○　社会心理学

社会心理学（social psychology）通常被视为心理学的一个分支。作为心理学和社会学相结合的产物，这门学科关注人与人之间的相互影响。社会心理学家的一个主要研究领域是变革——包括怎样实施变革，以及如何减少变革的阻力。在很多其他重要领域，社会心理学家也贡献颇多，他们的研究涉及对态度的测量、理解和改变，对沟通模式的识别，以及建立信任的问题等。此外，他们还极大地增进了我们对群体间行为、权力和冲突的理解。

○ **社会学**

心理学聚焦个体，而社会学（sociology）则研究人在社会和文化情境中的表现。社会学家为组织行为学贡献了组织（特别是正式和复杂组织）中群体行为的研究。不过，他们最重要的贡献或许在于围绕组织文化、正式组织理论与架构、组织技术、沟通、权力和冲突等问题的研究。

○ **人类学**

人类学（anthropology）通过研究社会来了解人类及其行为。从人类学家对文化和环境的研究工作中，我们得以了解不同国家、不同组织中的人在基本价值观、态度和行为方面的差异。我们目前对组织文化、组织氛围和不同国家文化差异的大部分认识，均来自人类学家的贡献，或来自采用了人类学方法的研究成果。

● **组织行为学中鲜有绝对之事**

自然科学中存在绝对的法则。化学、天文学、物理学等学科的知识是稳定且一贯的，能够应用在广泛的情形中。因此，科学家大可以抽象出重力的规律，或以十足的把握将航天员送到太空去修理卫星。人类则是复杂的，几乎没有任何简单、通用的原理可以用来解释人类的行为。所谓"千人千面、百人百性"，我们其实很难得出关于我们自身的普遍适用性结论。在相同的情境中，两个人的行为可能大相径庭；同一个人碰到了不同的情况，行为同样可能发生改变。例如，同样面对金钱的诱惑，并不是每一个人都为它所动；同样是你自己，在求职面试场合的表现，和周六早晨跟好友聚会的表现，肯定也大为不同。

当然，这并不意味着我们不能对人类行为做出相对准确的解释。应当说，组织行为学的概念必须能反映情境、权变或条件的特点。我们可以说"$x$ 导致 $y$"，但必须说明它成立的前提是"在 $z$ 条件下"，这里的"$z$"就是权变变量（contingency variables）。

组织行为学就是通过这样的方式，将通用的概念应用于特定的情境、个人或群体的。例如，从组织行为学出发，我们会尽量避免类似"每个人都喜欢充满挑战性的工作"的表述，因为这是一种普遍适用性表述。事实上，并不是每一个人都喜欢富有挑战的工作，有的人偏好内容固定的工作胜于多样化的工作，或偏好简单的工作胜于复杂的工作。一个人喜爱的工作并不一定为另一人所热衷，工作的吸引力始终是由从事它的人赋予的。对于组织行为，我们通常既可以找到普遍规律（例如金钱确实能够激励大多数人），又可以找到权变因素（有些人可能更容易被金钱打动，或者金钱在某些情况下吸引效果确实更突出）。只有认识到这两方面（普遍规律和权变因素）都会对行为产生关键的影响，我们才能更好地理解组织行为学。

## ● 组织行为学的挑战与机遇

对管理者而言，理解组织行为的重要性与日俱增，因为我们的组织正持续发生着重大变革：一方面，员工群体愈发多元化；另一方面，在全球化的竞争中，组织也要求员工具备更高的灵活性，以应对形势的剧变。

受到这些变化的影响，组织中的雇用关系也悄然调整，赋予了员工更多的选择。图 1-2 详细呈现了若干类型，有的是当今组织提供的选项，有的是经过组织与员工的协商达成的工作安排。你会发现，在每一个维度上（也就是图中每一列的标题），你都可以找到不同类型的选择，而每一个选择都可能与其他维度上的特定工作条件组合在一起。例如，在职业生涯的某个阶段，你可能拥有一份全职工作，在线下的、没有工会组织的办公场所上班，领着包含底薪和奖金的收入；在另一个阶段，你可能又希望向公司争取一份拥有灵活工作时间的虚拟职位，可以让你在海外远程办公，享受一份不菲的薪资和额外的带薪休假。

**图 1-2　雇用选择**

简言之，当今的诸多挑战让管理者拥有了更多运用组织行为学的机会。在本节中，我们将讨论管理者面临的一部分最重要的问题。对于这些问题，组织行为学能提供解决的方案，或至少为解决问题提供深刻的见解。

○ **持续的全球化进程**

全球化（globalization）使得世界各地的组织、领导者和员工空前紧密地连接在一起❹⑥。例如，韩国商业巨头三星公司（Samsung）大部分产品都在海外销售，汉堡王（Burger King）由一家巴西公司持股，麦当劳（McDonald）在六大洲、101 个不同的国家和地区出售汉堡包。虽然自第二次世界大战以来，全球化进程持续将国际社会凝聚一体，然而，在后金融危机时代缓慢的复苏过程中，许多人也尝到了全球化的苦头❹⑦。当今世界来到了一个充满矛盾的关口：众多经济体一方面对不投身于全球经济的做法踟蹰不已，另一方面也不得不面对保持开放的代价，因为全球化势必会深刻地改变原本的雇用关系格局，而这很有可能加剧贫穷和社会经济的不平等❹⑧。与此同时，新工业革命方兴未艾，许多产业受到了巨大的冲击，大量的劳动力也因此失去了工作❹⑨。在全球化的这一波浪潮中，我们面临的一大挑战在于，要团结社会各界的力量，团结世界各地的组织和员工，肩负起社会责任去推动公共利益的实现。

此外，在这一过程中，管理者的职责也发生了转变。高效的管理者会事先做好准备，调整自己的管理方式，从而更好地应对全球化的挑战。

· **与拥有其他文化背景的人共事**

不论是在自己的国家还是在国外工作，你往往都需要跟拥有不同文化背景的上司、同事和其他员工打交道。那些对你有激励作用的东西未必也能激励他们，又或者，你可能习惯了直白、开放的沟通风格，但别人却可能觉得这种方式令人不适、具有威胁性。要与不同文化背景的人高效共事，你就得了解不同的文化和背景如何塑造了不同的人，从而调整自身的管理风格，更好地应对这些差异。

· **适应不同的文化和监管规范**

要把世界各地的生意做好，管理者还需要熟悉各地的文化规范和劳动力特点。例如，在部分国家，有很大比例的工人能享受到很长的假期。此外，管理者也需要考虑东道国的全国性或地方性政策，比如了解面向外来企业的特殊财务和法律规定，避免违反它们。如果真的触犯了相关规定，轻则影响公司在当地的正常运营，重则上升到破坏两国的政治关系。当然了，除了对自身需要遵守的政策充分了解，管理者最好还要熟谙同一市场面向不同竞争对手的政策差异。全球化的复杂性可见一斑。

○ **劳动力的人口统计学分布**

经济、人口寿命、出生率、社会经济条件以及其他对社会影响深远的变迁，总是伴随着劳动力人口统计学分布的相应变化。人们要适应环境来保证生存，组织行为学则揭示这些适应过程对个体行为的影响。例如，2008 年的全球性经济衰退看似已经结束多年，但那个时代遗留的影响仍在持续：在经历了长期失业后，许多人彻底离开了职场❺⓪，还有许多人则不得不从事多份兼职维持生计❺①，或只能充当临时工❺②。对于相对年轻的受教育群体，情况也并不乐观，他们往往选择在大学毕业后继续接受特定的专业培训❺③、向层次更低的全职工作妥协❺④，或干脆自己创业 ❺⑤。

　　人口寿命和出生率对组织的内部动态也大有影响。自 2000 年以来，全球人口的平均寿命延长了 6 年之多，这也是 20 世纪 60 年代至今幅度最大的一次增长❺⑥；与此同时，许多发达国家的人口出生率持续下降。这意味着劳动力老龄化趋势正在不断加深。组织行为学研究可以帮助我们理解这一趋势对员工态度、组织文化、领导力、组织架构和组织沟通的意义。最后，社会经济变迁对劳动力的人口构成也有着深远的影响。例如，在美国，不同性别的人享有平等的工作和受教育机会已经被认为是基本的人权❺⑦。可是，虽然具有不同人口统计学特征（如性别等）的人群在职场中的分布呈现多元化的趋势，少数群体却依然持续面临着不平等问题、在管理层代表性的不足、偏见甚至暴力的困扰❺⑧。组织行为学研究能够揭示具有多元背景的人们在职场中面临的特殊困

境与独特优势，进而改善他们的环境、助其获得更大的成功。当然了，关于文化和社会经济变化影响职场的事例无数，上述仅仅是其中一部分。我们在整本书中还会反复探讨组织行为学对我们认识和理解劳动力问题的启示。

## ○　劳动力多元化

　　劳动力多元化（workforce diversity）是组织面临的一个重要挑战，它是指组织在性别、年龄、种族、民族等方面的成员构成愈发呈现异质性的趋势。我们在下一章会详细探讨这一话题，不过值得一提的是，多元化趋势对于管理者和员工来说，既是机遇，又是挑战。我们应该如何发挥多元化的益处呢？我们应该对所有员工一视同仁，还是应该根据各人的差异调整管理方式呢？每个国家遏制职场偏见、歧视和不平等的法律要求是怎样的？劳动力多元化真的能为员工与组织带来积极的结果吗？对于当今组织，这些问题都很重要，它们包含着显而易见的挑战和亟待解决的隐忧。

## ○　社交媒体

　　在后续有关组织沟通的章节中，我们将谈到社交媒体对商业世界不可扭转的持续渗透。随着社交媒体的广泛普及，众多组织"如临大敌"，苦于找不到对工作场合员工社交媒体使用的恰当管理手段。例如，2015 年 2 月，美

国得克萨斯州的一家比萨店开除了一名还未正式上岗的员工，原因是她在推特（Twit-ter）① 撰文诋毁了自己将要入职的工作。2014 年 12 月，诺德斯特龙（Nordstrom）公司开除了俄勒冈州的一名员工，因为他在脸书个人账号的动态中似乎支持了对警务人员做出暴力行为 **59**。这些事例表明社交媒体问题对管理者而言十分棘手，从组织行为学意义上看，机会与挑战也是并存的。比如，人力资源部门应不应该调查候选人在社交媒体中呈现的私人形象呢？招聘经理应该检查候选人的推特动态吗，还是只要看一看他们的脸书档案就可以了呢？管理者如何运用自己的社交媒体账号吸引求职者和消费者呢 **60**？ 显然，管理者需要尊重事实和证据，平衡员工的需要与组织的诉求，做出恰当的决策，维护员工和组织双方的利益。

在工作场合，员工使用社交媒体的行为往往受到组织政策的约束，包括使用的时间、地点和目的。但社交媒体对员工个人的幸福感又有怎样的影响呢？有一项研究发现，早晨醒来时心情尚可的被试如果在接下来的时间里频繁查看脸书，往往会觉得当天的情绪逐渐变差。此外，把时间范围拉长到两周来考察，频繁查看脸书的人表示自己的生活满意度降低了 **61**。管理者乃至整个组织行为学都致力于提升员工的满意度，从而为组织带来积极的结果。在后续关于态度与工作满意度，以及关于情绪与心境的章节中，我们还将进一步探讨相关内容。

## ○ 员工的工作幸福感

维持员工幸福感的一大挑战在于，人们难以在真正意义上摆脱虚拟工作。日新月异的通讯技术让许多技术型人员和专业人员能够随时在家中、车上甚至是在塔希提岛的海滩上处理工作，但同时也让他们失去了作为团队一分子的实感。美国卡普兰大学（Kaplan University）的艾伦·拉伊内里感叹道："归属感对于很多虚拟工作者来说都是一个很大的挑战，在赛博世界中，他们孤独而无助。" **62** 另一个挑战在于，组织要求员工在工作中投入越来越多的时间。根据一项近期的研究，1/4 的员工展现了职业倦怠的迹象，2/3 的员工则感到高度紧张和疲惫 **63**。鉴于员工们普遍表示自己时刻留意上级的邮件和信息、保持"随叫随到"，上述结果可能还低估了实际的情况。最后，其他生活事务的操劳也影响着员工的幸福感。例如，对于数以万计的单亲父母以及需要赡养老人的员工来说，工作与家庭的责任总是很难平衡的。

在后几章中我们将谈到，组织行为学提供了一些建议，指导管理者设计工作环

---

① 推特现已更名为 X。——编者注

境和工作岗位，从而帮助员工更好地处理工作与生活的冲突。此外还有一些管理压力、避免倦怠的建议，供你在学校或职场中运用。

○ **积极的工作环境**

积极组织学（positive organizational scholarship，POS）是组织行为学中又一个正在崛起的分支，它也叫积极组织行为学（positive organizational behavior），关注组织如何发展员工的优势，激发他们的活力和韧性，挖掘他们的潜能。该领域的研究者认为，既往的组织行为学和管理实践过于关注组织和员工哪里做得不好，于是他们反其道而行之，尝试探究组织和员工好的一面❻。积极组织行为学的关键话题包括工作投入、希望、乐观心态以及面对压力时的心理弹性。

其实，积极组织行为学并不否认许多负面事物（如批判性建议）的研究和实践价值，不过它的确挑战了过往的研究思路，启示我们站在新的角度看待问题，从而推动组织更大程度地发挥出员工的优势，而非仅仅纠结于他们的弱点。在积极的工作环境中，一个很重要的方面是组织文化（后面有一章专门讨论组织文化）。组织文化对员工行为的影响之大，足令某些公司特别聘请"文化专员"来打造和维持公司的文化特色 ❻。

○ **道德行为**

如今的组织都在不断压缩成本，希望能提高生产力、应对激烈的市场竞争。在这样的背景下，员工每每被迫"走捷径"、违反规则或被卷入不正当的活动中，实在不足为怪。组织成员正面临着越来越多的道德困境（ethical dilemmas）和道德选择（ethical choices），需要判断什么行为是正确的、什么行为是错误的。比如，如果在公司发现有人从事不法活动，是否应该"站出来"发声？应不应该遵循那些自己内心并不赞同的命令？是否应该为了职业生涯的发展玩弄手段呢？

良好的道德行为其实从未被清晰地定义，甚至基本的对错之分可能也十分模糊。在我们身边，不道德的行为比比皆是：有的民选官员虚报费用、中饱私囊，或收受贿赂；公司管理层夸大利润，意在让股价虚高，从而兑现丰厚的股票期权；高校管理部门常常默许冠军队的教练"指点"拿着奖学金的运动员选修容易通过的课程，更有甚者，在北卡罗来纳大学教堂山分校（University of North Carolina-Chapel Hill）的一桩丑闻中，连课程和分数都是直接伪造的❻。这些行径一经曝光，当事人的托词往往是"人人都这么干"，或是"你得先抓住每一个机会再说"。

当今的管理者必须为员工打造健康的道德氛围，让员工可以专注于高效工作，免受模糊的是非标准的困扰。公司可以推崇道德使命，奖励员工的正直品格，并提供强有力的道德领导，从而对员工施加影响，使员工的言行更加符合道德规范❻❼。此外，通过课堂培训进行道德教育也是一种行之有效的办法，有助于员工维持较高的道德自觉、意识到自己道德选择的后果，但前提是持续开展并温故，不可荒废❻❽。在后续的章节中，我们还将详细探讨管理者可以采取的若干举措，帮助他们创设健康的道德氛围，以及引导员工处理模糊的道德情形。

## ● 精彩预告：建立组织行为学模型

在本章即将结束之际，我们为大家展示一个理解组织行为学的通用模型，并介绍其中关键的参数、概念和关系。理解好了这个模型，你就可以很好地理解本书各个章节的关系，理解不同内容对你处理管理问题、抓住重要机遇都有怎样的意义。

### ○ 概述

模型（model）是对现实的抽象，它能够简化真实世界的特定现象，并将之表述出来。图 1-3 展示了组织行为学模型的基本框架。它将变量分为三类（输入变量、过程变量和结果变量），并在三个层面（个体层面、群体层面和组织层面）上考察。在接下来的章节中，我们将从个体层面开始（第 2 章到第 8 章），再讲解群体层面的行为（第 9 章到第 14 章），一直到组织层面的行为（第 15 章到第 17 章）。从模型可见，输入变量会影响过程变量，进而影响结果变量。在每个层次的分析中，我们都将具体探讨这些变量的关系。需要留意的是，该模型表明，结果变量还可能进一步影响未来的输入变量，可见，组织行为学的智慧不仅能改变组织的现状，也深远地影响着组织的未来。

### ○ 输入变量

输入变量（input）是导致过程的变量，包括人格、群体结构和组织文化等。这些变量大都在雇用关系形成以前就已经确定下来了，它们为组织未来发生的事件奠定了背景和基调。例如：个体的多元化特征、人格特质和价值观念是基因和童年环境共同塑造的产物；群体结构、角色分配和团队责任通常在群体形成之际就明确下来了；同样，组织为了适应环境会不断发展和变化，在这一过程中多年形成的习惯和规范逐渐孕育出了组织的结构和文化。

### ○ 过程变量

如果说输入变量像组织行为学中的"名词"，那么过程变量就像"动词"。过程变量（processes）是个人、

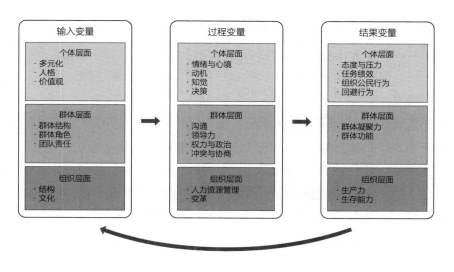

**图 1-3 组织行为学基本框架**

群体和组织在一系列输入变量的驱使下采取的行动，而这些行动将导致特定的结果。在个体层面，过程变量包括情绪与心境、动机、知觉和决策等。在群体层面，过程变量包括沟通、领导力、权力与政治，以及冲突与协商。最后，在组织层面，过程变量包括人力资源管理和组织变革。

○ **结果变量**

结果变量（outcomes）是我们希望解释或预测的关键变量，它们会受到其他变量的影响。那么，对于组织行为学来说，主要的结果变量有哪些呢？在个体层面，学者格外关注态度与压力、任务绩效、组织公民行为和回避行为等。群体层面的结果变量有凝聚力和功能。最后，在组织层面，我们会考察组织总体的生产力和生存能力。考虑到这些变

量在后续章节均会涉及，我们在这里只进行简单的介绍，让你初步理解组织行为学的研究目的。

· **态度与压力**

态度（attitudes）是员工对不同的人、事、物的评估，它可以是积极的，也可以是消极的。例如，"我真的觉得自己的工作很棒"体现的是积极的工作态度，而"我的工作既烦琐又无聊"体现的则是消极的工作态度。压力（stress）是人们受到外部环境的重压时产生的不愉快的心理状态。

一些人可能认为，调节员工的态度和压力只是一种管理的"软措施"，不过你很快就会看到，态度影响着行为，而这些行为往往直接决定了你是否能把工作做好。大量证据表明，当员工具有较高的满意度、得到了公正的待遇

时，他们将更愿意超越本职工作的要求，实施组织公民行为，而这在现代商业环境中至关重要。

- **任务绩效**

  任务绩效（task performance）水平是你在自身的核心工作中所体现效能和效率的综合产物。如果我们考虑工厂里的工人，任务绩效可以用每小时生产产品的数量和质量来衡量。对于教师，任务绩效的衡量标准可能是学生升学质量的高低。对于咨询顾问，任务绩效的衡量标准则可能在于他们为客户提供咨询报告及时与否和质量高低。所有这些不同类型的任务绩效都与特定岗位的核心职责挂钩，也常常与正式的岗位说明书中罗列的职能挂钩。

- **组织公民行为**

  员工自愿在正式工作要求之外实施的、对职场心理和社会环境有益的行为，就是组织公民行为（organizational citizenship behavior，OCB），或简称公民行为。在成功的组织中，员工总是会在岗位职责之外有所贡献，而他们本身的绩效往往也会超乎预期。组织希望找到愿意做出职责外贡献的员工，而研究证据也确实表明，这样的员工具有更好的绩效表现。因此，组织公民行为是组织行为学关注的一个重要结果变量。

- **回避行为**

  我们刚刚探讨了员工在职责要求之外自愿实施的行为，那如果连基本的职责要求都没有达到呢？回避行为（withdrawal behavior）指员工使自身与组织相分离的一系列举动，它的具体形式有很多，包括迟到、缺席会议、缺勤和离职等。员工的回避行为可能对组织产生非常负面的影响。

- **群体凝聚力**

  虽然在我们的模型中，很多变量都可以从个体层面来理解，但还有一部分变量是与群体的运行相关的。群体凝聚力（group cohesion）表示群体内的成员在工作中相互支持、齐心协力的程度。换句话说，一个有凝聚力的群体就是一个紧密团结的集体。当员工之间相互信任、拥有共同的目标，并精诚合作以达到这些共同目标时，群体的凝聚力就强；反之，当员工各自为战、目的不一、缺乏对彼此的忠诚时，群体的凝聚力就弱。

- 群体功能

积极的工作态度能带来高水平任务绩效，同理，群体凝聚力也能催生高水平群体功能。群体功能（group functioning）指群体工作产出的数量和质量。我们知道，在体育队伍中，团体的成绩要大于个人表现之和，同样，组织中工作群体的功能也大于个体任务绩效的总和。

- 生产力

组织行为学最高的分析层次就是组织整体了。如果组织能以最低的成本将输入转化为产出，并实现自身的目标，那么这个组织就具有较高的生产力水平。可见，生产力（productivity）既包括效率（efficiency），又包括效能（effectiveness）。

一家公司如果实现了它的目标销售额和市场占有率，它就实现了效能；但如果要谈生产力，就还得评估这家公司是否高效地实现了这些目标。衡量组织效率最常见的指标包括投资回报率、销售利润率及单位工时的劳动产出等。

在服务行业，衡量组织效能还要考虑顾客的需要和诉求。为什么呢？因为员工的行为直接影响了顾客的态度，而顾客的态度则直接决定公司的利润。例如，一项研究考察了猫途鹰（TripAdvisor）网站的五万多条顾客评论和八千多条经理回复，发现经理亲自回复在线评论有助于提升酒店的财务表现（即

每间客房的平均收益）[69]。

- 生存能力

最后，我们还关心组织的生存能力（organizational survival），顾名思义，它指的是组织长期存续、发展的能力。组织的存续不仅取决于生产力，还取决于它是否能适应环境。一家企业即使生产力很高，如果其生产的产品或提供的服务缺乏市场价值，那么它也不太可能长期存活下去。因此，生存能力还取决于组织是否能成功洞察市场的趋势，及时把握正确的机会，并发动成功的变革以适应日新月异的商业环境。

## ● 就业技能

从组织行为学的眼光来看，企业的每一个职能部门，从金融、会计到管理、营销，无不充满挑战。毫无疑问的是，随着职业生涯的发展，你总会进入一个自身发展高度依赖组织中他人行为的阶段。放眼望去，大多数企业都会面临类似的挑战，在努力持续提升收入和利润的同时，还要兼顾员工的正直情操和企业社会责任、资源管理、同业竞争、培育员工和顾客忠诚、降低不确定性、合法合规、风险管理，以及招聘合适的雇员[70]，不一而足。组织行为学是解决这些问题的一个关键切入点。

不过，组织行为学并不是只在商

学领域发挥价值，它对其他任何专业的学生也同样重要。比如，乍一看，一位微生物学专业的大学生似乎没必要修习组织行为学课程，但是毕业之后呢？如果这名学生成了研究所的生物技术专员，组织行为学的原理和概念对他未来的事业成功难道还会没有帮助吗？同样，如果是毕业后进入医疗机构的专业护士呢？如果是刚刚入职互联网公司的计算机科学专业毕业生呢？对各个专业的学生而言，组织行为学原理的独特价值体现在就业技能和人际技巧的提升上。这类技能的作用不仅限于职场，甚至还能帮助学生在与同学和教授的互动中游刃有余，从而在课业上获得成功！你应该很容易想象，在学习的过程中，学生势必需要和同学们打很多交道，每到这时，有关压力管理、变革、态度、情绪、动机等组织行为学知识就会显得非常重要。

职场生活与人本身，以及人的行为、差异、态度、情绪、心境、人格、价值观念、意图、想法和动机有着千丝万缕的联系，或者正如本章前面提到的那样——"人创造了环境"。❼ 为了实现组织的目标，员工每时每刻都在与工作群体、部门、团队乃至组织外的成员互动和沟通。同样，这些组织的领导者（常常还有员工自己）也无时无刻不力图变革、作育组织文化、制定政策和程序，这些过程则不可避免地需要涉及领导力、政治活动、冲突和协商。在组织生活中，组织行为学问题无处不在，因而无论初入职场的新人还是资深的专业人员，如果能夯实诸如沟通、合作、批判性思维、解决问题、社会责任、知识的应用与分析等组织行为学技能，都将获益匪浅。

在本节中，我们将探讨职业生涯中的就业技能。这是任何专业（无论英语、工程还是政治科学）的学生都应该学到的重要一课。

## ○ 对各类专业通用的就业技能

在本书中，你将有机会了解许多不同的技能并加以培养，由于它们有助于员工在大小企业、非营利组织和公共服务部门等不同的商业情境中获得成功，所以雇主对这些技能非常重视。哪怕你想自己创业，这些技能也同样很有用。我们在这里先简单列举五项就业技能。

» **批判性思维**：指为了解决问题、制定决策或对特定情形做出判断而进行的目的明确、目标导向的思考。这种思维过程会动用认知、元认知乃至一系列可以迁移到不同情境中的个体倾向。

» **沟通技能**：包括有效应用口头、书面和非语言沟通技巧来达到各种目的（如告知、指导、激励、说服及想法分享），有效倾听，运用信息和通信技术来沟通，以及评估沟通活动有效性的能力。当然了，这些技能都适用于广泛的场合。

» **合作技能**：拥有这种技能的个体能够积极有效地与他人共同完成任务，通过集体对话与协商构建意义、创造知识，并最终形成凝结了群体心血的共同产出。

» **知识应用与分析技能**：即学习新概念，并将相关知识恰当地运用在不同情形中，从而形成更高层次的理解。

» **社会责任技能**：包括与商业伦理及企业社会责任相关的一系列技能。商业伦理指对社会中人的行为模式和组织的运作方式加以规定的指导性原则。企业社会责任是道德行为的一种形式，它要求组织能够了解、识别和消除可能危害经济、环境和社会的不道德行为。

下面这个就业技能矩阵（employability skills matrix，ESM）把我们刚刚定义的这五项就业技能对应到了本书的各个模块中（见表 1-1 ）。在相应的部分中，我们会引导你进行批判性思考，并运用相关知识来分析一些具体的案例和概念。此外，我们还会让你了解在不同情形中可以说些什么、做些什么，帮助你提高合作与沟通技能水平，进而更积极、有效地应对工作中的挑战。我们还将向你抛出道德困境，让你分析职场行为中蕴含的道德伦理问题。在阅读接下来的内容前，我们建议你先参照这个矩阵，对自己在各部分中即将考虑和发展的技能形成总体的印象。

**表 1-1　就业技能矩阵**

| | 第一部分 | 第二部分 | 第三部分 | 第四部分 | 第五部分 |
|---|---|---|---|---|---|
| 批判性思维 | | | | ✓ | ✓ |
| 沟通技能 | ✓ | ✓ | ✓ | | ✓ |
| 合作技能 | ✓ | ✓ | | | ✓ |
| 知识应用与分析技能 | | ✓ | | ✓ | ✓ |
| 社会责任技能 | | | ✓ | | ✓ |

不论你的专业是不是组织行为学，这五项技能对你的职业成功都至关重要。在后续的内容中，你将接触到大量具体的案例，并借此培养和发展就业技能。

● **本章小结**

　　为了能够高效地工作，无论员工还是领导者都需要提升自己的人际技能。组织行为学探究个体、群体和组织架构对组织中行为的影响，并运用这些知识提升员工、管理者和组织工作的效能。

● **对管理者的启示**

- 克制自己依照普遍适用性原则下判断的倾向。某些抽象原则确实准确地揭示了人类行为的普遍适用性规律，但也有很多是错误的。管理者需要了解具体的人和情境。
- 解释因果关系时要用证据说话，不要靠个人直觉。
- 努力发展人际技能，从而提高自身的领导潜力。
- 积极参与培训，并与时俱进地跟随组织行为学发展的新动向（如大数据、高速数据和机器学习），不断提升自身的技术能力和概念化技能。
- 组织行为学能帮助你提升员工工作的质量和效率，具体方法包括向员工赋权、设计并推行变革、提高客户服务质量，以及帮助员工平衡工作与生活等。

请扫描二维码
获取书中参考文献

第 2 章

---

# 组织中的多元化

● **本章学习目标**

» 阐述职场歧视是怎样降低组织效能的；

» 说明刻板印象在组织情境下产生的影响；

» 从组织行为学的角度解释一些关键个体特征的重要性；

» 从组织行为学的角度解释其他关键个体差异的作用；

» 从组织行为学的角度阐述心智能力和身体能力的含义；

» 阐述组织应该如何有效管理多元化相关问题。

## ● 多元化

我们的世界正变得越来越小。在全球化的浪潮中，人与人之间的差异不再能用国别简单概括，每一个人都像一面马赛克墙，墙上瓷砖花色和排列组合方式的细微差别时刻彰显着我们作为个体的独特之处❶。显然，人人都是独特的，然而员工和管理者却常常忘了，要想提升生产力，就要能认识、欣赏和管理好这些个体差异。回想一下，当年印度莫卧儿王朝的皇帝沙·贾汗（Mughal Emperor Shah Jahan）广罗世界各地的两万多名能工巧匠，设计、建造了泰姬陵——如今，这座大名鼎鼎的"宫殿之冠"为后世展现了波斯、奥斯曼、印度文化等众多文化的艺术成就❷。在本章中，你将了解年龄、性别、种族、身份、民族和能力等个人特征对员工人际交往和绩效的影响。你还将了解管理者可以如何提高自己对这些因素的关注度，从而有效管理多元化的员工队伍。不过，在那之前，我们先整体地认识一下劳动力群体的变化趋势。

### ○　美国劳动力群体的人口特征

过去，欧洲裔男性长期主导着职场，在其中充当主要的管理角色，不过这一状况近来已经逐渐向性别更加平衡、多种族兼备的格局转变。例如，在 1950 年，女性只占劳动力队伍的 29.6%❸，但到了 2016 年，这一比例上升到了 46.8%❹。从美国到世界各地，当今的女性有更多的机会得到全职工作，在劳动力群体多元化程度不断提高的背景下，她们在工作人群中的代表性也将持续提升❺。此外，欧洲裔与其他种族、民族群体的收入差距也明显缩小，一部分原因可以归结为劳动力中少数族裔的人数在不断上升。预计到 2044 年时，拉丁裔人在劳动群体中的占比将从 2014 年的 13% 上升至 25.1%，非洲裔人的占比将从 12% 上升到 12.7%，亚洲裔人的占比则将从 5% 上升到 7.9%❻。与此同时，在全球范围内，55 岁以上的劳动者所占的比重也会越来越大。预计到 2024 年，美国 55 岁及以上的劳动力占比将从 2014 年的 21.7%

上升至25%，这一增速是劳动力总体规模增速的三倍❼。上述变化在管理类和专业类岗位的人口构成中体现得尤为充分，这也意味着组织必须将多元化管理作为政策制定和具体实践的中心议题。

## ○　多元化的程度

虽然学者们对围绕年龄、种族、性别、民族、宗教和残疾情况的多元化问题已经进行了大量讨论，但如今他们也意识到，这只是冰山一角❽。人口统计学特征只不过反映了表层多元化（surface-level diversity），并不涉及思想和情感。表层多元化可能导致员工基于刻板印象和固有假设对待他人，不过，研究表明，当人们发现彼此在人格特质、价值观等重要特征上具有共同点时，就不会那么关心人口统计学上的差异了，这就体现了深层多元化（deep-level diversity）的作用❾。

为了更好地理解表层多元化与深层多元化之间的差异，让我们来看一个例子。如果有过在专业餐厅后厨或前厅工作的经历，你就会知道，这类工作环境给人的压力是很大的：在繁忙时段，后厨和前厅都会忙成一团❿；为了给顾客提供卓越的体验，你得跟很多人打交道，接待员、主管、后厨、跑堂、保洁等一个不落——当然还有最重要的顾客！

在这一过程中，每一个参与者都将自己的诸多特质"送上餐桌"。想象一下，假如有位年轻的后厨员工叫贝拉米，来自一个非洲裔家庭，在奥斯汀长大，目前正在攻读会计专业；与此同时，餐厅的总经理赫克托是一位年长些的男士，早年随家庭从洪都拉斯移民到美国，在西雅图长大。一开始，这两位同事可能会先留意到彼此在教育背景、民族、宗教信仰等方面的表层多元化特征。可是，在逐渐熟悉之后，他们可能就会发现对方思考工作问题的角度和时间管理观念与自己非常相似，这些深层相似性会超越二人的表层差异。研究表明，共同点（特别是工作风格方面的）有助于人们更顺畅地共事⓫。例如，贝拉米和赫克托如果有着相似的时间管理风格（都习惯准时到岗、喜欢提前做好准备工作），那么他们将很有可能相处融洽、不会产生太多冲突。

在本书的通篇内容中，你还将在多处看到不同情境下表层多元化和深层多元化的差别。多元化是一个重要的组织行为学概念，因为这些个体差异塑造了人们对奖酬的偏好、沟通风格、对领导者的反应、谈判风格和其他各个方面的组织行为。可惜的是，多元化问题并不总是能得到恰当的管理，歧视性做法屡见不鲜，我们马上会讨论这个问题。

## ● 歧视与刻板印象

多元化为组织带来了诸多机遇，不过，有效的多元化管理还意味着消除不公平的歧视（discrimination）问题。歧视指强调差异，而认识到差异本身并不总是坏事。比如，要做出明智的雇用决策，就必须识别出资质更佳的员工。不过，在谈论歧视时，我们大部分时候指的其实是在刻板印象的影响下对待特定的人群。刻板印象（stereotyping）是指基于我们对特定群体的认知来评判从属于这些群体的个体。举个典型的例子：在 2018 年的美国网球公开赛上，获得了大奖赛冠军的职业运动员塞雷娜·威廉姆斯（Serena Williams）在与裁判愈演愈烈的争辩中得到了数次判罚 ❶❷。塞雷娜本人和许多其他专业人士一致认为，与过去对男运动员给出的判罚相比，这些判罚过分苛刻了 ❶❸。正如沃顿商学院的组织心理学家亚当·格兰特（Adam Grant）事后的评论："男人和裁判争辩，这是对运动的激情；女人和裁判争辩，这是想造反。要是非洲裔女性去争，这是要领罚。" ❶❹

### ○ 刻板印象威胁

想象一下，假如你和意向雇主有约，要边吃饭边进行一次非正式面试，现在你提前来到餐厅（可能就是贝拉米和赫克托所在的那家餐厅）等待。为了让对方能在初次见面时认出你，你事先会如何形容自己呢？你会描述哪些方面的特征呢？

你很有可能会告诉对方自己当天穿了什么衣服、发型是什么样的。如果你的身高异于常人，或许你也会提到自己特别高或特别矮。总而言之，你大概率会给对方提供某些特别容易识别的线索。不过，伴随着这些特质线索，你可能也会担心自己受人评判，或因为某些极其表面化的特征遭到消极的对待。

刻板印象威胁（stereotype threat）指我们担心自己因某些刻板印象而遭到评判或消极对待的程度 ❶❺。例如，倘若一位上了年纪的劳动者想申请一份主要由千禧一代年轻人从事的工作，他可能会担心面试官嫌自己已经跟不上时代了。在这个事例中，刻板印象威胁的来源并不是这个人是否真的不能与时俱进，而在于他是否相信面试官会基于刻板印象评判自己这一类人。

工作中的刻板印象威胁可能带来巨大的危害。这种受威胁的感受可能发生在求职测试和评估、绩效考核及大量职场的日常交换场合中。一旦发生，个体的测试表现、绩效评估、培训效果、谈判成效，以及与他人的日常互动都会受到损害，还会伴随工作脱离、不良工作态度、不愿寻求反馈和糟糕的绩效等负面后果 ❶❻。刻板印象威胁本身并非不可避免，不过我们仍可以更主动地对抗它，即要把每一个人都当作独立的个体，勿特别强调群体差异❶。组织也可以采取下面这些措施减少刻板印象威胁：使人们意识到刻板印象的作用根深蒂固（特别是可能隐含在制定政策和具体实践的过程中），应用更客观的评估标准，避免对待员工时出现区别性或偏向性；正视针对少数群体的每一次细微的侵害，以及采取透明的管理手段，彰显对每一位员工价值的同等重视 ❶。

## ○　职场歧视问题

一言以蔽之，歧视行为的不公之处在于无视个体差异、假设同一群体中的每个人都一模一样。歧视对员工和组织本身的伤害都是很大的。

表 2-1 列示了组织中几种歧视形式的定义。虽然其中许多行为都为法律所禁止、通常不会出现在组织的官方政策之中，但实质性的歧视现象依然屡禁不止。每年记录在案的歧视员工的事件数以万计，可能还有更多根本不为人知。由于相关法律审查日益严格，社会的抵制情绪也愈发强烈，许多原本公开的歧视便逐渐让位于更隐匿的形式，如粗鲁的对待和排斥，其危害可谓有过之而无不及❶。

**表 2-1　职场歧视的不同表现形式**

| 歧视的类型 | 定义 | 组织中的例子 |
| --- | --- | --- |
| 歧视性政策或实践 | 组织的代表人拒绝为人们提供平等工作机会，或者对于相同的绩效提供不公平的奖酬 | 年龄较大的员工可能成为裁员的目标人群，因为他们的薪水较高并且福利丰厚 |
| 恐吓 | 针对某些特定群体的员工所进行的公开威胁或者霸凌 | 一些公司的非洲裔美籍员工曾经发现自己的工作台上挂着绞刑绳套 |
| 嘲笑和侮辱 | 笑话或者负面的刻板印象，有时嘲笑会产生严重的后果 | 略 |
| 排斥 | 某些人总是得不到晋升机会，被排除在社会活动与讨论之外，或无法获得非正式指导；有时这些行为是无意的 | 金融行业很多女性会被分配到一些边缘岗位上，或者被分配的工作量不够饱和，从而得不到晋升 |
| 粗鲁 | 不尊重的对待方式，包括以带有攻击性的方式对待某人，打断某人发言，或者忽略他们的意见 | 有女性律师发现男性律师经常打断她们说话，并且不认真对待她们的评论 |

显然，歧视的方式不一，它的负面影响也多种多样，取决于具体情形中的组织环境和组织成员怀有的偏见。和刻板印象威胁这种感受一样，实际发生的歧视也会

给组织带来严重的后果，包括降低生产力、减少组织公民行为、引发更多的冲突、提高员工的离职率，甚至催生员工的冒险行为❷。此外，歧视还会使实际能力过硬的候选人失去受聘或晋升的机会。也就是说，即便类似的员工歧视行为没有被正式提起诉讼，出于商业考量，我们也应该大力根除歧视现象。

无论其形式是公开的还是隐匿的，无论其行为是有意的还是无心的，歧视都构成了多元化的巨大阻碍。不过，从另一个角度来看，基于潜在的多元化优势，我们可以制定有效的多元化管理方案，打造出更好的组织。多元化的含义非常宽泛，我们所说的工作场所的多元化实际上囊括了人与人之间各种意义上的差别。在接下来的小节中，我们将讨论使得职场人员有别于彼此的若干重要表层特征。

## ● 个体特征

个体特征（biographical characteristics）包括年龄、性别、种族、残疾情况等，它们是造成员工之间差异的最明显的区分特征。接下来，我们先来看看那些最简单的因素，它们很容易被定义，相关信息也便于获取，比如从员工的人力资源档案中就可以得到。这一类特征构成了表层多元化，而表层特征之间的差异很有可能催生针对特定员工群体的歧视。

### ○ 年龄

在未来 10 年中，劳动者的年龄问题将变得越来越重要。原因有很多，首先，众多发达国家的员工老龄化趋势不断深化❷。预计到 2024 年，美国的劳动群体中将有近 24.8% 的人口超过 55 岁❷。出于各方面的考虑，美国已经立法禁止了强制退休。此外，重视年龄问题的趋势是全球性的，世界各地有超过 40 个国家已经从法律层面明文禁止了年龄歧视❷。现在，大部分工人都不需要在 70 岁时被迫退休了。在 60 岁以上的劳动者中，53% 的人表示自己有延迟退休的计划，这很有可能是出于经济方面的考虑❷。不过，一项针对荷兰出租车司机的研究发现，如果较为年长的司机觉得同事、乘客有可能因为自己的年龄而产生负面的感受，就会感受到刻板印象威胁，进而产生更强烈的退休意愿❷。

过去关于年长员工跟不上时代、脾气暴躁、缺乏灵活性的刻板印象正在逐渐改变。管理者开始看到年长员工的诸多优秀品质，比如更有经验、判断力更强、更具有职业操守，对工作质量也更为重视。例如，新加坡公共事业局（Public Utilities

Board，PUB）负责城市的自来水供应，该机构表示其 27% 的员工均在 55 岁以上，而正是这些成熟的员工保障了整个劳动力队伍的稳定 [26]。医疗、教育、政府部门和非营利组织的岗位通常对年长的员工颇为开放 [27]。不过，人们还是容易认为高龄劳动者缺乏适应性，学习新技术也不够积极 [28]。因此，每当组织寻求心态开放、拥抱变化、乐于接受培训的员工时，与年龄有关的负面印象确实总是会阻碍年长的员工获得雇用机会，或是使他们在企业缩编时更容易被裁员。

接下来，让我们看一看实际的证据：对于我们最关心的两大结果——工作绩效和工作满意度，年龄究竟会带来怎样的影响呢？

- 年龄与工作绩效

寿命发展与老年学研究院主任哈维·斯登（Harvey Sterns）指出，大部分研究显示，"年龄与工作绩效之间几乎没有关联" [29]。事实上，部分研究还表明，年长者的业绩甚至可能比年轻人的更好。例如，在德国慕尼黑进行的一项持续 4 年的研究覆盖了梅赛德斯 - 奔驰公司的 3 800 名员工，用该研究的统筹人马蒂亚斯·维斯（Matthias Weiss）的话来说，研究发现"年长的员工似乎更善于避免犯严重的错误" [30]。关于绩效问题，有观点认为人的创造力会随着年龄的增长而衰退。学者戴维·加伦森（David Galenson）在研究了人类创造力的巅峰年龄后发现，从事实验性创作的艺术家的黄金年龄段在 40 ~ 60 岁，因为创作工作依赖智慧，而智慧是会随着年龄增长的 [31]。最后，还有证据显示，比起成员年龄相近的团队和组织，多元的年龄构成会带来更好的绩效，因为不同的新老员工往往能为团队贡献多样且互补的知识、技术和能力 [32]。

- 年龄与工作满意度

工作满意度是"态度与工作满意度"一章的重要话题。一篇综述文章回顾了超过 800 项研究后发现，年长的员工通常具有更高的工作满意度，与同事的关系也更好 [33]。不过，一项研究汇总了两万多名员工在 40 年间的相关数据，发现人们在组织中待得越久，工作满意度就越低。尽管存在不同的证据，但总体上，随着年龄的增长，人们的工作满意度会呈现上升的趋势，最可能的原因在于工作提供的薪酬和良好待遇通常会越来越多 [34]。也就是说，随着年事渐长，你说不定会越来越喜欢自己的工作！

## ○ 性别

谈到性别，我们需要先明确一点：与性别相关的绝大部分差异不会影响工作绩效 **㉟**。有篇综述回顾了数百项有关工作绩效和绩效评估的研究，得出的结论是：一方面，性别差异对工作表现优秀与否几乎没有影响；然而另一方面，不同性别之间存在巨大的薪资、利益和奖酬差异，这一差异是实际绩效差异的 14 倍之多 **㊱**。

关于性别的偏见和刻板印象根深蒂固。在招聘过程中，管理者在筛选特定岗位的应聘者时就时常为性别偏见所左右 **㊲**。例如，就男性主导的岗位而言，男候选人往往更受欢迎，如果面试官也是男性，这一偏向会格外明显 **㊳**。在入职以后，虽然男性和女性看似能得到相似的发展机会，但男上司实际上更不倾向于把女性指派到更具挑战性、更有助于获得晋升的岗位上 **㊴**。更有甚者，尽管男性和女性实际上具有同等的领导效能，但男性却更有可能被选中承担领导角色。这一现象也被称为"玻璃天花板效应"（glass-ceiling），即特定的群体在领导岗位上没有充分的代表性、事业进展受挫的情况 **㊵**。例如，2020 年 4 月，在标准普尔指数排名前 500 的企业中，仅有 6% 的 CEO 岗位由女性担任 **㊶**。此外，一项研究考察了西班牙的 20 个不同组织，发现出于性别偏见，女性更有可能被指派担任需要处理组织危机的领导角色。由于这些组织本身正面临着严重的问题，临危受命的女性领导者在任期内的业绩自然不会可观，而这种被偏见限制的职业机会和职业结果，被学者称为"玻璃悬崖"（glass cliff）①**㊷**。猎头公司光辉国际（Korn Ferry）负责多元化工作的高级合伙人内奥米·萨瑟兰（Naomi Sutherland）认为，"如果一个人与某种标准的领导者形象不符，无论有意还是无意，公司总是不太愿意冒险聘用对方"。**㊸**

换言之，"玻璃天花板"和"玻璃悬崖"之所以会存在，很可能是因为在美国

---

① 在本书的第 14 版中，此处引述的证据（即"女性更容易被指派为危机管理角色"）正好相反（即"男性更容易被指派为危机管理角色"）。第 14 版援引的研究证据来自 Gartzia et al.（2014），该研究发现，女性在领导岗位上普遍代表性不足，但事实上女性的特定能力或对女性的刻板印象可能反而有助于处理危机情况。在此基础上，第 15 版引用了关于女性领导者在职业中面临的"玻璃悬崖"的两项研究（Ryan & Haslam, 2005, 2007）。

事实上，作者在两版教材中的表述以及两组研究的结论和观点，都是统一而非矛盾的。Gartzia et al.（2014）探讨的层次为组织间，在此层次上，女性领导者职业发展机会的劣势非常明显，且比起特定情境下的积极作用，性别刻板印象带来的效果仍是消极居多。Ryan & Haslam（2005, 2007）主要在组织内探讨相关问题，她们的研究指出，对于性别的刻板印象让组织更容易在危机情境下指派女性接任、处理危机状况，却罔顾被指派的人本身是否适合这一岗位任命。

这些研究证据指向相同的主题：针对女性的刻板印象和偏见（而不是女性的实际能力情况）甚至决定了女性进入特定领导岗位的机会：在大的层面上，"好坏参半"的刻板印象使女性没有依据实际能力在领导岗位得到代表；对于一个组织来说，在绩效表现更差时，女性反而更有可能被指派到领导岗位上，这也使女性的领导能力遭到了额外的不公质疑。也就是说，在不同层面上，女性面临的数量更少（玻璃天花板）、类型更"扭曲"（玻璃悬崖）的事业机会共同构成了女性在职场中的困境。——译者注

人的刻板印象中，理想的领导者形象应该是欧洲裔男性，因为他们要比女性更有自主性、更具支配力❹。与此同时，对于女性的刻板印象往往是默认她们应该承担照顾者和关系协调者的角色，因此，在同样遇到工作 - 家庭冲突时，女性比男性更容易"受到惩罚"❹。相应地，女性还有可能由于婚姻、怀孕、育儿等，在职业生涯、绩效评估和薪资待遇等方面遭受偏见。这些偏见甚至有可能让孕期妇女失去工作，或让她们有更大的可能辞职离开❹。

上述种种刻板印象与实际的研究证据是相悖的。事实上，女性同样有很高的领导效能：从数百份研究的结果来看，女性是与男性有同样效能的领导者；非但如此，综观成千上万的公司，那些女性在领导岗位上得到更充分代表的企业其实会有更好的财务表现❹。针对男性和女性员工的误解和矛盾观点层出不穷，不过值得庆幸的是，很多国家已经颁布法律抵制性别歧视，例如澳大利亚、英国和美国等。此外，比利时、法国、挪威、西班牙等国也积极诉诸立法手段，力图提高性别多元化的程度，比如提升企业中女性董事会成员的比例❹。迄今，性别偏见和性别歧视依旧是一个相当重要的问题，不过我们也可以看到，这些情况有了改善的迹象。

## ○　种族与民族

1900 年，非洲裔泛非运动家 W. E. B. 杜波依斯（W. E. B. Du Bois）在伦敦发表了著名的《对世界各国的呼喊》（*To the Nations of the World*）。他在演讲中提到，20 世纪的问题"在于种族隔离，在于种族之间肤色的差异……竟被放大到了对超过世界半数公民的否定，让这些人无权分享现代文明的成果，无法发挥最大的才能、享有同等的机会和权益"。❹ 不过，纵然本章中探讨的诸多歧视与偏见仍旧是当今社会的主要症结，现在已经有许多国家立法遏制种族与民族歧视，比如澳大利亚、英国和美国等❺。

我们将种族定义为人们认为自己所归属的血统，民族则进一步代表了一系列文化特征，与种族特征多有重合之处。通常，我们会认为种族是生物学特征、民族是文化特征，不过在这两类特征的划分上，人们的自我认同常常也在起作用。有的行业历来在种族多元化方面更为保守，例如，在美国的广告和媒体行业，许多组织客户群体的种族构成已经越来越多元化，但它们的管理层却依然缺乏种族的多样性❺。种族和民族之所以值得研究，是因为这些特征与雇用结果息息相关，比如招聘决策、绩效评估、薪酬和工作中的歧视现象等❺。

种族与民族的少数群体成员会经历更多职场歧视❺。非洲裔人往往不如欧洲裔人那么容易得到雇主的青睐（这一研究发现可能仅仅适用于美国），前者在招聘面试时常常得到更低的分数，他们的工作绩效评级和薪酬更低，晋升的机会也更少❺❹。此外，即使在有控制的实验条件下，在排除了其他因素的干扰后，非洲裔人依然会受到歧视。例如，一项针对低收入工作的研究发现，没有犯罪记录的非洲裔人得到工作的机会比有犯罪记录的欧洲裔人还要低❺❺。更有甚者，在一项大规模随机实验中，研究者发现，在其他条件相同的情况下，仅仅是因为名字看起来更像非洲裔人而不是欧洲裔人的，求职者接到的面试邀请就会减少 50%❺❻。

## ○  残疾

有关身体或精神残疾的正式或非正式劳动政策因国家而异。澳大利亚、美国、英国和日本等国均设有专门的法案保护残疾人❺❼。这些法案提升了公众对具有身体或精神缺陷者的接纳程度，也促进了社会的无障碍改造。在 1990 年美国残疾人法案通过后，美国劳动群体中的残疾人比例即迅速上升❺❽。该法案规定，组织必须对工作场所进行适当的改造，令身体或精神方面有残疾的员工也能顺利无阻地工作。

### ·  残疾的范围

根据美国负责执行反雇用歧视法的机构——美国平等就业机会委员会（U.S. Equal Employment Opportunity Commission，EEOC）的定义，如果个体存在身体或精神方面的障碍，并导致其在日常生活的一个或多个重要方面受到了明显限制，就可以认定该个体是残疾人。在《美国残疾人法案》中，最具争议的一点是，它要求雇主也为精神病人做出适应性调整（比如在工作场所饲养疗愈或辅助动物）❺❾。目前已经明确的残疾类型包括肢体缺失、癫痫、唐氏综合征、听障、精神分裂症、酒精成瘾、糖尿病、抑郁以及慢性背痛等。这些状况几乎没有共通之处，因此，我们其实很难抽象地总结这些身体状况与雇用结果都有哪些必然的联系。

### ·  与残疾有关的结果

有学者已经对残疾与各种雇用结果的关系进行了多方面的研究。一方面，根据一项在假设场景下开展的研究，当其他因素被随机化处理时，人们倾向于认为残疾的候选人具备某些过人的品质，比如更加可靠❻❶。不过，另一方面，一篇考察了大量研究的综述文章发现，人们对残疾人的绩效期望往往较低，这也使得残疾人更不容易受到雇用❻❶。此外，有残疾的管理者往往觉得自己与下属的关系更差，除非他们的组织制定了相应的政策或流程来进行调节❻❷。比起身体残疾，精神疾患对工作绩效的损害可能更加严重，比如，患有抑郁、焦虑这一类常见精神疾病的员工更有可能出

现缺勤的状况 ㉝。

消除对残疾劳动者的歧视并非易事，任重而道远。例如，欧洲过去出台的许多激励性政策并没能真正提高残疾劳动者的比例，德国、法国和波兰推行的更直接的岗位配额制度甚至引起了负面效果，倒是美国加利福尼亚州颁布的反雇用歧视法可能还取得了一定的成效 ㉞。不过，认可残疾人具有的才干和能力本身确实产生了一定的积极影响。此外，技术的进步与职场的完善也将使各类残疾人有机会从事越来越多不同的工作。管理者需要深入理解各个岗位的技能要求，在真正意义上做好人岗匹配，并尽可能为能够胜任工作的残障人士提供方便。不过，要是员工没有公开自身的残疾情况呢？我们紧接着讨论这一点。

## ○　隐性残疾

前文提到，有的残疾状况是可以观察到的，例如四肢残缺、让人需要坐轮椅的疾病、失明等。不过，还有一些残疾并不那么显而易见，至少乍一看是看不出来的。这样一来，选择权就交到了本人手上，除非对方愿意公开，否则这种残疾就不为人知了。这就是隐性残疾（或不可见残疾）。隐性残疾通常包括感官功能受损（如听障）、自身免疫性疾病（如类风湿性关节炎）、慢性疾病或疼痛（如腕管综合征）、认知或学习障碍（如注意缺陷多动障碍，又称"多动症"）、睡眠障碍（失眠症）以及心理障碍（如创伤后应激障碍）㉟。

《美国残疾人法案》2008 年的修订案要求所有组织都要为各种类型的残障员工提供适应措施。然而，如果想得到相应的便利和保护，员工首先得向雇主公开自己的身体状况。许多员工恰恰不愿意透露自身的隐疾，因而也无法享受到应有的无障碍改造，从而无法更加得心应手地工作。研究表明，身患隐疾的员工担心，一旦公开了自身的残疾，就可能招致污名和排斥，或者让管理者觉得自己没有能力达成优秀的业绩 ㊱。此外，有的员工可能是在成年或工作以后才确诊，而非从小就有残障的，这些人对公开身体状况的恐惧就更加强烈了 ㊲。

其实，在某种意义上，隐性残疾并非真的看不出来。例如，一名自闭症患者即使不公开自己的情况，还是难免表现出某些外显的行为特征，诸如言语沟通障碍和适应性欠缺 ㊳。在观察到特定行为时，你可能会怀疑某个人患有残疾，但是你的归因很有可能出错。例如，你可能会以为某位同事说话缓慢、含糊不清是酗酒导致的，但实际上对方可能承受着中风后遗症的痛苦。

研究显示，公开身体状况对员工自己、对别人、对组织都是最好的选择。公开疾患有助于残障员工提升工作满意度和幸福感、获得他人的理解和帮助、拥有更成功的职场表现，以及享受组织提供的无障碍便利，让自己的绩效更上一层楼 ❽。

# ● 其他差异化特征

我们即将探究的最后几种个体特征包括宗教信仰和文化认同。这些特征反映的是深层差异，如果能克服歧视问题，它们将非常有助于提升职场的多元化程度。

## ○ 宗教信仰

信仰宗教的人与无宗教信仰者会相互质疑，信仰不同宗教的人们也很容易产生冲突。此外，当宗教对信徒的行为有特殊的要求或限制时，就有可能引起一系列雇用问题。几乎没有哪个国家的职场不存在宗教信仰差异。正因如此，许多国家的法律都明令禁止雇主歧视员工的宗教信仰，例如澳大利亚、英国和美国 ❼⓪。而且，与《美国残疾人法案》的规定类似，美国法律也要求组织适应、保障员工的宗教信仰自由。例如，迈阿密酒店某酒店的洗碗工玛丽·皮耶（Marie Pierre）为了参加宗教活动向酒店申请调整自己的排班、把周日空出来，但是遭到了拒绝。由于没有尊重员工的宗教信仰需求，该酒店最终被法院判定需向玛丽支付数百万美元的赔偿金 ❼①。

近来，美国的宗教歧视现象越来越频发，一部分原因在于该问题的复杂性。

## ○ 文化认同

我们常常看到人们用种族和民族来定义自己。除此之外，许多人其实还拥有强烈的文化认同（cultural identity），这种烙印来自家庭的文化传统，无论人们生活在世界的哪个角落，它都会伴随终生。文化规范深刻地影响着职场，有时还会引发冲突，或催生对文化少数群体的排斥。例如，畅销小说《母语者》（*Native Speaker*）的主人公亨利·帕克（Henry Parker）是一名商业间谍，作为韩裔美国人，他常常需要调和自身文化认同的冲突。为了和工作中不同的人打交道，亨利常常感到纠结，在顶着不同的身份时，自己到底应该表现得"更韩式"还是"更美式" ❼②。

为了应对全球化趋势和劳动力市场的变化，组织必须充分理解、尊重和适应员工个体或群体的文化认同 ❼③。假如一家美国企业要在拉丁美洲地区做生意，它就必须意识到当地的员工习惯享受悠长的暑假。在这种情况下，如果企业还要求员工在当地文化约定俗成的假日继续工作，必然会招致强烈的抵制。组织若是希望保持对员工文化认同的敏感度，就应该突破仅仅适应主流群体的旧习，根据不同文化的做法和规范创设尽可能丰富的个性化措施。通常，管理者可以推行弹性工作安排来平衡组织的目标和员工的需要。此外，不论管理者还是员工都可以努力提升自身的文化智力（cultural intelligence，CQ），即与具有不同文化背景的人融洽共事的能力，从而提升组织中人与人之间合作的效能 ❼❹。

## ● 能力

不论多么有激情，你可能都没办法拥有和莎拉·保罗森（Sarah Paulson）一样出色的演技、和勒布朗·詹姆斯（LeBron James）一样精湛的球技，或写出和 J. K. 罗琳（J. K. Rowling）一样精彩的作品。当然，人人都有自己的长处和短处，自然也会在执行某些任务、从事某些活动时比别人更强或更弱。从管理的角度看，最大的挑战在于理解个体能力的差异，并据此尽可能提高员工的绩效。

能力究竟意味着什么？提到能力（ability），我们指的是个体当前所拥有的执行某个岗位包含的各种任务的能力。综合能力主要包含心智能力与身体能力两大方面。

### ○ 心智能力

心智能力（intellectual abilities）是人们进行思考、推理、解决问题等思维活动时所需的能力。大多数社会都对智力赋予了很高的价值，这是很有道理的。聪明的人往往绩效更好、薪水更高、更容易获得晋升以及能得到更高级别的工作 ❼❺。然而，评估和测量心智能力并非易事，一部分原因在于，人们并不总是能准确测度自身的认知能力 ❼❻。虽然有机构开发了智商（IQ）测试来衡量个体的总体心智能力，但智商本身的来源、影响因素和测验方法其实颇具争议 ❼❼。对于 SAT 和 CAT 等大学入学考试，以及商业、法律和医学研究生的入学考试而言，情况也是一样的。设计这些测验的公司往往并不直言它们是用来衡量智力水平的，但专家们对此心知肚明 ❼❽。很多组织也会依据智力测试的结果进行招聘决策，例如，哪怕你想要成为美国橄榄球职业联盟的专业运动员，也得先通过心智能力的测试！ ❼❾

#### · 心智能力的维度

心智能力有七个最经常被援引的维度，包括：数字能力、语言理解、感知速度、归纳推理、演绎推理、空间想象与记忆力 ❽⓿。表 2-2 列示了这些维度的具体含义。

智力的各个维度之间是正相关的，比如，要是你的语言理解能力很强，那么你在空间想象力上可能也很有天分。由于这些维度之间的关联相当强，研究人员得以

表 2-2  心智能力的维度

| 维度 | 描述 | 工作岗位示例 |
|------|------|------------|
| 数字能力 | 进行快速与精确运算的能力 | 会计师：<br>计算一些项目的销售税 |
| 语言理解 | 理解所阅读或听到的内容，以及理解词语之间关系的能力 | 工厂经理：<br>遵从公司的聘用政策 |
| 感知速度 | 快速而精确地识别视觉上异同的能力 | 纵火调查员：<br>调查线索并支持人们对纵火者提起公诉 |
| 归纳推理 | 识别问题的逻辑顺序，从而解决问题的能力 | 市场研究人员：<br>为下一个经营期间预测一个产品的需求量 |
| 演绎推理 | 使用逻辑的能力以及分析论点意义的能力 | 主管：<br>在员工提出的两条建议中做选择 |
| 空间想象 | 设想一个物体在变换观察角度后的形状的能力 | 室内装修专家：<br>重新装修一间办公室 |
| 记忆力 | 保留和记忆过去经历的能力 | 销售人员：<br>记忆客户的姓名 |

在更高的层面上识别出一个总体的智力因素，它被称为"一般心智能力"（general mental ability，GMA）。证据表明，一般心智能力这一概念的结构和测量方式具有跨文化的不变性：经过对全球范围内超过 50 000 名被试的测量，研究发现，一般心智能力的概念在 73.2% 的国家都是成立的[81]。如果打个比方的话，这一结论意味着，委内瑞拉人或苏丹人拥有的心智能力类型，与美国人或捷克人相比并没有多大差别。也有一些证据指出不同文化的 IQ 分数存在一定程度的差距，不过，这些差距正在逐年缩小。此外，当我们将教育资源与经济发达程度的差距也考虑进来之后，这些差距就变得更加微不足道了[82]。

- 温德利能力测验

    你可能会很惊讶，在招聘决策中广泛应用的温德利能力测验（Wonderlic Ability Test）只需要 12 分钟就能完成。该测试有很多套不同的测试题，不过每套题的形式相同，都只有 5 个问题。比如：

    » 如果绳子的价格是每英尺[①]0.1 美元，那么用 0.6 美元可以买到多少英尺？

---

① 1 英尺约为 0.30 米。——编者注

» 假设以下论断中前两个是正确的，请判断第三个论断的正确性：（1）正确；（2）错误；（3）不确定。

a）这个男孩打棒球。

b）所有棒球手都戴着帽子。

c）这个男孩戴着帽子。

温德利能力测验既衡量答题的速度（几乎没有人能在规定时间内做完所有题目），又衡量能力的强度（越往后问题的难度会越高），因此它的平均得分是比较低的，从 21 分到 50 分不等。由于该测试能提供有效的信息，价格又颇为低廉，很多公司都会将其用于招聘决策中，例如美国大众超级市场公司（Publix supermarkets）、美国人才系统提供商万宝盛华公司（Manpower）、英国石油公司和美国卫星电视公司迪什网络（Dish Network）等 ❽❸。当然，这些公司大都没有放弃使用应聘申请表、面试等其他招聘工具，只是在原有模式的基础上增加了温德利能力测验来获取有关应聘者智力水平的有效数据。

- 心智能力与工作满意度

心智能力对提升工作绩效有很大的帮助，却未必能让人更快乐或对工作更满意 ❽❹。事实上，研究表明，具有更高的认知能力，从而在职场中表现更突出的员工，反而可能成为社会比较的对象，招致同事的嫉妒，并因此遭到侵害、霸凌或虐待 ❽❺。

○ **身体能力**

工作本质的不断变化使得心智能力在很多岗位中显得越来越重要，不过，身体能力（physical abilities）始终都在发挥着非常重要的作用。一项研究考察了数百种不同的工作，总结出 9 种从事体力工作所需的基本能力 ❽❻。表 2-3 列示了这些能力的具体内容。

当员工自身具备的能力与岗位的能力要求匹配时，就能达到较高的绩效水平 ❽❼。例如，类似消防员这样的岗位对力量可能有更高的要求，这样一来，身体能力的衡量结果对消防员的长期绩效表现就会有更强的预测力 ❽❽。不过，使用身体能力测试也有可能引起歧视问题，因为男性在这些测试上的得分通常比女性高很多。对此，女性在一定程度上可以通过体能与体格训练提升身体素质，从而达到特定岗位的基本要求 ❽❾。也就是说，如果你想从事的工作对力量、灵活性或其他方面的身体素质有所要求，你最好进行专门的训练来确保自己能够达标。

表 2-3　身体能力的不同类型

| 力量因素 | |
| --- | --- |
| 1. 动态力量 | 在一段时间内反复和持续使用肌肉力量的能力 |
| 2. 躯干力量 | 使用躯干肌肉（尤其是腹部肌肉）力量的能力 |
| 3. 静态力量 | 对外部物体施加力量的能力 |
| 4. 爆发力 | 在一次或者一系列动作中所能使用的最大力量 |
| **灵活性因素** | |
| 5. 伸展灵活性 | 最大限度伸展躯干和背部肌肉的能力 |
| 6. 动态灵活性 | 做出快速、反复屈伸动作的能力 |
| **其他因素** | |
| 7. 身体协调性 | 同时协调身体各部分动作的能力 |
| 8. 平衡性 | 在受到外界力量干扰时保持平衡的能力 |
| 9. 耐力 | 在一定时长内持续为一个动作做出最大努力的能力 |

总的来说，当今的组织越来越意识到，具有卓越生产力的劳动力队伍包含形形色色的员工，各种类型能力的高低并不能完全体现员工个体的价值。例如，软件公司思爱普（SAP）在德国、印度和爱尔兰的试点计划中发现，一些患有自闭症的员工在软件调试这种需要高度精确性的工作上表现得格外出色 [90]。高瞻远瞩的管理者能看到员工多元化的巨大优势前景。当然，将各色员工整合形成一支高效的队伍是需要技巧的。在下一小节中，我们将探讨如何实现这一目的。

## ● 实行多元化管理策略

我们已经探讨了人与人之间差异的各种形式。接下来，我们看一看组织应该以及可以采取怎样的手段管理这些差异。多元化管理（diversity management）意在令每一个人都能充分、敏锐地认识到不同人的差异和需求 [91]。这个定义强调了一个事实，即多元化行动人人有责、利在大家。当我们每一个人都将多元化行动当作自己的事，而非觉得它只对少部分人有好处时，多元化管理才更有可能取得成功。

## ○　吸引与选拔多元化的员工

提升职场多元化程度的一种途径，是向在劳动力中代表性不足的群体有针对性地发送招聘信息。通常的做法包括：把招聘信息在面向特定群体的渠道中发布，在这类群体集中的院校和机构中重点招聘（例如，为了鼓励女性从事技术研究工作，微软就采取了类似的做法）[92]，以及与各种协会（例如女性工程师协会、全国少数民族供应商发展理事会）形成合作伙伴关系。

研究显示，女性和少数民族群体对于在招聘信息中特别强调多元化努力的企业会产生更大的兴趣。不过，如果招聘广告在彰显多元化时没能突出女性和少数民族群体在领导层所占的地位，那么企业努力经营多元化形象的效果也会大打折扣[①][93]。

选拔过程是组织多元化实践中最重要的一环。招聘经理在选聘员工时应当始终秉持公平、客观的态度，关注新员工的工作潜力。如果招聘经理能够采用经过清晰界定的标准来评估应聘者的才能，组织在同等情况下也能优先选择非歧视性的做法，那么，最终的雇用人选自然会更多取决于候选人的资质本身，而非其人口特征了[94]。

## ○　群体中的多元化

前文提到，人在工作时免不了要和形形色色的人打交道。就拿一家餐馆中的某个团队来说，团队全体成员需要确立共同的目标、合力完成重要的任务，在这一过程中，他们需要进行频繁的沟通。如果这些员工没有感受到自己是团队的一分子、没有受到群体凝聚力的感召，那么这个团队乃至整个餐馆的绩效都会受影响。

就团队绩效而言，成员特征的多元化有时会带来负面的影响，有时则能起到促进作用[95]。多元化团队与同质化团队究竟哪种更高效，取决于我们关注的工作任务本身的性质。一般而言，人口统计学特征的多元化（如性别、种族和民族）对团队绩效既无增益，又无损害。不过，如果处理得当，管理团队的种族多样性确实有可能提高组织的绩效[96]。另外，如果成员普遍具有较高的心智能力、认真负责，并热衷于团队合作，团队的效能往往更佳[97]。如果团队成员在这些方面差异较大可能反而不好，毕竟专门在团队中加入智力、责任心和团队协作意愿有所欠缺的成员根本说不过去。不过，在另一些情形中，差异的确可以塑造优势。由具备多种专长和教育背

---

① 根据参考文献第 106 条，此处的两则证据不仅表明了在招聘广告中彰显多元化的必要性，而且也指出，在相应策略中应该着重体现少数群体在领导层的代表性，否则效果就会大打折扣，如 Avery（2003）提到："Black viewers were attracted by ad diversity but only when it extended to supervisory level positions."（只有当招聘广告中提及的多元化扩展到管理层级时，非洲裔求职者才会被吸引。）——译者注

景的人员组成的团队，往往比同质化的群体更具效能 **98**。

无论群体具体构成是怎样的，我们都可以利用其中的差异实现更高的团队绩效。在这一过程中，员工和团队领导者需要格外留意团队断裂带（faultlines）的问题，即成员多元化特征的分化有可能将团队分裂成不同的小团体，尤其是当团队面临压力或威胁时，这种现象更容易发生 **99**。要弱化团队断裂带的影响，我们可以更多地强调相似性、发挥互补性，以及强化共同的愿景与目标 **100**。例如，在我们前面提到的餐馆中，当员工队伍存在着很大的表层和深层差异时，团队可以有意识地强调彼此共同的价值观、目标以及其他有助于团队凝聚一体的特质。一项研究考察了联合国派往利比里亚和海地的 7 个和平建设工作小组，发现这些团队在发展壮大的过程中逐渐铸就了共享的集体认同 **101**。纵使各自的特质千差万别，团队成员共处的时间越久，就越有可能培养出一份共享的认同感。

围绕群体多元化的学术探讨并不仅仅停留在团队成员都有谁这个层面上，更关键的问题在于多元化对人际互动有怎样的影响 **102**。归根结底，多元化对群体之所以重要，是因为个体间的深层差异使团队成员得以汇聚异质性的信息和经验，并根据团队的需要各司其职地发挥才能 **103**。还是拿餐馆来举例，每个员工都可以运用自身独特的技能和经验（例如顾客服务、吧台调酒、创造力等）帮助其他成员学习、弥补他人技能的不足，进而提升团队的绩效。当团队在该一致的地方一致（例如目标和价值观）、在该不同的地方不同（例如互补的技能和经验）时，员工就能彼此信任、高效沟通，形成某种认同感，并有策略地开展工作 **104**。

## ○ 多元化行动

在招聘、筛选以及培训与发展员工等诸多环节，组织会采取各种各样多元化管理行动。总的来说，这些行动是有效的，例如，一篇综述了数百项研究的文章指出，多元化管理行动能够切实地增加与多元化相关的知识，提升劳动力队伍中相应少数群体的代表性 **105**。高效、全面的多元化行动包含三个不同的方面：第一，使管理者熟谙保障平等就业机会的法律规定，并鼓励他们公平对待具有不同人口统计特征的人；第二，让管理者明白，一支多元化的劳动力队伍能更好地服务于多元化的用户市场。第三，提供个人发展机会，帮助每一位员工发挥自身的才能，并能够认识到差异化视角促进全体员工绩效提升的价值 **106**。

人们反对雇用歧视，大部分时候是因为它不公平。因此，无论自身种族或性别如何，人们通常会表示支持促进多元化、提升少数群体代表性，确保人人都有同样的机会展示才华的行动。此外，一项针对 155 家加拿大企业的研究显示，如果公司将多元化行动作为战略的核心成分，少数群体的代表性将得到显著提升，企业的投资回报率（ROI）也将从中得到改善❿。

　　组织的领导者应当时时审视自身的用人情况，判断特定员工群体的才能是否得到充分的发挥。如果某些员工群体没能在高级管理层中占据应有的比例，那么管理者就应该去识别阻碍这部分人晋升的隐形壁垒。通常，管理者可以改进招聘流程，让选拔制度更加透明，并对以往接触多元化问题不多的员工进行足够的培训。此外，组织也应当对这些政策进行清晰的说明，使员工理解组织多元化管理的不同方式和理由。在沟通过程中，组织应尽可能侧重于员工的资质和工作绩效，否则，如果过分强调某些群体需要额外的帮助，可能起到反效果。站在个体的角度上，员工自身在遭遇偏见时也应该采取正面的应对措施，并依照公司的政策向人力部门举报类似的事件。个体应该意识到，在自己对带有偏见的行为发出抗议之后，对方是能够做出改变的。如果真的能这样想，员工对未来就会有更积极的感受，工作满意度会得到提升，后续也更有可能与冒犯者发展出良好的关系❽。

　　最后，研究还告诉我们，企业在实行多元化行动时需要根据自身的实际情况做出调整，特别是要了解行动参与者的需求，并频繁地寻求反馈❾。此外，跨国企业的多元化行动还需要适应不同的国家和文化。例如，一项针对芬兰跨国企业 TRANSCO（输电公司）的案例研究发现，虽然公司能将全球范围内的多元化行动整合到一套统一的管理哲学体系中，但是，由于各地法律与文化情况迥异，最终 TRANSCO 不得不做出妥协，为在各地运营的分支机构制定不同的政策⓿。

## ● 本章小结

本章从多种视角探讨了多元化问题，特别是表层特征和深层特征的差异。个体差异激活的刻板印象有可能引发歧视问题，催生不公平的工作环境和待遇，并给管理者和组织带来法律风险。本章也谈到了诸多个人特征和能力特质，并考察了这些特质与各种职场功能和后果的关系。最后，我们还探讨了组织、管理者及员工个体管理多元化问题的方法。总而言之，多元化管理有助于提升少数群体的代表性、提高组织的多元化程度，以及增进员工对于多元化益处的了解。这是一项长期的使命，需要组织各个层级的参与。

## ● 对管理者的启示

- 加深对刻板印象的认识，了解刻板印象根深蒂固的原因及其在组织中可能引起的隐性歧视的各种形式。
- 意识到自己心中存在的刻板印象，挑战自我，提高判断的客观性。
- 充分评估残障员工可能需要的无障碍改造，并调整好工作岗位，以适应残障员工自身的能力。
- 尽可能理解和尊重每位员工独有的个人特征，用公平和个性化的方式对待员工会带来最佳绩效。
- 深入了解所在组织的反歧视政策，并向员工充分传达其要义。
- 不要局限于容易观察到的个人特点，而要去看到更深层次的差异，在做出管理决策之前一定要充分考虑员工的能力。同时，保持开放的心态，鼓励员工说出自己的隐疾。
- 在招募与选拔过程中着力推动多元化实践。
- 全面规划组织的多元化管理行动，将多元化意识渗透到组织运行的方方面面。

请扫描二维码
获取书中参考文献

# 第 3 章

# 态度与工作满意度

● **本章学习目标**

» 对比构成态度的 3 个不同要素；

» 总结态度与行为的关系；

» 对比几种主要的工作态度；

» 说出 2 种测量工作满意度的方法；

» 总结影响工作满意度的主要原因；

» 说出工作满意度可能导致的 3 种结果；

» 阐述员工对工作不满意的 4 种反应。

## ● 态度

态度是对不同的人、事、物的评估，它既有可能是正面的，也有可能是负面的。态度反映了我们对事物的感受。当你说"我喜欢我的工作"时，你就是在表达自己对工作的态度。

态度是很复杂的。我们来打个比方，你现在有意愿成为一名会计师，希望向会计、审计从业者了解相关信息。假如你直接去问他们对自己工作的态度，大概率会得到极其简单的回答（比如，"我讨厌我的工作"，或是"当会计真的太棒了！"，云云），但这些答案背后的原因可能是很复杂的。例如，那些觉得会计工作充满挑战、能带来巨大的利益，又得到了管理者充分支持的从业者，往往工作得更加愉快❶。在本章接下来的部分，你将会了解到，对工作满意与否、对雇主承诺的高低以及其他方面的态度都是职场中的重要话题。当你喜欢自己的工作时，你会更有意愿留下来、把工作做好，甚至不惜付出额外的努力也要把任务完成。为了完整地理解态度这个概念，我们必须考察它最根本的属性或构成。

学者通常假设态度由 3 个要素组成：认知、情感和行为❷。例如一个人说"我的薪水很低"，这样的说法就是态度中的**认知要素**（cognitive component），即对态度所指对象（比如你的上级）的观点或信念。认知要素铺垫了态度中更关键的组分，也就是**情感要素**（affective component）。情感构成了态度中涉及情绪或感受的部分，比如上文中的同一个人可能会说"薪水这么少让我很愤怒"。最后，情感会引发后续的行为。态度中的**行为要素**（behavioral component）描述了人们对某人或某事采取特定行动的倾向。沿用刚才的例子，这个人可能会想，"我得去找一份工资高一些的工作"。

这种方式有助于我们理解态度本身的复杂性，以及态度与行为之间的潜在关联。图 3-1 展示了构成态度的三种要素之间的关系。我们可以想象一下，假如你觉得自己明明应该得到晋升，实际上却没有，那么，你对自己上司的态度可能是这样的：你

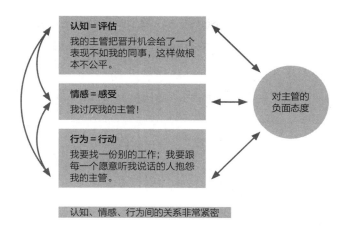

认知、情感、行为间的关系非常紧密

**图 3-1　态度的构成要素**

认为自己应该得到晋升（认知）；你特别讨厌自己的上司（情感）；你对此多有抱怨，并已经或准备采取行动（行为）。

　　在组织中，态度的重要性在很大程度上源自它的行为要素。拿本章一开始的例子来说，如果一位会计师认为自己与目前的公司没有很强的联结，自己可以在别的公司得到更好的机会，那么这种信念就会对他在组织中的去留产生影响。对管理者而言，要想降低员工的离职率，理解这种组织承诺的成因和它可能发生的变化就变得非常重要。有意思的是，荷兰的一项研究发现，如果要预测哪些员工更可能对组织产生承诺（例如在不同的新员工之间比较），或是预测哪些员工更可能丧失组织承诺（例如考察离开组织、另谋高就的会计员），态度的认知要素似乎才是最重要的 ❸。

## ● 态度与行为

　　态度对人们行为方式的影响是很容易想象的。拿我们前面的例子来说，如果会计师对当下的工作不满意、对目前的组织缺乏认同，那么我们往往会认为，他很有可能开始寻找别的工作。研究证据在总体上也支持我们的这种直觉，即态度能够预测未来的行为 ❹。

　　态度与行为的关系并非一成不变，它取决于几类重要的因素，包括态度本身的重要性（importance）、与行为的对应性（correspondence）和可提取性（accessibility）、是否存在社会压力（social pressures），以及个体是否具备有关这一态度的直接经验（direct experience ❺。重要的态度往往反映了我们根本的价值观念、个人利益，或是对我们最重视的个人及群体的认同，这一类态度通常也与我们的行为有着更强的关联。让你印象最深的往往是你经常表达的态度，也恰恰是那些容易被记忆触及的态度对行为的影响更深。然而，如果存在社会压力，比如在大多数组织中，员工在强大外力的制约下必须遵循某种行为方式，那么人的态度与行为就有可能相互抵牾。此外，如果某种态度来自我们个人的直接经验，那么它与行为的关联就会更强一些。

机器学习技术（见第1章：何谓组织行为学）的发展进一步拓展了研究者对"态度 - 行为"关系的理解。例如，有学者利用机器学习技术分析了医院护士的工作态度后发现，只有当工作责任的定义足够清晰时，这些态度才会影响工作绩效 ❻。

不过，在特定的情况下，行为也会反过来影响未来的态度。你有没有见过人们为了与实际的行为保持一致而改变说辞呢？例如，当职场中的女性站出来抗议骚扰行为时，即便确凿的证据已经摆在眼前，公司的部分管理者或骚扰犯常常也会轻描淡写、大事化小、顾左右而言他，甚至还会反过来激烈地维护这种行为 ❼。这种"态度随着行为改变"的情况反映出了认知失调（cognitive dissonance）的作用，即个体感知到的多种态度之间或态度与行为之间的不一致，可能对个体后续的态度与行为产生影响 ❽。

人总是寻求态度与态度之间、态度与行为之间的协调 ❾。任何形式的失调都会令人感到不适，因此人们会试图减少它。在出现失调时，人们要么改变态度，要么改变行为，又或者为失调找到合理的解释。例如，在大学教职人员罢工抗议期间，如果工会转而建议大家接受学校的提案、恢复正常的工作，这些教工往往一时难以接受，他们会继续搜寻额外的信息来佐证抗议的初衷，好让自己坚信学校的提案是不公平的 ❿。

认知失调难以避免。你明知走路或开车时发短信是不安全的（这种行为的危险性已经被研究证实了，千万别在这件事情上找理由来减轻认知失调！）⓫，但你还是抱着侥幸心理这么做了。人们减轻认知失调的意愿取决于三方面因素。首先是产生认知失调的原因是否重要（importance），其次是我们认为自己可以对这些因素施加多大的影响（influence）⓬。如果引发失调的态度很重要，或是人们认为自己有能力控制导致失调的那些事情，那么个体就有更强烈的动机去减轻失调的感觉。最后，这种意愿的高低还取决于认知失调的奖赏（rewards）。如果失调伴随着很高的奖赏，那么失调所致的紧张就能得到缓解。例如，倘若认知失调的状态能带来一定的好处，譬如超出预期的涨薪，那么这种失调就显得不那么令人难以忍受了 ⓭。

## ● 工作态度

我们可能有成千上万种态度，但组织行为学主要关注与工作密切相关的有限类别，以期理解员工对组织的正面和负面评价。研究表明，在众多工作态度中，组织认同（organizational identification）最为关键，它代表员工以组织具备的特质定义自身的程度，是各种具体态度与行为产生的基础 [14]。一篇综述收录了数百项有关工作中"态度 - 行为"关系的研究，发现组织认同能够强有力地预测所有主要的工作态度 [15]。此外，有学者借鉴了人工智能领域的理论，提出人类的态度形成过程与机器学习在本质上非常类似，即基于持续产生的信息，实时更新对未来事件的预测。打个比方，员工可能会经历相继发生的数个事件，先是降薪，然后是裁员，再到取消年终奖。一连串事件下来，员工就会从中"学习"，认为组织可能并不重视为员工提供可观的薪水，进而产生消极的态度、不再认同组织 [16]。

大部分组织行为学研究关注这三种态度：工作满意度、工作参与度和组织承诺 [17]。其他比较重要的态度还包括感知的组织支持和员工投入 [18]。在接下来的小节中，我们将依次讨论这些态度。

### ○　工作满意度与工作参与度

在谈论员工态度时，人们通常是指工作满意度（job satisfaction），它代表个体对工作的一种积极情感，这种情感源于对工作特征的评价。一个工作满意度高的人对工作的感受会非常正面，相反，满意度低的人对工作的感受则是负面的。鉴于工作满意度是组织行为学中非常重要的一种工作态度，我们后续还会对它展开详细的讨论。

与工作满意度相关的态度还有工作参与度（job involvement），它衡量了人们对工作的心理认同，以及工作绩效在自我价值中的重要程度 [19]。工作参与度高的员工往往非常认同且关心自己的工作，因此通常也对工作更加满意 [20]。

还有一个概念与工作满意度相关，叫心理授权（psychological empowerment），即员工自认为对工作环境、自身能力、工作意义感及自主性所能施加的影响 [21]。员工越是感到被"授权"，就越可能有良好的工作表现、开展组织公民行为（见第 1 章：何谓组织行为学）、发挥创造力，也越不容易产生离开组织的念头 [22]。

### ○　组织承诺

组织承诺（organizational commitment）高的员工对组织及其目标持有认同态度，

并且希望自己一直是该组织的一员。员工对组织的情感联结和对组织价值的信念是衡量员工组织承诺的"金标准"❷。

承诺度高的员工对组织更加忠诚、情感更深，因此即便心有不满，可能也别无选择或更不舍得离开❷。就算对当前的工作并不算满意，只要组织承诺够高，员工就有可能坚持下去。

## ○ 感知的组织支持

感知的组织支持（perceived organizational support，POS）表示员工在多大程度上相信组织重视他们的贡献、关心他们的福祉。当员工认为奖酬政策比较公平，自己可以在决策中表达意见，且领导者具有提供支持的意愿时，他们就会感知到较高的组织支持❷。

组织支持能预测各类雇用结果，不过这种预测作用存在文化差异❷。一类重要的文化差异是权力距离（power distance），即人们对组织和机构中不均衡的权力分布格局的接受程度。在美国等权力距离较低的文化环境中，人们更倾向于将工作视为一种社会交换，而非道德义务，因此，只有组织提供确切的支持，员工才有理由留在组织中。权力距离更高的文化则不同，例如，促使这些文化环境中的员工感知到组织支持的原因，可能有别于美国员工所看重的公平、支持和鼓励。

对于跨国企业来说，情况可能更为复杂，因为它们的员工常常需要远渡重洋、工作相当长的时间。对这类员工，组织更需要提供充分的支持，否则就要承担外派工作失败的巨大损失。在这种情况下，组织可以考虑提供后勤保障（例如解决员工在当地的住房和安全出行问题）、文化支持（例如对员工进行培训，帮助他们与不同国家的人高效沟通）或关系支持（例如发起相关项目，帮助员工在当地结识新朋友、筑起社会支持的后盾）❷。

## ○ 员工投入

员工投入（employee engagement）指员工对工作怀有的热情❷。这个概念在很大程度上包含了一系列态度（例如工作满意度和组织承诺），但除此以外，它还体现了员工为工作注入的"心血与灵魂"❷。投入程度高的员工对工作富有热情，与组织紧密地联系在一起；投入程度低的员工则心不在焉，往往只在工作中投入时间，而不投入更多精力和注意力。对于大多数组织而言，员工投入是重中之重，因为投入程度的低下会带来巨大的财务损失。一项研究估计，每年因员工投入不足引起的生产力降低对应的财务损失或高达 5500 亿美元❸。员工投入与工作投入密切相关，在后续有关动机的章节中，我们还将详细探讨这一内容。

投入度会影响诸多组织结果。一项综述研究发现，员工投入与员工个体和组织的绩效均有一定关联。另一项研究考察了 36 家企业的近 8000 个业务单元后发现，员工平均投入更高的业务单元拥有更高的顾客满意度、更具生产力、能创造更多利润，员工的离职率和差错率也更低❸❶。现实中的例子也有很多，如啤酒生产商摩森康胜（Molson Coors）就发现，对比投入度高和投入度低的员工，前者发生安全事故的频率是后者的 1/5，而且严重程度也有明显的差异，两类员工安全事故的平均成本分别是 63 美元和 392 美元。机械制造公司卡特彼勒（Caterpillar）也曾着力提升员工的工作投入，这一举措的成效十分可观，顾客不满意率大幅减少了 80%，高度满意率则增加了 34%❸❷。

上述态度各有各的不同，不过出于种种原因，比如受到个体人格特质的影响，这些态度往往高度重合。通常，如果你知道了一名员工的工作满意度，那么你大概率就能够把握此人对组织的看法。接下来，我们来仔细考察一下工作满意度和对工作不满意的重要意义。

## ● 工作满意度

我们在前文已经提及工作满意度，也知道它是最重要的工作态度之一，能够预测众多商业活动结果。接下来，我们来更深入地探讨一下：假设你是一名管理者，现在，你希望进一步了解组织中人们的满意度水平。那么，你应该用什么办法来衡量工作满意度呢？大家总体的工作满意度是什么水平呢？我们马上会揭晓答案，不过这些答案可能会令你很意外。

### ○ 如何测量工作满意度

目前存在两种主流的测量方法。第一种是综合评价法，只需要提出一个问题："将所有因素考虑在内，你对自己的工作满意程度如何？"让回答者从 1（"非常不满"）到 5（"非常满意"）中圈出合适的分数即可。第二种方法是要素总和法，它综合了工作的各个方面，相对复杂一些。它涉及工作中的各种关键要素，如工作性质、技能要求、上级督导、当前薪酬、晋升机会、文化和同事关系。回答者需要针对每个方面在标准量表上打分（例如数字从 1 到 5 代表从不满意到满意），把各方面的分数加总起来就可以得到一个综合的工作满意度分数。

这两种方法孰优孰劣呢？直觉上，你可能会觉得综合各种工作要素的要素总和方法能得到更准确的结果。然而，研究结果却与我们的直觉相反 ㉝——简单的方法和复杂的方法同样有效、难分伯仲，这种情况实属罕见。总而言之，两种方法都很有用，综合评价法省时省力，要素总和法则能够帮助管理者直击问题、快速解决。

- ## 人们普遍上对工作有多满意

大多数人的工作满意度水平是怎样的？2017 年的《世界幸福感报告》在全世界 160 个国家及地区进行了调查（这些国家及地区的人口占世界总人口的 98%），发现在 92.5% 的国家及地区当中，大部分人对自己的工作比较满意 ㉞。工作满意度往往能在相当长的时间内保持稳定，例如，美国国民的工作满意度从 1972 年到 2006 年一直维持着很高的水平 ㉟。然而，经济形势会对工作满意度产生影响。自 2007 年年末起，伴随着经济的急剧萎缩，美国民众的工作满意度水平持续下滑，并在 2010 年跌至 42.6% 的最低点 ㊱。在经济危机过后，劳动者的满意度有所提高，在 2017 年回升至 51% ㊲，但较之 1987 年 61.1% 的峰值显然弗如远甚 ㊳。

人们对工作中不同方面的满意度也有很大差异。图 3-2 显示，一般来说，人们对工作岗位总体、工作内容本身以及上司和同事的满意度更高，对薪酬和晋升机会的满意度则相对低一些。

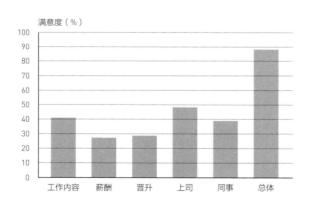

**图 3-2　不同方面的平均工作满意度**

**资料来源：** 人力资源管理协会，《2017 年员工工作满意度与参与度：机会之门已打开》，2017 年 4 月 24 日。

此外，一篇综述文章囊括了几十项研究、整合分析了涵盖 750 000 余名参与者的数据，发现工作满意度水平存在轻微的种族差异：欧洲裔人往往比非洲裔人对工作更满意，对于复杂程度高的工作岗位而言尤其如此 ㊴。放眼全世界，如图 3-3 所示，根据 2017 年的《世界幸福感报告》，世界 19 个较大经济体的员工工作满意度水平均超过了 70%。要完全弄清全世界范围内影响工作满意度的所有原因是很困难的，不过，我们可以通过考察世界各地的组织提升工作满意度的做法来窥见一斑。

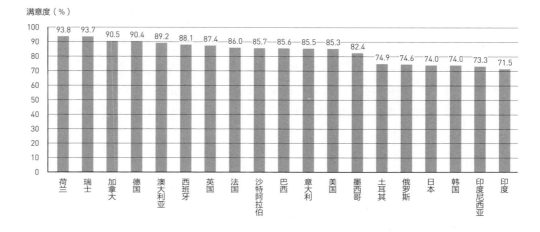

图 3-3　不同国家的员工工作满意度

资料来源：德内夫，沃德，《工作中的幸福感》，《世界幸福感报告》（2017 年《世界幸福感报告》附录，海利韦尔、莱亚德和萨克斯编著）。

## ● 影响工作满意度的因素是什么

请回想自己从事过的最棒的一份工作。它好在哪里？答案可能是各种各样的。下面，我们先从工作条件开始，逐一考虑可能影响工作满意度的诸多因素。

### ○ 工作条件

一般而言，员工都喜欢能给予培训、多样性、独立性、控制感且趣味性高的工作。不过，除了工作自身的性质，通力合作、反馈信息、社会支持，以及与同事甚至顾客的良性互动等条件，也都与工作满意度密切相关❹。人人都知道恶性的工作环境会侵蚀员工的满意感。例如，要是在工作中受到了种族歧视，你估计对工作满意不起来。有研究发现，种族歧视甚至会损害员工的身心健康❹。

你或许也能猜到，管理者对员工满意度的作用同样关键。有综述研究考察了 23 个不同国家超过 70 000 名员工的数据后发现，领导者与员工的社会交换质量

（LMX）与员工满意度之间存在显著的正向关系，且这一关系在更强调个人主义的文化（例如西方国家）中比在更强调集体主义的文化（如亚洲国家）中更强 **㊷**。此外，是否能"融入"工作也会影响员工的态度。另一项综述研究考察了在东亚、欧洲和北美地区开展的上百份研究，结果表明，北美的员工更看重自身与组织和工作岗位的匹配程度，而东亚的员工则更在意自身与团队或上司匹配与否 ①**㊸**。

可见，工作条件是工作满意度的重要预测指标，特别是工作的内在性质、工作中的社会互动及管理活动这几个方面 **㊹**。通过改善工作条件，管理者可以非常有效地提升员工的满意度，从而使员工快乐地工作。例如，美国求职网站玻璃门（Glass-door）评选出了"2019 年度最佳职场"榜单，贝恩公司位列其中；一位贝恩员工的心声再次向我们展现了社会支持的重要性："在这里，所有同事都是我的良师益友。" **㊺**

## ○　人格

人格对工作满意度的影响与工作条件同样重要 **㊻**。具有正面核心自我评价（core self-evaluations，CSEs，我们在后续有关人格和价值观的章节中会进一步讨论）的人，也就是那些坚信自身内在价值和基本能力的个体，通常会比持有负面 CSEs 的个体拥有更高的工作满意度。在集体主义文化中，CSEs 对工作满意度的作用可能格外突出 **㊼**。

## ○　薪酬

你可能会留意到，人们在谈论工作满意度时，难免会提到薪酬。薪酬的确与工作满意度和总体幸福感有关，不过，一旦个体的生活条件达到了一定的舒适水准，它的效果就不那么明显了 **㊽**。在后面有关动机的概念与应用的章节中，我们还会讨论金钱的激励效果。不过目前，我们姑且可以推论，金钱确实能激励人，但催人奋进的东西也未必会令我们感到快乐。

## ○　企业社会责任

试想一下，在明确拥有社会福利使命的组织工作，会比在没有这种使命的组织中工作更令你快乐吗？组织对企业社会责任（corporate social responsibility，CSR）

---

① 此处引用的研究探讨了个人 - 环境匹配的四个维度在不同文化中作用的差异。该理论框架包含两个理性匹配维度（组织与工作匹配）和两个关系匹配维度（团队与上级匹配）。研究发现，在东亚和北美文化中，理性匹配和关系匹配对员工工作体验的预测程度是不同的，这恰恰折射出了不同人群对不同维度重视程度的差异。——译者注

的承诺，即自行承担的、高于法律标准的社会或环境义务，正在对员工的工作满意度发挥越来越重要的影响。组织承担社会责任的实践形式不一，包括采取行动提高环境可持续利用性、从事非营利事业或进行慈善捐赠等。

承担企业社会责任对地球和人类都大有裨益。因此，当个人价值观与企业社会责任使命匹配时，员工会对自身的工作更满意。事实上，近期一项面向 59 家大小组织的调查表明，86% 的员工都因为组织发起的社会责任项目变得更快乐了❹。

慈善公司吉罗瑟提（Givelocity）的创始人苏珊·库尼（Susan Cooney）认为："我们的下一代员工寻求的是在'人''地球'和'利润'三个方面都有底线的雇主。"❺企业社会责任使员工得以追求更崇高的目标，或为这样的事业出一份力。当人们感到自身的工作是某种伟大事业的一部分时，就会对工作更满意❺。不过，组织必须妥善管理自身的社会责任行动，因为只有当这些活动本身具有可持续性时，员工才能长期保持较高的工作满意度❺。

总之，企业社会责任是大势所趋，它回应了社会对责任和奉献的诉求。若能管理得当，它也将显著提升员工的工作满意度。

## ● 工作满意度的结果

在讨论了影响工作满意度的原因之后，我们接着来看一看它的几类结果。

### ○ 工作绩效

研究证据表明，快乐的员工通常更高产。有学者曾认为工作满意度与工作绩效的关系是个未解之谜，不过后来有综述统合了 300 多项研究的证据后指出，二者的关系实际上是非常稳健的❺：满意度更高的个体绩效更好，拥有这类员工的组织也比一般组织效能更高。

### ○ 组织公民行为

从逻辑上讲，工作满意度也应该是员工组织公民行为（见第 1 章：何谓组织行为学）❺主要的决定性因素之一。证据显示，工作满意度的确在一定程度上与组织公民行为相关，人们对自身的工作越是满意，就越有可能实施这类行为❺。那么，工作满意度为什么会促使员工实施组织公民行为呢？一种可能的原因是信任。一项在 18 个国家进行的研究发现，当员工实施组织公民行为时，领导者也会投桃报李、对员工展现更大程度的信任 ①❺❻。此外，当个体感受到来自同事的社会支持，而非与同事处于对抗的关系之中时，个体也更有可能为别人提供帮助 ❺❼。

## ○ 顾客满意度

服务性组织的管理者需要关心如何令顾客满意的问题，因而自然需要考虑员工工作满意度与客户服务效果之间的关系。对于经常接触顾客的员工而言，答案是肯定的：员工满意能带来更高的顾客满意度和顾客忠诚 ❺❽。

许多公司已经将这一证据付诸实践。美国在线鞋履零售商 Zappos（美捷步）就极其重视寻找工作满意度高的客服人员，甚至在新员工培训过程中加以鉴别，并设置了 2000 美金的补偿金，好让对工作缺乏满意感的员工拿钱走人 ❺❾。Zappos 极大地赋权于员工，从而"营造有趣中带点古怪"的品牌风格，增进顾客满意。这种模式十分奏效：在公司的 2400 万名客户中，75% 的人会重复购买。显然，对于 Zappos 公司来说，员工满意度对顾客满意度有着直接的影响。

## ○ 生活满意度

到目前为止，我们一直将工作满意度和生活满意度分开看待，但是，二者之间的关联或许比你想象中的更紧密，研究证据也表明，工作和生活的满意度总是相互影响的 ❻❶。此外，根据德国的一项研究，人们在失业时生活满意度会下降，而且这并不仅仅是因为他们失去了收入来源 ❻❶。对于大多数人而言，工作是生活中重要的一部分，自然地，我们总体上感到的快乐在很大程度上取决于我们在工作中体验到的快乐。

## ● 工作不满意的影响

当员工对工作不满时会发生什么呢？下面这个理论框架有助于我们理解工作不满意的后果："退出（exit）– 建言（voice）– 忠诚（loyalty）– 忽视（neglect）"。

---

① 这则引用可能不是那么恰当。研究关注组织公民行为及由此引起的领导者信任对领导者自身而非员工的影响，且全文的理论核心没有涉及工作满意度。结合本段接下来引用的另一则关于社会支持的研究，对作者观点和逻辑的一种非常间接的猜测是：当员工对工作更满意时，他们会更重视领导者的信任，因而开展更多组织公民行为；只有如此，"信任"在逻辑上才构成对工作满意度和组织公民行为关系的解释。但是，原文没有这种表达，参考文献第 56 条也并没有这样的证据。

译文暂时保留了这一引用，并用"可能的原因"强调这一证据的间接性，供读者参考。——译者注框架按照"建设性与破坏性"和"主动与被动"两个维度划分出了员工的四类反应。这些反应的具体内容如下 ❻❷。

» 退出：退出反应（exit response）致使员工离开组织，包括寻找新的工作岗位或辞职。为测量不满所引起的这一类反应，研究者通常会考察员工个体的辞职行为和组织的离职率（collective turnover），后者表示组织层面发生的员工知识、技能、能力及其他方面的损失 ❻❸。

» 建言：建言反应（voice response）指积极寻求对周遭环境的建设性改变，包括提出改进建议、与上司讨论面临的问题以及负责工会活动等。

» 忠诚：忠诚反应（loyalty response）指被动而乐观地等待情况好转，包括在面临外界批评时为组织申辩、相信组织和管理层总会做出正确的选择等。

» 忽视：忽视反应（neglect response）意味着被动地任由事态恶化，它可能具体表现为长期缺勤或迟到、不再努力工作以及失误率提高等。

其中，退出与忽视的举动与生产力、缺勤和离职等绩效变量直接挂钩。不过，这一框架还将员工的反应拓展到了建言和忠诚这两个有建设性的方面，把员工忍耐或改善不令人愉快的工作环境的情形也考虑进来。此外，还有研究者提出，还应当考虑报复性反应，这一点我们放在下一小节讨论 ❻❹。总之，虽然这个框架非常有助于增进我们的理解，但它还是比较宽泛的。

## ○ 反生产工作行为

在工作中偷盗、过度社交、谈论八卦、缺勤和迟到都会对组织产生破坏性的效果。这些行为其实都指向一个更宽泛的问题，我们称之为反生产工作行为（counter-productive work behavior，CWB），有时也称职场偏差行为或简称为回避行为（见第 1 章：何谓组织行为学）❻❺。正如我们讨论过的其他行为，反生产工作行为不是凭空发生的，它们往往源自负面的、有时甚至是积攒已久的态度。因此，如果我们能够理解反生产工作行为背后的原因，或许就能免受其害。

一般而言，工作满意度水平能预测反生产工作行为 ❻❻。如果人们对工作不满意，就容易产生挫败感，这会损害绩效 ❻❼，并使员工更有可能做出反生产工作行为 ❻❽。关于反生产工作行为，我们需要了解一个重要的事实，即对工作不满意的员工可能会出于各种各样特定的原因，采取非常不同的特定行为。有的人会直接辞职，有的人可能会在工作时间浏览与工作无关的网页，也有人可能会把公司的物资带回家中自用。简言之，如果员工不喜欢自己的工作，他们总能找到办法让内心感觉"平衡一些"，也因为这些做法往往很有"创造性"，单单用政策或惩罚去控制某一种行为是治标不治本的。组织应该想办法找到问题的症结所在，减轻员工的不满，而非停留在试图控制员工的行为反应上。

作为管理者，你可以逐步减少反生产工作行为。比如，你可以调查员工的态度，看看工作中有哪些方面值得改进。此外，你也应该打造强大的团队，让主管融入其中，推行正式的团队政策，并引入团队层面的激励，从而遏制反生产工作行为的蔓延、维护群体的高标准 ❻❾。

- **缺勤**

我们发现，对工作不满意的员工通常更倾向于缺勤，不过二者的关系不算太强 ❼⓿。一般而言，如果市面上存在大量其他的工作机会，满意度低的员工缺勤率就会很高；如果没有太多机会可供选择，那么这些员工的离职率几乎就和满意度高的员工一样低了 ❼❶。

- **离职率**

工作满意度与离职率的关系更强一些 ❼❷。总的来说，工作满意度的降低是离职意愿最强有力的预测指标。而且，员工离职某种意义上也是一种群体现象。如果工作环境中人们的工作满意度普遍较低，纷纷选择离职，那么这种情况就有可能在员工之间发生"传染"，愈演愈烈。这启示管理者要关注工作满意度及离职率的趋势，审慎进行人事调动决策 ❼❸。

工作满意度和离职率的关系也会受到备选工作行情的影响。如果员工没有主动求职就接到了别人抛出的橄榄枝，工作满意度对离职率的作用就不大了，因为在这种情况下，员工更多是被新工作的诱惑"拉"走，而非被现有工作的不悦"推"开的。同理，当备选工作机会多时，工作的不满就更有可能转化为离职的行动。这样看来，这一关系也是有个体差异的，例如，如果员工拥有较高的"人力资本"，比如学历高、能力强，他们面临或感觉自己拥有的备择机会通常也会更多 ❼❹。

某些因素能够帮助我们扭转不满和离职的状况。例如，员工的工作嵌入性（job embeddedness），即个体与工作中周遭的人或群体的联结，就有助于降低离职率，特别是在强调群体导向的集体主义文化中 ❼❺。员工在组织中嵌入得越深，似乎就越不会去考虑其他的职业选择。

○ **管理者常常"不见森林"**

基于前述的大量证据，工作满意度无疑会对公司的财务业绩产生影响。有管理咨询公司曾进行了一项研究，将一批企业按照士气水平分为高组（70% 以上的员工对工作总体满意）和中低组（对工作满意的员工不到 70%）。结果发现，士气高的企业当年股价的涨幅为 19.4%，而余下企业的股价涨幅仅为 10%❼。此外，在 1984 — 2011 年期间，"美国 100 家最值得就职的公司"榜单上的企业，股票的年均收益率比其他公司要高出 2.3% ~ 3.8%❼。尽管如此，很多管理者对员工的工作满意度仍旧漠不关心。

还有管理者会过高地估计员工的满意度，故而不认为存在问题。例如，一项针对 262 家大型企业的研究发现，86% 的企业高层都自认为善待了员工，但是只有 55% 的员工认同这一点。另一项研究也发现，55% 的管理者认为自己的组织士气高昂，但只有 38% 的员工有同样的感受❼。定期展开调研有助于弥合管理者的想法与员工实际感受之间的差距。无论是经营大型企业还是小本生意，管理者与员工双方理解的错位都会影响公司的利润表现。乔纳森·麦克丹尼尔（Jonathan McDaniel）是休斯敦一家肯德基餐厅的经理，他每隔 3 个月就对员工做一次调查，并基于调查的成果做出变革，例如在安排员工休假方面给他们更大的发言权。虽然事情并不大，但麦克丹尼尔相信这个过程本身是有价值的。他说："员工们非常愿意给出自己的观点，这才是最重要的——他们有机会说，而且有人愿意听。"虽然调查并不是灵丹妙药，但是如果工作态度确如我们所想的那样重要，那么组织就有必要寻求改善工作态度的方法❼。

## ● 本章小结

　　管理者应当关心员工的态度，因为态度会影响行为，也会警示组织察觉隐而未发的问题。虽然打造一支满意度高的员工队伍并不能保证组织的成功，但大量的证据都在告诉管理者，用心改善员工的态度往往能取得良好的结果，包括提高组织效能、增进顾客满意，最终为组织赢得更多利润。

## ● 对管理者的启示

- 请牢记，在工作满意度、工作参与度、组织承诺、感知的组织支持和员工投入等众多主要的工作态度中，工作满意度是员工行为最强有力的预测指标。
- 关注员工的工作满意度，因为它是员工绩效、离职率、缺勤和回避行为的决定性因素。
- 每间隔一段时间都要客观地测量员工的态度，从而确定员工对工作的反应。
- 要提高员工满意度，可以评估员工的工作兴趣与工作内在的性质之间是否匹配，进而为员工创造既有挑战性又富有乐趣的工作岗位。
- 认识到高薪本身并不足以创造令人满意的工作环境。

请扫描二维码
获取书中参考文献

# 第 4 章

---

# 情绪与心境

● **本章学习目标**

» 区分情绪与心境；

» 了解情绪与心境的根源；

» 描述情绪劳动对员工产生的影响；

» 阐述情感事件理论的基本内容；

» 解释什么是情商；

» 了解情绪管理的不同策略；

» 将情绪与心境的相关概念应用在具体的组织行为学问题中。

## ● 什么是情绪与心境

情绪会极大地影响我们的态度、决策与行为。它可能引起冲突，甚至带来灾难性的后果。例如，在佛罗里达的某家塔可钟（Taco Bell）餐厅中，一名员工在被训斥"别跟小孩一样哭哭啼啼的"之后，将刚出锅的卷饼向训斥他的主管丢去，一把取下自己的头戴式耳机，折成两半，随后愤然冲出门去❶。生而为人，我们无法摆脱情绪，却可以接受它、更好地应对它。况且，并非所有情绪对我们的影响都是负面的。例如，亚马逊员工浮士德·马丁内斯（Fausto Martinez）在得知最低工资上调以后喜出望外，因为这意味着他不再需要多打一份工，可以过上更优质的生活、腾出更多的时间来陪伴家人❷。在这个事例中，亚马逊通过上调最低工资提升了员工的生活质量，并得以从更稳定的劳动力队伍中获得强大的竞争优势。

在展开正式讨论前，我们需要熟悉三个密切相关的概念：情感、情绪和心境。情感（affect）是一个宽泛的概念，它广泛地包含人们的各种感受，其中就包括情绪与心境❸。情绪（emotions）是一种强烈、短暂的离散感受，它常常是由具体事件引起的❹。心境（mood）的强度弱一些，持续的时间更长，通常也不需要特定的事件来触发❺。图 4-1 展示了情感、情绪和心境的关系。

如图 4-1 所示，情感这个宽泛的概念囊括了情绪与心境。不同情感之间的主要差异源于效价（valence）的差别，即人们的感受究竟是正面的（如激动、快乐、喜悦）还是负面的（如悲伤、愤怒、沮丧）。另外，情绪和心境也是有差异的。相比心境，情绪更多由特定的事件触发，也更加变化多端。

### ○ 积极情感与消极情感

要研究职场中的情感，首先要将其区分为积极和消极两大类。积极情感中的积极情绪（如喜悦、感激）传达的是正面的评价或感受，消极情感中的消极情绪（如愤怒、愧疚）则正相反。我们必须始终牢记，情绪不可能是中性的，中性的体验意

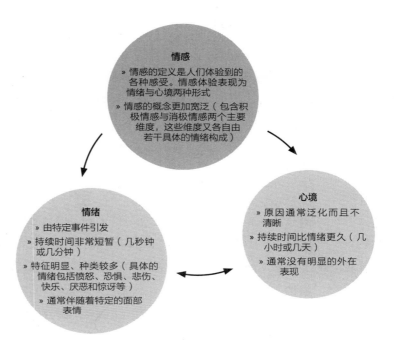

**图 4-1　情感、情绪和心境**

味着没有情绪反应 ❻。

　　这两个类别反映出总体的情感状态究竟是积极的还是消极的（见图 4-2）。这样一来，我们可以将积极情感（positive affect）视为包含了诸多积极情绪的一种情感

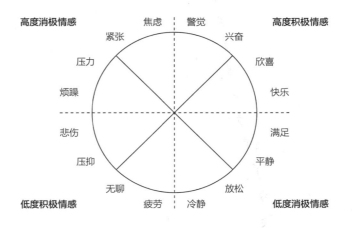

**图 4-2　情绪环状图**

维度，这些情绪强度不一，可以是兴奋，也可以是极度的欣喜（高度积极情感）。同样，消极情感（negative affect）这一维度的具体表现则可以是紧张、有压力，也可以是深深的焦虑（高度消极情感）❼。

## ○ 基本情绪类型

你可能会问：情绪究竟有多少种类型呢？答案是不下几十种，可以随口举出的就有愤怒、蔑视、热情、嫉妒、害怕、沮丧、失望、窘迫、厌恶、快乐、痛恨、希望、喜悦、爱、自豪、意外和悲伤。许许多多的研究者都曾试图用一组基本类型来归纳所有的情绪❽。但也有很多学者认为，从开始追求"基本"类型的那一刻起，我们其实就失去了对情绪的完整把握，这是因为，在不同的情境或文化背景当中，情绪的内涵可能大相径庭❾。心理学家和哲学家大概永远都无法在基本情绪都包含哪些类型上达成共识，甚至连这个概念本身是否成立都存在争议。不过，多数学者都认同六种人类普遍具有的情绪，即愤怒、害怕、悲伤、快乐、厌恶和意外❿。如果你有过工作经历，那么你大概率已经在职场中把这几种情绪都体验了个遍。设想一下，倘若你在百货公司上班，而你的主管给你打出了一个非常糟糕的业绩评价，你很可能对这位主管感到愤怒，同时害怕自己会丢掉工作，或是对主管给出这样的评价大感意外。

心理学家试图通过研究情绪的表达方式来识别它的基本类型。既往的研究表明，面部表情是很难解析的⓫。其中一个困难在于，有的情绪颇为复杂，很难仅仅通过面部来传达。此外，在跨文化情形中，虽然人们在一定程度上有能力辨别面部情绪，不至于全凭随机猜测，但如果不同的文化群体相互间缺乏接触和了解，那么这些群体成员识别彼此情绪的准确性是很低的⓬。除了面部表情，员工也可能通过声音来表达情绪，而人工智能技术的发展则有力地推动了相关领域的研究。例如，一项研究邀请了 100 名来自英语国家的专业演员，并运用机器学习技术（见第 1 章：何谓组织行为学）分析了他们的语音信息。研究发现，虽然同样是说英语，但人们在辨别本国演员话语中包含的情绪时准确率更高，这说明我们通过声音传达情绪的方式蕴含着方言习惯的差异⓭。在全球化席卷的时代，理解各种文化中人的情绪表达方式是非常重要的：例如，深入地了解不同种族传情表意的习惯，将非常有助于你与这些文化中的人们沟通。要想成为跨文化沟通的专家，你应该钻研情绪的展现形式，学习不同文化中的特殊情绪表达，并且在与人交往时留心这些线索⓮。

## ○ 道德情绪

有时，我们对事件的诠释方式会极大地影响这些事件引发的情绪反应。

道德情绪（moral emotions）就是一类典型的例子，学者在这一领域也进行了相当多的研究。情绪之所以会包含道德意味，是因为我们对某些情况的即时判断可能是与道德有关的❶。

想象一下，当你在视频中看到有人发表了不堪入耳的性别或种族歧视言论，你可能会感到厌恶，因为这不符合你的是非观。事实上，在对类似的情形做出道德判断时，你可能同时产生很多种不同的情绪❶。又比如，你会对别人的苦难感到同情、因自己的不道德行为产生愧疚、为他人遭受的不公而愤怒，或对罔顾伦理之人嗤之以鼻。我们需要认识到，不同的事物可能具有不同的道德面向，进而触发相应的情绪。对此，我们始终要具体问题具体分析，深思熟虑后再采取行动，特别是在职场中❶。

## ○ 对心境与情绪的体验

光是考虑人们可能产生的不同情绪就已经相当复杂了，然而在现实中，我们每一个人对同样的心境和情绪的体验甚至也是不同的。对于大多数人来说，积极的心境可能比消极的心境更加司空见惯。研究也确实发现一种普遍存在的正向偏移（positivity offset）现象，意思是在零输入（即当下没有什么特别的事情发生）的情况下，大部分人会处于一种温和的积极心境中❶。为什么我们的"默认"心境趋于积极呢？一般而言，心境积极的员工绩效表现更

好、创造力更高、更乐于社交，也会享有更佳的健康状况和更长的寿命。据此猜测，正向偏移或许是人类在漫长的演化过程中形成的能力❶。

## ○ 情绪的功能

从某种意义上说，情绪是个复杂的谜团。那么，它发挥着怎样的功能呢？我们在前面的章节中谈到，快乐的员工往往具有更为积极的工作态度，回避行为与反生产工作行为更少，绩效及组织公民行为表现更佳，甚至也比不快乐的员工更成功❷。有些个体的人格特质本身就包含着体验更多积极情感的倾向（见有关人格和价值观的章节），这些人通常具有更加正面的工作态度，更易于与上级和同事融洽相处，并认为组织善待自己，往往也会积极从事更多任务和实施组织公民行为❷。

## • 情绪会让我们失去理智吗

别人是否经常对你说"噢！你太情绪化了"？你可能会被类似的话冒犯到，因为它影射了理智与情感的冲突，似乎是在表明，如果情感外露，你的行为就是非理性的。很多学者指出，由于人们在主观上认为情绪与非理性之间存在很强的关联，展露一些情绪（如悲伤地哭泣）会给职业生涯带来极大的伤害，因此，在类似的情况下，我们应该避开众人、离开现场独自消化❷。从这个角度讲，体验甚至表现一些情

绪可能会使我们显得软弱或缺乏理性。然而，情绪却恰恰有助于我们更理性地思考。为什么呢？因为情绪为我们提供了有关周遭环境的重要信息，对我们的行为有很强的指导意义。例如，研究发现，处于消极心境中的个体比处于积极心境中的个体更能辨别信息的真伪❷。此外，虽然理性要求冷静，而情绪带有温度，但这并不意味着人类就只能是被情绪奴役的动物。我们完全可以尽己所能，了解自己的情绪、理解他人的情绪，并在人际交往的过程中充分利用这些信息。

## ● 情绪和心境的来源

现在是周一早上 8:15，你迫不及待地想要找到同事乔丹，向他分享自己刚刚在宝可梦游戏里捕获的稀有精灵。你跑到乔丹跟前，没想到他没等你开口便没好气地说："在我喝完咖啡之前，你啥也别跟我说。"你悻悻地回到工位，开始准备一天的工作。你怎么都想不明白乔丹哪儿来的这股无名火，越想越对他生起气来。于是，你暗下决心："到时候乔丹可别想我跟他交换多出来的稀有精灵了，走着瞧吧，看看谁更不爽！"想必我们每个人都经历过类似的状况。消极的情绪和心境难以避免，而且会影响我们的工作。就像在这个事例中，由于乔丹伤害了同事的感情，团队当天的工作可能就无法顺畅地进行；而由于始终放不下乔丹莫名其妙的话语和脾气，你可能也会遗漏某项重要的准备工作。在很多时候，我们都对情绪的来由颇为不解。难道真的是因为没喝咖啡吗，还是发生了什么别的状况呢？接下来，我们探讨一下情绪和心境的几类重要前因。

### ○ 人格

心境和情绪与人格特质有关，有的人可能天生就比别人更容易频繁体验到某些特定的情绪。比如，乔丹是不是本身就更容易产生负面情绪呢？或许乔丹的表现只是他人格的反映。此外，对于同样的情绪，不同人的体验也有深浅之别，这反映了情感强度（affect intensity）的差异❷。情感强度高的人对积极和消极情绪的体验都比别人更深，他们悲伤时总是特别悲伤，快乐时又会特别快乐。我们体验不同情绪的倾向和体验它们的强度均会影响工作中的诸多因素，包括我们通常的心境状况、工作满意度和工作投入等（见第 3 章：态度与工作满意度）❷。例如，一篇综述回顾了上百项研究后指出，体验积极情绪和心境的倾向是员工工作投入最强有力的预测指标❷。

### ○ 一天中的不同时段

乔丹的状态不对，有没有可能只是因为 8 点与同事互动对他来说为时太早呢？的确，研究也发现我们的情绪会在一天的不同时段中发生变化，而且大多数人的情绪变化规律都是差不多的。在上午的后半段，也就是 10 点到中午的这段时间，我们的积极情感往往会达到顶峰，随后一直保持到傍晚时分，也就是晚上 7 点左右。积极情感通常会从醒来 12 小时后开始衰退，这种衰退在入夜以后还会持续加剧，直至午夜时分。如果午夜后仍然醒着，我们的积极情感还将继续减少，直到第二天拂晓[27]。另外，大部分研究发现消极情感的波动程度不像积极情感那样大[28]，总体上，从清晨到夜间，消极情感会随着时间的流逝逐渐累积[29]。

一项有趣的研究考察了世界各地的人们在推特上发布的数百万条信息[30]。研究者从这些信息中提取出传达诸多积极情感（如快乐、热情、激动）和消极情感（如悲伤、愤怒、焦虑）的词汇，并识别了它们出现的频率在一天中变化的趋势。图 4-3 展示了这些变化规律。

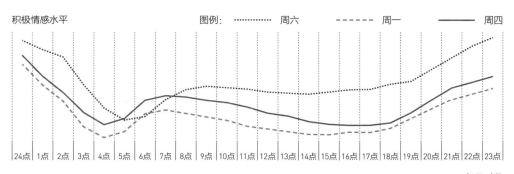

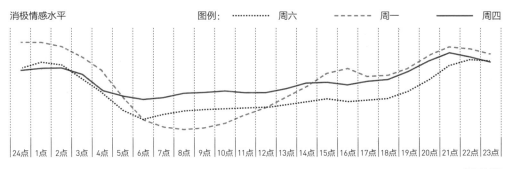

**图 4-3 根据美国成年人推特动态统计的每日不同时间段对情绪的影响**

资料来源：戈尔德，梅西，《不同文化中的日常和季节性情绪变化与工作、睡眠和日照时长有关》，《科学》333 卷（2011 年），1878-1881 页；埃莱哈尔德 - 鲁伊斯，《抓住今天》，《芝加哥论坛报》，2012 年 9 月 5 日。

## ○  一周中的不同日子

又或者，乔丹是否只是正在忍受"糟糕的周一"呢？在大多数文化中，周一总是令员工"如坐针毡"。例如，有研究表明，美国成年人积极情感的水平在周五、周六、周日这三天最高，在周一则是最低的 ❸。许多其他文化可能也存在这样的规律。不过，日本的情况略有不同，员工周一时的积极情感反而比周五或周六更为高涨 ❸。如果考察消极情感，我们会发现，在众多文化中，周一都是人们消极情感最为集中的一天 ❸。特别的是，某些国家的员工周日时的消极情感比起周五和周六略有上升，这也不难理解，因为周日时人们虽然仍在享受休憩的时光，却不免已经开始为接下来一周的工作感到忧虑。不过，这些结论不一定是普遍适用的，因为部分地区的工作时间并不安排在周一到周五，比如以色列、马来西亚等国的工作日其实是周日到周四。因此，要想知道一周中的每一天对情感有哪些影响，我们需要开展具体的研究。

## ○  天气状况

或许我们可以说乔丹这个人有些"阴晴不定"？很多人都相信我们内心的状态与天气不无关联，比如有的人就很讨厌阴雨连绵，更乐于见到阳光灿烂 ❸。不过，大量研究已经以细致入微的证据表明，至少对于大部分人而言，天气与情绪并没有什么关联 ❸。我们有时会错误地将实际上并不相干的事物联系在一起，这叫错觉相关效应（illusory correlation），而认为天气本身会影响心情正是这种效应的体现。例如，一项在日本和美国员工群体中进行的研究就发现，人们之所以在天气恶劣的日子里更高产，并不是因为他们的情绪受到了天气的影响，而是因为这样的天气让员工打消了进行各种户外活动的想法，因而免受干扰 ❸。

## ○  压力

乔丹是不是在为午后跟上级的会议焦虑呢？你应该也能想到，工作中的压力事件（例如收到一封充满恶意的邮件、临近任务期限、丢掉一大单生意、遭到领导的斥责等）会对情绪产生负面的影响。而且，压力的影响会随着时间累积。一项研究指出，"持续承受的压力，哪怕程度非常低，长年累月下来也有可能使员工处于越来越紧张的状态"。❸ 积攒的压力会使我们的心情恶化，引发更多的消极情绪。虽然我们有时可能在压力的刺激下产生超乎平常的表现，但在大多数时间里，压力总是压抑着我们的心情。事实上，当事态让情绪过于激荡、带来过多的压力时，我们最自然的反应其实是逃避、是选择视而不见 ❸。

## ○　睡眠

乔丹会不会是昨晚没睡好，所以早上才格外疲惫呢？或许正是因为这样他才特别需要喝咖啡？显然，如今全世界的人都想睡久一点。当代成年人的睡眠时间总体上比上一代人更少 ❸。"睡眠周期"软件数百万用户的数据显示，人们的平均睡眠时长和睡眠质量正在逐年下降 ❹。睡眠质量影响着心情和决策，员工越是疲劳，就会面临越高的患病、受伤和抑郁风险 ❹。此外，糟糕或不充足的睡眠还会使情绪变得不稳定，让我们暴躁易怒、难以控制自己的情绪，进而损害我们的工作满意度 ❹。换个角度来看，有规律的睡眠能带来积极的作用，缓解员工的疲劳和压力 ❹。

## ○　锻炼

你有没有考虑过下班后去锻炼一下，来缓解乔丹带给你的负面情绪（比如多玩玩宝可梦游戏）？或许你曾听过"锻炼有助于改善心情"这种说法，那么，所谓的"出汗疗法"是否真的管用呢？答案是肯定的。研究普遍发现，锻炼能有效地促进积极的心境、缓解人们的疲劳 ❹。此外，它也能使人们免于长期处在消极的心境中，并更有能力克服负面体验带来的影响 ❹。

## ○　性别

你可能也会觉得自己和乔丹之所以发生不快，是因为情绪本身有性别差异。诚然，很多人都觉得女性比男性更情绪化，但事实真的是这样吗？确实也有综述研究发现不同性别的个体在情绪表达上存在差异，且这一差异会随着年龄的增长进一步扩大 ❹。不过，这些差异其实非常微小，而且它很可能并不是性别本身的差异造成的，而是教养方式和刻板印象作用的结果 ❹。可惜的是，在职场中，人们还是普遍受到这些刻板印象的影响，认为女性更"情绪化"、男性更容易"愤怒"，即便这种观念本身是缺乏依据的。例如，一位丹佛的警官就对自己的上司发起了民权投诉，因为对方驳回了她升任副局长的申请，理由是她"过于情绪化""不够成熟" ❹。

接下来，让我们整合目前为止所学的知识，看看人们在工作场所中是如何应对与情绪和心境有关的问题的。我们先从情绪劳动开始。

## ●　情绪劳动

要是你做过零售、销售类的工作，或是在餐厅当过服务员，那么你应该就很清楚，态度友善、展露笑容是很重要的。即便哪天你自己的兴致并不高，但工作的要求是不变的，你还是要对顾客笑脸相迎。因此，你要么努力让自己振作起来，要么就只能装出兴高采烈的样子。

在工作中，你需要同时投入体力和精力，也就是说，你既要进行体力劳动，又要进行精神劳动，这是毋庸置疑的。不过，你可能没有意识到，我们在工作中其实还需要进行情绪劳动（emotional labor），即在人际交往中展现组织所希望的情绪。情绪劳动是工作效能的重要一环❹，例如，我们认为空乘人员理应热情洋溢，殡葬师应当肃穆悲伤，而医生则应该冷静自持。

## ○ 控制情绪表达

我们展现出来的情绪并不总是忠于我们的真实体验的。为了分析情绪劳动问题，我们需要区分感知的情绪和展示的情绪。感知的情绪（felt emotions）是我们的真实情绪，与之相对，展示的情绪（displayed emotions）则是组织要求特定岗位员工展示的得体情绪❺。例如，研究显示，美国的职场规范通常默认员工应该展示快乐、兴奋等积极情绪，并且压抑恐惧、愤怒、厌恶和轻蔑等消极情绪❺。

伪装出得体的情绪意味着压抑我们真实的情感。表层扮演（surface acting）指的是隐藏内心的真实感受，并在行为上遵从情绪表达规范。例如，当一名员工即使心有不快也依然对顾客露出微笑时，就是在进行表层扮演。深层扮演（deep acting）指根据情绪表达规范调整我们内心的真实感受。也就是说，表层扮演针对的是展示的情绪，而深层扮演针对的则是感知的情绪。

违心展示情绪可能会使人疲惫不堪。表层扮演可能增加员工的压力、降低工作满意度❺。此外，日复一日进行表层扮演的员工可能会把疲劳带回家里，难以平衡工作与家庭，甚至发生缺勤或失眠等问题❺。不同的是，深层扮演可能有益于工作满意度（特别是当工作富有挑战性时）和工作绩效，甚至能带来更好的服务质量，使员工赚取更多小费❺。

我们把员工展示的情绪与他们真实感受之间的这种不一致称为情绪失调（emotional dissonance）。积压在内心深处的沮丧、愤怒与怨恨可能耗竭人们的情绪。长期的情绪失调是工作倦怠、工作绩效下降和工作满意度降低的预测指标❺。不过，一项包含了德国和澳大利亚两国样本的研究显示，如果员工拥有良好的自控能力、优质的睡眠或与顾客建立了紧密的关系，情绪失调的负面作用就能得到一定的缓解❺。

我们即将讨论情感事件理论，该理论描述了工作事件催生人们的情绪和心境，进而影响工作满意度和工作绩效的过程。

## ● 情感事件理论

我们已经了解到，情绪和心境对我们的生活和工作都至关重要。那么，它们对工作绩效和满意度具体有怎样的影响呢？情感事件理论（affective events theory，AET）认为，工作中的事件会引起员工的情绪反应，进而对工作绩效和工作满意度产生影响 [57]。例如，美国北卡罗来纳州某企业的员工福利管理官莉萨玛丽（Lisamarie）整整 6 年尝试怀孕未果，因此，她开始尝试试管婴儿手段。没想到在半途中，莉萨玛丽得知公司为员工提供的医保福利将不再涵盖试管婴儿的费用，她为此"伤心透顶""怅然若失""哭了快一个星期" [58]。

工作事件会触发积极或消极的情绪反应，这些反应的强烈程度则取决于员工的人格特质和当时的心境 [59]。此外，在具体的日常工作中，某些事件对员工的影响可能格外突出。例如，在兼职服务人员日常所经历的负面工作事件中，有将近 50% 都涉及顾客的刁难 [60]。

总之，情感事件理论向我们传达了两则重要信息 [61]。第一，情绪是一个非常有价值的视角，它能帮助我们理解工作事件对员工绩效和满意度的影响。第二，员工和管理者都不应该忽视情绪，也不应该忽视引发情绪的事件。

此外，我们还可以借助情商这个概念来理解情绪对工作绩效的影响。

## ● 情商

某跨国人才公司的 CEO 特莉·厄普舍路伯格（Terrie Upshur-Lupberger）正值事业巅峰，可她却心怀怨愤、郁结不快。何以如此呢？一位密友对她说："特莉，你知道吗，你现在就好像站在一根摇摇欲坠的树枝上，一旦强风袭来，它马上就会断掉。你已经忙不过来了，离你的价值观、离你真正关心的事、离你的信仰越来越远，可是你还没有意识到这根树枝是多么弱不禁风。" [62] 厄普舍路伯格自己后来也说，她没能意识到自己的心境正朝着沮丧和精疲力竭的方向发展，而她的工作满意度、生产力和人际关系也深受其害，做事屡战屡败。最糟糕的是，她已经忙得完全察觉不到上述种种问题，直至精力彻底耗尽。她说："我学到了重要的一课，作为领导者，你要么学会关注和管理组织中人们的情绪（也包括自己的）……要么，你继续视而不见，然后付出代价。" [63] 厄普舍路伯格认识到了情商的价值。

组织对情商非常重视。凯业必达公司开展了一项调查，发现在 2500 余名招聘经理和人力资源专员中，59% 的人都表示自己不会聘用智商很高、情商却很低的人；同时，75% 的人表示，自己更倾向于提拔情商更高而非智商更高的人 ❻。还有一项研究对毕业入职的大学生开展了为期 10 年的追踪，结果发现，情商预测了这些大学生 10 年后的薪资水平，以及他们在工作中获得前辈指导提携的程度 ❻。

情商（emotional intelligence，EI）指个体能够：（1）体察自己和他人的情绪；（2）理解这些情绪的意义；（3）并以此为依据管理自己的情绪 ❻（见图 4-4）。在凯业必达的调研中，当被问及自己为何更看重情商而非智商时，管理者们表示高情商个体的情绪往往更协调，因而他们更能在压力之下保持冷静、高效化解冲突、共情同事和团队成员以及有效地管理自身的情绪 ❻。

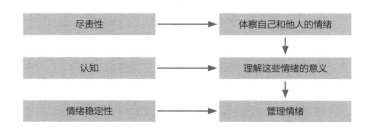

图 4-4　情商的级联模型

不少研究都发现情商对工作态度、学业表现和工作绩效有着重要的影响，不过在这些研究中，用来测量情商的题项与人格、智力和自我知觉这些概念的测量题项多有重合之处 ❻。有综述文章指出，情商有助于提升团队效能、促进组织公民行为（见第 1 章：何谓组织行为学）和职业发展决策，同时能减少员工的反生产工作行为（见第 3 章：态度与工作满意度）❻。一项在韩国进行的研究也发现，经理的情商越高，门店的销售业绩就越好，因为情商高的经理可以更有效地打造具有凝聚力的团队、改进销售行为 ❼。

我们也可以从领导力的视角考察情商的作用。一项研究对从富兰克林·罗斯福（Franklin Roosevelt）到比尔·克林顿（Bill Clinton）的共 11 位美国前总统进行了六个方面的评估，这些方面包括：沟通、组织、政治技巧、愿景、认知风格和情商。该研究发现，成功的总统（如罗斯福、肯尼迪和里根）和不成功的总统（如约翰逊、卡特和尼克松）之间最关键的区别就在于情商的高低 ❼。此外，还有研究发现，长期来看，让我们更受别人欢迎的其实是情商，而非自恋①[72]。可见，得益于高情商，无论领导者还是员工都可以更好地理解和管理自身与他人的情绪，从而变得更受欢迎、获得更大的成功。

不过，情商在职场中的作用是有限度的。例如，一项荷兰研究在分析行政秘书的工作电话内容后发现，关注自身的情商（即了解自己的情绪）有助于缓解压力，但个体在这一过程中需要相应地调动更多的生理机能；而关注他人的情商（即准确感知别人的情绪）与绩效也只有非常微弱的关联[73]。也就是说，运用情商是有代价的，而且效果也未必像我们想象中的那样好，特别是在情绪劳动强度较大的情形中。此外，还有学者发现，由于高情商者更有能力推测出公司所希望的回答，这样的人往往能在测试中装出更理想的表现[74]。因此，在用人格测试筛选求职者时，你需要意识到高情商的人可能更擅长伪装。

虽然研究对情商的理解已经越来越深入，但仍有很多问题亟待解答[75]。一方面，我们对情商的理解尚须进一步深入，例如，在谈论情商时，我们需要明确所谈的究竟是整体的情商概念，还是管理情绪、理解情绪或感知情绪这些具体的方面；另一方面，情商测试的可靠性还有待推敲，测量情商的最佳方法也未有定论。目前，测量方法也有了一些新进展，比如有研究让被试从视频录像中辨别他人的情绪，或在情绪强度较高的情境下观察被试的反应[76]。此外，对组织管理者最重要的问题是：情商是否可以习得呢？不少综述文章和实证研究都认为，情商是一种可以通过培训来发展的技能。不过，矛盾之处在于，最需要情商培训的人往往最难意识到自己需要它[77]。

暂且不论这些疑问，情商这个概念如今广受咨询公司和主流媒体的追捧，支撑它的研究证据也有了一定的累积。不管你是否喜欢这个概念，它都已经深入人心了。类似地，近来有关"情绪管理"这个概念的研究也越来越多，我们马上来看一看[78]。

## ● 情绪管理

你是否曾在心情压抑时试图让自己振奋起来，或是在愤怒时尝试平静下来呢？如果有，你其实就是在进行情绪管理（emotion regulation），其核心就在于识别自己

---

① 过去有很多研究发现自恋这一特质会使个体更受欢迎。——译者注

感受到的情绪并试图改变它。近期的研究显示，情绪管理能力是某些工作中任务绩效和组织公民行为的良好预测指标 ❼❾。

○　**情绪管理的前因后果**

或许你已经猜到，并不是每个人都善于管理自己的情绪 ❽⓿。拥有高度神经敏感型人格（见第 5 章：人格与价值观）的个体在这方面会遇到更大的困难，觉得情绪脱离了自己的掌控。自尊较低的个体通常也不那么主动尝试改善自己的情绪，这可能是因为他们并不像其他人那样觉得自己值得拥有好心情 ❽❶。此外，一项研究发现，那些更关注掌握求职技巧的大四学生能更有效地管理自身的情绪，进而开展更多实际的求职行为 ❽❷。

工作场所的环境也会影响个体的情绪管理倾向。一般来说，工作团体的多元化能促使人们主动管理自身的情绪。例如，当团队中有比较资深的同事时，年轻员工往往会进行情绪管理 ❽❸。种族多样性也有类似的作用：当多样性程度较低时，少数族裔的员工可能会通过情绪管理来尽可能"服从多数"；然而，当多样性程度较高、团队包含许多不同种族的成员时，多数族裔的群体则需要调控自身的情绪，从而与整个团队更好地融合在一起 ❽❹。这些研究发现告诉我们，多元化的一大益处在于，它可以让我们更有意识、更高效地管理情绪。

诚然，管理情绪能带来诸多好处，但研究也表明，试图改变情绪是有代价的。改变情绪需要付出相应的努力，而我们在前述有关情绪劳动的内容中已经提到，这些努力可能会使人精疲力竭。有时，你越是想改变情绪，情绪反而会变得越强烈；例如，你越是告诉自己要克服恐惧，反而越会关注那些令自己害怕的事，恐惧自然就愈演愈烈了 ❽❺。从另一个角度来看，研究表明，要想改善心情，试图规避负面情绪可能不如寻求积极情绪来得有效 ❽❻。例如，主动找朋友聊天或许就能让你心情愉悦，而这比避免跟不对付的同事谈话效果更好。

值得注意的是，部分岗位的员工可能会面对更多的顾客不文明行为和遭受顾客刁难。例如，客服中心的员工就需要进行更密集的情绪管理，因而也更容易发生情绪耗竭 ❽❼。你是否希望让这些客服人员好过一点呢？那就对他们友善些吧！一项研究发现，对超市收银员微笑，或是与他们简短攀谈，都能有效降低他们的情绪管理工作量，进而减轻这些员工的情绪疲劳，提升他们的工作绩效 ❽❽。

○　**情绪管理技巧**

关注情绪管理的学者对人们用以改变自身情绪的策略多有研究。一种策略是压抑情绪（emotional suppression），顾名思义，就是试图阻断或忽视最初的情绪反应。短期来看，这种方式似乎的确能让人把注意力从情绪转移到更实际的考虑上，不过总体上，它其实不如把情绪表达出来有效❽。压抑情绪这种做法往往只在危机发生时比较奏效，因为伴随危机而来的极端负面事件可能会引起过于强烈的负面情绪❾。例如，当股价骤然下跌时，基金经理可能会先抑制自己的情绪反应、保持头脑清醒，以便快速制订接下来的计划。一种比较有效的情绪管理策略是认知重评（cognitive reappraisal），即重新审视引发我们情绪的状况，重构对它的理解❾。当压力的源头不能为我们所控制时，进行认知重评的能力就变得极其重要❾。例如，如果不幸丢了工作，你可以尝试将此事当作重新开启梦想事业的良机，这样一来，你或许就能更好地调节自己的情绪了。还有一种方式是进行社会分享（social sharing），也就是找到宣泄的出口。研究显示，比起把情绪"封印"在内心深处，公开的表达反而更有利于个体调整情绪。在经历了糟糕的状况后，如能在社会分享的过程中与别人谈论有关这一经历的事实、表达自身的感受，或从中看到积极的一面，个体对此事的愤怒将得到很大程度的缓解❾。例如，如果你当天与领导进行了激烈交锋，那么下班后不妨向同事诉诉苦，把自己的感受表达出来，这样一来，你对事件本身的理解也会加深一些。

虽然许多情绪管理技巧十分奏效，但若想打造积极向上的职场氛围，最好的做法还是要从事前入手，聘用心态积极的人，并对领导者和员工加以培训，帮助大家学会管理自身的情绪、工作态度和绩效❾。最优秀的领导者不仅能把握好任务和日常经营活动，而且能做好组织成员的情绪管理。同理，最优秀的员工也能运用好情绪管理知识，选择最合适的时机和方式进行高效表达 ❾。这一切的关键在于调整和适应：你得时刻意识到自身的情绪，并采取当下最恰当的方式来管理它 ❾。

至此，我们已经学习了情绪和心境的组织行为学含义。那么，我们接下来再看看可以把现有的理解应用在哪些具体的方面。

## ● 情绪和心境在组织行为学中的应用

情绪和心境对组织行为学的方方面面都有影响。我们将逐一进行分析。

### ○ 选聘员工

有关情商的研究证据启示我们，组织在选聘员工的过程中应当考虑情商的因素，特别是那些需要频繁进行社会互动的工作岗位。事实上，越来越多的雇主确实已经开始对候选人进行情商测验了。例如，一项针对美国空军征兵人员的研究发现，绩效拔尖的征兵人员往往表现出了超高的情商。基于这些结果，美国空军重新制定了征兵人员的筛选标准。据后续的跟踪调查，高情商者获得的工作成效是低情商者的 2.6 倍。此外，组织在招聘时往往有意或无意地考虑了候选人的情绪线索。例如，研究发现，中国香港的应聘者往往更倾向于表现出平静而非激动的样子，而香港的雇主的确也更倾向于聘用这些神情平静的员工 ❾❼。

## ○ 决策

心境和情绪在决策过程中发挥着重要作用，对于这一点，员工和管理者都必须充分了解。积极的情绪和心境有助于人们做出更好的决策。此外，积极情绪还能提高人们解决问题的技能，也就是说，心态乐观的人往往能找到解决问题的好办法 ❾❽。

关于消极的情绪和心境对决策的影响，组织行为学研究者历来争论不休。近期有研究指出，人们在受到悲伤事件影响时做出的决策与平常状态下做的并无区别，但在愤怒事件的影响下则会做出更激进（但未必更明智）的选择 ❾❾。另一项研究发现，在消极的心境下，人们所做的选择往往出于更具原创性的理由 ⓿❿。还有其他研究指出，消极心境下的个体往往比处于积极心境中的个体更倾向于制定高风险的决策 ⓿❶。综合这些研究来看，积极和消极情绪对决策确实是有影响的，不过一些其他因素也在同时发生作用，需要开展进一步研究加以厘清 ⓿❷。

## ○ 创造力

通读本书后你会发现，领导力的一大目标在于激发员工创造力、实现产出最大化。情绪和心境会影响创造力，不过关于这一影响具体如何，目前学界存在两种看法。很多研究指出，良好的心境比糟糕的心境更能激发人的创造力 ⓿❸。在积极的心境中，人们能产生更多的想法、提供更多的选择，而且这些构想在他人的眼中也是更具原创性的 ⓿❹。这些研究认为，积极的情感会使人们的思维更加灵活开放，这也能解释为什么它能让创造力变得更强 ⓿❺。然而，另一批学者并不认同这种观点，他们认为，积极的心境让人们趋于松懈（"既然我现在心情大好，说明一切都进展顺利，那我也不用费心构思新想法了！"），不再进行批判性思考，而批判性思考对很多类型的创造力都是非常关键的 ⓿❻。这一派观点认为，人们思虑越多，就越能在创造性任务上表现更好。

## ○　动机

许多研究都强调了情绪与心境对个体动机的作用。例如，如果给予员工绩效反馈，无论这些反馈是真实的还是虚构的，都能影响人们的心情，进而影响动机⑩。基于此，管理者其实可以为员工建立起良性的循环：让员工怀着积极的情绪更有创造性地工作，产出更出色的工作成果；再对这些成果给予正面的反馈，进一步激发员工的积极情绪。这样一来，员工的表现就越来越好了。总之，相关研究表明，管理者可以通过增强员工的积极情感来影响他们的动机，从而改善绩效。

## ○　领导力

研究表明，让人们产生好心情益处良多。当领导者专注于传达鼓舞人心的目标时，这就能更大程度地激发员工的乐观态度、合作意愿和工作激情，进而促进员工与同事和客户之间的良性互动⑱。

人们通常会认为传达积极情绪的领导者具有更高的效能，而且积极的情绪氛围确实也会让下属发挥出更大的创造力。但要是领导者本人很悲伤呢？研究发现，如果领导者处于悲伤状态，员工在分析型任务中的绩效将有所提高，这可能是因为员工有感于领导者的悲伤，希望提供力所能及的帮助，因而更认真地对待手头的工作⑩。另外，一项很有意思的研究收集了300多场高中和大学篮球队教练在比赛中场休息时进行的讲话，分析发现，领导者展示负面情绪（如愤怒）可以提升团队表现。不过，这些情绪的强度必须恰到好处，过于轻微或过于强烈都会引起反效果 ⑩。

## ○　客户服务

员工的情绪状况会影响他们提供的客户服务质量，进而影响客户的复购行为和满意度⑪。这种影响主要可以归结为情绪传染（emotional contagion），即一个人从另一个人身上"感染"了对方的情绪⑫。在工作中，当有人体验到积极的情绪并对你喜笑颜开，比如随手向你分享有关你们行业的有趣梗图时，你自然也会报之以积极的回应。当然，对于消极情绪来说，这种现象同样成立。

研究显示，员工和客户的情绪之间存在着双向的影响。关于员工对客户的影响，研究发现，一方面，从员工身上获得更多积极情感的顾客会在店里消费更长的时间；另一方面，客户也会影响员工，当员工感到客户没有公平地对待自己时，他们往往就难以展现出组织期望的积极情绪了⑬。高质量的客户服务对员工的要求是很高的，因为它往往令员工处于情绪失调的状态之下，这对员工个人和组织整体都十分不利。管理者可以试着促进员工的积极情绪，打破负面情绪的传染。

## ○ 工作与生活满意度

你有没有听过这样一句话——"别把工作带回家"？要在下班回家后把工作抛诸脑后，这句话说起来容易做起来难。好消息是，工作中的好心情可以延续到下班之后，而坏情绪也可以通过休息调节过来。不少研究都发现，要是一天的工作非常顺利，人们当晚的心情就会颇为愉快，反之同理 ⑭。还有研究发现，虽然人们通常会将工作中的情绪带回家，但这种情绪效应到了第二天基本上就消失了 ⑮。不过，坏消息是，家庭成员的心情会相互影响。你可能已经猜到了，研究发现，如果夫妻中有一方当天在工作中心情不好，晚上回家之后，这种情绪就会影响另一方 ⑯。

## ○ 职场偏差行为

任何一个熟悉组织运作的人都会意识到，人们有时会实施违背组织规范并危害组织及其成员的行为 ⑰。在有关态度和工作满意度的章节中我们提到，这些形式不一的反生产工作行为往往可以从消极情绪中追根溯源。消极情绪有可能催生员工短期的偏差行为，例如搬弄是非、在工作时间浏览无关网页 ⑱，也有可能导致更严重的偏差后果。

嫉妒就是一个典型的例子，它是指因为别人拥有自己求而不得的东西（例如更好的工作安排、更宽敞的办公室或更优厚的薪酬）而产生的愤恨之情。嫉妒可能导致充满恶意的偏差行为，例如，心怀嫉妒的员工可能破坏别人的工作，或者将别人的成果据为己有。愤怒的人则急于把自己的坏心情怪在旁人头上，他们容易觉得别人充满敌意，也很难站在别人的角度看待问题 ⑲。显然，这些想法都有可能转化为实际的言语或肢体暴力。

一项在巴基斯坦进行的研究发现，愤怒与具有攻击性的反生产工作行为（例如虐待他人和生产偏差行为）相关，悲伤则不然。值得注意的是，无论是愤怒还是悲伤，都不能预测员工的职场回避行为；这启示管理者要认真对待员工表达的愤怒情绪，因为即便心怀不满，这些员工依然可能继续留在组织中，这意味着他们的攻击性举动还将持续 ⑳。暴力的种子一旦种下，组织成员就有可能在它的影响下变得越来越愤怒、越来越有攻击性，这样一来，负面行为就愈演愈烈了。因此，管理者需要与员工保持密切的沟通，对员工的情绪及其强度做到心里有数。

## ○ 工作安全与工伤

一项考察了负面情感与工伤发生率的研究发现，雇主应当避免让心情不好的员工从事具有潜在危险性的工作，从而改善员工的健康和安全状况（同时节约成本）。

负面情绪的诸多后果都可能导致工伤❿。一方面，处于消极心境中的个体往往感到更加焦虑，因而难以机敏地应对危险，例如，一名总是担惊受怕的女性员工可能对安全措施的有效性更加不抱希望，或是在危险发生时惊慌失措，因为她觉得自己无论如何都会受伤；另一方面，消极情绪也可能分散人们的注意力，这无疑会导致粗心的行为。

选择心态乐观的成员加入团队有助于打造积极的工作环境，因为积极情绪可以在团队内部发生传染。一项涵盖了 130 组上级和下属的研究发现，魅力型领导者能够以自身的积极情绪感染员工❿。由此可见，选择本身就充满积极情绪的团队成员是合情合理的。

## ● 本章小结

　　情绪与心境本质上都属于情感的范畴。这两个概念非常接近，但也有区别——心境更加宽泛，而且不像情绪那么依赖具体的情境。一天中的时段、压力事件、睡眠状况等因素都会影响情绪和心境。组织行为学在情绪劳动、情感事件理论、情商和情绪管理等方面的研究都有助于我们理解人们处理情绪的方式。研究证据表明，情绪和心境与几乎所有组织行为学话题都有关联，对管理实践具有深远的意义。

## ● 对管理者的启示

- 认识到情绪是职场天然存在的一部分，好的管理并不意味着创造杜绝一切情绪的环境。
- 管理者需要以身作则，用尽可能真诚的方式展现积极的情绪与心境，从而促进高效管理决策、激发员工创造力、强化员工的动机。
- 为员工提供正面反馈，使员工更加乐观和积极。当然，雇用本身就积极向上的人也非常重要。
- 在服务行业中，鼓励员工展现积极的情绪，这可以为顾客营造更加积极的氛围，从而提高服务质量，更顺利地推动协商过程。
- 情绪和心境对你理解并预测他人的行为非常重要。

请扫描二维码
获取书中参考文献

# 第 5 章

---

# 人格与价值观

● **本章学习目标**

» 阐述"个人 – 岗位匹配"与"个人 – 组织匹配"的区别；

» 对人格做出定义，并阐述它的测量方法和决定因素；

» 分别评价迈尔斯 – 布里格斯类型指标人格框架、大五人格模型和黑暗三联征的优
  点与缺陷；

» 讨论核心自我评价、自我监控、主动型人格等概念如何增进了我们对人格的理解；

» 阐述情境会如何影响人格对具体行为的预测作用；

» 比较终极价值和工具性价值；

» 比较霍夫斯泰德对国家及地区文化的五维度划分和 GLOBE 理论框架。

## ● 与职场紧密联系的个体

早年间，组织之所以关心人格这个概念，仅仅只是因为它们希望将员工与特定的岗位匹配起来。现如今，组织关心的范畴已经扩大至个体的人格和价值观（本章将在接下来的内容中详细探讨）与整个组织的匹配。为什么会发生这样的变化呢？原因在于，当今的管理者不再拘泥于候选人胜任某项特定工作的能力，他们更关心的是员工是否能对组织的使命有所贡献，以及是否能长期留任（而非另谋出路）。例如，比利时咨询公司 Twegos（特威格斯）将卡车司机与同一公司的搬运工、火车司机、调度员和管理者的匹配程度作为其"个人－组织匹配"程度的衡量指标，并依据这一信息提升他们的工作投入度、降低他们的离职率❶。不过，"个人－岗位匹配"依旧是管理者会优先参考的指标之一。

### ○ 个人－岗位匹配

约翰·霍兰德（John Holland）提出的个人－工作匹配理论（person-job fit theory）描述了人格特质与不同岗位要求的匹配关系，它也是至今受到最多证据支持、在世界范围内应用最广的组织行为学理论之一❷。其中的职业偏好量表（vocational preference inventory，VPI）包含了 160 中不同的职业头衔。在问卷作答过程中，被试只需要判断自己对这些职业"喜欢"或"不喜欢"，汇总这些答案后就可以得出被试的职业兴趣类型。霍兰德将个体按照职业兴趣划分为六种人格类型，他认为，个体的职业兴趣与工作本身的匹配程度决定了他们的工作满意度和离职倾向❸。表 5-1 列示了这六种人格类型、它们代表的人格特质以及与之匹配的职业示例。

"个人－岗位匹配"某种程度上假设员工希望岗位能按照自身的特质定制，但这种期许可能存在着文化差异。在个人主义国家中，员工期望自身得到管理层的倾听和尊重，因而按照"个人－岗位匹配"的原则为员工定制工作能够有效地提升其工作满意度。然而，在集体主义国家，由于人们对量身定制的工作岗位并没有同等程

表 5-1　人格类型、人格特质与职业示例

| 类型 | 人格特质 | 职业示例 |
| --- | --- | --- |
| 现实型：偏好需要技能、力量、协调性的体力活动 | 害羞、真诚、持久稳定、顺从、实际 | 机械师、钻床操作员、装配线工人、农民 |
| 研究型：偏好需要思考、组织和理解的活动 | 分析、独创、好奇、独立 | 生物学家、经济学家、数学家、新闻记者 |
| 艺术型：偏好需要创造性表达、模糊且无规则可循的活动 | 富于想象力、无序、杂乱、理想化、情绪化、不切实际 | 画家、音乐家、作家、室内装饰工作者 |
| 社会型：偏好能够帮助和发展他人的活动 | 好交际、友好、合作、理解 | 社会工作者、教师、议员、临床心理学家 |
| 传统型：偏好规范、有序、清楚明确的活动 | 顺从、高效、务实、缺乏想象力、缺乏灵活性 | 会计、公司管理者、银行出纳员、档案管理员 |
| 企业型：偏好能够影响他人和获得权力的言语活动 | 自信、雄心、精力充沛、支配 | 律师、房地产经纪人、公共关系专家、小企业主 |

度的期许，他们对管理层致力于人岗匹配的努力也就没有那么重视，因此"个人 – 岗位匹配"并不能很好地预测工作满意度❹。也就是说，对于集体主义文化下的管理者而言，比起违背文化规范去给个体设计合适的工作岗位，他们更应该去寻找适合既定岗位，能够在岗位上发光发热的员工❺。

○　**个人 – 组织匹配**

个人 – 组织匹配（person-organization fit）原则的核心观点在于，人们往往会被与自身价值观匹配的组织吸引，也更容易通过这些组织的筛选；如果组织与自身的人格特质不再协调，人们则会选择离开❻。例如，如果运用大五人格的分类方法（下一节会详细讨论），我们可能会认为外倾者适合锐意进取、团队导向的文化，宜人性高的个体与充满支持的组织氛围更匹配，而开放性高的人则更适合强调创新而非按部就班的组织❼。遵照这些指导原则开展招聘工作，我们理应识别出更能适应组织文化的员工，实现工作满意度的提升和离职率的降低❽。关注"个人 – 组织匹配"的学术研究的确也对个体和组织价值观的适配问题进行了大量探讨，并印证了价值观匹配对工作满意度、组织承诺、离职率的预测作用❾。有趣的是，新近的研究证据似乎表明，在寻求"匹配"的过程中，人们更在意的其实是组织的价值观是否符合普适的价值理念，而非是否与个人的价值偏好紧密契合❿。

如今，为了寻求与自身相匹配的员工，管理组织的线上形象越来越重要了，因

为求职者在求职过程中普遍会先浏览一下公司的网页 ⑪。他们喜欢用户友好的界面，希望了解有关公司经营哲学和内部政策的信息。可见，公司的网站对求职者感知的"个人－组织匹配"程度发挥着非常关键的作用，对网站风格（如易用性）加以改进、对呈现内容（如公司政策）加以完善都可能吸引更多的求职者 ⑫。

### ○ 匹配的其他维度

虽然我们通常认为"个人－岗位匹配"和"个人－组织匹配"对工作结果的影响是最突出的，但其他匹配的维度同样值得检视，例如"个人－群体匹配"（person-group fit）和"个人－上司匹配"（person-supervisor fit）⑬。"个人－群体匹配"在团队情境下是非常重要的，因为团队成员的互动状态对工作结果有着显著的影响。近来，"个人－上司匹配"越来越成为研究的焦点，因为这一维度的错位很可能损害工作满意度和工作绩效。有时，我们也把所有这些匹配维度统称为"个人－环境匹配"。

每种维度的匹配情况都可能影响工作态度，不过这种影响部分取决于文化。一项近期的研究对来自东亚、欧洲和北美样本的研究证据进行了元分析，结果表明，"个人－组织匹配"和"个人－岗位匹配"这两个维度对北美地区员工的积极工作态度和工作绩效具有最强的预测作用，而同样的指标在欧洲样本中的预测作用有所减弱，在东亚地区则是最弱的 ⑭。

## ● 人格

商业组织需要的职能是多种多样的。因此，组织需要有人处理会计和财务事项，需要有人负责招聘合适的员工、开展相应的培训，需要有人推广和销售公司的产品和服务，还需要有人从事研发工作来推陈出新，不一而足。那么，你可以考虑一下：倘若你一直招聘同样的员工，他们有着完全相同的人格特质，对于上述这些职能和需要，这些一模一样的员工是否都能胜任呢 ⑮？ 在回答这个问题之前，让我们先来探讨一个更基本的问题：什么是人格？

### ○ 什么是人格

在谈论某人的人格时，我们通常会使用很多形容词来描述对方的行为模式和思考方式；事实上，一项研究的参与者曾使用多达 624 个不同的形容词来描述他们认

识的人 ①⓰。想想你自己的某些同事，你可能会觉得他们"风趣""外向""友善""勤奋"，也可能会觉得他们"懒惰""孤僻""死板"或是"多管闲事"。对此，组织行为学的做法是把大量的具体特征整合为总体的特质，用以描述一个人的人格。

- **人格的定义**

为了便于接下来的讨论，你可以将人格（personality）理解为个体对外界的反应模式和与外界的互动模式的总和。通常，我们会以一个人所展现出来的、可测量的特质来描述其人格。

围绕人格的早期研究工作主要致力于对描述个体行为的一系列持久特征（如前文提到的那些）的识别和命名。当某人在诸多不同的情境中都倾向于展现某些特征，且这些特征本身具有一定的持续性时，我们就将这些特征称为人格特质（personality traits）⓱。

研究表明，文化会影响我们描述自身和他人的方式。尽管许多人格特质在不同的文化下都是存在的（如本章后面介绍的大五人格模型）⓲，但有的特质在特定的文化中却鲜有出现，而有的特质则在特定的文化中才会显现⓳。例如，部分研究在中国情境下发现了关注人际联结的独特人格特质，同时也揭示了开放性特质在这一情境中相对缺乏的事实⓴。因此，在与拥有不同文化背景的人们互动时，你需要始终对可能存在的文化差异保持敏感，并意识到这些差异对人格同样能产生影响。

- **人格的测量**

人格测量在组织情境中的运用正变得日益广泛。事实上，89 家上榜了《财富》100 强的企业以及全美 57% 的大型企业都曾使用人格测量工具 ㉑，比如施乐公司（Xerox）、麦当劳（McDonald's）和零售商劳氏公司（Lowe's）㉒。与此同时，以德保罗大学为代表的诸多学校也开始在招生过程中引入人格测试㉓。人格测量在招聘过程中非常有用，它能够帮助管理者识别出最适合岗位的人选 ㉔。

人格测量最常用的方式是"自我报告式"（self-rating survey）调研，即让个体针对一系列因素（例如："我对未来十分忧虑"）进行自我评估 ㉕。一般来说，比起出于自我了解的目的接受测试，当人们知道自己的人格测试分数将被用于聘用决策时，

---

① 在参考文献第 16 条 Hall et al.（2017）的研究设计中，被试很有可能不认识自己评价的对象（至少研究没有披露被试和评价对象之间的关系，且评价者和被评价者来自不同的抽样群体）。另外，"评价"的范畴也比较局限，基于研究者事先给定的形容词序列。因此，对于本文此处的观点，读者可以自行斟酌、参考。——译者注

他们在受欢迎的特质（例如尽责性）上给予自己的评价会高出许多 ㉖。除此之外，人格测量可能还存在准确性的问题 ㉗。例如，让很熟悉的人（例如某个与你共事 5 年以上的同事）来评价你，就很可能比让更陌生的人来评价更准确 ㉘。

相较之下，"观察者报告"（other-rating survey）能够提供相对独立的人格评估结果，在这种情况下，一个人的人格评估是由同事或某个旁观者进行的。研究表明，尽管自我报告和观察者报告的人格评估结果通常具有很强的相关性，后者却对职业成功有更强的预测作用 ㉙。不过，这两种评估分数均为我们提供了有关个体行为的独特信息，因此，将二者结合起来才能达到最佳的绩效预测效果。那么，好的"观察者"需要满足哪些条件呢？情绪识别能力（见第 4 章：情绪与心境）可能发挥了非常重要的作用：一项研究发现，观察者识别他人所展示的负面和正面情绪的准确性，分别与其评判对方情绪稳定性和外倾性人格特质的准确性有关 ㉚。

当今，人工智能和其他现代技术（例如机器学习技术，见第 1 章：何谓组织行为学）的进步同样也促进了人格测量技术的发展，有助于我们更好地汇总测验分数、减少测验作假，并且能够灵活地呈现不同的测试题目，以进行更准确的测量。例如，机器学习技术能够帮助我们筛选传统人格测验中包含更丰富信息的问题 ㉛、识别在测验中造假的参与者 ㉜，甚至还能给岗位候选人的自述材料打分 ㉝。

## ● 人格理论框架

纵观整个历史长河，人们始终都在求索个体错综复杂行为背后的原因。追根溯源，我们的很多行为都产生于人格，因此，理解人格的构成有助于我们对行为加以预测。例如，一名不够练达（"宜人性"所包含的一种特征）的员工更有可能在不恰当的场合里表现得直截粗鲁，继而惹怒自己的同事 ㉞。我们接下来要讨论的这些理论框架和评估工具将帮助我们对人格的不同维度进行分类和探究。

### ○ 迈尔斯 – 布里格斯类型指标

迈尔斯 – 布里格斯类型指标（Myers-Briggs Type Indicator，MBTI）是世界上使用最为广泛的人格评测工具 ㉟。它由 100 道题组成，询问人们在特定情形中通常产生的感受或采取的行动。据此，人们可以被划分为外倾者与内倾者（E 与 I）、感觉者与直觉者（S 或 N）、理性者与感性者（T 与 F），以及评判者与理解者（J 与 P）。

» **外倾者（Extraverted）vs 内倾者（Introverted）**：外倾者开朗外向、善于交际、直言不讳；内倾者安静内敛并且害羞。

» **感觉者（Sensing）vs 直觉者（Intuitive）**：感觉者更为实际、偏好例行工作并服从指令、注重细节；直觉者则依靠潜意识进行决策，且更容易看到大局。

» **理性者（Thinking）vs 感性者（Feeling）**：理性者使用理智与逻辑来解决问题；感性者则依赖自身的价值观和情绪。

» **评判者（Judging）vs 理解者（Perceiving）**：评判者追求控制感，希望世界有序运转；理解者则更为灵活随性。

MBTI 从上述四对特质（例如：外倾者－内倾者）中各自识别出一项特质（例如：外倾者），组合在一起构成个体的人格类型。例如，作为内倾者/直觉者/理性者/评判者的人们（即 INTJ 型人）是拥有独创性头脑和强大自驱力的梦想家，他们富有怀疑精神、极具批判性、独立自主、坚定不移，而且往往固执己见。

MBTI 框架存在诸多潜在的问题❸❻。第一，对于这种方法是否能可靠地测量人格，现有的证据并不一致——事实上，大多数证据都表明它是不可靠的 ❸❼。心理学教授丹·艾瑞里（Dan Ariely）就曾讥讽地评论 MBTI 的测量结果："下回干脆直接看星盘算了，它和 MBTI 同样'可靠'，还省时省力。"❸❽ 第二，MBTI 框架把人在四个维度上强行归类，不是这一种，就是那一种，例如，你要么是内倾者，要么就是外倾者，没有居于中间的余地。第三，当人们重新进行测验时，常常会得到截然不同的结果。还有一个问题在于结果的解读相当困难。在 MBTI 框架中，不同维度的重要性是不同的，而且特定维度的组合还具有特殊的含义，因而相关结果的解读依赖充分的训练，且往往具有一定的差错空间。最后，MBTI 的测验结果与工作绩效关系不大，也正因如此，管理者在选拔求职者时应该使用的是大五人格模型。我们马上就讨论它。

## ○ 大五人格模型

MBTI 框架缺乏有力的支持性证据，但大五人格模型（Big Five Model）则经受住了大量研究的检验。该模型认为，人类绝大多数的个性特点都被涵盖在五种基本的人格维度之中❸❾。大五人格特质能够很好地预测人们在大量现实生活情境下的行为表现❹⓿，而且其测试结果虽然存在细微的日常变化，但对于个体来说是长期内相对稳定的 ❹❶。模型中的五种特质分别是：

» **尽责性（conscientiousness）**。尽责性衡量了个体言行的一贯性和可靠性。一个尽责性高的人富有责任心、条理分明、值得信赖、坚持不懈。在这个维度上得分偏低的个体容易分心、缺乏条理且不太可靠。

» **情绪稳定性（emotional stability）**。情绪稳定性衡量了个体的抗压能力。情绪稳定的人往往沉着冷静、充满自信且有安全感。在这个维度上得分较高的个体很可能拥有积极乐观的心态，感受到的负面情绪（例如紧张、焦虑、不安全感）也更少，他们通常比得分较低的个体更快乐。

» **外倾性（extraversion）**。外倾性描述的是个体处理社会关系的模式。外倾者通常比较合群，不惧言明自己的主张，并且乐于与人交往。比起内倾者，他们通常会体验到更多的正面情绪，也能更自如地表达自身的感受。相反，内倾者（也即具有较低外倾性的个体）倾向于深思熟虑，他们更加保守、胆怯和安静。

» **经验的开放性（openness to experience）**。经验的开放性代表了人们兴趣的广泛程度以及对新颖事物的热衷程度。开放性高的个体更具创造力和好奇心，而且富有艺术细胞，而开放性低的个体则在面对传统、熟悉的事物时才舒适自如。

» **宜人性（agreeableness）**。宜人性指个体迁就他人的倾向。宜人性高的个体善于合作、温和热情且愿意信任别人。你可能会猜测，宜人性高的个体比宜人性低的个体更快乐，事实的确如此，但只高一点而已。在选择团队成员时，人们往往会优先寻求宜人性高的个体。相反，宜人性低的个体比较冷漠，且常常与人针锋相对。

## ○　大五人格特质如何预测工作中的行为

大五人格维度与工作绩效之间存在诸多关联[42]，我们对此的了解也与日俱增。接下来，我们将逐一考察这些特质。那么，让我们先从工作绩效最强有力的预测指标——尽责性开始谈起。

### ·　工作中的尽责性

研究人员发现："与尽责性和宜人性相关的个人特征是许多工作岗位的重要成功因素，不论工作的复杂度、所需的训练和经验的多寡。"[43] 尽责性高的个体往往会积累深厚的工作知识，之所以如此，可能是因为这些人更精于学习（尽责性可能与学业成绩有关）[44]，这些因素进而也可能带来更高的工作绩效和更多的组织公民行为（见第1章：何谓组织行为学）[45]。与此同时，尽责性高的员工做出的反生产工作行为（见第3章：态度和工作满意度）也更少[46]。

总体上，尽责性是工作绩效最有力的预测指标。不过，其他大五人格维度与不同方面的绩效也有各自的关联，并且对工作和生活都能产生一定的影响。图 5-1 对相关作用进行了归纳。

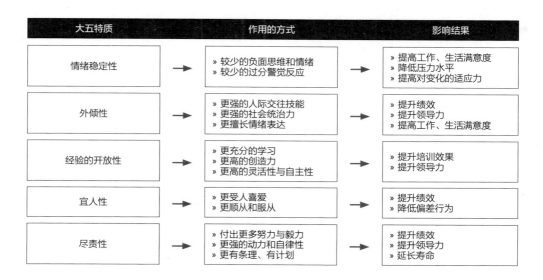

**图 5-1　大五人格特质对组织行为变量的影响**

- 工作中的情绪稳定性

　　在大五人格特质中，情绪稳定性与生活和工作满意度的关联最为紧密，与此同时，这一特质还有助于缓解工作倦怠、降低离职意愿❹。情绪稳定的个体更有能力适应职场中的意外和变化❹，相反，情绪稳定性低的员工则可能因为难以应付这些状况而感到精疲力竭❹，且往往会产生工作与家庭之间的冲突，结果影响了工作表现❺。正因如此，后者可能会从事更多的反生产工作行为，而更不乐于进行组织公民行为，缺乏投入工作的动力❺。

- 工作中的外倾性

　　外倾性高的员工在需要进行高强度人际互动的岗位上往往如鱼得水。在群体中，外倾性能够很好地预测领导者的涌现和行为表现❺。同时，外倾者通常也有着更高的工作满意度和更低的职业倦怠水平❺。不过，外倾性高的人有时会显得独断专行，这在不需要进行频繁人际互动的岗位上并不是一件好事❺。

- **工作中的经验开放性**

　　开放的人通常极富创造力和创新精神❺。这样的人更容易成为高效的领导者，因为他们更能在不确定性中自处，从而能更好地应对组织变革、在各种变化中游刃有余❺。尽管开放性与初期工作绩效关联不大，但长期来看，开放性高的个体发生绩效滑坡的可能性更低❺。此外，开放的人面临的工作－家庭冲突问题也相对较少❺。

- **工作中的宜人性**

　　宜人性高的个体更能胜任人际导向的岗位，例如客户服务工作。这一类人发生的工作－家庭冲突较少，离职倾向也比较低❺。与此同时，宜人性高的员工会实施更多的组织公民行为，而进行较少的反生产工作行为❻。最后，宜人性这一特质对职业成功（特别是在收入方面）颇为不利，这可能是因为宜人性高的个体容易轻视自己的贡献和价值，而且更不愿意坚持自己的主张❻。

　　有趣的是，现有研究显示，在特定的文化中，宜人性对组织承诺（见第 3 章：态度和工作满意度）的作用似乎格外突出。一项综述研究梳理了覆盖全球各地逾 20 000 名员工样本的研究证据，发现宜人性在集体主义文化下比在个人主义文化下（本章后面会详细探讨集体主义和个人主义文化的价值观）对组织承诺的预测力更强❻。此外，鉴于当今的组织常常需要将员工派往海外，了解不同人格特质在不同文化中的适应性也是很重要的。对此，研究发现，外倾性可能最有利于个体适应①❻。一项针对 2500 名国际交换生的研究印证了这一点，该研究发现，外倾性显著地减少了个体在新文化中感受到的压力，且有助于个体的文化适应❻。

　　根据现有的研究，在众多特质中，大五人格特质对诸多组织结果的预测作用是最经得起考验的。不过，人们可能表现出的特质远不止这些，很多其他的特质也会对组织行为学关心的问题产生影响。下面，让我们再探讨一下"黑暗三联征"。

○ **黑暗三联征**

　　在大五人格框架之外，研究者还发现，我们每个人身上都或多或少存在三种不为社会所认可的人格特质：马基雅维利主义、自恋和心理变态。由于这三种特质都比较负面，研究者将它们统称为"黑暗三联征"（dark triad），不过其实它们并不总

---

① 参考文献第 63 条并没有直接验证外倾性人格的作用，只在文献综述部分提及了这一特质对变革型领导潜在的积极作用。因此，此处的表述可以理解为作者对现有研究证据的引申，请读者自行斟酌参考。——译者注

是会在一个人身上同时出现❻❺。在我们谈到这三种特质时，你可能很容易想到自己曾经共事过的同事或老板，回忆起他们身上的这些特质在职场引发的一系列后果。事实上，这些特质真的有可能损害组织的财务绩效。例如，一项研究考察了 101 位对冲基金经理，结果发现，那些自恋和心理变态程度较高的基金经理获得的财务绩效逊于其他同行❻❻。而且，这些特质可能并不像你想象中的那样遥远，毕竟，"并不是所有的心理变态者都会被关进监狱——他们中有的人就坐在董事会里。"❻❼

乍听起来，黑暗三联征似乎很黑暗，但这些特质并不算临床意义上的病态。不过，当个体处于压力状态之下、变得完全无法克制不当反应时，这些特质便容易凸显出来。长此以往，人的职业生涯甚至人生都有可能偏离正轨❻❽。

- **马基雅维利主义**

　　艾登是一名银行经理。在过去的四年中，艾登已经得到了三次晋升，而他对自己在工作中采取的激进手段丝毫不觉愧疚："为了向上爬，我可以不惜一切代价。"艾登这样的人就是马基雅维利主义者。

　　马基雅维利主义（machiavellianism）得名于尼可罗·马基雅维利（Niccolo Machiavelli），此人在 16 世纪写下了大量教人获取和使用权力的著述。马基雅维利主义者通常极度务实，与各种事物都保持着情感上的距离，并且相信只要结果合理，一切手段便都没有问题。"手段如果管用，就尽管去用"，这样的说法就非常符合马基雅维利主义的观点。在这种特质上得分较高的人经常操纵他人，能赢得更多利益；他们更不容易被人说服，却经常能说服别人❻❾。这一类人有可能采取极具攻击性的举动，而且经常做出反生产工作行为。不过，出乎意料的是，马基雅维利主义总体上对工作绩效并没有显著的预测作用❼⓪。虽然马基雅维利主义者可以通过操纵他人在短期为自己挣得较多利益，但长期来看，由于这种特质并不受人待见，他们反而可能失去更多。

- **自恋**

　　艾唯喜欢成为人群中的焦点。他自认为拥有许多卓越的天赋（他还说："看呐，连我的名字都说我就是那个'唯一'！"），相信自己能对他人产生巨大的影响，而且对批评的意见非常敏感。艾唯就是一名自恋者。这种特质得名于希腊神话中的纳西索斯（Narcissus），这名年轻人格外虚荣自傲，竟然爱上了自己在水中的倒影。自恋（narcissism）的个体对自身的重要性拥有崇高的想象，渴求大量的赞美，并且通常十分傲慢。自恋者往往幻想获得巨大的成功，倾向于充分利用环境和他人来达到自己的目的，与此同时，他们拥有一种自我优越感，而且缺乏同理心 **71**。不过，自恋者也很有可能极度敏感和脆弱 **72**。

自恋人格与工作效能和组织公民行为关系不大 **73**，却是反生产工作行为最有效的预测指标之一。不过，这种准确的预测作用可能只限于个人主义文化，因为在集体主义文化中，社会规范并不鼓励人们进行自我推销 **74**。自恋者通常认为自己对于岗位来说大材小用 **75**。在受到绩效反馈时，他们倾向于忽略与正面自我认知相冲突的信息，但倘若得到适当的奖励，他们则会更加努力地工作 **76**。自恋的管理者还会选择性地与下属建立关系，通常，他们会优先亲近那些提供正面的、非批评性反馈的人（最终往往导致彻底阻塞下属的言路）**77**。有研究整合分析了跨越100年的数据，结果发现，尽管棒球组织CEO的自恋特质会使他们在其他组织眼里显得更有影响力，但这种特质也会导致组织内管理者的离职率更高 **78**。

从积极的一面来看，自恋者则可能比别人更有魅力 **79**，这种人格类型在商业领域格外常见。自恋者更有可能被选中担任领导职位，而且中等水平的自恋（即自恋程度不是极高也不是极低）与领导效能正相关 **80**。另外，还有证据显示，自恋者更善于调整适应，因此在遇到复杂问题时往往能做出更好的决策 **81**。需要注意的是，自恋及其相关作用并不局限于CEO或名人。就像马基雅维利主义一样，自恋的影响虽然因情境的不同而存在差异，但遍及生活的方方面面。

- **心理变态**

作为黑暗三联征的一种，组织行为学意义上的心理变态并不涉及临床意义上的精神疾病。在组织行为的语境下，心理变态（psychopathy）指的是个体缺乏对他人感受的考虑，以及在行为对他人造成伤害时毫无愧疚之心 **82**。在测量上，心理变态的衡量维度包括个体遵从社会规范的意愿、情感冲动、使用欺骗性手段达成目的的倾向，以及在多大程度上缺乏同理心。

关于心理变态究竟在多大程度上影响工作行为，现有文献尚未达成共识。一项综述研究发现，心理变态的指征和工作绩效或反生产工作行为的关联十分微弱[1] **83**。另一项研究则发现，与心理变态密切相关的反社会人格与个体在组织中的事业进展有关，但并不能预测其他方面的职业成功和效能[2] **84**。此外，还有研究表明，心理变态的个体可能会采取更多强硬的手段（如威胁、操纵）

---

[1] 参考文献第83条没有涉及有关心理变态特质和反生产工作行为的直接研究。请读者自行参考。——译者注

[2] 参考文献第84条涉及的研究核心解释变量与心理变态特质其实没有直接的关联。作者可能做了引申，认为研究涉及的特质作为部分心理变态特质的前因或后效。请读者自行斟酌、参考。——译者注

来影响他人，甚至直接欺凌别人（如进行身体或言语上的威胁），而且丝毫没有悔意[85]。综合来看，心理变态者在道德上的狡黠或许的确有助于他们在组织中攫取更大的权力，但也正因如此，这些权力很难被用在有益于自身和组织的正途上。

- 其他理论框架

黑暗三联征有助于我们理解现有研究发现中的人格黑暗面。当然了，研究者也在探索其他的人格理论框架。一个新兴的框架在大五人格的基础上加入了一个新维度"诚实 / 谦卑"（honesty/humility，H），和原有的五个维度即情绪化（emotionality/emotional stability，E）、外倾性（extraversion，X）、宜人性（agreeableness，A）、尽责性（conscientiousness，C）和开放性（openness，O）整合在一起，共同构成了 HEXACO 模型[86]。这个新增的 H 维度源自一批跨文化研究。相关观点认为，由于最初为大五人格的提出奠定基础的研究主要是在英语国家开展的，所以它们实际上"遗漏"了一类人格特质，这类特质在后续针对非欧洲文化样本（如韩国和匈牙利①）的研究中才得以显现[87]。H 维度代表了个体的真挚、公正、虚心和谦卑，拥有这种特质的人并不热衷于社会地位、财富或金钱。部分研究指出，H 维度对原有的大五人格框架做出了有益的补充，它能够预测诸多与伦理有关的结果，包括避免实施舞弊的行为（而且是在面临相关诱惑的情况下）[88]。现如今，欺诈和舞弊已经成了组织关心的重要问题（例如，员工有时会钻空子，或是偷窃组织的财物）[89]，因此，这一新增的维度有着重要的组织行为学研究意义。

## ● 组织行为学中其他重要的人格特征

我们已经讨论过，围绕人格特质的研究在组织行为学中占据了重要的地位。现在，让我们再来考察一些其他的特征，这些特征对组织中的行为都有着重要的预测作用，它们是：核心自我评价、自我监控和主动型人格。

### ○ 核心自我评价

在关于态度和工作满意度的章节中，我们曾经提到，核心自我评价代表了个体

---

① 匈牙利属于欧洲，但其文化与典型欧洲文化差异较大，所以这里将其作为非欧洲文化样本来研究。——编者注

对自身能力和价值的基本看法。当人们持有正面的核心自我评价时，他们会热爱自己，相信自己能够有效行动、掌控周遭的环境。相反，当人们做出负面的核心自我评价时，则可能产生自我厌恶，他们会怀疑自身的能力、认为自己面对环境无能为力 ⑩。在关于态度和工作满意度一章中，我们还提到核心自我效能与工作满意度有关，而这是因为对自身评价较高的人能从工作中发现更多挑战，并且愿意从事更复杂的工作。

持有积极的核心自我评价的个体有着更好的表现，因为他们会给自己设置更多上进的目标，也更愿意为了目标而奋斗，能够坚持不懈地达成目的 ⑪。这样的人可以提供更优质的客户服务，更受同事的欢迎，而且职业发展的起点可能更高，晋升也更快 ⑫。不过，核心自我评价过高的情况也是存在的，这会使个体不那么受到同事的待见 ⑬。

此外，在跨文化情境下，核心自我评价在多元化、全球化和员工效能等问题中也可能发挥重要的作用。研究发现，积极的核心自我评价有助于员工适应职业生涯中发生的变化 ⑭，当员工前往新的文化环境工作时，这种特质也能促进他们更好地融入国际化的情境 ⑮。例如，一项研究发现，在中国某家汽车制造工厂中，当个人主义而非集体主义价值得到提倡时，核心自我评价与工作绩效之间即存在正向的关联 ①⑯。此外，在跨国团队中，虽然语言能力和国籍构成了成员间的天然隔阂，但个体的核心自我评价能够有效弥合鸿沟、成就高效的领导者 ②⑰。

## ○ 自我监控

瑞丽在工作中总是遇到麻烦。尽管她工作能力很强，而且十分努力、成果卓著，但她总是得到平庸的绩效评价，而且把自己的上司都得罪了个遍。瑞丽的问题在于，她缺乏政治头脑，又不善变通。正如她自己所说："我对得起自己的良心！我才不会为了取悦别人而虚与委蛇。"我们将瑞丽这类人称为低度自我监控者。

自我监控（self-monitoring）指个体为了适应外部情境因素调整自身行为的能力 ⑱。高度自我监控者对外部环境有很强的适应性，他们对外界线索高度敏感，能够在不同的情境中表现出不同的行为方式，有时，他们在公开场合的面孔甚至会与私下里的截然相反。像瑞丽这样的低度自我监控者则难以用同样的方式伪装自己。他

---

① 参考文献第 96 条中，没有对核心自我评价进行直接研究。请读者留意参考、分辨。——译者注

② 参考文献第 97 条中，没有对核心自我评价进行直接研究。请读者留意参考、分辨。——译者注

们倾向于不分场合地展露真实的性情和态度，因此，他们的内心和行为往往是高度一致的。

　　自我监控程度高的员工通常有着较低的组织承诺，不过，他们更有可能获得较高的绩效评价，也更可能成为领导者⑨。自我监控程度高的管理者通常有着更大的职业发展空间，他们可能得到更多的晋升（包括组织内和组织间），而且更有希望进入组织的核心圈层①⑩。不过，自我监控有时是把双刃剑，它虽然可能带来前述好处，但也有可能给人留下不够真诚、自私自利或缺乏原则的印象 ⑩。

## ○　主动型人格

　　你可能留意过这样的一类人：他们总是主动采取行动，改善当前的环境或是创造新的环境。这些都是主动型人格的表现⑩。具有主动型人格（proactive personality）的个体善于识别机遇、常常展示出主动性，并且一直坚持努力，直到实现有意义的改变。相比之下，大多数人可能只是被动地对环境做出反应。主动性高的人具有众多组织青睐的行为特征，他们通常有更好的绩效表现⑩、富有创造力⑩，而且不需要过多的监管（因而总是被赋予更多的自主空间）⑩。这样的人对工作往往更满意，对组织承诺更深，在工作中投入更多⑩。此外，主动型人格个体通常更有可能取得职业成功，不过这也可能引起同事的嫉妒（以致加以诋毁或拒绝帮助）⑩。

　　简言之，上述人格特质可以预测诸多重要的组织结果。不过，学界的研究兴趣也已悄然转向，开始关注人格特质与环境的交互作用，即外部情境和条件对特质的影响。在接下来的小节中，我们将会考察工作环境中的情境和条件是如何影响人格特质的具体表现的。

## ●　人格与情境

　　在前文中，我们探讨过遗传因素和环境对人格发展的共同作用。有的人格特质在几乎所有环境或条件下都能有效发挥作用。例如，研究证据表明，尽责性特质对多数岗位都是有益的，而外倾性则在多数情况下与领导者的涌现相关。然而，我们接下来会了解到，特质对行为的作用实际上是依赖具体情境的。

---

① 此处的引用与原文观点的相关性不大。请读者留意参考、分辨。——译者注

随着学术研究的发展，我们不仅对人格本身的分类有了越来越多的了解，而且也对人们认识情境的方式积累了更深入的认识。一项出色的研究从大量渠道中汇总了多达 1467 亿个人们用以描述情境的词语，并运用人工智能加以分析。结果发现，描述情境的维度包括正面性 - 负面性、复杂度、典型性、重要性和幽默程度 ⑩。情境的这些属性都有可能影响行为，甚至激活特定的人格特质。此外，"重要性"这个维度的作用与情境强度也有非常明显的理论关联。

有两个理论框架能够帮助我们梳理情境和环境条件对职场中人格和行为的影响，它们分别是情境强度理论和特质激活理论。

## ○ 情境强度理论

假设你们部门正在进行全员会议。在这种情况下，你有多大可能突然离开办公室、冲着某位同事大呼小叫，或者转身背对大家？大概不太可能。但是，假如你在家里工作，你很有可能会穿着睡衣、大声播放音乐，或是对着踏上你电脑键盘的猫破口大骂。例子虽然简单，但你应该已经体会到，不同情境的"强度"是有差异的。

**情境强度理论**（situation strength theory）提出，人格转化为实际行为的程度和方式取决于情境的强度。所谓的情境强度指的是相应的规范、线索或标准对恰当行为加以规定的严格程度 ⑩。强情境清晰地展示了恰当的行为，并强迫人们遵守规范、阻止不当行为的发生。相反，在弱情境中，一切可以顺其自然，因此我们得以自由地依照原本的人格特质行事。显然，在弱情境中，人格特质对行为的预测能力是更强的 ⑩。

## • 情境强度的组成要素

学者通常从以下四类要素入手，分析组织中的情境强度 ⑪：

1. **清晰度**：即工作任务和职责相关线索的可得性和明确性。清晰度高的岗位构成了强情境，因为个体需要实施的行为已经得到了事先的规定。例如，清洁工任务的清晰度可能就远高于好莱坞演员的经纪人。

2. **一致性**：即不同任务和职责相关线索之间的相容性。一致性高的工作岗位对应着强情境，因为在这种情况下，所有线索都对应着相同的行为预期。例如，急诊护士工作的一致性可能就要高于组织的管理者。

3. **约束**：即不受个体控制的外在力量对个体自由决策和行动加以限制的程度。包含大量约束的岗位对应着强情境，因为个体的自主空间受到了极大的压缩。例如，银行查账员面临的约束可能就比护林员多很多。

4. **后果：** 即决策或行动对组织、成员、客户和原料供应等方面造成严重后果的可能性。包含严重潜在后果的工作构成了强情境，因为相应的工作环境往往以高度结构化的方式来防范错误的发生。例如，外科医生工作面临的潜在后果就比外语教师要严重多了。

· **组织情境**

部分学者认为，组织本身就构成了强情境，因为组织的存在意味着它对成员施加的规则、规范和行为标准。当然了，这些约束通常是合理的，打个比方说，我们肯定不希望员工无所顾忌地对他人进行骚扰、用错误的方式处理账目或者单凭心情决定要不要来上班。

不过，在这些基线之上，是否还要再给员工塑造过强的组织情境就值得商榷了。原因有很多。第一，组织情境强度的要素通常是由组织的规则和指导方针决定的，这些内容在很大程度上是客观的。但是，它们构成怎样的情境强度，以及对人会产生怎样的实际影响，则取决于人们对规则的感知。例如，一位建筑公司的领导者要是非常重视安全问题（因而希望在这方面塑造出强情境），很有可能会致力于减少失眠问题所引发的工伤并推广安全的行为规范。然而，员工们最终的反应（乃至工作态度）如何，还要看他们对这些线索、对情境强度有怎样的感受⓬。第二，如果规则太多、流程约束烦琐，工作可能就会变得比较无聊、让人缺乏动力。第三，很多组织奖励创新，而太强的情境则可能压抑创新。毕竟，想要用强有力的规则控制复杂多元的系统是既困难又不明智的。第四，情境强度某种意义上不是"非黑即白"的，组织完全可以选择在某些问题上强硬，而在其他一些问题上保持松泛。例如，对于工作具体要如何开展，组织给予较弱的规范（低强度）即可，但在禁止反生产工作行为的问题上，组织显然应该设立严格的准则（高强度）⓭。总之，管理者应当理解情境强度在工作场所中的作用，寻求恰当的平衡。

○ **特质激活理论**

另一个帮助我们理解人格与情境关系的框架是特质激活理论（trait activation theory，TAT）。该理论认为，某些情境、事件或干预方式可以更大程度地"激活"某些特质。根据特质激活理论，我们可以预测适合不同人格特质的工作。例如，基于佣金的薪酬计划可能会更大程度地激活外倾性特质，因为外倾者对奖酬更加敏感，而相较之下，其他特质（比如开放性）与这些因素的关联程度就比较低。相反，有的岗位鼓励员工发挥创造力，在这种情况下，开放性可能就比外倾性更容易预测相关的行为。表 5-2 还列举了一些其他的例子。

表 5-2 特质激活理论：一些大五人格特质在不同岗位中的突出作用

| 需要<br>关注细节 | 需要<br>社交技能 | 竞争<br>强度高 | 创新<br>要求高 | 需要<br>处理他人的<br>愤怒情绪 | 时间压力大（规定<br>工作截止时间） |
|---|---|---|---|---|---|
| 关联程度高的岗位（即同列的人格特质能预测个体在这些岗位上的行为） | | | | | |
| • 空中交通管制员<br>• 会计师<br>• 法务秘书 | • 理疗师<br>• 礼宾服务员 | • 教练员/侦查员<br>• 财务经理<br>• 销售代表 | • 演员<br>• 系统分析师<br>• 广告策划师 | • 狱警<br>• 电话销售员<br>• 空乘服务员 | • 广播新闻分析师<br>• 编辑<br>• 民航飞行员 |
| 关联程度低的岗位（即同列的人格特质不能预测个体在这些岗位上的行为） | | | | | |
| • 护林员<br>• 按摩师<br>• 模特 | • 软件工程师<br>• 司泵工<br>• 广播技术员 | • 邮局职员<br>• 历史学家<br>• 核反应堆操作员 | • 法庭书记员<br>• 档案保管员<br>• 药剂师 | • 作曲家<br>• 生物学家<br>• 统计学家 | • 美容师<br>• 数学家<br>• 健身教练 |
| 相关岗位属性激活的特质（即这些人格特质能较好地预测同列岗位中的行为） | | | | | |
| 尽责性（+） | 外倾性（+）<br>宜人性（+） | 外倾性（+）<br>宜人性（-） | 经验的开放性（+） | 外倾性（+）<br>宜人性（+）<br>神经质（-） | 尽责性（+）<br>神经质（-） |

注：加号（+）代表在该特质上得分较高的个体更胜任对应岗位。减号（-）代表在该特质上得分较低的个体更胜任对应岗位。

特质激活理论还可以用来解释人格倾向。例如，一项近期的研究发现，在线上学习的过程中，人们对电子监控的反应存在很大的差异。那些特别惧怕失败的个体会因为监控的存在倍感担忧，他们的学习效果也因而大打折扣。在这一情形中，环境的因素（电子监控）激活了一种特质（害怕失败），二者共同导致了工作绩效的降低⑭。当然，特质激活理论也可能以积极的方式发挥作用。另一项研究发现，当尽责性高的员工处于充满支持的环境中时，他们可能对同事产生强烈的责任感，进而在纠结是否应该分享信息时选择分享⑮。

情境强度理论和特质激活理论的基本原则似乎都表明，与其说天性所向和环境所趋相互对立，不如说二者是协同作用的。两方面的因素不仅都能影响行为，而且也会对行为产生交互的影响。换句话说，人格会影响工作行为，情境也会影响工作行为，但要是情境适当，人格的作用就能更大程度地发挥出来⑯。

## ● 价值观

每一个组织都围绕自身的使命秉持着一系列核心价值观。例如，富国银行崇尚"顾客真正的需要"，宣称自己"将对顾客的考虑置于所有行动的核心""希望超越顾客的期待，建立持续终身的情谊"⑰。然而，组织成员实际践行的价值并不总是与组织的理想保持一致的。同样是富国银行，同样是这家珍视"顾客诉求"的企业，竟然开通了数百万个虚假账户，将资金挪入这些户头，甚至为了达成规定的销售业绩，未经许可就以顾客的名义开通网银服务。这一切使公司陷入了无尽的法务危机⑱。

价值观（values）代表着一类相对稳定和持续的基本信念，阐释了"对于个人或社会而言，何种行为方式或其最终存在形式是可取的或是不可取的"⑲。价值观包含了判断的元素，因为它涉及个体对于万事万物的是非、好坏及是否可取的观念。这种判断具有内容和强度两大属性。其中，内容属性指出某种行为方式或其最终存在形式是重要的，而强度属性则体现了这种重要性的程度。当我们将价值观按照强度来排序时，就得到了一个人的价值体系（value system）。对于诸如自由、乐趣、自尊、诚实、服从和平等这些价值观念重要性的高低，每个人都会有自己的理解，因而也会有自己独特的价值排序。

我们自身秉持的许多价值观都是在幼年时由父母、老师、朋友和其他人塑造的。还有一些证据表明，人格与价值观有关，即人格特质可能部分地决定了个体持有的价值观念⑳。比如，开放性高的人可能重视寻求新的想法（他们可能倾向于尝试新的销售战略，而非因循守旧），而宜人性高的人则可能更看重关爱他人和与人合作（他们可能更容易被合作性而非竞争性的工作环境吸引）㉑。为了更深入地探讨这一点，我们先谈一谈价值的重要性和组织方式。

试想一下：假设你加入组织时认为，基于绩效分配薪酬是正确的、论资排辈分配工资则是错误的，可是这家组织实际上是按照年资而非工作表现分配奖酬的。在这种情况下你会作何反应？你大概率会感到非常失望，而这种情绪很可能让你对工作颇为不满，进而令你缺乏努力工作的动力，因为你会认为"反正我投入再多也不可能带来更多收入"。但是，如果组织的薪酬政策和你的价值观是一致的，你的态度和行为会不会有所变化呢？显然是很有可能的。

### ○ 终极价值和工具性价值

我们是如何组织自身的价值观的呢？学者米尔顿·罗克奇（Milton Rokeach）认

为，我们的价值体系是由两套价值观组成的 ⑫。其中一套是终极价值（terminal values），它代表了人终身追求的目标；另一套是工具性价值（instrumental values），它指的是可取的行为模式，抑或是实现终极价值的手段。我们每个人都同时重视目标（终极价值）和手段（工具性价值）。终极价值的例子有社会繁荣和经济成果、自由、健康和幸福、世界和平、生命的意义等，工具性价值的例子有自力更生、自我约束、友善、目标导向等。

谢洛姆·施瓦茨（Shalom Schwartz）在上述理论的基础上将罗克奇提及的价值观重新梳理为 10 个维度：成就、享乐、刺激、自我导向、普遍主义、慈悲、传统、遵从、安全和权力 ⑬。谢洛姆用了 20 多个不同国家的证据来支持这个价值观框架 ⑭。为了便于理解，我们可以考察一下这些价值观分别是怎么在组织成员身上体现的：有的（例如普遍主义、慈悲等）强调效能、提倡善待他人，有的主张坚守大多数情况下的做法（例如传统、遵从和安全），还有的则重视自我强化（例如权力和成就）。这样看来，或许我们可以说，虽然富国银行在面对客户时重视慈悲这组价值，但它的员工则多为关注自我强化之人。

○ **代际价值观**

研究人员早已将工作价值观整合为若干分析类型，试图捕捉美国劳动群体中不同世代内部共享的观念 ⑮。你对这些标签肯定耳熟能详，例如"婴儿潮一代""X 世代""千禧一代""Z 时代"，因为其中有的说法是世界通用的。不过，虽然代际价值观的概念很吸引人，但你始终要记得，这些分类缺乏确凿的研究支持。一些早期的研究存在方法论上的缺陷，并不能够有效地评估代际间是否存在差异。有综述研究指出，关于世代的很多观念存在夸大或谬误的成分 ⑯。此外，代际间的实际差异与盛行的看法常常也有出入。例如，从婴儿潮一代到千禧一代，休闲活动的价值日益提升，而工作中心论则逐渐式微，但与我们熟知的观念不同的是，并没有研究证据表明千禧一代比之前的世代更重视工作的利他价值 ⑰。还有一种针对千禧一代的现代批评认为，这一代人具有更强的自我优越感，是被"重在参与"惯坏的"巨婴" ⑱。然而，一项新西兰的研究在考察了超过 10 000 名样本后发现，自我优越感的代际差异实际上并不存在，不仅如此，婴儿潮一代随着年事增长反而越来越自视甚高。⑲尽管代际价值观缺乏充分的证据支持，不同世代的人们对彼此的看法却存在切实的差别。在职场中，人们很容易用世代来划分彼此，并且带着相应的刻板印象做出决策 ⑳。也就是说，虽然代际间的实际差异很可能微乎其微，但有关代际差异的刻板印象却已经根深蒂固，对职场产生了深远的影响。

## ● 文化价值观

人格在很大程度上是由基因决定的，但价值观不同，它是人在环境中习得的。价值观代代相传，因文化而异。为了理解价值观的文化差异，学者开展了大量研究，其中，两个重要的理论框架分别诞生于吉尔特·霍夫斯泰德（Geert Hofstede）的工作以及 GLOBE 系列研究。

### ○ 霍夫斯泰德的框架

吉尔特·霍夫斯泰德提出了一种分析文化差异的框架，该框架也是至今人们援用最多的框架之一。霍夫斯泰德在 72 个国家及地区调查了超过 116 000 名 IBM 员工的与工作相关的价值观，结果发现，不同国家及地区的管理者和员工在五个文化维度上存在较大的差异：

» **权力距离**。权力距离指一个社会的人们在多大程度上接受机构和组织中权力分布不均的现象。权力距离高，意味着即使权力和财富的分布非常悬殊，在该文化下也是为人们所接受的。例如，有的社会就存在着阻碍向上流动的阶级或种姓制度。权力距离低，则意味着一个社会重视公平，向更多人开放机会。

» **个人主义与集体主义**。个人主义（individualism）指人们偏好作为个人而非集体的一员行动的程度，以及认为个人利益高于一切的程度。集体主义（collectivism）则强调严格的社会秩序，在这样的秩序中，人们期望群体成员守望相助。

» **男性气质与女性气质**。霍夫斯泰德将男性气质（masculinity）定义为一种文化对男性赋予成就、权力、控制等传统优势性角色规训的程度，它的对立面则是男女平等的理念。高度具备男性气质的文化严格区分男性与女性的角色，且将男性群体置于社会的支配性地位。高度具备女性气质（femininity）的文化则不对男女角色进行严格的区分，在各个方面对待两性都很平等。

值得留意的是，霍夫斯泰德提出男性气质 / 女性气质这个维度的时间是 20 世纪六七十年代，彼时，他调研的 IBM 员工样本其实绝大部分是男性。不过，虽然当时的样本人群高度同质化，但自那时起，后续有很多研究都在不同国家及地区、人群构成更加多元的样本中复现了同样的结论。至今，"霍夫斯泰德洞见"（Hofstede insight，即专门兜售霍夫斯泰德的文化评估服务的咨询公司）依然在沿用男性气质 / 女性气质这一组标签，霍夫斯泰德特别指出，这个维度关注的更多是社会层面的性别角色期待，而非个体的价值观。不过，也有一部分人认为应该用别的说法来指代这一组价值取向，比如"成就导向与关系导向"（achievement vs relational），甚至是霍夫斯泰德本人早年间使用过的"自我导向与社会导向"（ego vs social）。

» **不确定性规避。**不确定性规避（uncertainty avoidance）指一个社会的人们在多大程度上偏好结构化的情境、排斥非结构化的情境。在高度规避不确定性的文化中，人们对于不确定性和模糊性深感焦虑，倾向于使用法律和正式控制手段来降低不确定性。而在不确定性规避程度低的文化中，人们对模糊性的接受度更高，对规则不那么执着，也更乐于冒险和接受变化。

» **长期导向与短期导向。**这一维度捕捉了社会对待传统价值的方式。每一个社会都以特定的方式与自身的过去相联系，并应对眼前和未来的挑战。长期导向的文化（lont-term oriented cultures）认为世界时刻在发生变化，因此有必要为未来做足准备。这样的文化认为应该以勤俭、恒心和务实面向未来。与之相对，短期导向的文化（short-term oriented cultures）倾向于始终与过去保持紧密的联系，崇尚传统，希望人们各司其职，并且对自身的形象极尽推崇与维护。

近些年，霍夫斯泰德还提出了一个新维度：纵欲与克制（indulgence vs restraint）。这一维度衡量的是一个社会的文化在多大程度上强调享受人生、及时行乐，或是强调以严格的社会规范要求人们谨言慎行❸。虽然这个维度才提出不久，但已经有相当多的研究印证了它与其他原有维度的区别。并且，现有证据还显示，它与社会层面的亲社会属性有关❸。

那么，不同国家和地区在霍夫斯泰德提出的这些维度上得分分别是怎样的呢？表 5-3 列示了目前已有的数据。例如：马来西亚的权力距离是最高的；美国的个人主义色彩非常浓厚，事实上，美国是最强调个人主义的国家（澳大利亚和英国紧随其后）；危地马拉的集体主义程度是最高的；男性气质最浓厚的是日本，女性气质最浓厚的则是瑞典；希腊的不确定性规避程度最高，新加坡则最低；中国香港的长期导向名列前茅，而巴基斯坦的短期导向则最为突出。

迄今，已经有至少 598 个不同的研究从个体和社会层面探究了霍夫斯泰德的文化价值观和诸多组织行为变量的关系，涵盖了超过 200 000 名样本人群❸。大体上，该框架最初包含的五个维度对一系列重要结果均有着相当大的预测效力。总而言之，相关研究表明，霍夫斯泰德的框架对于我们考察人群的差异很有价值，不过，我们千万不能认为同一国家或地区的所有个体都有着相同的价值观。

## 表 5-3　霍夫斯泰德文化价值观下各国及各地区情况

| 国家及地区 | 权力距离 | | 个人主义与集体主义 | | 男性气质与女性气质 | | 不确定性规避 | | 长期导向与短期导向 | |
|---|---|---|---|---|---|---|---|---|---|---|
| | 指数 | 排名 | 指数 | 排名 | 指数 | 排名 | 指数 | 排名 | 指数 | 排名 |
| 阿根廷 | 49 | 35-36 | 46 | 22-23 | 56 | 20-21 | 86 | 10-15 | | |
| 澳大利亚 | 36 | 41 | 90 | 2 | 61 | 16 | 51 | 37 | 31 | 22-24 |
| 奥地利 | 11 | 53 | 55 | 18 | 79 | 2 | 70 | 24-25 | 31 | 22-24 |
| 比利时 | 65 | 20 | 75 | 8 | 54 | 22 | 94 | 5-6 | 38 | 18 |
| 巴西 | 69 | 14 | 38 | 26-27 | 49 | 27 | 76 | 21-22 | 65 | 6 |
| 加拿大 | 39 | 39 | 80 | 4-5 | 52 | 24 | 48 | 41-42 | 23 | 30 |
| 智利 | 63 | 24-25 | 23 | 38 | 28 | 46 | 86 | 10-15 | | |
| 哥伦比亚 | 67 | 17 | 13 | 49 | 64 | 11-12 | 80 | 20 | | |
| 哥斯达黎加 | 35 | 42-44 | 15 | 46 | 21 | 48-49 | 86 | 10-15 | | |
| 丹麦 | 18 | 51 | 74 | 9 | 16 | 50 | 23 | 51 | 46 | 10 |
| 厄瓜多尔 | 78 | 8-9 | 8 | 52 | 63 | 13-14 | 67 | 28 | | |
| 萨尔瓦多 | 66 | 18-19 | 19 | 42 | 40 | 40 | 94 | 5-6 | | |
| 芬兰 | 33 | 46 | 63 | 17 | 26 | 47 | 59 | 31-32 | 41 | 14 |
| 法国 | 68 | 15-16 | 71 | 10-11 | 43 | 35-36 | 86 | 10-15 | 39 | 17 |
| 德国 | 35 | 42-44 | 67 | 15 | 66 | 9-10 | 65 | 29 | 31 | 22-24 |
| 英国 | 35 | 42-44 | 89 | 3 | 66 | 9-10 | 35 | 47-48 | 25 | 28-29 |
| 希腊 | 60 | 27-28 | 35 | 30 | 57 | 18-19 | 112 | 1 | | |
| 危地马拉 | 95 | 2-3 | 6 | 53 | 37 | 43 | 101 | 3 | | |
| 印度 | 77 | 10-11 | 48 | 21 | 56 | 20-21 | 40 | 45 | 61 | 7 |
| 印度尼西亚 | 78 | 8-9 | 14 | 47-48 | 46 | 30-31 | 48 | 41-42 | | |
| 伊朗 | 58 | 29-30 | 41 | 24 | 43 | 35-36 | 59 | 31-32 | | |
| 爱尔兰 | 28 | 49 | 70 | 12 | 68 | 7-8 | 35 | 47-48 | 43 | 13 |
| 以色列 | 13 | 52 | 54 | 19 | 47 | 29 | 81 | 19 | | |
| 意大利 | 50 | 34 | 76 | 7 | 70 | 4-5 | 75 | 23 | 34 | 19 |
| 牙买加 | 45 | 37 | 39 | 22-23 | 68 | 7-8 | 13 | 52 | | |
| 日本 | 54 | 33 | 46 | 22-23 | 95 | 1 | 92 | 7 | 80 | 4 |
| 韩国 | 60 | 27-28 | 18 | 43 | 39 | 41 | 85 | 16-17 | 75 | 5 |
| 马来西亚 | 104 | 1 | 26 | 36 | 50 | 25-26 | 36 | 46 | | |
| 墨西哥 | 81 | 5-6 | 30 | 32 | 69 | 6 | 82 | 18 | | |
| 荷兰 | 38 | 40 | 80 | 4-5 | 14 | 51 | 53 | 35 | 44 | 11-12 |
| 新西兰 | 22 | 50 | 79 | 6 | 58 | 17 | 49 | 39-40 | 30 | 25-26 |
| 挪威 | 31 | 47-48 | 69 | 13 | 8 | 52 | 50 | 38 | 44 | 11-12 |
| 巴基斯坦 | 55 | 32 | 14 | 47-48 | 50 | 25-26 | 70 | 24-25 | 0 | 34 |
| 巴拿马 | 95 | 2-3 | 11 | 51 | 44 | 34 | 86 | 10-15 | | |
| 秘鲁 | 64 | 21-23 | 16 | 45 | 42 | 37-38 | 87 | 9 | | |
| 菲律宾 | 94 | 4 | 32 | 31 | 64 | 11-12 | 44 | 44 | 19 | 31-32 |
| 葡萄牙 | 63 | 24-25 | 27 | 33-35 | 31 | 45 | 104 | 2 | 30 | 25-26 |
| 新加坡 | 74 | 13 | 20 | 39-41 | 48 | 28 | 8 | 53 | 48 | 9 |
| 南非 | 49 | 35-36 | 65 | 16 | 63 | 13-14 | 49 | 39-40 | | |
| 西班牙 | 57 | 31 | 51 | 20 | 42 | 37-38 | 86 | 10-15 | 19 | 31-32 |
| 瑞典 | 31 | 47-48 | 71 | 10-11 | 5 | 53 | 29 | 49-50 | 33 | 20 |
| 瑞士 | 34 | 45 | 68 | 14 | 70 | 4-5 | 58 | 33 | 40 | 15-16 |
| 泰国 | 64 | 21-23 | 20 | 39-41 | 34 | 44 | 64 | 30 | 56 | 8 |
| 土耳其 | 66 | 18-19 | 37 | 28 | 45 | 32-33 | 85 | 16-17 | | |
| 美国 | 40 | 38 | 91 | 1 | 62 | 15 | 46 | 43 | 29 | 27 |
| 乌拉圭 | 61 | 26 | 36 | 29 | 38 | 42 | 100 | 4 | | |
| 委内瑞拉 | 81 | 5-6 | 12 | 50 | 73 | 3 | 76 | 21-22 | | |
| 前南斯拉夫 | 76 | 12 | 27 | 33-35 | 21 | 48-49 | 88 | 8 | | |
| 中国香港 | 68 | 15-16 | 25 | 37 | 57 | 18-19 | 29 | 49-50 | 96 | 2 |
| 中国台湾 | 58 | 29-30 | 17 | 44 | 45 | 32-33 | 69 | 26 | 87 | 3 |
| 阿拉伯国家 | 80 | 7 | 38 | 26-27 | 53 | 23 | 68 | 27 | | |
| 东非 | 64 | 21-23 | 27 | 33-35 | 41 | 39 | 52 | 36 | 25 | 28-29 |
| 西非 | 77 | 10-11 | 20 | 39-41 | 46 | 30-31 | 54 | 34 | 16 | 33 |

**注**："指数"表示该国家或地区在相应文化维度上的得分，得分范围为 0（极低）至 100（极高）。"排名"表示该国家或该地区在相应维度上的得分在霍夫斯泰德数据库所有国家及地区得分中的排名，1 表示排名最高。

**资料来源**：版权归霍夫斯泰德所有，经授权转载。

## ○ GLOBE 理论框架

"全球领导力与组织行为效能研究"（global leadership and organizational behavior effectiveness，GLOBE）项目于 1993 年发起，一直致力于围绕领导力和国家及地区文化的研究。GLOBE 团队在霍夫斯泰德框架的基础上对全球 62 个国家及地区、951 个组织进行了研究，识别出了国家及地区文化差异的 9 个不同维度❸。其中，有的维度与霍夫斯泰德最初提出的维度在定义上虽存在一定的差异，但本质上具有一致的内涵，例如权力距离、个人主义与集体主义、不确定性规避、性别分化（类似于男性气质与女性气质）以及未来导向（类似于长期与短期导向）。此外，GLOBE 框架还引入了部分新维度，或是将原有的维度进行了拆分，例如人本导向（指一个社会在多大程度上褒扬个体利他、慷慨和善良的品质）和绩效导向（指一个社会在多大程度上奖赏群体成员的绩效提升和杰出表现）。表 5-4 列示了 GLOBE 框架和霍夫斯泰德的维度之间的理论联系，从中我们也可以清楚地看到，GLOBE 框架着意区分了描述现行实践（即社会现状）和价值取向（即社会追求的理想化目标）的维度。

**表 5-4　GLOBE 框架和霍夫斯泰德的维度之间的理论联系**

| 霍夫斯泰德的维度 | GLOBE 维度 |
| --- | --- |
| » **权力距离**：社会接受不平等的权力分布的程度 | » **权力距离**：社会接受不平等的权力分布的程度 |
| » **不确定性规避**：社会将不确定性视为威胁并试图规避它的程度 | » **不确定性规避**：社会诉诸秩序、结构和法律以规避不确定性的程度 |
| » **长期导向**：社会强调未来（而非现在）、推崇坚持（而非变动）的程度 | » **未来导向**：社会相信自身的行动能影响未来的程度 |
| » **集体主义**：社会强调其成员以紧密的集体形式（而非独立的个人形式）行动的程度 | » **体制集体主义**：社会支持集体层面上的行动和资源分配的程度 |
| » **男性气质**：社会偏好权力和控制等传统男性优势性社会角色规训（而非强调性别角色平等）的程度 | » **群体集体主义**：社会重视忠诚、骄傲、爱国主义和凝聚力的程度 |
| | » **性别平等**：社会弱化传统性别角色的程度 |
| | » **锐意进取**：社会强调成员应为自身欲求自信争取的程度 |
| | » **人本导向**：社会重视关心、友爱、利他、公正、善意和慷慨的程度 |
| | » **绩效导向**：社会强调成果产出、优异表现和生产效率的程度 |

上述两种框架存在大量的共同之处，在研究中常常也能得到相似的结论。例如，一项有关组织承诺的综述研究发现，霍夫斯泰德和 GLOBE 框架中的个人主义与集体主义维度发挥的作用是类似的。具体来说，无论基于哪个框架的定义和测量，国家

和地区的个人主义程度总是与组织承诺呈负相关❸。不过，GLOBE 框架也在理论和方法上对霍夫斯泰德的框架进行了诸多补充。例如，从表 5-4 中我们可以很直观地看到，GLOBE 框架对国家及地区文化维度中的价值取向进行了更细致的区分。

　　总的来说，这些文化价值观的不同维度在当今具有空前的意义。随着全球化进程的深入，许多企业都会开展跨国业务、组织跨国团队，常常也需要将员工派往与自身背景截然不同的文化中工作。在现代国际环境下，对各种文化所持价值观的理解是一种极具"价值"的信息❻。

● 本章小结

　　人格对于我们理解组织行为非常重要。它虽然不能解释所有的行为，但它构成了这些行为的背景。不断积累的研究证据表明，人格的作用在不同的情境下是存在差异的。大五人格模型是人格研究领域里程碑式的进展，不过包括黑暗三联征在内的其他特质也很重要。在工作中，每一种特质都有着独特的优势和劣势，并不存在能够适应所有情境需要的理想特质组合。借助人格这个概念，你可以更好地理解人们（包括你自己）的行动、思想与感受背后的原因。睿智的员工或管理者能够学以致用，使个体能在与自身人格特质最契合的条件下发光发热，并学会尊重不同个体人格与价值观的差异，实现更高效的合作。

　　价值观通常是态度、行为和知觉背后的原因。不同国家和地区的价值观通常在很多维度上存在差异，而这些差异能够预测诸多重要的组织行为学结果。不过，个体所秉持的价值观并不总是与国家及地区整体的价值观完全一致。

请扫描二维码
获取书中参考文献

● 对管理者的启示

- 在人力资源管理工作中，你需要考虑求职者或员工与工作和组织的匹配问题。个体的人格特质、价值观和其他方面的特征有助于你判断他们是否能胜任特定的工作安排和岗位、适应特定的团队或组织。

- 考虑在招聘过程中筛选出尽责性高的求职者。如果有需要，也可以筛选对组织重要的其他大五人格特质。在特定的情况下，其他方面的特质，如核心自我评价或自恋型人格可能也是有意义的。

- 在招聘材料和实践中强调组织的理想人格特质和价值观念。这种做法将有助于吸引具备相应特质和价值观、与组织或空缺岗位相匹配的求职者。

- 关注可能影响行为的情境强度和具体场景（这些场景可能包含了能激活某些特质的属性）。综合利用组织环境中可能对求职者、顾客、员工甚至领导者产生影响的条件。

- 多了解不同文化中价值观的差异，这会让你更游刃有余地和拥有不同文化背景的人打交道。

第二部分

制定与执行决策

# 第 6 章

---

# 知觉与个体决策

● **本章学习目标**

» 列举可能影响知觉的各种因素；

» 阐述归因理论的基本内容；

» 阐述知觉与决策之间的关系；

» 比较理性决策、有限理性决策与直觉决策的差异；

» 说明个体差异和组织条件限制分别是如何影响决策的；

» 对比三类道德决策标准；

» 简述创造力的三阶段模型。

## ● 什么是知觉

眼见未必为实，我们的知觉常常将我们引向不幸的误区。更糟糕的是，当我们以群体刻板印象评判他人时，这样的判断将切实地影响我们与他人的互动。比如，围绕体重的偏见和歧视就可能伤害职场中的每一个人，相关的刻板印象可能认为，超重的人就一定缺乏自驱力，而消瘦的人则必然柔弱且不健康❶。知觉（perception）是我们组织和阐释感官信息，为所处环境赋予意义的过程。不过，我们的知觉与客观现实之间可能存在巨大的偏离，而这恰恰是组织行为学高度重视和关注知觉过程的原因：人们行动和决策的基础并非现实本身，而是他们对这些现实的知觉。换言之，在采取行动时，我们的知觉取代了现实。举个例子，在进行远程会议时，日本员工沉默不语，这在巴西员工的眼里，可能是尴尬和负面的反应；但事实上，在许多亚洲文化中，沉默代表着倾听❷。

### ○ 影响知觉的因素

许多因素都有可能影响甚至扭曲我们的知觉。这些因素分布于知觉过程的不同环节，有的涉及知觉者，有的涉及知觉的目标或对象，有的则与知觉发生的情境有关。

### · 知觉者

从知觉者的角度来看，人们对所见之物的阐释往往受到个人特质的影响，例如态度、人格、动机、利益、既往经验和未来预期❸。某种意义上，我们只会听见自己想听的、只会看见自己想看的❹，此般所见所闻未必是事实，很可能只是反映了我们希望得到印证的想法。例如，有研究发现，管理者可能会认为早早开始一天工作的员工更有责任心，因而给予他们更好的绩效评价，可如果管理者自己就是"夜猫子"，他们就不太容易怀有这种错误的先见❺。

- 知觉对象

知觉对象本身的特征也会影响我们的知觉。我们通常不会孤立地看待事物，因此，知觉对象与其他背景因素的关系会影响我们的判断。另外，我们自己也有将邻近或相似的事物组合在一起理解的倾向❻，比如，我们就常常认为表面上具有某些相似特征的人在其他方面也是一致的，尽管事实可能并非如此。这些偏见通常是有害的，比如，对于有犯罪前科的员工，即便人们清楚他是被冤枉的，也难免要对他心存偏见❼。不过，在某些情况下，偏见也可能带来正面的效果，甚至有可能提升组织的利润。例如，一项研究考察了超过 10 000 宗小额贷款交易数据，发现客户（即贷款申请人）的外貌条件越是优越，其贷款获批的可能性越高，获批的速度也越快❽。借助人工智能，这些研究者运用机器学习技术分析得出，申请人的外貌对审批通过的预测准确率达到了 60%❾。

- 知觉情境

知觉情境同样非常重要。我们观察事物的时机、地点，以及观察时的光线、温度和其他情境条件，都有可能影响我们的知觉。举例来说，如果在会见客户时，你的办公室没有保持整洁，而是混乱不堪，那么，你的客户很可能会认为你难以相处、缺乏责任感且情绪不稳定 ❿。

人们通常注意不到某些因素正在影响自己对现实的判断。事实上，人们对自身的能力甚至都没有准确的认知⓫。所幸清醒的意识和客观的测量手段在一定程度上能减少知觉的扭曲，例如，当认识到自身存在种族歧视倾向时，人们会更有意识地克制自己的偏见⓬。接下来，让我们来考察一下自己究竟是如何对他人形成知觉的。

## ● 针对人的知觉：给他人下判断

在组织行为学当中，一类最重要的知觉概念是"针对人的知觉"（person perceptions），也就是人们对彼此形成的知觉。我们对他人的很多知觉源于第一印象，以及一些缺乏实质性证据的小线索。人固有的许多倾向常常影响我们对他人形成正确的判断，下面，我们就从归因理论开始对这些倾向详加了解。

### ○ 归因理论

在观察他人时，我们总是试图解释对方的行为。在这一过程中，我们对他人内心状态所做的假设会影响我们对其行为形成的知觉和判断。

归因理论（attribution theory）试图解释我们对他人形成不同判断的原因，该理论认为，这一判断取决于我们对对方行为赋予的意义⓭。打个比方，如果你的同事迟到了，你可能会觉得这是由于对方懒惰怠工，也有可能猜测对方昨夜在派对上玩得太晚。可如果迟到的是你自己呢？这时，你会不会归咎于糟糕的交通状况❶？此外，归因过程还会影响我们做出归因后采取的行动。例如，近期有研究发现，当上司觉得某位下属对工作"充满激情"时，他将更倾向于苛待该下属（比如要求下属加班加点或给下属指派烦琐的任务 ❶）。换句话说，这些上司认为，既然下属对工作激情澎湃，让他们更卖力一些并无不妥。

· 　内因和外因

归因理论认为，在观察其他个体的行为时，我们会尝试判断它是由内因还是外因造成的。这一判断很大程度上取决于三方面的因素：（1）特异性；（2）共通性和（3）一贯性❶。我们先厘清一下内因和外因的概念，再展开讨论，决定归因的因素。

站在观察者的角度，由内因（internal causation）导致的行为属于行为者个人可以控制的范畴（例如，某位同事由于懒惰而迟到），由外因（external causation）导致的行为则是个体受迫于外在环境做出的（例如，某位同事因为交通堵塞而迟到）。此外，新近的研究指出，除了内因和外因，人际关系也可能构成人们行为的决定性因素❶。例如，当某位顾客不再与你的公司合作时，你可能会对这一情况做出三类归

因：（1）这位顾客对公司忠诚度很低（内因）；（2）对方为了渡过财务难关正在削减支出（外因）；（3）对方和负责管理其账户的新业务员相处不好（人际原因）。

· 　特异性、共通性和一贯性

本节讨论的归因理论的关键因素如图 6-1 所示。其中，特异性（distinctiveness）考察个体在不同情境中是否表现出不同的行为。比如，今天迟到的这名员工是不是也常常在其他承诺事项上"爽约"？如果不是这样，我们就倾向于认为他今天的行为是由外因导致的；如果的确如此，我们则更容易觉得是内因在起作用。

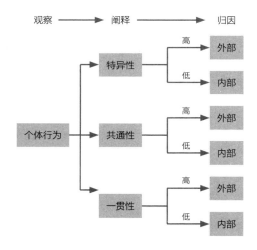

图 6-1　归因理论

倘若在同样的情形中，不同的人往往会产生相同的行为反应，那么我们便称该行为具有共通性（consensus）。

比如，今天走同一条路线通勤的员工是不是都迟到了？如果是，那么你可能就会对那名员工的晚到行为进行外部归因（如受到交通或天气的影响）；但如果不是，那么你就更有可能认为迟到是内因导致的。

最后，观察者还会考察个体行为的一贯性（consistency）：对方总是做出相同的行为反应吗？同样是迟到了 10 分钟，在旁人眼里，一个数月里不曾迟到的员工和一位过去一周内就迟到了三次的员工肯定是不一样的。行为越是前后一贯，我们越倾向于觉得它是受到内在因素控制的。

· **谬误和偏见**

在判断他人的行为时，我们通常倾向于低估外在因素的作用，而高估内在或个人因素的作用[18]。这种倾向被称作基本归因错误（fundamental attribution error）。在它的作用下，我们可能会天然地认为富人更加睿智、精明和强干，却忽视了奠定他们成功的外在因素（例如生长于富裕的家庭）。出于同样的原因，我们也可能不自觉地看低贫穷的人，认为他们天生懒惰、不学无术或头脑愚笨[19]。

此外，人们还倾向于从模糊的信息中读出赞扬的含义，并且容易接受正面反馈、拒斥负面反馈。这种现象叫作自利性偏差（self-serving bias）[20]。尽管许多研究都关注企业领导者自利性偏差

的不利一面，但事实上，并非所有的管理者都存在这种自利的思想趋向。很多研究就发现，谦逊的领导者更有可能获得职业成功、拥有更多上升机会、更容易得到投资人的正面反应，通常也能给团队和公司带来更卓越的绩效[21]。

现有研究对知觉的文化差异莫衷一是，不过大多数证据表明，人们对事物所做的归因确实存在文化差异。在集体主义文化下，人们做出的外部归因通常多于内部归因[22]。类似的差异还会影响人们最终把原因归于群体还是个人。一项研究发现，当组织内出现不当现象时，亚洲的管理者更可能将之归咎于体制性因素或整个组织，而西方人则更倾向于认为应该对管理者个人施加奖惩[23]。其背后的文化差异或许也能帮助我们理解，同样是报道公司的糟糕表现，为什么美国的新闻媒体总是大肆提及公司高管的姓名，而亚洲的媒体则更多指称整个公司。

○ **判断他人的捷径**

我们在判断他人时往往会采取一些捷径，在大多数时候，这有助于我们迅速形成知觉，依据大量信息做出精确的预测。不过，这些捷径有时也会严重扭曲事实。我们马上就深入探讨这个话题。

· **选择性知觉**

我们的背景、动机和其他特质通

常会促使我们（有时甚至是在无意识中）选择性地关注环境当中的某些信息。这种现象叫选择性知觉（selective perception）。例如，从其自身的角色出发，组织的领导者可能有很强的动力关注财务指标和盈利数据，却很大程度上忽视了员工本身和他们的工作满意度，即我们在态度与工作满意度一章中探讨过的诸多重要因素❷❹。对此，有研究发现，如果环境强调某些方面的信息，我们就真的会在其引导下更加关注这些方面。例如，要是组织的高管团队强调工作满意度的重要性，那么其他的管理者自然也会重视，不会再对它视而不见❷❺。

- 晕轮效应与尖角效应

当我们依据个体的单方面特质（例如智力、社交能力或外貌）形成积极的印象时，就受到了晕轮效应（halo effect）的影响❷❻。相反，如果我们基于单方面特质形成消极的印象时，则是尖角效应（horns effect）在起作用。结合一些简单的例子，你就很容易体会到两种效应的含义了。想象一下，在首轮招聘面试中，面试官同时面对着两位候选人❷❼。其中一位态度友善、应答娴熟，自然地，面试官便很容易认为这位候选人聪明机智、能够胜任工作，尽管他所期待的这些特征与候选人展示出的特征并没有实质性的关联（此时，晕轮效应营造出了一种正面的整体印象）。至

于另一位候选人，如果他恰好聒噪粗鲁，那么面试官同样很容易认为他不够聪明、无法胜任工作（此时，尖角效应营造出了一种负面的整体印象）。

- 对比效应

进入绩效评估季，公司上下无不胆战心惊。老板开始安排下属轮流面谈，准备给出绩效评价。正当此时，你听闻小道消息，同事里根将是第一个面谈对象。里根是部门的绩效明星，如果紧接在他后面去见老板，估计不会有好果子吃，因为无论是谁，在他面前都相形见绌！这个例子很生动地表明，对比效应（contrast effect）可能使知觉产生严重的扭曲❷❽。毕竟，我们对他人的评估并不是孤立进行的。我们对某一个人做出的反应会受到我们近期遇到的其他人的影响。

- 刻板印象

当我们基于对某人所属群体的知觉做出对其本人的判断时，我们就是在运用刻板印象❷❾。刻板印象很有可能在人员选聘和员工晋升等商业过程中引起决策偏见。例如，一项研究向超过 6500 名美国大学教授寄送了虚构的信件，以学生的口吻请教有关研究生项目和研究方向的事宜。所有信件的主要内容完全相同，唯一的区别在于，寄信者的名字被分批设置为在非洲裔、华裔、西班牙裔、印度裔和欧洲裔群体中

的典型姓名❸。结果发现，这些教授对欧洲裔男性学生的回复比对其他群体更加积极。此外，女性和少数族裔只在绩效表现不佳的企业中才更有可能当选CEO（也就是说，女性和少数族裔只能优先得到注定失败的机会），而这样一来，一旦公司的业绩持续下滑，他们就不得不引咎离开，让位于新的欧洲裔男性CEO（这种情况叫玻璃悬崖效应，我们在组织中的多元化一章中已进行过讨论）❸。

现在，你应该已经能很鲜明地体会到，知觉有可能严重地扭曲我们的判断。这些偏颇的知觉在各个商业环节都很常见，例如雇用面试、绩效评估以及顾客互动。面对种种知觉偏差，人工智能是一种有效的对抗措施，例如，基于人工智能技术的绩效评估工具就能帮助我们绕开评判他人时的知觉捷径❸。这一类"机械的"数据分析方法是很有效的。事实上，一项综述研究发现，在评价工作绩效时，"机械方法"比"主观方法"的有效性高50%❸。不过，这些实践也可能引起许多管理者和员工的忧虑，让人们担心人工智能会取代自己的工作，即引发技术性失业威胁（threat of technological unemployment）❸。

不管怎么说，理解知觉和决策之间的关系都是很有用的，我们可以从中意识到知觉因素对有效决策的潜在干扰。

## ● 知觉与个体决策的关联

人人都会面临决策（make decision），或者都需要从多种方案中做出选择❸。在理想的情况下，决策应该是客观的而不是主观的，但在现实中，个体的决策在很大程度上受到知觉的影响。

人们之所以要决策，是因为需要对问题做出反应。问题（problem）代表着理想状态与现实情况的鸿沟，它要求我们考虑接下来应该采取哪些行动，从而将现状转变为我们希望的情形。遗憾的是，很多问题都不会被明明白白地摆在我们眼前。同样是季度销售额下滑了两个点，一家分公司的经理可能会觉得问题极其严重、需要立刻采取行动，另一家分公司的经理则可能认为这种程度的下滑是可以接受的。

在每一个决策的背后，我们都需要阐释和评估手头的信息。通常，信息渠道不止一种，因而我们需要对数据进行筛选、处理和解读。哪些信息对决策有帮助，哪些信息和决策无关？在知觉的引导下，我们将在这些问题上做出或正确或错误的判断。因此，我们必须考虑知觉给决策带来的影响，而且我们也会发现，这些影响有时大大出乎我们的预料。例如，在经济形势不稳定时，员工明明更应该对各类问题保持敏感（既然日子难过，人们就更应该努力把工作干好），然而现实恰恰相反，在其他就业机会稀缺的情况下，员工反而更倾向于否认或忽视组织现存问题的提示信息 **㊱**。

## ● 组织中的决策

商学院通常教导学生遵循理性决策模型。理性决策模型自有其合理性，但它并没有描绘出个体决策过程的全貌。在理性决策之外，组织行为学为我们指出了知觉和决策过程中的诸多误区，这将进一步提升我们在组织中的决策能力。接下来，我们会先阐述几种不同的决策方式，随后再列举一些常见的决策误区。

### ○ 理性决策模型、有限理性和直觉

在组织行为学中，人们普遍接受的决策方式包括：理性决策、有限理性和直觉。不过，这绝不意味着遵循上述三种方式就一定能做出最精准或最好的决策。更为重要的是，随着情境的变化，不同决策方式的有效性也会有所区别。

- 理性决策模型

在传统的看法中，最好的决策者是理性的（rational）决策者，他们总是能在给定的限制条件下做出价值最大化的选择 **㊲**。换言之，在这种观点中，好的决策者在不同的情境中总是

能无一例外地做出能带来最多利益的决定。理性决策模型（rational decision-making model）包含 6 个步骤，如图 6-2 所示 **㊳**。

| | |
|---|---|
| 1 | 界定问题 |
| 2 | 确定决策标准 |
| 3 | 给标准分配权重 |
| 4 | 形成备选方案 |
| 5 | 评估备选方案 |
| 6 | 选择最佳方案 |

**图 6-2　理性决策模型的 6 个步骤**

理性决策模型假设决策者拥有完整的信息，能够精准无误地识别出所有可能的方案，并可以从中选出效用最大的一个 **㊴**。然而，绝大部分决策并不会遵循这个模型。事实上，面对问题时，人们通常满足于可接受的或合理的解决方案，而不一定会追求最优解。此外，人们很难意识到自己所做的决策其实并不是最优的 **㊵**。

- 有限理性

一般而言，我们没能遵循理性决策模型制定决策是有道理的：人的能力是有限的，即便可以获得所有相关信息，我们也无法将它们全部内化 **㊶**。鉴于我们并不能以充分的理性解决复杂的问题，我们的行动是在有限理性（bounded rationality）框架下展开的。

我们会将事物简化，会仅仅抽取问题的关键点进行思考，而不会追求所有复杂的细枝末节。也就是说，我们的理性是有限度的 。

在有限理性之下，我们的行为倾向往往是寻求令人满意、足以解决问题（"足够好"）的方案。尽管令人满意的方案仅仅是可接受的方案，离最优解还有距离，但"退而求其次"也未必是一种糟糕的方法。在现实中，简单化的决策过程其实通常比传统意义上的理性决策模型更为明智❷。不过，在涉及道德情境中，有限理性可能引起某些问题。我们以特定方式行动的权利取决于我们对行动可能影响的他人负有的责任❸，这构成了我们进行道德决策的框架。例如，虽然你想要吃掉休息室的最后一个甜甜圈，但考虑到可能还有人没吃到它，你觉得自己不应该这么做。然而，人的道德决策却存在着稳定的系统性偏误❹。学者指出，我们可以通过诸多方式应对道德决策中的有限理性问题，包括：在决策前多多提问，确保自己充分了解情境；从多种渠道获取信息，并对信息渠道加以评估；给决策留足时间❺。

- 直觉

在三类决策模式中，直觉型决策（intuitive decision making）可能是最缺乏理性的，因为这种决策来自对过去累积经验的下意识加工❻。它并非源于有意识的思考，而是依靠某种总体性的联想，即信息碎片之间的启发式关联。这种决策通常相当迅速，而且往往牵涉情感、包含大量的情绪❼。

直觉能帮助我们进行高效的决策吗？研究人员对此意见不一，不过大多数人持怀疑态度，一部分原因在于直觉是很难测量和分析的。此外，在直觉的驱使下，人们可能"闭上眼睛、听从内心"，甚至为了维护错误的直觉而忽视显而易见的矛盾性信息❽。许多研究都指出，虽然直觉让人"感觉很正确"，但常常与理性的决策存在出入，因而很容易导致不准确的决策❾。某位专家的建议或许是对直觉作用最精妙的理解："直觉有助于我们确立问题的背景假设，但不能被当作'证据'。"你可以运用本能对事物加以判断，但请务必以客观的数据和冷静理性的分析验证这些本能❺。

## ○ 决策中常见的偏差和错误

系统性的决策偏差和谬误悄然侵蚀着决策者的判断❺。为了降低决策难度、避免艰难的权衡，人们往往过于依赖经验、冲动、直觉和常识。图 6-3 列举了一些帮助你减少这些偏差和谬误的建议。

- 过度自信偏差

我们倾向于过高地估计自身和他人的能力，然而，我们往往意识不到这

| | |
|---|---|
| **关注目标** | 脱离了目标，理性就无从实现。一旦没有目标，你将对自己需要何种信息一无所知，无法判断什么信息对决策有用、什么信息对决策没用；没有目标，你就很难从不同备选方案中做出选择，就算做出了选择，事后也更容易后悔。清晰的目标将帮助你判断手头的选项是否有悖自身的利益，使决策变得更加容易。 |
| **着意留心有悖于自身信念的信息** | 克服过度自信、证实偏见和见后之明偏见最有效的途径之一就是主动寻求与自身信念、假设相悖的信息。充分考虑自己可能犯下的错误，将有助于我们克服对自身能力的过高预期。 |
| **切勿试图为随机事件创设意义** | 受过良好教育的人习惯于在事物中识别因果关系。每每有事发生，我们总是追问"为什么"；而一旦无法找到背后的原因，我们总是会自己创造原因。你得承认，生活中总有一些事情纯属巧合。面对巧合，千万不要强为之创设意义。 |
| **增加可选项** | 无论可以找到的备选方案有多少，你最终能做出的最好决策取决于你所拥有的选项中最优的那一项。这就意味着你应该尽可能增加自己的备选方案，并尽可能创造性地寻找更多的可能。手头的选项数量越多、多样性越高，你做出优秀决策的可能性就越大。 |

**图 6-3   减少决策偏差和谬误**

资料来源：罗宾斯，《决定与征服：做出制胜决策并掌控你的生活》，《金融时报》，新泽西州上鞍河市：普伦蒂斯霍尔出版社，2004年，81-84 页。

一点❺❷。这种过度自信偏差在组织中很常见，特别是在非正式面试情境中。例如，在进行非正式面试之后，招聘经理可能对自己准确评估候选人的能力拥有过度的自信❺❸。此外，还有研究发现，在面对被污名化的群体（如面部带有伤疤或胎记的候选人）时，即使招聘经理的用人决策实际上是带有偏见的，他们依然会对自身的评估能力非常自信❺❹。

过度自信与领导力的涌现（我们会在后面关于领导力的章节中详细探讨）也有关联。人们更容易推选过度自信的人做领导，因为这样的人符合人们对领导者角色的期待，从而有助于减轻模糊性带来的不适感❺❺。此外，过度自信偏差（overconfidence bias）在拥有更大的权力和野心、来自更高的社会阶层的领导者身上更为普遍，而且在某些情况下，这种偏差有利于公司的绩效❺❻。不过，这种好处可能是短期的，从长期来看，过度自信可能引发其他负面的效果：一旦背后的事实被揭露出来（某人的实际行为并不像他宣称的那样好），人们就会产生负面的感受，过度自信者自身的声誉也就遭到了损害❺❼。

- 锚定效应

锚定效应（anchoring bias）指人们持续参照初始信息而没能结合后续信息充分调整判断的倾向❺❽。我们的思维似乎会对最先获得的信息予以格外的重视。对于需要高超说服技巧的职业而言，"锚点"是一种极其重要的工具，它被广泛地运用在广告、管理、政治、房地产和法律领域。

只要有谈判，就会有锚定。当你的意向雇主询问你上一份工作的薪酬时，你的回答往往就锚定了对方的预期。（在协商薪酬时，一定要记得运用锚定效应，不过你提供的锚点务必与自身实际能够达到的高度一致。）锚点越是精确，后续的调整空间就越小。研究指出，在锚点设立之后，人们的后续调整是以锚点自身的约数为单位进行的。例如，如果你提出的预期薪酬是 55 000 美元，那么雇主认为合理的协商范围就是 50 000 至 60 000 美元；但是，如果你提出的是 55 650 美元，那么雇主的意向范围可能就变成了 55 000 至 56 000 美元(59)。

- 证实偏见

证实偏见（confirmation bias）是选择性知觉的一种类型，它指的是我们更愿意寻求和接受能够验证我们既往决策和自身看法的信息，同时轻视与这些经验相悖的信息(60)。甚至在信息来源的选择上，我们也偏好更有可能提供验证性信息的渠道。与此同时，我们往往过于依赖支持性信息而没能重视矛盾性信息。证实偏见也会影响针对人的知觉（本章前面已经讨论过）：一旦我们确信他人具有某种特质，接下来，我们将持续寻求和接受与之一致的信息、不断强化既有的判断(61)。例如，要是领导者觉得你不靠谱，当你真的表现得不靠谱时，他们就都看在眼里；但当你表现得靠谱时，他们却又视而不见。对于创业者和初创企业来说，证实偏见可能尤其致命，因为错误的决策和不够及时、迅速的学习往往会给新创企业带来很严重的后果(62)。

- 可得性偏差

可得性偏差（availability bias）指的是我们基于既得信息判断事物的倾向。在我们的记忆中，那些饱含情绪的生动事件和近期发生的事件更容易被回想起来，而对于这些事件的关注很有可能使我们高估类似事件发生的可能性(63)。理解了可得性偏差，我们就不难理解为什么管理者对基于员工近期行为的绩效评价特别重视，却不那么在意 6 ~ 9 个月以前的评价信息(64)。另外，由于充满挑战的经历比诸事遂意的岁月在我们的脑海中更加鲜明，人们可能会错误地笃信自己过得比别人差(65)。例如，老一辈人可能会觉得千禧一代的工作更轻松，因为他们过度地关注了自己过去在工作中面临的挑战，而忽视了其他比现在更轻松的方面。

- 承诺升级

另一种干扰决策的因素是承诺升级的倾向，它背后的非理性思维模式使得人们对提示改变或放弃现有决策的迹象不以为意(66)。承诺升级（escalation of commitment）代表了这样一种现象：在已有明显证据表明决策错误的情况下，人们依然坚持这个决策。承诺升级在什么情况下更有可能发生呢？研究证据指出，当人们认为自己对决策的后果负有责任，或者认为自己终将取得成功时，承诺升级的发生概率更大(67)。更糟糕的是，出于对失败的恐惧，人们还会以偏颇的方式搜寻和评估信息，寻求对自己坚持的印证(68)。无论导致失败的行动是我们自行选择的还是别人为我们指定的，我们都会形成对失败后果的责任感，不断强化在其中的承诺。此外，决策权威的共享（例如有其他人曾帮我们考察相应决策）可能引起更大程度的承诺升级 **❻**。

我们可能会认为承诺升级总是不切实际的。然而，历史已经证明，在失败面前的不懈坚持成就了无数创举，金字塔、长城、巴拿马运河和帝国大厦等许多伟大工程的最终落成正来源于此。研究人员指出，要避免不当的承诺升级，我们可以采取更平衡的做法，例如经常评估花费成本（即衡量后续举动的回报是否值得付出相应的成本 **❼**）。从这种意义上讲，我们希望克服的，本质上是不经思考的承诺升级倾向。

- **随机谬误**

我们倾向于相信自己能预测许多实际上是随机事件的结果，这就叫随机谬误（randomness error）。

如果我们试图从随机的事件中创造意义，尤其是当我们迷信想象中的规律时，决策就会受到很大的影响 **❼**。这些规律有可能完全是臆想出来的（例如，"我绝对不会在 13 号的星期五做出任何重要决定"），也有可能是从过去的行为模式中通过强化得来的（例如，泰格·伍兹每周日都会穿着红色幸运衫打高尔夫球，因为他曾穿着同样的红色衬衫拿下多场青少年锦标赛的冠军）**❼**。

- **风险厌恶**

就数学意义来说，我们理应认为抛硬币决定能不能获得 100 美元，以及直接获得 50 美元在价值上是相当的，因为前者收益的数学期望也是 50 美元。然而，几乎人人都偏好确定的价值、厌恶潜在的风险 **❼**。对于许多人来说，即便可以选择抛硬币决定是否获得 200 美元，他们仍旧偏好确定能够获得的 50 美元，而在这种情况下，前者的期望价值甚至是后者的两倍！这种偏好确定的事物、拒斥有风险的结果的倾向就是所谓的风险厌恶（risk aversion）。总体上，决策的框架决定了人们是否会采取风险厌恶的行为：以积极的框架描述决策（即将上述抛硬币行为描述为"人们将有机会多得 50 美元"）会让人们更厌恶风险。相反，以消极的框架描述决策（"人们将有可能损失 50 美元"）则会让人们采取更冒险的行动 **❼**。

在面临卸任的可能性时，即便眼下相对激进的投资战略更符合公司的利益，CEO 依然会格外厌恶风险 **❼**。组织更容易留住厌恶风险的员工，因为这些人更害怕失去目前拥有的一切、更不容易离开组织 **❼**。

- **后见之明偏见**

后见之明偏见（hindsight bias）指当看到事物的结果时，我们很容易错误地认为自己本可以准确地预见到该结果的发生 **❼**。每当获知结果反馈时，我们特别容易觉得这些结果是显而易见的。

举个例子：阿尔伯特技术公司（Albert Technologies，首家自动数字化营销商）的创始人奥尔·沙尼（Or Shani）曾断言，当代的营销商将致力于持续用数字化技术取代繁重的人工事务。然而，从现实情况来看，实际上只有一部分繁重的人工事务为同样烦冗的数字化系统所替代 ⑱。鉴于此，沙尼旋即又指出，数字化转型的潜力尚未得到充分的释放（不过他还补充说，人工智能技术会成为将营销行业推向数字化元年的"临门一脚"⑲。类似的情况在事后眼光下总是显而易见的，我们自然很容易认为自己有能力预测这些结果。可事实是，许许多多的专家都没能准确地预见行业的发展趋势。

很多时候，批评决策者缺乏先见也不无道理 ⑳，不过，正如畅销书《决断 2 秒间》（*Blink*）与《引爆点》（*The Tipping Point*）的作者马尔科姆·格拉德威尔（Malcolm Gladwell）所说："事后显而易见之事，在事前往往无迹可寻。"㉑

## ● 影响决策的因素：个体差异与组织限制

许多因素都有可能影响决策、影响人们在决策过程中受到谬误和偏差干扰的程度，这些因素包括个体差异和组织限制。

### ○ 个体差异

我们在前面讨论过，有限理性、常见偏差和谬误以及直觉都在决策实践中发挥着作用。而实际决策过程在多大程度上会偏离理性模型，则常常受到以人格特质为代表的个体差异的影响。

### · 人格

许多人格特质都有可能影响决策策略选择、决策谬误与决策偏差。第一，不同的员工对自身直觉的信赖程度是不一样的，因此，他们制定高风险决策的倾向不同，对不道德行为的谴责程度也不同 ㉒。第二，员工越不固执己见（或者说开放性程度越高），就越能够接纳矛盾的信息，进而越不容易受到选择性知觉和证实偏见的影响㉓。自恋的人（见第 5 章：人格与价值观）通常更容易出现过度自信、言过其实的状况，也更容易产生自利性偏差㉔。尽责性的各个方面（特别是追求成就和义务感这两个维度）可能与承诺升级有关㉕。成就导向的个体厌恶失败，因而往往不断强化原有的承诺，希望扭转败局。与之相反，义务感强的人更多站在组织的角度考虑有利的选择，因此更不容易出现承诺升级的状况。此外，追求成就的人更容易发生后见之明偏见，这或许是因为他们总觉得需要为自己的行动找到正当理由㉖。

### · 性别

性别会影响决策吗？要具体情况

具体分析。如果情境中不存在巨大的压力，男性和女性的决策质量是相当的。不过，在压力情境中，男性往往会做出更冒险的决策，而女性则能发挥出更多的同理心，提升决策的质量❽。这启示我们，在董事会的性别配比中，男女均衡可能会更好。当然了，男女两性的对比并不能涵盖性别多元化的全貌，随着研究的不断进展，我们有望在未来围绕性别多元化问题进行更充分的探讨。

- **一般心智能力**

我们知道，一般心智能力（GMA，见第 2 章：组织中的多元化）较高者处理信息的速度更快，解决问题的准确性更高，学习的能力也更强❽，所以你很容易想当然地觉得这样的人不容易受到一般决策谬误的影响。然而事实是，一般心智能力只能让人避免一部分谬误 ❽，在许多情况下，聪明的人依然会"马失前蹄"，其中的原因可能在于，人越是聪明，就越不容易意识到自己陷入了过度自信，或是情感上产生了防御心。当然，这绝不代表智力不重要。经过提醒，智力较高的人就能很快意识到决策谬误的存在，而且更快地学会避免它。

- **文化差异**

决策者的文化背景对其问题选择、分析深度、重视逻辑与理性的程度，以及关于管理者独断和集体决策的看法发挥着重要的影响❾。在不同的文化中，人们的时间取向、赋予理性的价值、有关个体问题解决能力的信念以及对集体决策的偏好不尽相同。例如，在北美国家备受推崇的理性，到了其他国家就未必是什么至高无上的价值。再如，有的国家强调遇到问题就要积极解决，而有的国家则认为应该随遇而安。重视解决问题的管理者倾向于努力将现状向更有利的方向扭转，因此，美国的许多管理者可能一早就识别出了问题，但对于同样的状况，泰国或印度尼西亚的管理者则有可能要再过一段时间才将之视为待解决的问题。最后，在日本这样的集体主义社会，人们往往倾向于集体决策；而对于美国这样的个人主义社会，情况就大相径庭了。

- ○　**组织限制**

组织加诸决策者的限制条件同样会使得决策过程偏离理性模型。例如，在制定决策的过程中，管理者会受到组织绩效评价体系和激励体系的影响，他们需要遵守正式规章、因循组织先例，同时还要在规定的时间内完成任务。

- **绩效评价体系**

管理者自身的绩效由哪些标准来评价，其决策行为就会受制于哪些标准。一位部门经理负责统管企业的制造厂房，如果她的考核指标要求降低员工和审查员的负面反馈率，那么，她自然会花很多时间来阻绝这些负面信息。

- 激励体系

组织的激励体系也会影响决策，它促使管理者做出更符合个人利益的选择。例如，在长达半个多世纪（从 20 世纪 30 年代到 20 世纪 80 年代中期）的时间里，通用汽车公司一直对低调行事、避免争议的管理者给予提拔和奖金。于是，公司的高管们逐渐学会轻车熟路地规避棘手的问题，将有争议的决策丢给委员会，长期来看，这对组织是非常不利的。

- 正式规章制度

在美国得克萨斯州圣安东尼奥市，一家塔可钟快餐店的值班经理表示，自己在工作中无时无刻不处于约束之中："规章制度已经覆盖了我需要做的每一个决策，从怎么做卷饼到多久打扫一次卫生间。我的工作中没有多少自主选择的余地。"这位经理面临的情况绝非个例。几乎所有大大小小的企业都会指定章程和政策来规范决策程序，并促使个体按组织期望的方式行事。这种做法会限制个体的决策空间。

- 体系施加的时间限制

几乎所有重要的决策都存在明确的时间限制。例如，新产品的研发报告必须在每月的第一天接受管理委员会的审查。此类要求往往使得管理者难于在做出最终决定前充分收集相关信息，进而损害决策质量❾❶。

- 历史根源

决策并不是在真空中被制定的，它们总是处于具体的情境之中，而组织的历史行为就构成了重要的情境因素。例如，在制定年度预算时，我们的惯例就是参考上一年的预算。也就是说，眼下的决策很大程度上是经年累月决策的结果。

- 危机中的决策

2020 年，随着新冠疫情的暴发和肆虐，企业的领导和员工无不需要在混乱、迷惘和不确定性中做出极端困难的决策❾❷。弗雷斯特研究公司的高级研究员安佳丽·莱（Anjali Lai）对此进行了精准的描述："空前的不确定性和潮水般涌来的新信息迫使人们摸索着前行，既无先例可循，也没有在每一个问题上深思熟虑的奢侈权利。"❾❸在危机之中，决策者尤其容易受到偏差和扭曲的影响。例如，当危机爆发时，专业评级机构更容易给出负面评级，尽管受到评价的人或组织可能根本不会受到这一危机的冲击❾❹。此外，在危机情境下做出的决策往往也饱含着情绪和直觉的冲动❾❺。这不仅仅是因为危机给传统的决策过程笼罩上了一层焦虑及其他负面情绪的阴影，更重要的是，在危机条件下需要进行的决策本身可能就深深牵动着复杂的情感。例如，在新冠疫情防控期间，医护人员就常常面临优先治疗哪些病患的艰难抉择❾❻。正义和道德在决策制定的过程中扮演的重要角色（我们在下一节中会进行详细的讨论）在危机情境下尤为突出。这也很容易理解，无论对于员工还是顾客，正义感在危机中都是很重要的 **97**。正如安佳丽·莱所说："选择和行动体现了企业的价值排序，顾客的眼睛是雪亮的。对于领导者而言，处理好危机中纷繁决策的法则不言而喻——员工和顾客就是你的北极星。"**98**

## ● 决策中的道德问题

我们在上文中提到，无论是否处于危机之中，道德考量都应当成为组织决策中的重要一环。在本节中，我们会介绍道德决策的三类准则，并探讨谎言对决策的重要潜在影响。

### ○ 道德决策的三类准则

第一类道德准则是功利主义（utilitarianism）原则，这种原则强调以结果为依据制定决策，而理想的决策则应该带来对所有人来说都最佳的结果 **99**。功利主义是商业决策中的主流原则，因为它符合追求效率、生产率和高利润的目标 **100**。

不过，需要注意的是，功利主义并非总是客观的。一项研究显示，功利主义的道德性会受到诸多因素的影响，而这一点我们往往意识不到。在研究中，参与者需要在一个道德困境中做出抉择：桥上有五个人，由于重量太大，桥身被压弯下凹、横在一条铁轨上方。此时，一辆货车恰巧经过，眼见马上就要与桥身相撞，你觉得是应该什么都不做，还是应该将五人中最重的推下桥去挡车、拯救剩余的四个人呢？在美国、韩国、法国和以色列的样本中，20% 的人选择将人推下去；这一比例在西班牙的被试中是 18%；而朝鲜被试则无一人做出这样的选择。某种意义上，你可以认为这种结果反映了对功利主义价值理解的文化差异。不过，如果在此基础上做一个小小的改动，我们就会看到惊人的结果：当人们在非母语情境下对上述道德困境作答时，选择将一人推下桥的比例显著提升，两组参与者作此选择的比例竟然分别高达33%和44%**101**。这一结果告诉我们，使用母语之外的语言将人们和道德困境拉开了情绪距离，这种距离似乎使得人们更容易秉持功利主义观点。也就是说，功利主义原则看似浅显，但对于"何谓实际效用"的问题，我们的看法其实也经常变动、千差万别。

第二类道德准则要求人们在决策中保障基本的自由和权利，例如在《美国人权法案》一类文件中规定的权利内容。在决策中强调权利，意味着尊重和保障基本人权，例如隐私权、言论自由和程序正当性**102**。此类标准有助于保护"吹哨人"（whistleblowers）**103**，使他们能够行使自身的言论自由权利，向媒体或政府揭发组织中不道德的做法。

第三类道德准则强调以公平、无偏袒的方式施行规则，从而维护正义，并使人们公平地承担成本和分配利益[104]。在运用此类准则时，人们往往秉持着某种"道义"（deonance）（一名员工之所以做出某些行为，是因为他认为在规则、法律、社会规范或道德原则的要求下，自己理应这么做）[105]。例如，有的员工可能认为自己不应该偷拿公司的东西，因为从道德规范、做人的原则、企业规章或法律的禁令来看，这样的行为是"不对"的。需要留意的是，无论组织是否就某方面问题制定了明确的规章制度，这种"道义感"都是存在的，因为在更多的时候，人们之所以认为某个决策不公平、不正当，往往是因为该决策违反了社会的道德规范。

## ○ 恰当地应用道德准则

营利性组织的决策者运用功利主义原则时可能格外得心应手，因为在这一原则的指导下，许多在道德上存在争议的实践（例如大规模裁员）很容易用组织和股东的利益来开脱。然而，尽管站在功利主义的角度，组织大可以哄抬价格、销售危害用户健康的产品、关停效益欠佳的厂房并裁撤大量员工、将高成本生产环节向海外转移，但时至今日，功利主义早就不是评判决策好坏的唯一标准了。这无疑给管理者带来了巨大的挑战，因为功利主义与组织运行的效率和利润密不可分，而尊重个人权

利、维护社会正义的举措在这方面的作用则存在很多模糊性。此外，道德决策本身就是很复杂的，而我们看待道德决策的方式也发生了转变，我们意识到不同的道德标准并非互不相干，而是相互关联的。至于具体应用哪些标准，则取决于我们在决策中究竟是要衡量自身的行为，还是要对他人下判断[106]。

正是在这个意义上，企业社会责任发挥着相当积极的作用。组织应用理想化的功利主义原则，无异于紧盯着资产负债表做出每一个决策。然而，如今的公众给组织施加了新的压力，可持续发展问题已经开始切实地影响组织的利润：消费者越来越偏好由承担企业社会责任的组织提供的产品和服务，优秀的员工越来越愿意追随具有社会责任感的组织，政府部门也越来越多地对组织的可持续发展举措予以激励[107]。

## ○ 行为层面的道德

如今，越来越多的学者开始对行为层面的道德（behavioral ethics）感兴趣，希望探究人们在面对真实的道德困境时会做出怎样的选择。这个问题之所以重要，是因为道德标准虽然存在于社会和组织层面，但同样也差异化地存在于个人之间。人们并不总是遵循组织的道德标准行事，很多时候甚至还会违背自己的原则。时移世易，我们运用的道德标准也会大不相同。

行为层面的道德研究强调文化在

道德决策中的重要作用。文化与文化相去甚远，普遍适用的道德决策标准几乎是不存在的❿。也就是说，在一种文化下合乎道德的事物，在另一种文化中很有可能是不道德的。如果组织对道德行为范畴的文化差异缺乏敏感度，很可能就在不经意间助长了不道德行为。

## ○　谎言

尽管撒谎行为会受到情境因素和个体差异的影响，但大量研究证据表明，谎言和不诚实行为极其普遍❿。人们之所以选择撒谎，很重要的一个原因可能在于谎言非常难以识别❿。综合 200 多项研究的结果，人们识别谎言的准确率仅有 47%，这比随机猜测的正确率（50%）还要低❿。举例来说，某些警察可能会认为人们在撒谎时眼睛会向右上方看，然而研究却发现，这种判断技巧其实并没有理论依据❿。

人们常常声称，撒谎是某些情况下的权宜之计（例如在销售过程中），又或者在某些时候保持诚实太困难了❿。然而，谎言对决策的影响是致命的。一旦相关者没有准确地呈现事实，或是隐瞒了自身的真实意图，管理者和员工都无法做出好的决策。此外，撒谎本身也是一个严重的道德问题。站在组织的立场，使用花里胡哨的技术、试图诱捕撒谎者等做法都不是长久之计❿。在这个问题上，组织行为学提供了最为行之有效的做法，即打造合理的环境、

发扬组织成员的本性，不提供滋生谎言的土壤。

## ●　组织中的创造力和创新

虽然很多时候解决问题的备选方案是明确已知的，但决策者依然需要创造力（creativity）。创造力是一种产生新颖且实用想法的能力。在决策过程中，新颖的想法不同于以往的观点，但有可能恰恰适用于当前的问题。

在创造力的帮助下，决策者得以更加充分地评估和理解问题，甚至发现旁人看不到的问题。组织行为学中复杂的话题有很多，而创造力则是其中较为复杂的一个。为便于理解，图 6-4 展示了组织创造力的三阶段模型。该模型以创造性行为为核心，并涵盖了这一行为的前因（能够预测创造性行为的因素）及结果（创造性行为带来的结果）。

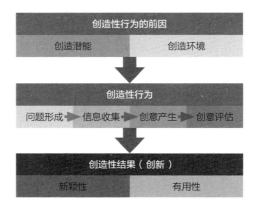

**图 6-4　组织创造力的三阶段模型**

⭘ **创造性行为**

创造性行为包含四个步骤，并依次进行 ⑮。

1. 问题形成（problem formulation）。任何创造性行为都始于一个待解决的问题。因此，作为创造性行为的第一步，我们在形成问题的过程中需要识别现存的问题、发现潜在的机会。例如，马歇尔·卡比（Marshall Carbee）和约翰·本尼特（John Bennet）发现，很多颜料虽然安全性已经得到环保机构的认证，但还是会释放有害的化学物质。在意识到这个市场机会以后，二人创立了环境安全产品公司（Eco Safety Products）⑯。

2. 信息收集（information gathering）。在明确问题之后，解决方案并不总是呼之欲出的。因此，我们还需要花上一些时间了解和处理相关信息。因此，在信息收集这一步，我们会搜寻新的知识，在脑海中构思可能的解决方案。此外，这一过程还有可能让我们发现创新性机会 ⑰。例如，你可以在午餐时和其他行业的友人探讨你的问题，这样一来，你就需要迫使自己以不同的方式清晰地描述它 ⑱。

3. 创意产生（idea generation）。在创意产生这一步，我们会基于已经掌握的知识和信息提出可能的解决方案。好奇心对创意的产生有着重要的作用：你对手头的问题好奇心越强，就越有可能将之与过去的想法或以往的解决方案联系在一起并加以思考，从而发现适用于眼下问题的解决思路 ⑲。

4. 创意评估（idea evaluation）。最后，我们需要在所有创意中做出选择。也就是说，在创意评估中，我们会评估所有潜在的解决方案，从而确定最佳的选择。

⭘ **创造性行为的前因**

在三阶段模型中，我们已经定义了最核心的创造性行为。接下来，我们考察一下开展创造性行为（即有创造力）的两类前因：创造潜能和创造环境。

· **创造潜能**

有创造力是一种人格特质吗？从某种意义上说，的确是的。严格意义上的创造天才世所罕见，无论是在科学（史蒂芬·霍金）、表演艺术（玛莎·葛兰姆）还是商业（史蒂夫·乔布斯）领域都是如此。不过，我们大多数人也或多或少地拥有与这些天才类似的创造性特征。这些特征越明显，我们的创造潜能就越高。创造潜能的指征可以从以下方面来考虑。

1. **智力与创造力**。创造力与智力有关——研究发现，要拥有创造力，人必须具备一定的智力水平 ⑳。聪明的人之所以更擅长创造，是因为他们更善于解决复杂的问题 ㉑。当然了，另一种可能的原因是聪明的人拥有更强的"工作记忆"，因此在处理手头的任务时能够回忆起更丰富的有用信息 ㉒。此外，近期还有研究发现，个体的认知需要（即求知欲）越高，与信息更新有关的认知能力越强，其创造力也就越强 ㉓。

2. **人格与创造力**。在大五人格中，经验的开放性（见第 5 章：人格与价值观）与创造力存在很强的关联性，这可能是因为开放性程度高的人在行为上不会墨守成规，在思维上则更加发散开阔 ㉔。其他有利于创造力的特质包括主动型人格、自信、冒险、对模糊性的容忍以及恒心 ㉕。此外，希望、自我效能感（即对自身能力的信念）和积极情感也能够预测个体的创造力 ㉖。

3. **专业度与创造力**。专业度是创造性工作的基础。例如，知名的编剧、制作人和导演昆汀·塔伦蒂诺（Quentin Tarantino）整个青年时期都在一家碟片出租店工作，从中积累了百科全书般的电影知识。利用渊博的专业知识，创造专家得以将自身充分置于不同的时空情境中，准确地判断自身的创意是否具有可行性 ㉗。在创造过程中，来自他人的专业意见同样重要。当创造者拥有更庞大的社会关系网络时，他就能接触到更多元的信息，同时也能通过更多非正式渠道获取别人的专业知识和重要资源 ㉘。

4. **道德与创造力**。虽然创造力关联着诸多有利的个人结果，但它与道德的关系却并不明确。有的研究发现，喜欢舞弊的人比遵守道德的人更有创造力，这可能是因为不诚实行为和创造性行为的背后都存在着打破规则的愿望 ㉙。不过，近期也有研究发现，拥有创造性人格（或隶属创造性程度更高的团队）的个体在道德问题上更具想象力（例如，这样的人更容易设想自身行为的后果），这有利于他们以更道德的方式行事 ㉚。

- 创造环境

我们大多数人都具备创造的潜力，也都可以学习如何发挥它。然而，潜力固然重要，但单凭它是不够的。要把我们的创造潜能真正发挥出来，我们还需要处于合适的环境之中 ㉛。最重要的影响因素可能是我们的动机。内在动机指我们出于对事物本身的兴趣投入其中，并从中获得兴奋感、满足感和挑战性（在后续有关动机的章节中还会详细探讨），这种动机与创造性结果紧密相关 ㉜。因此，组织应该营造相应的环境，激发员工投身创造性活动的动机 ㉝。除此之外，还有哪些环境因素会影响创造潜能向创造行为的转化呢?

首先,组织的工作环境应当激励和认可创造性工作[134]。一项针对医疗团队的研究发现,当组织的氛围积极支持创新时,团队的创造力才会转化为真正的创新成果[135]。组织应该通过公平和建设性的评价鼓励员工自由地产生想法并相互交流。此外,使员工免受规章制度的过度限制,让他们自行决定工作的内容和方式,也有利于鼓励创造力。一项研究发现,结构性授权(工作单元的结构给员工提供了充分的自由度)和心理授权(即让员工在主观上感到自己有权做决定)均能提升员工的创造力[136]。另外,有研究在斯洛文尼亚发现,竞争性过强、为达成就不计代价的工作环境则会压抑员工的创造力[137]。

其次,某些工作特征也能够提升创造力。具体而言,促进创新、创造行为的工作特征包括高复杂度、强自主性,以及角色期望中包含明确的创新要求[138]。作为组织结构和文化的一部分,管理者和领导者对上述特征具有很重要的塑造作用。在资源有限时,管理者可以强调创新的重要性,鼓励员工为自身的创意寻求资源;在资源充裕时,管理者则可以对适当的创新工具给予明确的关注[139]。另外,管理者也是组织知识传播的重要桥梁。一方面,当管理者能够为组织中的团队谋得额外的信息和资源时,突破式创新(即提出颠覆现状的创意)就更有可能产生[140];另一方面,团队与管理者之间的弱网络关系,其实能比团队成员个人拥有的强网络关系更有助于提升创造力,这是因为弱关系对应的信息渠道更能促进发散性思考[141]。

## ○　创造性结果(创新)

在我们的模型中,创造性行为的最后一个阶段是创造性结果。我们可以将创造性结果定义为在利益相关者眼中新颖且有用的想法或方案。离开了有用性,新颖的想法并不能带来创造性结果。因此,想法可以天马行空,但必须能解决实际的问题。所谓的有用性可能是不言自明的(例如 iPad),也有可能在初期仅对利益相关者而言如此[142]。

组织可以从员工身上得到许多新想法,进而自称富于创新精神。不过,正如有的专家所言:"没有被实际使用的想法都没有用。"很多软性技能有助于我们将想法转化为结果。例如,有学者在考察一家大型农业公司后发现,当个体拥有很强的动力将创意应用于实践,同时具备高超的社交技巧时,创意才比较容易得到实施[143]。相关研究为我们点明了一个重要的事实:创意不会自动实现,它向创造性成果的转化是一个社会过程。这个过程的实现还依赖许多其他因素,对此,我们将在后面有关权力与政治、领导力和动机的章节中展开。

## ● 本章小结

　　个体的行为并非基于外界环境的现实，而是基于他对此的感受和信念。理解人们的决策过程有助于我们解释和预测行为，但我们需要认识到，绝大部分重要的决策都蕴含着很强的模糊性，不可能简单地遵循理性决策的模型和假设。我们会发现，个体往往寻求满意而非最优的方案，在决策过程中加入自身的偏差和偏见，而且经常诉诸直觉。为了实现高效的决策，管理者应当鼓励员工个人和团队的道德行为和创造力。

## ● 对管理者的启示

- 行为跟着知觉走，因此，要影响人们在工作中的行为，就要分析他们对工作的感知。有的行为乍看不可思议，但只要明白它背后的感知，我们就很容易理解它了。
- 意识到常见的知觉偏差和决策谬误有助于我们做出更好的决策。了解这些问题并不能保证我们永不再犯同样的错误，但它确实能带来很大的助益。
- 调整你的决策模式，在国家文化背景和组织价值观念之间找到平衡。如果组织所在的国家文化并不像你一样推崇理性，那么你也不必急于遵循理性决策模型或彰显自己决策的理性思维。你应该做的是结合当地文化灵活调整决策方法，使组织文化以恰当的方式得到贯彻。
- 将理性分析与知觉结合起来。二者其实并不矛盾，兼而用之有助于提升决策的有效性。
- 尽可能提升自身的创造力。你可以主动寻求新颖的解决方案，尝试用新的视角看待问题，运用类推法，并聘用具备创造才能的员工。此外，尽可能在工作和组织中为发挥创造力扫清障碍。

请扫描二维码
获取书中参考文献

# 第 7 章

---

# 动机

● **本章学习目标**

» 列举动机的 3 个关键要素；

» 比较几种早期的动机理论；

» 对比自我决定理论与目标设定理论；

» 对比自我效能理论、强化理论与期望理论；

» 对组织公平的几种形式分别加以描述，包括分配公平、程序公平、信息公平和人际公平；

» 阐述员工工作投入对管理者的意义；

» 阐释几种当代动机理论在哪些方面对彼此进行了补充。

## ● 动机

成千上万的人正为了获得更大程度的"自我激励"付费。光是在美国，自我提升和激励服务的市场规模就高达 99 亿美元，据预测，这一规模还将持续扩大，在 2022 年有望达到 132 亿美元 ❶。接下来，你将了解动机对于个体绩效的重要性，还将认识到它对职场中人们幸福感的关键影响。

在展开讨论之前，我们首先要认识一点：人的动机水平一方面是随时变化的，另一方面也存在着固有的个体差异（见第 5 章：人格与价值观）。我们将动机（motivation）定义为个体为实现目标所付出努力的强度、方向和坚持性 ❷。对此，我们既可以作一般性的理解，关注个体针对各类目标的总体动机水平；也可以更具体地关注个体对组织情境下目标的动机水平。

动机强度（intensity）指的是个体在目标实现过程中的努力程度，这也是我们在多数情况下最关注的动机维度。不过，如果没有正确的方向（direction），高强度并不一定能带来对组织有利的结果。最后，动机还包含坚持性（persistence）维度，它衡量的是个体持续努力的时间。拥有强大的动机，意味着个体能在恰当的活动中进行高强度的投入，直到目标实现为止。

## ● 早期的动机理论

至今最为人熟知的三种动机理论成型于 20 世纪 50 年代。尽管用今天的学术眼光来看，这些理论的效度是存疑的（我们接下来会展开讨论），但它们却奠定了现代动机理论的基础。此外，这些理论包含的术语也被企业的管理者在实践中广泛沿用。

## ○ 需求层次理论

最著名的动机理论莫过于亚伯拉罕·马斯洛（Abraham Maslow）的 需求层次理论（hierarchy of needs）❸。该理论认为，人类的需求可以被分为 5 个层次。近来，还有人在此基础上提出，实现内在价值的需求是更高的第 6 层，不过这种提法还没有得到广泛的认可 ❹。原理论包含的 5 个需求层次为：

1. **生理需求**（physiological）：即满足饥饿、口渴、居住和其他身体需求。

2. **安全需求**（safety-security）：即获得安全、免受情绪和身体伤害的需求。

3. **社会归属需求**（social-belonging-ness）：即围绕情感、归属感、受到接纳和友谊等的需求。

4. **尊重需求**（esteem）：即围绕自尊、自主、实现成就等内在因素和地位、受认可、受他人关注等外在因素的需求。

5. **自我实现需求**（self-actualiza-tion）：即对最大程度发挥自身能力的需求，包括成长、潜能实现和自我满足等。

马斯洛认为，在某个层次的需求得到充分满足后，人们就会以更高层次的需求为主导需求。因此，如果希望激励别人，你就得先了解清楚对方目前所

处的需求层次，致力于满足该层次或下一层次的需求。图 7-1 更具象地呈现了马斯洛的需求层次金字塔。

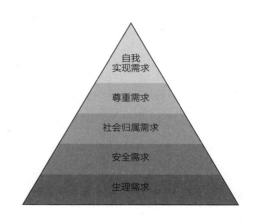

**图 7-1　马斯洛的需求层次理论**

马斯洛的理论历来广受赞誉，尤其为实践中的管理者所欢迎。这个理论的逻辑简明易懂，也得到了部分研究的支持❺。可惜的是，大部分的研究证据并没有验证需求层次理论的假说，而且自 1960 年起，相关研究就日渐式微了 ❻。不过，我们至少应该了解一点：社会大众对动机的印象，在很大程度上与需求层次密不可分。

## ○ 双因素理论

心理学家弗雷德里克·赫茨伯格（Frederick Herzberg）认为，人与工作的关系是一种基本的关系，而且人对自身工作的态度能决定其工作的成败。他希望探究这样的一个问题：人们希望从工作中获得什么？为此，他让不同的人

详细描述了工作中特别好和特别糟的方面，并将人们的这些不同意见汇总为双因素理论（two-factor theory），又名"激励 – 保健理论"（motivation-hygiene theory，不过这种说法如今已经不太流行了）❼。

如图 7-2 所示，该理论认为，诸如职业进展、认可、责任、成就这些内在的因素与工作满意度的关联似乎更强，因为对工作感觉更好的员工往往都谈到了这方面的因素。相反，对工作不满意的员工则似乎更多归咎于监管、薪酬、公司政策和工作条件等外在因素。由此，赫茨伯格认为，满意和不满意的关系并非传统观点中的一体两面（见图 7-2）。也就是说，消除引起不满的特征并不能增强员工的满意感，如果管理者选择这样做，他们只能安抚员工，却不能激励员工。

在该理论中，管理水平、薪酬、公司政策、客观工作条件、人际关系和工作保障都属于保健因素（hygiene factors）。当这些因素齐备时，人们通常不会对工作感到不满，但也未见得就对工作非常满意。要是希望充分地激励员工，我们就需要强调与工作本身及其直接结果挂钩的因素，例如晋升机会、个人成长机会、认可度、责任感和成就感。这些因素才能让人们获得内在的激励。

双因素理论并没有得到研究证据的充分支持。对于该理论的批评主要认为，赫茨伯格采取的研究方法存在明显的局限，理论的内在假定也不一定能成立。例如，当人们事后回忆对自身工作的良好或糟糕感受时，他们的认知可能产生很大的偏差❽。此外，倘若某些所谓的保健因素和激励因素对个体同等重要，它们理应能发挥同样的激励作用。

尽管批评者众多，赫茨伯格的理论依然产生了很大的影响，很多在亚洲国家（例如日本和印度）开展的研究都运用了这个理论❾，世界上大多数管理者也都对这一理论的核心思想非常熟悉。

## ○　麦克利兰的需要理论

现在，请你把自己想象成一家知名登山用品公司的销售经理。今天早些时候，你收到了这一季度销售业绩的提成规定：如果达到了最简单的、最低

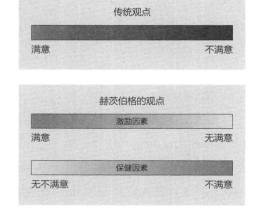

**图 7-2　分离地看待满意和不满意**

级别的销售目标，你将得到 2000 美元的提成；如果达到了第二级目标（通常只有 80% 的人能满足），你将拿到 4000 美元的提成；如果再努力一点、达到了第三级目标（大概只有一半的人能做到），你将拿到 8000 美元；最后，如果达到了第四级目标，你将会有 32 000 美元到手，但这个目标几乎不可能实现。在这种情况下，你会朝着哪个目标努力呢？如果是第三级目标，那么你很有可能是一个高成就型的人。

不同于马斯洛的需求层次理论，麦克利兰的需要理论（McClelland's theory of needs）认为，在生存所必需的因素之外的其他因素才会有比较强的激励作用[10]。麦克利兰和他的同事认为，对于个体而言，以下三类需要是最基本的。

> » 成就需要（need for achievement, NACH），即追求卓越或达成某些既定标准的需要。
> » 权力需要（need for power, NPOW），即驱使他人以不同于其自身意愿的方式行事的需要。
> » 归属需要（need for affiliation, NAFF），即建立友好、亲密的人际关系的需要。

麦克利兰本人以及许多后续的研究者最为关注成就需要[11]。总的来说，高成就型个体在成功概率为 50% 的任务中表现最佳。这样的人不喜欢高风险的赌注，因为偶然的成功不能给他们带来任何的成就感；同时，他们也不喜欢过于保守的选择（即成功率很高的任务），因为这样就无法体验对自身能力的挑战。根据这些研究发现，我们可以更好地预测成就需要与工作绩效之间的关系。首先，高成就型个体通常会对手头的任务展现出更积极的情绪和更大的兴趣[12]。其次，这样的员工在诸多关键的工作环节（如工作演练和销售机会）中通常也会取得更好的表现[13]。

除了成就需要，另外两类需要也得到了研究的证实。首先，研究表明，权力需要的概念确实是存在的，不过人们更熟知的可能是更宽泛的"权力"概念，而非具体的权力需要[14]。我们在后面的章节还会详细探讨与权力相关的话题。另外，归属需要的概念也得到了研究的证实。例如，一项针对 145 个团队的研究发现，相比其他方面的需要，成员归属需要较高的群体绩效最佳，沟通最为开放，产生的冲突也最少[15]。进一步的研究还发现，个体差异（在人格与价值观一章中讨论过）可能影响我们的不同需要得到满足的程度。例如，在对归属需要的满足上，神经质特质是一种阻碍，宜人性特质则有促进的效果；令人意外的是，外倾性并不会带来任何影响[16]。此外，部分证据指出，女性的归属需要可能比男性更高[17]。

由于人们在这三个方面的需要很

难被确切地测量，这个理论应用起来是很困难的。此外，同样的行为可能同时带来对多种需要的满足，而许多不同的行为又都有可能满足同一种需要，因此，我们也很难对这三种需要进行分别探究⑱。可见，虽然这一理论包含的概念对我们理解动机很有帮助，但我们通常无法客观地应用它们。

## ● 当代动机理论

相较之下，当代动机理论得到了更多研究证据的支持。之所以称接下来这些理论为"当代的理论"，是因为它们代表了我们对员工动机的最新理解。当然，这并不意味着这些理论就是完全正确的。

### ○ 自我决定理论

"真奇怪啊！"乔丹感慨道，"我之前就在人道主义团体工作。每周，我都会花 15 小时帮助人们领养宠物，也总是期待着来这边上班。然后呢，三个月前，我成了这个团体的全职雇员，时薪 11 美元。工作内容明明一模一样，可是我从中收获的乐趣却大不如前。"

乔丹的这种感受是不是很违背直觉呢？自我决定理论（self-determina-tion theory）有助于我们理解这个现象。该理论提出，员工对特定工作的动机将影响他们的幸福感和绩效，而这一动机

则取决于诸多方面的因素，包括员工是否觉得自己具有行为的自主权、任务本身的吸引力、激励的性质，以及工作满足各种心理需要的程度等⑲。自我决定理论是一个元理论（即一系列关注同一主题的理论合集），它的应用十分广泛，还衍生出了认知评价理论和自我协调理论等子理论。接下来我们就详细讨论它们。

### · 认知评价理论

组织行为学中许多基于自我决定理论的研究其实都围绕着认知评价理论（cognitive evaluation theory，CET）这个子理论展开。该理论认为，外在激励会损害人们对任务的内在动机⑳。当手头的工作能带来经济报酬时，人们就很难发自内心地想要完成它，而是觉得自己必须完成它。例如，一名程序员之所以会写代码，本身可能是出于对解决问题的热爱；而一旦将所写代码的行数与提成挂钩，写代码就变成了一件强制的工作，程序员的内在动机也就受到了损害。

认知评价理论告诉我们，运用外在激励手段时应该格外谨慎；与此同时，比起外在激励，内在动机（即对工作本身的强烈兴趣）更能促进人们为目标持续付出努力。对此，研究也提供了很多支持性的证据。例如，内在动机有助于促进工作质量的提升，而外在动机促进的则是工作完成的数量。另

外，当物质激励与工作绩效直接挂钩时（比如，在客服中心，每次通话都与一定的金钱提成绑定），人们的内在动机就减弱了 ㉑。

- **自我协调理论**

自我决定理论的另外一个产物是自我协调理论（self-concordance theory），它关注人们追求特定目标的出发点与自身兴趣和核心价值观的一致性。组织行为学的研究表明，当员工在工作中追求的目标与自身的兴趣和价值观相一致时，他们会对工作更满意，也会认为自己与组织更匹配 ㉒。在不同文化情境中进行的研究一致发现，当个体越是出于内在兴趣追求目标时，个体实现目标的可能性就越大，从中收获的乐趣也越多，哪怕目标最终没能实现 ㉓。为何如此呢？这是因为，对于发自内心想做的事，人们会觉得自己更有能力完成它；在这一过程中，人们也会感到自身与所在组织更适配 ㉔。

- **基本心理需要**

与前面提到的马斯洛和麦克利兰的理论类似，自我决定理论也提出，人具有几种基本的心理需要。这些需要对工作动机有着重要影响，当它们得到满足时，我们就会动力高涨；当它们受到损害时，我们则提不起干劲。其中，关系需要（need for relatedness）与麦克利兰提出的归属需要在概念上是很接近

的；不过，自主需要（need for autonomy）和能力需要（need for competence）则是两个新概念，分别牵涉到人们在工作中的控制感、自主权，以及是否擅长完成工作中的任务、是否对工作感到骄傲 ㉕。在三种基本心理需要中，自主需要对人们态度和情感的影响是最重要的，而能力需要则对工作绩效预测力最强 ㉖。此外，研究还发现，外在激励越是直接和清晰，基本心理需要对绩效的激励作用就越弱 ㉗。

这些知识对我们有什么意义呢？它启示我们，管理者应该妥善地设计工作，认可员工、支持员工个人的成长与发展，实现有效的激励。当员工感到自身在工作中享有充分的自主和自由时，他们将对工作产生更强的动力、对雇主形成更深的承诺。此外，员工其实还可以通过帮助他人实现对这些基本心理需要的满足 ㉘。正如沃尔玛的领导教练露西·邓肯（Lucy Duncan）所言，一旦用心将自我决定理论应用于职场，"你将看到员工满意度超乎想象的提升。"㉙

## ○　目标设定理论

你可能经常会听到类似这样的话："尽力而为就好。"不过，所谓"尽力"到底是什么意思呢？我们要怎么知道自己到底有没有达到这个虚无缥缈的目标呢？围绕目标设定理论（goal-setting theory）的研究发现，目标的具体性、挑战性和反馈对绩效的影响非同小可。

在这一理论的观点中，工作动机的主要来源是个体完成特定目标的意图 ㉚。

- **具体性、挑战性和反馈**

目标设定理论得到了大量研究的支持。证据表明：具体的目标能提升绩效；为个体所接受的困难目标比简单的目标更有助于绩效；反馈信息（相比无反馈）也能使绩效提高 ㉛。这是为什么呢？首先，目标越是具体，个体就越容易将注意力集中到有助于目标实现的活动上。其次，一旦接受了更有难度的目标，个体自然会为其付出更大的努力。最后，如果人们能通过反馈信息了解到自己实现目标的进展，他们就能在这些信息的指导下更有效地调整自身的行动。不过，不同类型的反馈信息可能会起到不同的效果。相较而言，自我反馈比外部反馈的作用更强，它产生于员工对自身目标进展的监控，或是任务过程本身 ㉜。

那么，如果员工能参与到自身目标的制定过程中，他们是不是就会为目标付出更大的努力呢？已有的研究说法不一，不过总的来看，就算有影响，也是微乎其微的 ㉝。部分研究发现，参与式的目标制定过程的确能带来超凡的绩效，但也有研究指出，员工在完成由上司指派的目标时绩效更佳。不过，倘若目标不是由员工自行设定的，那么，管理者还是需要确保员工充分理解目标的根本目的和重要性 ㉞。

- **目标承诺、任务特征与国家文化**

三方面的因素可能影响目标与绩效的关系，它们分别是：目标承诺、任务特征与国家文化。

1. **目标承诺**（goal commitment）。目标设定理论认为，个体对目标的承诺越强、实现目标的决心越大，就越不容易逃避困难、半途而废，因为他相信自己能实现目标，而且也希望实现它 ㉟。在某些特定的情况下，员工更有可能对目标产生较高的承诺，例如：当员工认为自身的努力的确能带来回报时；当员工的目标为人所知、追求目标的过程为人所察且对方具有更高的地位时；以及，当实现目标本身对员工充满吸引力时 ㊱。

2. **任务特征**（task characteristics）。当任务相对简单、独立时，目标本身的特性才会对绩效产生更大的影响 ㊲。在相互依赖程度高的系列任务中，目标往往以群体的形式存在，目标的实现则更依赖于任务的分工。另外，计划外的扰动也可能产生影响。当不受你个人控制的干扰或事件限制了达成目标的进展，那么你将很有可能感到沮丧、丧失激情 ㊳。例如，一位员工的项目进展如果被反复拖累，那么他很有可能备受打击。

3. **国家文化**（national culture）。在

集体主义程度高、权力距离高的文化情境中，可实现的中等难度目标可能比困难的目标更具有激励作用❸。在权力距离较高的文化下，由他人指定的目标能激发出更高的目标承诺❹。不过，与目标相关的诸多构念的实质内涵可能存在文化差异，要弄清这一点，我们还需要进行更充分的研究。

尽管设定目标多有裨益，员工与管理者还是要避免矫枉过正❹。例如，目标有可能使人过度关注成就、降低学习效果；没能选择正确的目标类型，或未以正确的形式设置目标，反而可能损害绩效；又或者，如果我们不加留心，则很有可能陷入承诺升级的误区（见第 6 章：知觉与个体决策）。如果想尽可能发挥目标设定的积极作用，根据近期研究的建议，你应该建立目标实现的问责制度，持续监控目标的进展，促进阶段性目标的频繁达成，或者尝试公开目标的完成进度❹。

- 个体与促进定向

研究结果表明，人们在追求目标时采取的思维和行为模式各不相同❹。一般来说，我们可以把不同人划分为两类，当然，每个人都有可能同时展现出两方面的特点。具有促进定向（promotion focus）的个体致力于个人提升和自我实现，这些人会趋近有助于实现自身

目标的条件；而具有预防定向（prevention focus）的个体则关注责任和义务的履行，这些人极力避开可能干扰目标实现的情形。两种模式对目标的实现都是有利的，但它们实现目标的途径则是不同的。我们可以结合复习考试的例子来思考一下。你既可以采取促进定向的行动，比如研读课程材料，也可以采取预防定向的行动，不去做影响学习的事情（如打游戏）。

那么你可能要问：哪种策略更好呢？这个问题的答案取决于你追求什么样的结果。促进定向有助于提升任务绩效、组织公民行为和幸福感，预防定向则没有同样的效果；预防定向有助于提升与安全相关的绩效表现，促进定向则没有同样的效果。在理想的情况下，人们应该同时具备两种定向，并根据实际情况灵活调整❹。为了帮助人们做到这一点，组织应该设置可实现的目标、排除干扰，并提供应有的秩序❹。此外，研究还发现，如果员工与上司的定向相契合，那么这些员工就会对上下级关系的质量体验更好，在关系中的承诺也会更高❹。

- 目标设定原则的落实

在组织中，管理者实际上是如何设定目标的呢？我们会发现，这很大程度上取决于管理者个人。有的管理者会设置激进的绩效目标，即通用电气所谓的"拓展目标"。例如，摩托罗拉公司

曾试图让年末簿记工作的周期从原来的 6 周缩短到 4 天 **㊼**。有的领导者则以设定苛刻的绩效目标著称，例如 Telltale 游戏工作室的 CEO，在极端情况下，工作室的开发者需要应对工作量的激增，每天的工作时间甚至会超过 20 小时。不过，也有很多管理者从不设置目标。一项调研发现，在被问及自己的工作是否包含清晰明确的目标时，只有小部分管理者给出了肯定的回答 **㊽**。

目标设定理论的一种系统化的应用是目标管理（management by objectives，MBO），这种举措在 20 世纪 70 年代开始流行，并一直沿用至今 **㊾**。目标管理的方法论强调，要用参与式的方法设定有形的、可检验的、可衡量的目标。如图 7-3 所示，一方面，组织层面的目标可以逐级转化为各层次（事业部层次、部门层次和个人层次）的级联目标；另一方面，由于各层级的管理者也共同参与了目标的制定，目标管理就不仅是自上而下的过程，同时也是自下而上的过程。这样一来，组织就得到了各层次紧密相连的目标结构。

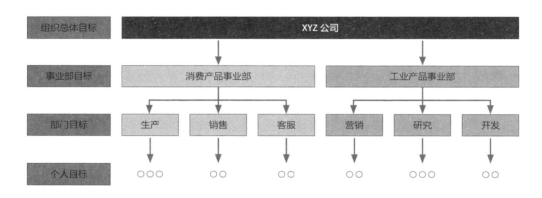

**图 7-3　组织的级联目标**

许多来自不同行业的组织都在使用这种目标管理体系，且收获了不俗的绩效 **㊿**。目标管理的一种衍生模式是目标与结果管理（management by objectives and results，MBOR），在丹麦、挪威和瑞典政府机构中已被应用了 30 余年 **㉛**。不过，尽管目标管理非常普遍，这种模式也不总是奏效的 **㉜**。当目标管理失败时，症结往往在于不切实际的期待、高层支持的缺乏，以及不能或不愿按目标的实现情况分配奖酬。

· **目标设定中的伦理道德**

强调目标实现的代价是什么？答案可能蕴藏在我们为目标的实现设置的标准中。例如，倘若目标的实现与金钱绑定（"拿到更多的钱"），我们可能就会格外关注金钱，进而愿意在道德上做出一定的让步。此外，对结果的重视（特别是当目标比较困难时）将进一步提高采取不道德行为的可能性[53]。随着我们离目标越来越近，时间压力的攀升也更有可能让我们受到以不道德手段达成目标的诱惑[54]。此外，目标设定还有可能通过资源损耗的方式增加不道德行为[55]。例如，当后厨员工已经身心俱疲时，他们就更有可能在准备和清洗食物的过程中马虎了事，造成食品安全隐患。

## ● 其他当代动机理论

自我决定理论和目标设定理论都是得到广泛证据支持的当代动机理论，但组织行为学中重要的动机理论远不止这两个。关于我们动机的发展过程和作用趋向，自我效能理论、强化理论和期望理论各自都做出了重要的贡献。

### ○ 自我效能理论

自我效能理论（self-efficacy theory）是社会认知理论（social cognitive theory）或社会学习理论（social learning theory）的一部分，其中，自我效能感（self-efficacy）指个体对自身完成特定任务能力的信念[56]。例如，拥有较高自我效能感的职业篮球运动员会相信自己能打好比赛。在困境之中，自我效能感低的个体可能降低自身的努力水平，甚至直接放弃，而自我效能感高的人则可能付出更大的努力、尝试克服挑战[57]。

自我效能感可能为个体开启一种正面循环（当然未必总能如此）：自我效能感高的人在任务中往往更加投入，这种投入有助于提升绩效，进而继续强化自我效能感[58]。智力和人格特质与自我效能感的高低也是相关的[59]。研究发现，智力水平高、尽责性高、情绪稳定的个体往往也具有很强的自我效能感，这也使部分学者认为，自我效能感本身的作用可能并不像许多过去的研究声称的那样重要[60]。

### · 提高他人的自我效能感

管理者应该如何帮助员工提升自我效能感呢？答案就是，要把目标设定理论和自我效能理论结合起来运用。如图 7-4 所示，当领导者为员工设置了足够困难的目标（同时还充分表达了对员工的信心），员工的自我效能感就能得到提升，他们也会进而为自己设置更高的绩效目标。

研究还表明，有 4 种方法可以有效提高自我效能感：（1）使员工联想到与当前任务相关的既往经验，即"过去的成功应对经验"（enactive mastery）；（2）使员工观察到其他人完成了任务，即"替代学习"（vicarious modeling）；（3）让员工相信自己具备完成任务的"实力"，即"言辞说服"（verbal per-

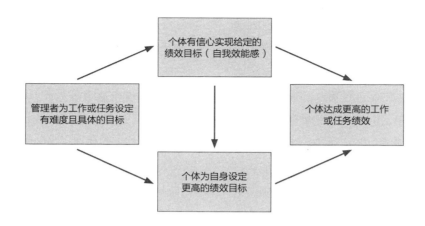

**图7-4    目标与自我效能感对绩效的共同作用**

suasion）；以及（4）让员工"支棱起来"，以更饱满的能量积极地应对任务，即"唤起"（arousal）。不过，最后这种办法可能只适用于门槛较低的任务，例如撰写销售报告 ❻。

言辞说服最有效的一种方法利用了皮格马利翁效应（Pygmalion effect），它得名于希腊神话中爱上自己作品的雕塑家皮格马利翁。该效应本质上是自证预言（self-ful-filling prophecy）的一种形式，后者描述了人们的信念成为现实的过程，或者说"人所期望的事物会朝着这种期望'预言'的方向发展"。❻ 假如我们认为，员工中的一部分人更具有成为领导者的潜质，那么，我们自然会以对待未来领导者的方式对待这些人❻。不过，有的时候，真正涌现出来的领导者可能出乎我们的意料，这些人是"未经雕琢的璞玉"。正如多夫·弗罗曼（Dov Frohman）所说："真正的领导者总是让人料想不到的。我们最后往往会发现，那些最佳候选人原来根本游离于主流之外……乍看时，你根本不会想到这样的人还有领导者的潜质。"❻ 许多研究都成功复现了职场中的皮格马利翁效应，而且，领导者和下属的关系越是紧密，这种效应就越强 ❻。

各类培训项目的目的都在于帮助人们培养和训练工作技能，这从某种意义上就是对"过去成功经验"的运用。事实上，培训起作用的一种途径就是提升自我效能感，如果培训采取互动的形式，并且为员工提供反馈，那么这种提升效果将最为明显❻。不过，有研究表明，倘若员工没能感受到自身能力的进步，他们的自我效能感就无从提升 ❻。但不管怎么说，一般而言，自我效能感越高的个体越能从培训中受益，也越有可能将培训的内容应用到工作中 ❻。

## ○　强化理论

强化理论（reinforcement theory）持有行为主义观点，它认为行为是由强化因素调控的❻。强化理论家将行为视为环境的产物，他们认为无须关注个体内在的认知活动（例如目标设定过程）；外部强化，特别是紧接着个体行为产生的结果，便足以控制行为、影响该行为重复发生的可能性。例如，当你在工作中做了一件事并收获了赞美时，你将很有可能在未来继续做同样的事情。

强化理论忽视个体的心理状态，仅仅关注个体采取行动后产生的结果。尽管从严格的意义上来说，强化理论不能算动机理论，但它的确是我们用来分析行为前因的一种强有力的手段。因此，在探讨动机时，我们难免会涉及与强化有关的概念。

### ·　操作性条件反射 / 行为主义与强化

操作性条件反射（operant conditioning）指的是人们会为了取得想要的结果或避免不想要的结果而习得特定的行为模式。它是 B. F. 斯金纳（B. F. Skinner）行为主义（behaviorism）观点的一部分，后者的基本观点是，人的行为是对外界刺激几乎不加思考的跟从。简言之，行为主义认为，人们会逐渐建立起特定刺激与自身反应的关联，但在这一过程中，个人是否能意识到相应的刺激 - 反应模式却是无足轻重的❼。例如，如果一位销售人员的主要收入源于佣金，那么他自然会将高收入与高销售额联系在一起，进而不假思索地尽可能多卖产品。

### ·　社会学习理论

个体不仅可以从自身的直接经验中学习，也能通过观察他人来学习。事实上，我们学到的很多东西都来自对优秀同事、老板等榜样人物的观察❼。这体现了社会学习理论（social learning theory）的观点，即我们可以通过观察和直接体验这两种途径来学习❼。

与操作性条件反射一样，社会学习理论认为，人的行为是行为结果的函数。不过不同的是，社会学习理论阐明了人的观察和知觉在学习过程中的作用。该理论指出，引发个体行为反应的并不是客观的行为结果，而是人们对这些结果的感知和阐释。

## ○　期望理论

维克多·弗鲁姆（Victor Vroom）的期望理论（expectancy theory）对动机的解释可能是最广为人们所接受的❼。纵然批评者众多，它还是得到了大多数证据的支持❼。期望理论认为，我们做出特定行为的倾向，取决于我们对其结果和结果吸引力的期望；这种期望越强，行为的倾向就越强。通俗地说，在这些条件下，员工更有动力付出巨大的努力：员工相信自己的努力能带来良好的绩效结果，良好的绩效结果能带来相应的组织激励（包括涨薪或其他内在激励），而且这些激励与员工个人的目标相契合。也就是说，期望理论关注以下三对关系（见图 7-5）：

1. **期望（expectancy）：** 即"努力 - 绩效关系"，指个体认为付出一定的努力便会产生一定绩效结果的可能性。

2. **工具性（instrumentality）：** 即"绩效 - 激励关系"，指个体认为达成一定的绩效结果能带来期望的激励成果的可能性。

3. **效价（valence）：** 即"激励 - 个人目标关系"，指组织提供的激励成果满足个人目标或需要的程度，也就是潜在激励对个人的吸引力 **❼❺**。

**图 7-5　期望理论**

　　期望理论有助于我们理解大量员工缺乏工作动力、"当一天和尚撞一天钟"的现象，它解释了员工以特定程度的努力追求特定目标的原因。我们可以考虑这样一个例子：在工作中举办竞赛。首先，优胜奖励是什么呢？假如优胜者可以享用"当月优秀员工"的

专属停车位，我们马上会发现，有的人会很在意这件事，有的人则可能不是很上心，这其实就是效价的差异。如果你们公司和乔氏百货（总是人满为患！）共用停车场，那这种奖励可能就特别令人垂涎了。其次，竞赛本身的内容是什么呢？假如竞赛比拼的是谁能在当年给公司筹集更多的捐赠资金，那么员工就会考虑：如果努力募捐，自己能不能真的成功募集更多资金呢？这其实就代表了期望。员工可能会想，就算自己费劲多找一个人，对方大概率也只会捐 1 美元，而不是慷慨捐献 50 美元。最后，假如真的成功动员了更多人来捐款，获得优胜的可能性有多大呢？这就体现了努力行为的工具性。公司有没有提供多个车位作为优胜奖品呢？还是只有一个，而且每年都被艾弗里赢走呢（艾弗里可能刚好认识一些每年都要慷慨解囊的人）？可见，在个体决定自己要不要付出更多努力时，影响的因素是很多的。在期望理论的观点中，最核心的影响因素可以归纳为效价、工具性和期望。

## ● 组织公平

### ○ 公平理论

安斯利是一名金融专业的本科生，她刚刚得到了某药企的暑期实习机

会，而且对实习工资颇为满意：时薪
是 20 美元，这比其他参加暑期实习同
学的都要高。在职期间，安斯利认识了
刚刚本科毕业的凯，对方目前是她所在
部门的财务经理。凯的时薪是 30 美元，
而他对此极其不满。凯告诉安斯利，其
他医药公司里跟他一样的财务经理挣得
都比他多："这一点都不公平。我明明
跟他们一样卖力工作，却得不到同样的
回报。你说，我是不是应该跳槽到竞争
对手的公司呢？"

时薪 30 美元的员工，为什么会比
时薪 20 美元的人更不满、更缺乏工作
动力呢？公平理论（equity theory）或
者组织公平的根本原则会给出答案 **76**。
公平理论认为，员工会将自己在工作中
获得的东西（比如薪资、晋升、认可
或办公室面积）与在其中的投入（例
如付出的努力、工作经验和教育水平）
进行对比，评估得到一个投入（inputs，
I）产出比（outcomes，O），随后将
这一比例与他人做比较，比较的对象
则通常是同事或从事类似工作的人 **77**。
表 7-1 列示了这一过程。当我们认为自
己的投入产出比与别人相当时，我们将
达到一种平衡的状态，认为自己的处境
是公平的。不过，有研究发现，对投入
和产出的评估会受到年龄的影响：随着
年龄的增长，你会越来越关注自己在任
务中的贡献（投入），而不是你从中得
到的好处（产出）**78**。

**表 7-1　公平理论**

| 投入产出比的比较 | 知觉 |
| --- | --- |
| $\dfrac{O}{I_A} < \dfrac{O}{I_B}$ | 由于奖酬过低产生的不公平感 |
| $\dfrac{O}{I_A} = \dfrac{O}{I_B}$ | 公平感 |
| $\dfrac{O}{I_A} > \dfrac{O}{I_B}$ | 由于奖酬过高产生的不公平感 |

注：$\dfrac{O}{I_A}$ 表示员工个体的情况，$\dfrac{O}{I_B}$ 表示比较对象的情况。

根据公平理论，当员工认为现状
不公时，可能会采取以下 6 种行动 **79**。

1. **改变投入**（如果薪水偏低就减
   少努力、如果薪水虚高就增加
   努力）。
2. **改变产出**（拿计件工资的员工为
   了提高收入，可能选择生产大量
   低质产品）。
3. **扭曲对自我的认知**（"我本来觉得
   自己工作的速度不快不慢，现在
   看来，我可比别人努力多了"）。
4. **扭曲对他人的认知**（"麦克的
   工作其实也没有我想象中的那
   样好"）。
5. **重新选择参照对象**（"我挣得可能
   没有我姐夫多，但已经比我爸在
   我这个年龄的时候挣得多了"）。
6. **离开目前的场域**（辞职）。

公平理论得到了一部分研究者的支持，但不同意见也有很多⑧。例如，有证据显示，有的员工可能对理论中所说的公平状态更敏感，而且，当面临不公平的状况时，有的人更有自我优越感、心安理得地接受向自身倾斜的结果，有的人则更包容相对不利于自己的结果⑧。另外，想象一下，如果一个人感到所得的工资超出了自己的能力水平，你觉得他会主动归还超额的部分吗？不过，尽管公平理论的主张不一定都站得住脚，但它提出的这些假设依然为组织公平（organizational justice）领域，或者至少是有关职场公平感的研究奠定了基础⑧。从大的意义上讲，组织公平领域关心的问题是员工如何看待组织中的权威人士或决策者对待自己的方式。在过去几十年里，相关研究不断表明，公平对员工与组织关系的维持至关重要⑧。毕竟，在多数情况下，员工总会关注自己是否得到了组织公正的对待，正如表 7-1 所示。

## ○ 分配公平

分配公平（distributive justice）关注结果是否公平，这些结果可能包括员工所得的薪酬、认可等⑧。结果可以采取很多方式来分配，例如，我们可以把加薪总额在员工中平均分配，或者将加薪的机会留给最缺钱的人。不过，我们在前文所述的公平理论中已经讨论过，员工通常倾向于认为，将结果按照投入产出比来均衡地分配才是最公平的。此外，分配公平也有可能发生在更大的层面上，例如，即便拥有相当的教育背景、同样来自富裕的家庭，美国非洲裔人和欧洲裔人的收入差距依然逐年稳步扩大⑧。

到目前为止，我们都将员工判断分配公平和投入产出均衡的模式描述为一种理性的计算过程。不过，对公平与否，特别是对不公平的体验并不总是冷峻和精于算计的。在很多时候，人们判断分配公平的依据，其实是对自己和他人待遇的感性认知或情绪感受，由此产生的反应自然也不会仅仅发乎冰冷的理性，而常常带有情感的"温度"⑧。例如，在 2018 年美国政府停工期间，一位交通安全署的员工就表示："眼下，其他人都可以赋闲在家、陪伴家人且保有收入，而我们则还要苦苦挣扎……我们大多数人也需要负担生活的开支，不可能一直这样无偿工作下去。这一点都不公平。"⑧

## ○ 程序公平

分配公平关注分配结果的内容，而程序公平（procedural justice）则关注分配结果的过程⑧。从某种意义上说，当员工得以参与到决策制定的过程之中，或决策者遵循如下规则时，员工会觉得分配的程序更公平：及时决策、保证决策的一致性（始终对不同人一视同仁）、避免偏差（不要特殊关照某个或某一群人）、参考准确的信息、考虑决策可能影响的个体和群体，以及对各种意见保持开放的态度 <sup>89</sup>。

当程序足够公平时，员工往往也更容易接受不太有利于自己的结果 <sup>90</sup>。例如，你希望得到加薪，但你的经理告诉你这一次可能不行了，这时，你大概想知道这个决定是怎么做出的。紧接着，如果你了解到，经理完全是根据大家的能力和贡献做决定的，另一位同事的确表现得比你更好，而不是比你更受经理的偏爱，那么你可能就觉得这个结果也不是那么难接受了。

## ○ 互动公平

在分配和程序之外，研究发现，员工还会关心另外两种形式的公平，它们都与员工在人际互动中被人对待的方式有关，因此也都属于互动公平（interactional justice）的范畴，如图 7-6 所示 <sup>91</sup>。

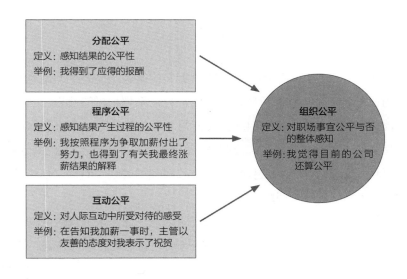

**图 7-6　组织公平模型**

## · 信息公平

第一类形式是信息公平（informational justice），它反映了管理者是否会就关键决策或组织的重要事项给予员工合理的解释与充分的信息。管理者披露的信息越细致、态度越坦然，员工就越容易觉得自己得到了公平的对待。

乍一看，管理者应该诚实地对待员工，使之不至于对组织的问题一无所知，这似乎是一个显而易见的道理。然而在现实中，许多管理者对信息披露其实是颇为犹豫的。尤其在坏消息到来时，无论是让管理者传达信息还是让员工接收信息，势必都会引起诸多不适。在这种情况下，对坏消息的解释就很关键了，提供合理的解释（"我知道你感觉很糟糕，我自己是希望把那间办公室给你的，但这不是我能够决定的"）要比维护既成的决定（"我确实决定把办公室给山姆了，但这件事没有你想象中的那么重要"）效果更好 ㉒。

- 人际公平

    人际公平（interpersonal justice）关注员工是否得到了尊严和尊重。不同于前面几种公平的形式，人际公平的独特之处在于，它存在于管理者和员工之间的每一次日常互动中 ㉓。这意味着管理者能利用（也有可能失去）更多的机会让员工认为自己受到了公平的对待。遗憾的是，研究发现，只有少数的领导者会遵循人际公平的原则，而且由于刻板印象的存在，这种公平的举动反而会给领导者自身招致许多偏见 ㉔。

○ 公平问题的后果

    谈了这么多，公平对员工到底有多重要呢？结果表明，公平问题意义重大。当员工感到自己受到了公平的对待时，他们会产生一系列积极的反应。上述所有形式的公平均能提升任务绩效、促进组织公民行为（例如帮助同事）以及减少反生产工作行为（例如回避工作义务）㉕。分配公平和程序公平与任务绩效的关系更加密切，而信息公平和人际公平与组织公民行为则有着更强的关联。而且，公平甚至会影响员工的睡眠和健康状况等生理结果 ㉖。

    有趣的是，面对不公的状况，同事的反应可能与你本人的反应同样重要。研究发现，第三方（third-party）或观察者对不公事件的反应可能带来深远的影响。想象一下，假如你得知，自己经常光顾的连锁餐饮品牌正在进行大规模的无预告裁员，许多员工在毫无征兆的情况下被迫离职，并且也没有获得任何再就业援助，你还会继续到这家饭店就餐吗？研究结果表明，人们很可能就不会了 ㉗。另外，人们还会对他人违背公平规范的行为进行归因，而研究发现，这种判断很可能是性别化的：相比男性违反程序公平规范，当女性违背互动公平规范时，她们会遭受更加严厉的批判 ㉘。

    无论付出多大的努力，总会有人感觉不公平。公平感是很主观的：对于同一件事，有人会觉得不公平，有人则可能觉得再恰当不过了。总体上，人们倾向于觉得向自身倾斜的分配结果或分配程序是更公平的 ❾❾。此外，倘若组织对待员工的公平性不能始终如一，使员工如同坐上了"过山车"，一会儿饱受苛待，一会儿又得到了公平的待遇，那么，员工将很可能产生回避的心理、不再乐于合作，并对工作抱有负面的态度 ⓿⓿。

### ○　文化与公平

有一种程序公平原则为不同国家的人所认可：世界各地的员工都希望按照绩效和技能而非资历分配回报 ⓿❶。然而，同样的投入和产出在不同文化中的价值很可能是不同的 ⓿❷。

我们很容易想到，霍夫斯泰德框架的文化维度（见第 5 章：人格与价值观）可能影响公平。一项大型研究涵盖了 32 个国家及地区、超过 190 000 名员工，发现公平感知对个人主义、女性气质突出、不确定性规避程度高以及权力距离低的文化中的人们更为重要 ⓿❸。的确，研究表明，员工对感知到的不公平（例如苛责式的领导行为）会产生不同的反应（例如，究竟是减少对对方的信任还是减少投入的努力），这种差异可能取决于文化背景：在儒家文化盛行、权力距离较高的社会，人们更不容易受到类似事件的影响 ⓿❹。

组织可以根据对公平期望的文化差异调整自身的实践。例如，在个人主义程度高的国家，例如澳大利亚和美国，竞争性的薪酬计划以及为绩效杰出的个体提供极高的激励更有可能让员工感到公平。而在极度规避不确定性的国家，比如法国，固定薪酬计划和员工参与则能为员工带来更多的安全感。瑞典文化中的女性气质格外突出，因此组织可以实行更多促进工作 - 生活平衡的举措，并为员工提供充分的社会认可。而由于奥地利极度趋向低权力距离，道德考量可能是影响员工公平感知的最重要因素。因此，组织需要公开证明上下级不平等关系的合法性，同时充分展现象征道德型领导的线索。

## ● 工作投入

自从艾迪生到医院当护士以后，生活中其他的一切仿佛都消失了。他完全沉浸在工作之中，所有的情感、思绪和行为都只围绕着照顾病人这一件事。事实上，艾迪生在工作中全神贯注，甚至常常感觉不到时间的流逝。这样全身心的投入让艾迪生在照顾病人上表现得格外出色，也让他从工作中源源不断地获得精神上的鼓舞。

艾迪生表现出的是一种高水平的 工作投入（job engagement），后者指的是员工在工作中投入的体力、认知和情绪能量 [105]。管理者和研究者历来对提升工作投入很感兴趣，这很容易理解，要知道，美国的企业每年因员工投入不足蒙受的生产力损失高达 5500 亿美元 [106]。工作投入对组织而言极其重要，它能预测工作绩效和组织公民行为 [107]。不过，这个概念与工作满意度、组织承诺和工作参与这些工作态度存在一定的重合 [108]。

什么因素能促使员工更大程度地投入工作呢？一项涵盖 40 000 多名员工的综述研究发现，在主动型人格、尽责性和外倾性之外，还有一种关键特质能够预测工作投入，它就是员工体验积极心境和情绪的倾向（即积极情感，见第 4 章：情绪与心境）[109]。此外，情境因素也很关键。例如，工作特征、高效工作所需资源的可得性、个人与组织在价值观上的匹配以及愿景型领导均可能影响工作投入 [110]。

## ● 整合当代动机理论观点

在讨论了这么多动机理论之后，要是最后只有一个理论能站住脚，那么我们的任务将会简单许多。然而，本章介绍的各个理论在许多重要的方面是相互补充的。所以，我们接下来的任务是理解这些理论彼此间的联系。图 7-7 梳理了我们目前所知的有关动机的大部分内容，它的基础是图 7-5 展示的期望理论。下面，我们简单浏览一下图 7-7 各部分的内容（与工作设计相关的问题将在"动机：从概念到应用"一章中展开讨论）。

首先，我们明确了机会的重要作用，它可能促进或阻碍个体的努力。请注意，在左侧的"个体努力"框，还有一个从"个体目标"导向它的箭头。结合目标设定理论的观点，这个从目标回到努力的循环箭头提示我们，目标始终指引着行为。

期望理论预测，当员工认为自身的努力与绩效之间、绩效与激励之间以及激励与个体目标的满足之间存在很强的关联时，他们将付出更多的努力。这几种关系都会受到其他因素的影响。要使努力带来更好的绩效，个体必须首先具备达成相应绩效的能力，而且绩效评价体系也必须公正、客观。如果个体感到组织会按照绩效表现（而非资历、个人偏好或其他标准）分配奖赏，对绩效与激励关系的感知自然也会加强。假如我们姑且认为，认知评价理论可以应用在现实的职场中，那么我们可能会做出这样的预测：基于绩效的激励模式将降低个体的内在动机。期望理论的最后一环是激励与目标的关系，对此，当为高绩效提供的奖励能满足个人目标中的主

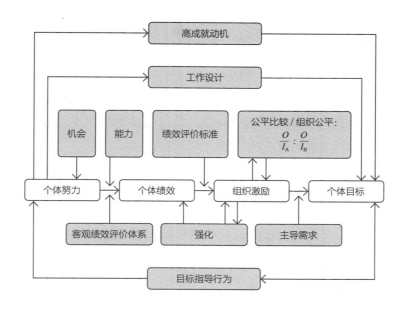

**图 7-7　整合当代动机理论观点**

导需求时，个体将受到更大程度的激励。

如果更仔细地审视图 7-7，我们会发现，该模型还考虑了高成就动机、工作设计、强化、公平比较 / 组织公平等因素。追求成就的人受到组织绩效评估或奖酬的激励程度较小，因此，对于这部分人，中间的环节被直接跳过了，个人的努力与目标是直接挂钩的。换句话来说，我们需要意识到，高成就导向者在工作中需要充分的个人责任、信息反馈和适度的风险，这些人对努力与绩效、绩效与激励以及激励与目标之间的关系可能不是那么在意。

在这个模型中，强化理论体现在组织激励对个人绩效的增强作用上。当员工认为奖酬体系会嘉奖优秀的绩效时，组织提供的奖酬就能对员工创造绩效起到鼓励和强化的作用。从组织公平的角度来看，奖酬也是一个很关键的因素。对于自身所得的结果（如收入），个体的感知既取决于这一结果与他人的对比，也取决于自身是否得到了尊重、受到了怎样的对待。当人们对自己得到的奖酬不满意时，他们对程序的公平性以及领导者的考量过程就会变得格外敏感。在设立奖酬体系时，一种比较先进的做法是运用相对公平、客观的人工智能技术增强员工的公平感知⑪。

## ● 本章小结

　　动机理论阐述了驱使职场中的员工和其他个体为目标努力的内在过程。尽管许多早期动机理论没能得到充分的证据支持，但这些奠基性的理论观点为我们强调了员工需求的重要性，也探讨了需求满足的诸多结果。后续的当代动机理论更多关注内在和外在动机、组织中的目标设定、自我效能感、强化和期望。此外，从公平理论衍生出来的组织公平的诸多形式在对员工的激励中也非常重要。如果要理解员工在工作中的贡献，例如工作投入，动机是一个关键的切入点。总而言之，动机促使员工为提高绩效而努力，进而实现个人和组织的目标。

## ● 对管理者的启示

- 确保外部激励对员工而言不是强制性的，并使之成为向员工反馈有关自身能力和人际关系信息的良好形式。
- 无论是为员工设定目标还是让员工自行设定目标，都要确保这些目标足够具体、足够困难；此外，在员工实现目标的过程中，还要就工作质量提供发展性的反馈信息。
- 尽可能将员工的个人目标与组织的目标统一起来。
- 如果你希望员工做出某些行为，自己就要以身作则。
- 期望理论对员工生产力下降、缺勤和离职率等绩效指标有着很强的解释力。
- 在进行有关组织资源的决策时，务必考虑资源的分配方式（以及影响对象）和决策的公平性，还要关注你的决策是否体现了对所有相关人员的充分尊重。
- 尽可能为员工的工作投入创造良好的条件，并充分利用员工身上有助于促进工作投入的个人特质。

请扫描二维码
获取书中参考文献

# 第 8 章

动机：从概念到应用

● **本章学习目标**

» 运用工作特征模型，阐述你可以如何改变职场环境来激励员工；

» 对比几类主要的工作再设计方法；

» 具体分析几类选择性工作安排分别是如何对员工起到激励作用的；

» 阐述员工参与措施是如何对员工起到激励作用的；

» 具体分析不同的可变薪酬方案，探讨它们促进员工动机的原因；

» 阐述灵活的福利政策对员工的激励作用；

» 探讨内在激励对员工动机的好处。

## ● 通过工作设计激励员工：工作特征模型

工作结构对个体动机的作用远比你所以为的大。例如，一项英国的调查询问了超过 3000 位育有子女的职工后发现，在需要照顾儿童的情况下，仍有 78% 的人实际工作的时间超过了合同的约定。而且，除了工作量的需要，导致加班的一个很重要的原因是加班在某种意义上成了组织文化的一部分 ❶。对此，某位管理者认为，组织应该"好好考虑一下工作设计的问题，解决员工的过劳现象。有孩子的员工需要一些'更适合人类'的工作"。❷ 事实上，当员工抱怨自己"（真的）工作得快要死掉了"时，这并不纯粹是一种夸张的修辞。有研究对超过 3000 名员工进行了长达 20 年的追踪，发现工作要求的繁重程度会影响人们的寿命，而有效的工作设计则有助于缓解相关的负面影响 ❸。

工作设计（job design）的理念认为，工作中各类元素的组织方式会影响员工的努力程度 ❹，而接下来我们要介绍一个模型供你参考，帮助你识别调整这些元素的契机。工作特征模型（job characteristics model，JCM）是从 5 个核心维度对工作加以描述的 ❺。

1. 技能多样性（skill variety）：即工作在多大程度上要求个体从事多样的活动、运用丰富的技能。汽车修理铺老板的工作就有着很高的技能多样性，其工作不仅涉及电路修理、引擎改造、车身维修等，而且还要求老板和顾客打交道。相反，对于只在车身维修间的工人来说，每天的工作就是花上整整 8 小时给汽车喷漆，技能多样性自然就很低了。

2. 任务完整性（task identity）：即个体在工作中是否需要完成界限清晰、结构完整的任务。一名家具师傅的工作可能包含设计家具、挑选木材、制造零件和组装完成的全过程，这种工作的任务完整性就很高。但如果一名工人只需要操作切割桌脚的车床，任务的完整性就很低了。

3. 任务重要性（task significance）：即个体的工作是否会对他人的生活或工作产生重

要的影响。同样是在医院，重症监护室护士的任务重要性就很高，清洁工人的任务重要性则要低一些。

4. **自主性（autonomy）**：即个体对自身的工作计划和执行程序所拥有的自由度、独立性和话语权。在销售工作中，销售经理可以自行安排工作，并且能在不受监督的情况下针对不同客户的情况调整销售策略，其工作自主性是很高的。然而，对于客户专员来说，销售工作可能总是需要遵循一套固定的话术，其自主性便很低了。

5. **反馈（feedback）**：即从事工作活动时所产生的、与自身绩效直接相关的清晰信息。相比之下，iPad 的测试和检修工作反馈的信息就很丰富，而流水线上的组装工作则比较缺乏反馈。

## ○ 工作特征模型的要素

图 8-1 呈现的就是工作特征模型。其中，前三个维度的工作特征（技能多样性、任务完整性和任务重要性）共同塑造了工作对员工而言的意义和价值。工作自主性能使员工对自身工作的结果产生责任感。反馈则让员工对自身工作的效果心中有数。上述三种心理状态（即意义感、责任感、知晓工作成效）越是齐备，就越能促进员工的动机，提升绩效和满意度，同时减少缺勤行为、降低离职意愿。此外，图 8-1 还显示，在工作内容变得丰富时，员工自身的成长需求强度越高，就越容易体验到上述三种心理状态，并对工作的变化产生积极的反应。

## ○ 强大的工作特征模型

上述工作特征彼此间的相互关联，以及它们对员工动机乃至工作满意度和组织承诺的影响，均得到了大量研究证据的支持❻。工作特征模型产生于20世

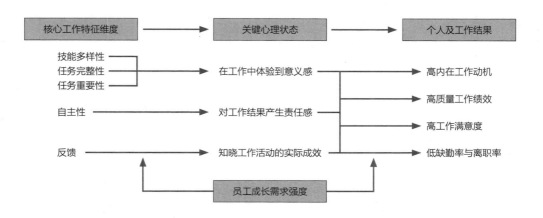

**图 8-1　工作特征模型**

纪 70 年代，尽管如今的工作为员工提供的自主性、独立性以及施展丰富技能的机会远胜从前，但模型提出的这些工作特征对工作满意度的促进作用依旧不减，这说明，当今的员工对持续丰富工作内容十分受用 ❼。总体上，工作特征模型的基本主张经受住了已有研究的检验，不过具体的效应也会受到人格特质和情境因素的影响。例如，有研究发现，对于更倾向于体验积极情绪（即具有积极情感特质，见第 4 章：情绪与心境）的个体，工作特征与工作满意度的关联会更强 ❽。还有一些研究聚焦于特殊的工作情境，例如虚拟团队，结果发现，当团队成员在线上共事而没有面对面交流时，他们从工作中收获的意义感、责任感以及对工作成效的知晓程度会打折扣 ❾。好在管理者可以采取特定的措施减少这些影响，例如有意识地与员工建立良好的关系，并着意提升任务的重要性、提供更多的自主性和反馈信息 ❿。

### ○ 激励潜能分数

我们还可以进一步将工作特征模型中的核心维度整合起来，得到一个激励潜能分数（Motivating potential score，MPS）。这个预测指数是这样计算的：

$$\text{MPS} = \frac{\text{技能多样性} + \text{任务完整性} + \text{任务重要性}}{3} \times \text{自主性} \times \text{反馈}$$

要想取得较高的激励潜能分数，一份工作必须至少具备一种塑造工作意义感的条件，同时提供充分的自主性和反馈。根据工作特征模型的主张，这一得分越高，员工的动机就越强；相应地，工作绩效和工作满意度将变得更好，而缺勤和离职的可能性则更小。你可以结合自己的工作（或过去做过的工作）想一想，这份工作能让你完成不同类型的任务，还是以固定的常规工作为主呢？你是相对独立地工作，还是总是受到主管或同事的监督呢？你的回答很大程度上就反映了这份工作的激励潜能。

## ● 工作再设计

"每天都毫无新意，"卡梅隆说，"我总是站在流水线旁待命，等着仪表板移动到合适的位置，看到吉普车也传送过来了，我就把仪表板取下来、安装进去，就这样重复 8 小时，天天如此。他们每小时给我 24 美元，但我才不管呢，我都快疯了。最后我告诉自己，我不会把自己的后半辈子砸在这里，我的脑子都要变成浆糊了。所以呢，我就辞职了。现在我在一家印刷厂工作，时薪 15 美元，但我得告诉你，这份工作有趣得很。我要做的事情每时每刻都在变，我也每时每刻都能学到新东西。这份工作真的很有挑战性！每天，我都盼望着上班。"

在吉普车工厂时，卡梅隆的工作没有什么多样性、自主性和激励作用。而到了印刷厂，他的工作就充满了挑战和新鲜刺激。从组织的角度来分析，卡梅隆的第一位雇主由于没能进行恰当的工作再设计而损害了员工的满意度、提高了员工的离职率。因此，工作再设计有着很强的现实意义，它对工作满意度和离职率的影响是巨大的 ⑪。

此外，当今的社会和组织也将工作再设计视为增强职场包容度的途径。比如莫辛·卡恩（Mohsin Khan），这位 75 岁高龄的飞机维修机械师的视力大不如前，为此，他的公司专门斥巨资引进了一台有着巨大屏幕的激光打标机，协助卡恩继续完成金属板的雕刻工作 ⑫。为了帮助企业进行工作再设计、适应年事渐长的员工群体，新加坡政府自 2016 年起推出了专项基金 ⑬。这一基金帮助大量政府部门和企业实现了适老化转型，为年长的员工提供了丰富个人生活的诸多资源。接下来，我们看一看还有哪些方法能通过工作再设计实现员工激励。

## ○ 工作轮换和工作丰富化

### · 工作轮换

当员工开始对过重复的日常工作感到厌烦时，一种解决的办法是工作轮换（job rotation），即定期将员工调离原有的岗位，在组织的同一级别上从事技能要求类似的另一项工作（这种做法也被称为交叉培训 ⑭。在一项针对千禧一代管理者和专业人士的调研中，约有 70% 的人认为工作轮换是很重要的，这说明这种做法的确是现代职场的一个要件 ⑮。许多制造企业也常常利用工作轮换灵活地应对订单量的变化，同时激励员工，避免他们对工作感到无聊 ⑯。此外，对于具有重复性质的工作，这样的工作设计还可能有助于安全生产、减少工伤。不过，这一论题目前还存有争议，相关研究的结论是不一致的 ⑰。

有时，新任管理者也需要通过轮岗来了解组织的全貌 ⑱。从这种意义上说，无论是制造厂房还是医院病房，只要有交叉培训的需要，都可以采取工作轮换的形式。例如，在新加坡航空公司，售票员时不时还可以承担行李保管员的职责，这既能实现交叉培训，也能让员工接触到组织不同方面的业务 ⑲。

当然，工作轮换也是有缺点的。首先，如果每次轮岗时都需要对员工进行培训，组织的培训成本将会变得很高。其次，当某一岗位的职责被轮岗的新员工接手时，该岗位的生产力通常会有所下滑。再次，工作轮换迫使原有的工作团队需要适应新同事的到来，这可能打断他们的工作。最后，管理者也需要花费更多的时间监管刚刚轮换的员工，为其答疑解惑。

- 工作丰富化

工作丰富化（job enrichment）是对自我决定理论（见第 7 章：动机）核心思想的具体应用，它是指阐明工作所包含的更高层次的责任，提升员工的目的感、方向感、意义感和内在动机❷⓿。与工作扩大化（即增加实质性的任务和要求）不同，这种做法旨在为员工的工作增添深层次的责任和意义。从这个角度来看，工作丰富化与赫茨伯格的理论（见第 7 章：动机）要旨也是契合的，因为它提供了保健或激励性质的因素，从而提升员工的内在动机。

早些年，有综述研究指出，工作扩大化能有效降低员工的离职率。而且，在员工入职之初，为工作赋予深层次的价值比起仅仅让员工了解工作的"冷冰冰的现实"更能提升工作满意度❷❶。

一项覆盖了超过 20 000 名英国员工的调查发现，职业丰富化措施有助于提高组织的财务表现和劳动生产率、降低缺勤率，并通过增强员工的满意度来提升工作成果的质量❷❷。如果管理者恰巧足够具有经验的开放性（见第 5 章：人格与价值观），而且自身在工作中也

拥有足够的自主性，那么他们将更有能力为员工设计出丰富充实的岗位❷❸。当然了，无论自身的人格特质是怎样的，管理者都应该正视工作丰富化的诸多益处，克制好吹毛求疵的冲动。

○ 关系型工作设计

有关工作再设计的许多讨论都从工作特征理论出发，旨在提升员工的内在动机。不过，学术界也在探索激励员工产生更多亲社会表现的做法。换句话来说，管理者也希望了解这样的问题：什么样的工作设计能让员工更有动力提升组织利益相关者（消费者、客户、病人及员工等）的福祉？从这个问题出发，关系型工作设计（relational job design）在关注员工自身的同时，也关注员工工作表现所影响的对象❷❹。这种做法对提升员工自身的工作绩效和工作满意度同样是有益的，而且，倘若赋予了员工充分的自主性，这种工作设计的收效将尤为明显❷❺。

要促进亲社会行为，一种做法是让员工知晓顾客从公司的产品或服务中受益的心路历程，使员工与利益相关者产生更加紧密的关联。例如，有研究者发现，仅仅是让大学基金会的筹款人与受到奖学金资助的本科生简单地接触一下，这部分员工的工作表现就会变得明显优于其他人：他们坚持说服潜在捐助者的时间增加了 42%，筹集的资金量则增长了近乎一倍❷❻。而且，即便只让

筹款人见到一位受资助的学生，也足以发挥明显的积极作用。

## ● 选择性工作安排

激励员工的另一类手段是采用弹性时间工作制、工作共享和远程办公等选择性工作安排❷。这些安排在愈发多元化的职场中格外重要，因为它们能更好地照顾到双职工家庭、单身父母以及需要照顾患病或年迈亲属的员工。例如，在生育之后，弹性时间工作制和远程办公就能帮助女性继续发展自己的职业生涯❷。

### ○ 弹性时间工作制

焦点咨询集团（Focus Consulting Group）的创始人吉姆·韦尔（Jim Ware）曾说："如果你想打造一流的文化、吸引和保留一流的员工，你就得提供最精准的激励，其中，自主性是必不可少的。"❷灵活性是组织所能为员工提供的一种关键且极富吸引力的福利，它能让员工的生活变得更好❸。例如，自从引入了"一种灵活的工作时间政策"，即弹性时间（flextime）工作制以后，波伦资产管理公司（Polen Capital Management）的员工队伍在 3 年之内壮大了一倍❸。

弹性时间工作制的其中一种形式，是允许员工在达到每周固定工时数的情况下，在一定范围内灵活地安排自己的出勤时间。如表 8-1 所示，在这种安排下，一个工作日内有一个核心时间段（通常为 6 小时），以及在该时间段前后的灵活带。例如，某公司办公室开放

**表 8-1　灵活办公安排示例**

| 工作安排 1 | |
| --- | --- |
| 工作时长 | 100% = 每周 40 小时 |
| 核心时段 | 9:00 ~ 17:00（1 小时午休），每周一至周五 |
| 起始时间 | 8:00 ~ 9:00 |
| 结束时间 | 17:00 ~ 18:00 |

| 工作安排 2 | |
| --- | --- |
| 工作时长 | 100% = 每周 40 小时 |
| 核心时段 | 8:00 ~ 18:30（0.5 小时午休），每周一至周四 |
| 起始时间 | 8:00 |
| 结束时间 | 18:30 |

| 工作安排 3 | |
| --- | --- |
| 工作时长 | 90% = 每周 36 小时 |
| 核心时段 | 8:30 ~ 17:00（0.5 小时午休），每周一至周四<br>8:00 ~ 中午（不含午休），每周五 |
| 起始时间 | 8:30（每一至周四）；8:00（每周五） |
| 结束时间 | 17:00（每一至周四）；中午（每周五） |

| 工作安排 4 | |
| --- | --- |
| 工作时长 | 80% = 每周 32 小时 |
| 核心时段 | 8:00 ~ 18:00（0.5 小时午休），每周一至周三<br>8:00 ~ 11:30（不含午休），每周四<br>周五放假 |
| 起始时间 | 8:00 ~ 9:00 |
| 结束时间 | 17:00 ~ 18:00 |

的时间可以是早晨 6 点至傍晚 6 点，核心时间段则可以是上午 9 点至下午 3 点；所有员工在核心时间段必须到岗上班，但剩余的两小时则可以根据自己的情况灵活安排。有的组织还允许员工自行超出每天 8 小时的工作时间规定，并将额外的工时积攒起来换取假期。还有一些组织，例如史雀林·赖斯（Sterling-Rice）集团，甚至允许员工自行决定弹性工作制的形式：入职以后，员工可以提出一套自己偏好的工作时间、地点和模式的方案，并在后续的工作过程中根据需要灵活调整 [32]。

弹性时间工作制是非常流行的。近期的调查结果显示，美国超过半数的组织（57%）会为员工提供某些形式的弹性时间选项 [33]，并且已经从这样的举措中受益。其中，32% 的组织表示员工的参与度有所提升，23% 的组织则表示工作的产出增加了（与此相对，只有不到 5% 的组织表示弹性时间降低了员工参与度或组织生产力）[34]。此外，对许多员工而言，弹性时间工作制或许已经成了工作设计的重要元素：53%的员工认为，弹性工作安排是他们工作满意度的重要影响因素；55% 的员工表示，由于弹性工作选项，自己在一年内不会考虑跳槽；34% 的员工声称，受益于现有的弹性工作安排，自己会继续留在当前的组织 [35]。目前，德国、比利时、荷兰、法国等许多国家已经在法律上作出了规定，要求雇主企业不得拒绝员工对兼职工作或弹性工作制的合理诉求（例如出于照顾婴儿的需要，申请相应的工作安排）[36]。

多数研究表明，弹性时间工作制能带来积极的影响。一篇综述汇总了 40 多个研究的证据后发现，总体上，弹性时间工作制与工作结果存在着微弱的正向关联。其中，弹性时间工作制能比较有效地降低缺勤率，但对工作产出以及员工对工作安排的满意度的促进作用则弱一些 [37]。弹性时间工作制显然也不是万能的，例如，基于超过 100 000 名员工的实证证据表明，虽然弹性时间工作制能在一定程度上减少工作对家庭的干扰，但它并不能降低家庭事务对工作的负面影响 [38]。

不过，从另一个方面来看，弹性时间工作制对工作 - 生活平衡的作用可能并不像看上去的那么简单。例如，两项针对德国员工群体的研究显示，尽管弹性时间工作制有助于员工厘清工作与生活的界限（这将使员工感到更快乐），但在真正完成当天的工作目标之前，"界限"其实无从谈起 [39]。弹性时间工作制的主要劣势在于，首先，它并不一定适合所有的岗位或员工。例如，有研究就发现，从这种工作设计中获益最多的，往往是那些特别年轻力壮和特别年老体衰的人群 [40]。其次，如果人们希望将工作和家庭生活区分开，他们就不太倾向于采用弹性时间工作制 [41]。最后，选择弹性工作安排的员工还有可能受到污名化的困扰；对此，组织的领导者自己可以以身作则、采用灵活的时间安排，向全体员工释放出弹性时间工作制应当被认可和接受的信号 [42]。

## ○ 工作共享

工作共享（job sharing）指的是两人或多人共同承担一份传统意义上的全职工作。比方说，我们可以让一名员工从早晨 8:00 工作到中午，另一名员工接手下午 1:00 到下午 5:00 的工作；或者让两名员工交替着做全天的工作。例如，英国的木偶剧演员丽兹·沃特（Lizzie Wort）和露丝·卡尔金（Ruth Calkin）现在终于有机会开启她们热爱的全国巡演，饰演知名儿童节目的木偶角色趣趣知知鸟（Twirlywoos）了 **❸**。她们之所以能成行，其实得益于所在剧院推出的工作共享政策，据说，这项政策"将全面革新"演员开展巡演的方式，"让有孩子的表演家……享有更多的机会" **❹**。

2014 年，美国仅有 18% 的组织提供工作共享的选项，这一比例较 2008 年时下降了 29% **❺**。这种工作安排没能被广泛采用，可能是因为要找到合适的人选分担同一份工作是很困难的，而且人们通常会觉得选择工作共享的员工对岗位和组织没有倾注全部的承诺，并给予这些员工负面的评价。然而，出于这些原因干脆直接放弃工作共享安排可能是一种短视的做法。事实上，工作共享让组织得以在同一个岗位上调动不同人的才干，而且也为技能合适但没有时间从事全职工作的员工（例如孩子年龄较小的父母以及退休人士）提供就业机会。站在员工的角度，如果能以工作共享的形式从事自己本来没办法全职承担的工作，员工的工作动机和满意度其实都会有所提升。

在决定要不要推行工作共享时，雇主通常会考虑政策和经济方面的因素。虽然两名兼职员工比一名全职员工所需的薪资福利更少，但组织也需要付出额外的培训、协作和管理成本。在理想的条件下，雇主应该对每一个岗位上的每一位员工予以单独的考虑，争取将工作和任务的要求与员工个体的技能、人格和需要匹配起来，并且照顾到能激励该名员工的因素。

## ○ 远程办公

2020 年新冠疫情的大流行使居家办公成了某种"新常态" **❻**。根据盖洛普公司的某项追踪调查，有一大部分员工（近 9000 人）表示自己在疫情防控期间居家办公，特别是那些具有中上层社会背景的工作者 **❼**。此外，根据高德纳公司的一项调研，74% 的受访高管表示，在疫情结束后，他们将继续让至少一部分员工采取远程办公模式 **❽**。

当然了，在疫情防控期间，居家办公实属无奈之举。但这种办公模式实际上是否高效呢？员工喜欢居家办公吗？对于部分人来说，它可能非常接近理想的工作状态：不用赶早高峰、工作时间灵活、穿着随意，而且不容易受到干扰。所谓的居家办公，其实就是远程办公（telecommuting）的一种形式，后者指的是员工每周至少有两天在办公室以外的地点工作，通过计算机对接组织的工作事务㊾（一个很接近的概念是虚拟办公，即长期不在办公室坐班）。

远程办公有很多好处。它有助于提升绩效和工作满意度（特别是对于复杂程度高、独立性强、不需要进行太多社会互动的工作），也能一定程度上降低工作压力和离职意愿㊿。相比大多数时间在办公室上班的员工，每周有超过两天半的时间在线上办公的员工能显著地感受到工作-家庭冲突的缓解(51)。此外，远程办公不仅有益于组织和员工，也可能产生社会效益。根据一项研究指出，如果美国人将一半的工作改为远程进行，那么，由于节约了大量办公室能耗、道路维护资源，以及减少了交通堵塞时的尾气排放，每年的碳排放量预计可以减少 51 吨(52)。

不过，从员工的立场来看，远程办公有可能让他们产生孤立感，进而降低工作满意度、损害同事间的关系质量(53)；但是，如果员工认为职场环境会造成过多的情绪损耗，那么远程办公反而可以帮助员工"远离所有人"(54)。研究显示，当员工被强制要求远程办公时，虽然工作-家庭冲突在总体上得到了缓解，但当实际的工作时长超过了原有的规定，或是当员工不得不"随叫随到"时，工作与家庭的冲突还是得不到解决(55)。此外，远程办公的员工很可能"因看不见而被边缘化"：由于平时不在工位，没法参与临时的讨论，也没有机会和同事们开展日常的非正式互动，这些员工在升职和加薪时往往会有比较大的劣势。要想避免这种情况，组织就必须将远程办公作为规范的一部分，管理者也要与远程办公的员工保持密切的联络，并让大家都清楚地知道这些员工同样在积极地工作（即他们的工作量和工作效率与现场办公的员工是一样的）(56)。

如果远程办公已成不可逆之势，员工和管理者应该如何高效地利用这种工作安排呢？刚才我们已经提到，远程办公需要确保在恰当的条件下采用(57)，不过这种模式的成功还有赖于员工的自主领导，即保持主动、设定目标、管理自身的绩效(58)。此外，我们还可以运用智能协作工具、保持频繁沟通、制定清晰和透明的政策、培育虚拟团队成员间的相互信任，从而在远程办公模式下提升团队整体的效能(59)。

## ● 员工参与

员工投入和参与计划（employee involvement and participation，EIP）(60)致力于调动员工对工作的付出、提升其对组织成功的承诺。如果员工能参与到提升自身工作及生活自主性和控制感的决策过程中，那么他们将更具有工作动力，强化对组织的承诺，工作得更有效率，同时也对工作更加满意（进而更不容易离职）[61]。这种做法的好处并不局限于个体员工，对团队也一样：当被赋予更大的工作掌控感时，团队的士气会更加高涨，绩效也会有所提升[62]。

### ○ 员工参与计划的文化考量

成功的员工参与计划应当适应当地或所在国的文化规范[63]。某研究涵盖了包括印度和美国在内的四个不同国家的样本，其结果表明，依据国家文化的特点调整具体的员工参与实践的确是很重要的[64]。美国员工往往会理所当然地接受员工参与项目，但是在印度，当管理者试图赋予员工更大的权力时，往往会招致更负面的评价。鉴于印度文化的权力距离属性很高，社会上的人们倾向于认为权威应当具有很强的统治力，因此，员工会产生这样的反应也是很自然的。

## ● 员工参与计划类型举例

接下来，我们具体介绍两种主要的员工参与形式：参与式管理和代表参与制。

### ○ 参与式管理

参与式管理（participative management）的普遍特征是共同决策，即让下属在很大程度上分享其直接上级的决策权[65]。其形式是多样的，既有告知或调查这种相对正式的形式，也有通过日常询问来激励员工、增强其对组织的信任和承诺这样非正式的形式[66]。例如，医院可以组织急诊室员工开碰头会，集结每个人的医疗专长，探讨优化工作模式，进而拯救更多生命的方法[67]。参与式管理一度被视为解决士气低迷、效率低下等问题的灵丹妙药。研究证据显示，这种管理模式的确能缓解工作不安全感对工作满意度和离职意向的负面作用[68]。高效的参与式管理离不开员工和领导者的双向配合：一方面，员工需要给予领导者充分的信任和信心，并做好准备迎接领导风格的变化；另一方面，领导者务必避免强制性的做法，确保员工充分理解他们所参与的决策过程给组织带来的切实影响，而且还要定期评估项目的成效[69]。

不过，关于员工参与和工作绩效的关系，目前的研究结论并不一致[70]。总体上，采取参与式管理模式的组织能取得更高的股权回报、降低员工离职率以及提高劳动生产力，但这些效果通常不会特别明显[71]。

### ○ 代表参与制

大多数西欧国家都要求企业实施代表参与制（representative participation）[72]。这种制度实际上对组织内部的权力进行了再分配，通过让一小部分员工代表参与决策过程，将劳动者的利益与管理层和股东的利益摆在更平等的位置上。代表参与制其实曾经是英国、爱尔兰、澳大利亚和新西兰等国员工参与项目的唯一形式，这种制度的目的是让工会能够参与和讨论工会事务之外的议题。起初，代表小组完全由工会成员组成；但渐渐地，它也开始包括一部分非工会成员，或是从工会组织中独立出来❼❸。

代表参与制有两种比较常见的形式，分别是工作委员会和董事会代表。工作委员会由推选出的员工组成，管理层在制定有关员工的决策时必须征求委员会的意见。董事会代表则指在董事会里拥有席位的员工代表。

代表参与制对员工的影响尚无定论，不过一般来说，员工在内心里总是希望有人能代表自身的利益，并对组织产生切实的影响。

## ● 运用外在奖赏激励员工

在态度与工作满意度一章中，我们谈到，薪酬并不是决定工作满意度的唯一因素。不过，许多公司都低估了薪酬的激励作用。尽管工作本身是否让个体感到享受、是否能与个人生活的其他方面相协调，都是比薪酬更重要的因素，但根据美国心理学会的一次调查，约有 60% 的员工表示，自己打算继续

留在目前组织工作的原因就是薪酬和福利❼❹。

在这一小节中，我们会考虑两个方面的问题：（1）应该给员工支付多少薪酬（建立薪酬结构）；以及（2）如何支付薪酬（可变薪酬计划）。

### ○ 支付多少：建立薪酬结构

确定员工薪酬水平的方式有很多。设立岗位起薪水平本质上是平衡内在公平性（即岗位对组织自身的价值，通常采用一种负责"岗位评估"的技术手段来确定）和外在公平性（即组织提供的薪酬在行业中的竞争力，通常采用薪酬调研来确定）的过程。显然，最佳的薪酬体系一方面能如实反映岗位的价值，另一方面在整个劳动力市场上也应该富有竞争力。

高薪能吸引优秀的人才，也能更大程度地激励员工、留住员工甚至促进员工的绩效和创新❼❺。某研究调查了 126 家大型组织，发现当员工认为自身的薪酬在行业中处于中上水平时，他们会更加士气高涨，工作起来效率更高，收获的顾客满意也更多❼❻。不过，薪酬往往也是组织运营成本中占比最大的一项，因此，过高的薪酬可能令组织的产品与服务变得过分昂贵。此外，当金钱的地位格外突出时，员工可能会产生更多自私自利的行为。例如，一项研究考察了美国职业冰球联盟（NHL）和职业篮球联赛（NBA）的参赛球员后

发现，在个人合约的最后一年，球员在比赛中采取的自利举动明显多于往年❼。也就是说，在有关薪酬水平的战略性决策中，任何一种选择都有明显的得失，组织必须加以权衡。

沃尔玛在这一战略决策上一度是失败的。2011 年，沃尔玛的门店在美国的扩张速率明显放缓，仅为 1%，而它的一个竞争对手好市多超市（Costco）的门店在同一年则增加了 8%。好市多员工的平均年薪是 45 000 美元，而沃尔玛旗下山姆俱乐部员工的平均年薪仅为 17 500 美元。好市多采取的"多付多得"战略奏效了，高薪促进了生产力，也降低了员工的流动性。对于这种思路，沃尔玛的高管想必也是认可的，因为随后不久，沃尔玛也提高了员工的待遇水平❼。

## ○　如何支付：用可变薪酬方案激励员工

"我凭什么要付出额外的努力呢？"说这话的，是美国科罗拉多州丹佛市某小学四年级的老师安妮。"表现出色也好，表现平平也罢，都没有什么区别，我的工资不会有任何变化。既然如此，我何不只完成最基本的要求、安稳度日呢？"安妮的抱怨反映了过去几十年学校教师的心声，因为他们的年薪增长只取决于年资的增长。不过，近期美国有多个州已经调整了教师的薪酬结构，将薪酬与班级的教学成果挂钩；还有许多州也开始将这种变革提上日程❼。

计件工资、绩效工资、奖金和员工持股计划都是可变薪酬方案（variable-pay program），也称"按绩效表现分配工资"的具体形式。它将员工的一部分薪酬与个体或组织的某些绩效指标关联起来❽。可变薪酬可以构成总体薪酬的全部或其中一部分；可以按年支付，也可以在员工达到某些绩效条件后支付。此外，它也可以作为雇用条款的一部分，供员工自主选择❽。放眼全球，约有 84% 的企业为员工提供不同意义上的可变薪酬方案❽。一直以来，这种方案常用于激励销售人员和公司高管，不过，它的应用范围也在不断拓宽。

遗憾的是，并非所有员工都能看到薪酬和绩效之间的清晰关联，当然，这也取决于组织具体采取的薪酬计划类型。我们前面提到，以绩效为依据，特别是基于学生的考试成绩支付薪水的方案在教师群体中已经越来越普遍了。然而，针对数千名美国教师的研究却发现，这类薪酬计划一来并不能有效促进教师的工作动机、优化他们的工作实践，二来反而使教师面临更大的压力，甚至有可能诱发反生产工作行为，例如舞弊甚至是用霸凌手段迫使学生取得更好的考试成绩❽。类似的事情在其他类型的职场中也时有发生：如果管理者完全依赖绩效薪酬体系，雇主 - 雇员关系将会趋于紧张，员工的离职率也会上升❽。而且，在这样的情形中，员工有可能将彼此视为竞争对手，甚至主动做出伤害对方的举动 ⑧。另外，有的员工对可变薪酬的反应可能格外负面。例如，在英国，身患残疾的员工更倾向于对这种薪酬计划做出负面反应 ⑧。

可变薪酬方案的实效取决于诸多方面的因素。例如，针对群体的可变薪酬方案可能对组织层面的绩效产生巨大的积极影响，但这种影响发生的前提是外部经济环境相对稳定，且组织内部政策足够公平 ⑧。再比如，来自加拿大的研究证据表明，只有当员工付出的努力与实际取得的绩效都能得到奖赏时，可变薪酬计划才能有效提高员工的工作满意度 ⑧。此外，可变薪酬方案的作用可能也存在文化差异：如果人力资源实践在实际运作的过程中会受到"关系"（指下属、管理者和同事彼此间特殊的私人关系）的左右，那么按绩效给付薪酬的方案就变得不那么高效了 ⑧。

薪酬的保密性也是决定可变薪酬计划是否能获得成功的关键因素。虽然某些政府组织和非营利机构会特地或习惯性地公开薪酬信息，但美国的大部分组织都鼓励甚至要求员工对薪酬进行保密 ⑨。薪酬保密是好是坏呢？很遗憾，这种做法是很糟糕的：薪酬保密对工作绩效具有破坏性的影响，而且高绩效的员工从中受到的伤害是最大的。对薪酬进行保密极有可能使员工认为薪酬决策是主观、随意的，这无疑会降低员工的工作动机。尽管我们并不需要将个体的具体工资水平公之于众，但仍需在保密和信息透明之间达到某种平衡。例如，我们可以公开薪酬的类型，让员工感受到他们的薪酬与绩效之间的确存在客观的联系。这样一来，可变薪酬的激励作用就能得到保留 ⑨。

- 计件工资

    计件工资方案（piece-rate pay plan）历来被广泛地用于计算生产工人的薪酬，它指的是对工人生产的每个单位的产品给付一定的工资。当工作产出具有足够的相似性、能够以数量计算时，这种工资方案也可以应用在一般类型的组织中 ⑨。纯粹的计件工资方案通常不包含基础工资，完全根据员工的产出给付薪酬。在棒球场售卖花生和苏打水的销售员通常就采用计件工资来结算薪酬。如果他们每卖出一包花生就能得到 1 美元酬劳，那么卖出 40 包花生就能挣到 40 美元，卖得越多，挣得越多。如果转换思路，计件工资有时也可以用于销售团队的内部分配，这样一来，上面这位棒球场销售员的工资就取决于自己在一场比赛期间卖出的花生数量在团队销售量中的占比。

    众所周知，计件工资方案能促使员工增加努力程度、提高生产效率，以提升自己的薪酬水平，这种方案对组织很有吸引力，对员工也有较好的激励作用 ⑨。事实上，某知名大学就对教授的文章发表采取"计件"工资激励，使文章发表数量增长了 50%❷。在实行计件工资方案时，无论是个体还是团队，产生的担忧可能主要都围绕着这种工资方案给自身经济得失带来的风险。近期有一项德国的实验研究发现，在厌恶风险（见第 6 章：知觉与个体决策）的人群中，68% 的个体更偏好针对个人的计件工资方案；同时，低绩效群体则更偏好团队计件工资方案。这是为什么呢？研究者表示，厌恶风险和绩效较高的个体宁愿在自己能控制（比如自己的工作表现）的事情上"押宝"，因为他们担心团队中的其他人拖自己的后腿❾。那么，如果同时采用两种计件工资方案呢？近期的研究表明，这两种方案可能弥补彼此的局限：对比超过 22 000 家欧洲机构的情况，同时采取两种工资方案（再结合前面讨论过的员工参与计划）将大幅促进员工创新❾。

不过，组织需要关注自身的绩效工资方案是否确实能激励员工。来自欧洲的研究证据显示，如果工作节奏是由外在因素（例如顾客诉求）决定的，而不受内在因素（例如同事、作业对象、机器设备）的控制，那么计件工资方案将缺乏激励作用❾。另外，员工可能会为了提升产出速率牺牲产品质量，对此，管理者也应当始终留心。

- **绩效工资**

顾名思义，绩效工资方案（merit-based pay plan）根据个人绩效评价结果给付薪资❾。如果设计得当，该方案会令个体感到绩效与奖酬之间存在很强的关联❾。

多数大型组织会采取绩效工资方案，主要针对领固定工资的员工群体。同时，这种计薪方式也在公共部门逐渐普及。例如，纽约公立医院体系就按照医生在缩减成本、提高病人满意度和改善医疗服务质量等各方面的工作效果来支付薪酬❿。不过，部分组织却开始摒弃绩效工资方案，因为它们认为绩效工资方案其实并不能有效地区分高绩效员工和低绩效员工。如果距离年度考评和涨薪还有好几个月的时间，高绩效者其实并没有很大的动力争取奖励。有的组织即便暂时保留了绩效工资体系，也正在重新思考薪酬的分配问题❿。不过，来自部分服务型组织的数据显示，当组织同时采用绩效工资和奖金方案时，前者对促进当前的工作绩效、降低离职率更为有效，但后者则可能更大程度地促进员工未来绩效的提升❿。

尽管绩效工资方案在人们的直觉上显得非常合理，但它也存在许多显而易见的局限性。首先，由于这种工资方案的基础通常是年度绩效评价，因此方案本身的可靠性取决于绩效评价结果的可靠性。然而，绩效评价往往是带有主观性的，这便给我们在组织中的多元化一章中谈到的歧视现象提供了土壤。研究指出，在同等情况下，非洲裔人获得的绩效评价往往逊于欧洲裔人，女性获得的评价往往高于男性，而且薪资涨幅的分布也会因人口统计学特征的差异而有所不同⑩。其次，组织能为绩效工资的上涨提供资金的空间往往受到经济环境或其他因素的影响，这与个体的绩效本身并没有多大关联。最后，工会通常会抵制绩效工资方案。正因如此，在美国的教师群体中，采取绩效工资方案的情况是比较少见的，更主流的做法是根据年资计薪，即所有员工的涨薪幅度是完全一致的。

- 奖金

对很多工作来说，年度奖金（bonus）是整体薪酬中分量很重的一部分⑩。尽管一度是高层管理者的专属，但奖金如今已经逐渐成为组织各个层级薪酬方案常规的一部分。理论上，奖金的激励作用应当高于绩效工资，因为后者总是基于个体过去的绩效表现，而且会转化为基础薪酬的一部分，但奖金始终是针对近期绩效表现的（换句话说，绩效工资虽然是累积性的，但它的涨幅通常比奖金的额度小很多）。在经营困难时，公司可能会削减奖金来降低薪酬成本；在发生丑闻时，公司甚至可能撤销高管的奖金，从而向投资者释放出自己严肃地对待丑闻事件、正在努力解决问题的信号⑩。

奖金方案的好处不言而喻：它能有效地激励员工。例如，近期印度的一项研究发现，管理者和员工的薪酬中奖金的占比越高，组织的生产效率就越高⑩。不过，这个例子也凸显了奖金的缺陷：它使得员工的薪酬更不稳定、更容易遭到削减。这是很成问题的，特别是当员工非常依赖奖金，或是认为其理所当然时，事情就会格外棘手。哈佛商学院教授杰伊·洛希（Jay Lorsch）就有过类似的评论："人们已经提高了生活的水准，就好像奖金不再是奖金，而是成了他们预期年薪中固定的一部分。"

- 利润分成方案

利润分成方案（profit-sharing plan）是在公司利润的基础上按照某些预先设定的规则分配报酬的方案⑩。用于分配的薪酬可以是现金，也可以是股票期权，后面这种形式在高管薪酬分配中很常见。你或许在新闻里看到过马克·扎克伯格（Mark Zuckerberg）的工资只有 1 美元，但千万别忘了像他这样的高管往往坐拥丰厚的股票期权。事实上，如果考虑各种类型的收入，扎克伯格在 2017 年赚到了 880 万美元⑩。当然了，对于大多数人来说，利润分成的体量远没有这么大。例如，菲亚特克莱斯勒（Fiat Chrysler）汽车公司的员工在 2019 年到手的利润分成收入为 7280 美元⑩。

总体上，已有的研究表明，采取利润分成方案的企业的确会取得更高的收益水平⑩。这种工资方案还能够提升员工的组织承诺，特别是对于小型组织而言⑪。此外，在组织层面的利润分成对员工的态度有着积极的影响：它会使员工产生更强的心理所有权⑫。近期的研究显示，如果与其他类型的绩效工资方案结合在一起，利润分成方案将有效地提高员工的工作绩效⑬。当然，如果组织本身就没有利润这一说，比如组织是非营利组织或政府部门，那么利润分成就无从谈起了。

- 员工持股计划

员工持股计划（employee stock ownership plan，ESOP）是一种由公司设立的员工福利计划，它允许员工以较低的价格购买公司的股票⑭。相关研究发现，员工持股计划既能提升公司整体的业绩，也能促进员工创新、强化个体的组织身份认同⑮。员工持股计划也有可能提高工作满意度，不过前提是员工需要对组织具有心理所有权⑯。不过，员工持股计划似乎并不能降低缺勤率或增强员工的工作动力⑰，而且它甚至可能促使管理者用有利于自身的方式分配资金、有意识地投资在长期或短期内一定会产生回报的项目。归根结底，这都是因为人们必须在后续将期权兑现时，才能拿到实实在在的好处⑱。与此相关的是，一项研究分析了将近3000家公司的情况，发现如果在实施员工持股计划的同时还采取了高管持股计划，或是没有赋予员工充分的控制权（即员工完全不能左右企业的商业管理问题），那么企业的绩效将不会得到明显的提升。此外，一项针对近两千家欧洲公司的研究表明，只有当员工信任管理者，且企业文化对不确定性的规避程度（见第 5 章：人格与价值观）较低时，员工持股才能有效预测企业的投资回报率⑲。也就是说，高效的员工持股计划必须确保员工始终了解企业的经营现状，并让员工切实感觉到自身对企业发展的影响，这样一来，员工才有动力提升个人的绩效表现⑳。

## ● 运用福利激励员工

正如薪酬一样，福利既是留住员工的必要条件，也是激励员工的手段。期望理论的观点认为，组织的激励应当与员工个人的目标相匹配，在这种意义上，弹性福利方案（flexible benefits）允许员工自行选择薪酬方案，从而为员工提供与其当前需要和状况契合的个人化奖赏。具体来说，弹性福利方案能够照顾员工的不同需要，根据员工的年龄、婚姻状况、伴侣的福利状况，以及需要抚育或扶养的对象的数量和年龄加以调整。

福利本身能激励员工更努力地工作，也能吸引员工加入组织。不过，弹性福利方案是否会比传统方案更有激励效果呢？这是很难说的。部分组织在改用弹性福利方案后的确实现了员工留任率、工作满意度和生产力的提升。然而，弹性福利却无法替代高薪对员工的激励作用 **⑫**。而且，随着越来越多的组织开始引入弹性福利政策，这种手段对员工个体的激励作用很可能会日渐减弱（因为这样一来，人们会觉得弹性福利应该是组织的基本配置）。此外，弹性福利方案的缺陷也是很明显的：管理这些方案可能需要很高的成本，而且明确具体政策的激励作用也是很困难的。

## ● 运用内在奖赏激励员工

到目前为止，我们已经探讨了如何通过工作设计以及薪酬和福利这些外在奖赏来激励员工。但是，组织能用来激励员工的手段难道只有这些吗？当然不是！如果忽视了内在奖赏的潜在作用，那我们将错失激励员工的良机。运用内在奖赏激励员工的一种代表性措施是员工认可计划。

### ○ 员工认可计划

我们先从一个例子开始。达科塔在美国佛罗里达州彭萨科拉地区的一家快餐店工作，这份工作并没有很多的趣味性或挑战性，而且时薪只有 9 美元。然而，达科塔对自己的工作、老板和公司却充满了热情。他是这样说的："我最喜欢的一点是，卡罗尔（达科塔的上司）非常欣赏我付出的努力。她经常在我上班的时候当着同事的面表扬我。而且在过去半年内，我已经两次当选当月优秀员工了，你看到那面墙上贴着我的照片了吗？"

许多组织也开始意识到达科塔在乎的这一点：认可计划能促进员工的内在动机。员工认可计划（employee recognition program）是指通过正式认可员工的某些贡献来鼓励特定的行为 **⑫**。认可的形式既可以是私下里自发表达的感谢，也可以是遵照某些既定的认可程序当众进行的正式表彰。

对于企业和政府组织而言，在预算相对紧张时，非经济奖励是一种更可行的选项。美国华盛顿州的埃弗利特诊所（Everett Clinic）将自上而下部署的认可计划与各分部本地化的管理措施相结合，致力于鼓励管理者对员工予以认可 **⑫**。当组织成员在工作中取得了巨大的成就时，员工和管理者均可以给该成员发放"英雄点数"卡和

"当场表扬"卡。这些成就卡牌本身即代表了某种认可，获得卡牌的员工也可以将它们积攒起来用于抽奖。许多跨国企业也开始加大员工认可计划的实施力度，包括赛门铁克公司（Symantec Corporation）、财捷公司（Intuit）和美国泛达公司（Panduit）等。例如，在全球 50 多个国家拥有 280 个办事处的赛门铁克公司表示，自从发起了"喝彩计划"，公司员工的工作投入水平在一年内提高了 14%。"喝彩计划"就是一项员工认可计划，它是由精于此类计划的全球人才顾问公司（Globoforce）牵头实施的❷。对于跨国企业来说，集中部署的统一认可计划能够确保在不同国家和办事处工作的员工在为组织环境做出贡献时，都有同等的机会得到认可❷。

　　研究表明，尽管金钱激励的短期作用非常强大，但长期来看，非金钱激励才是最佳选择❷。令人意外的是，目前的研究暂时没有在全球情境下充分探讨员工认可计划的激励作用。不过，已有的证据表明，员工认可计划与员工的自尊、自我效能感和工作满意度是存在关联的❷。

　　员工认可计划的一个明显优势在于低廉的成本：赞扬是没有成本的！❷无论是否附带物质激励，员工认可计划都能有效地激励员工。尽管这种做法已经越来越受到组织的青睐，有的批评者却认为，它可能沦为组织管理者玩弄权术、操纵员工的手段。对于绩效指标相对客观的岗位而言，例如销售岗位，员工认可计划会显得更公平。然而，大多数岗位的绩效评价标准并不是一目了然的，这样一来，管理者的确有机会钻制度的漏洞、偏袒自己的亲信。此外，一旦这种方案被滥用，其价值就可能大打折扣，员工的士气会遭到损害，得到认可的员工甚至有可能遭到他人的排挤。未被认可的成员可能认为组织缺乏程序公平（见第 7 章：动机），进而排挤受到认可的同事。即便员工没有这样想、这样做，管理者也要始终客观、公平地认可员工的绩效，以达到良好的激励效果。

## ● 本章小结

　　本章的内容告诉我们，理解给个体带来激励的因素是促进组织绩效的关键一环。当组织尊重和理解员工的个体差异、重视和认可员工、为员工提供与自身长处和兴趣相匹配的工作岗位时，员工将受到激励，发挥最高的绩效水平。组织还可以运用员工参与计划促进工作效率，增进员工对工作目标的承诺和动力、提升工作满意度。不过，我们也不能忽视组织奖赏的强大激励作用。只有审慎地设计薪酬、福利和内在奖赏，我们才能有效地激励员工。

## ● 对管理者的启示

- 理解和尊重个体差异。管理者要多花些工夫了解每一位员工所看重的东西，将工作设计得与个人的需要相一致，从而实现最佳的激励效果。
- 运用好目标和反馈。管理者应当给予员工明确而具体的目标，并让员工能够从反馈信息中得知自己实现目标的进度。
- 允许员工参与有关自身的决策。例如，让员工设定自己的工作目标、选择适合自己的福利方案，以及亲自解决工作效率和质量方面的问题。
- 将奖赏和绩效联系在一起。组织应当基于绩效表现奖赏员工，而且让员工明确感知到这种关联。
- 审视激励制度的公平性。组织应当让员工感到收入和其他奖赏的差异的确取决于个人努力和工作成果的差异。

请扫描二维码
获取书中参考文献

# 第三部分

# 群体与团队沟通

# 第 9 章

---

# 群体行为基础

● **本章学习目标**

» 区分不同类型的群体；

» 阐述描述群体发展过程的间断平衡模型；

» 阐述角色要求是如何随情境的变化而变化的；

» 阐释规范对个体行为的影响；

» 阐述地位与群体规模对群体绩效的影响；

» 说明如何整合运用群体凝聚力和群体多样性来促进群体效能；

» 比较群体决策的优势和劣势。

## ● 群体的定义与分类

在组织行为学中，群体（group）包含两个及以上个体，这些个体相互依赖、彼此互动，为了实现共同的目的聚在一起。例如，一家大型保险企业某地方办事处的销售团队就是一个群体：团队中的每一个人都是为了完成组织给予的销售要求而加入这个群体的，他们的共同职责就是向当地居民销售保险产品❶。在一生中，我们往往会隶属于多个不同的群体，但不同群体身份的相对重要性会因情境的变化而变化，而且特定的群体角色还可能彼此冲突（例如，如果要做合格的父母，可能就很难成为合格的领导者）❷。

群体有正式与非正式之分。正式群体（formal group）由组织结构规定，包含明确的工作安排和核心任务。在正式群体中，成员的行为始终围绕着组织的目标。例如，一趟航班的 6 名机组成员就构成一个正式群体。相反，非正式群体（informal group）既没有正式结构，也不是由组织划定的，它往往服务于社交需要，或产生于特定员工的共同利益。例如，如果 3 名来自不同部门的员工经常共进午餐或一起喝咖啡，他们就构成一个非正式群体。这些互动虽然是非正式的，但依然对人们的行为和绩效有着深远的影响。

### ○ 社会身份认同

人们很容易对所处的群体产生强烈的情感，部分原因在于，共同的经历会强化群体成员对特定事件的感知、增强成员彼此间的联结和信任❸。美国印第安纳州克劳福兹维尔市的一家本地水上用品公司 Tom's Marine Sales（汤姆水上用品专卖）就是一个很好的例子❹。在成立 15 周年时，该公司举办了一场庆祝派对，邀请了所有员工和他们的挚爱亲朋。这些员工不仅对公司的发展历程有着深切的共鸣、将公司的成就和损失（包括创始人汤姆的妻子以及合伙人乔伊二人的离世）当作自己的得失，而且也为自己属于克劳福兹维尔社区而自豪。事实上，在派对当天，市长和市委成员亲手为汤姆送上匾额，表彰企业为当地社区做出的贡献。要想理解我们为什么会对群体的成就投入如此深刻的情感，可以依据社会认同理论（social identity theory）。

社会认同理论指出，人们之所以会对群体的成功与失败产生情绪反应，是因为他们将自尊与群体的得失绑定了 ❺。在这种情况下，员工可能为公司取得的成功而骄傲、在公司受到威胁时也备感愤怒与受威胁，甚至会对竞争对手的艰难处境幸灾乐祸（即以他人的痛苦为乐）❻。例如，当推特上掀起针对某竞争对手快餐品牌的"吐槽大会"（充满了对该公司和产品的辛辣抵制）时，温蒂汉堡（Wendy's）的社交媒体部门顺势而为、收获了一大波流量 ❼。在温蒂汉堡"碾压"竞争对手时，其推特粉丝和内部员工无不备感骄傲、与有荣焉。我们的一位同事还认识某位温蒂汉堡的忠实粉丝，对方在卧室里贴着大大的温蒂汉堡的海报，而且每当听到有人称赞其他快餐品牌时，他就会怒气冲天！

我们在组织和工作群体中可能发展出许多不同的身份认同，包括（1）在基于角色的社会互动过程中产生的关系认同（relational identification）；以及（2）基于所属群体的整体特征产生的集体认同（collective identification）。在职场中，我们对工作群体的认同往往比对组织的认同更强烈，不过两种认同均会对我们的态度和行为产生重要的积极影响 ❽。而如果对群体和组织都缺乏认同，我们的工作满意度可能会下降，组织公民行为（见第 1 章：何谓组织行为学）可能也更少 ❾。例如，对于移民员工而言，如果他们觉得上司不够支持和包容，或者觉得自己没有融入当地的社区时，他们将感受到更大的压力和身份威胁。这往往就导致了派员工和移民员工的高离职率 ❿。在身份认同的问题上，可能连领导者的措辞都是很重要的：CEO 在表达中使用"我们"（而不是"我"）能够传达出一种重要的信号，让员工和股东感到自己是群体的一员。一项对德国组织横跨 16 年的研究发现，使用这种集体性的语言有助于提升销售额和投资回报率 ⓫。

## ○　内群体与外群体

内群体（ingroup）包含我们自身所属群体内部的成员。对于这些内群体成员，我们倾向于采取"特殊主义原则"，认为他们比别人更好 ⓬。特殊主义很可能引发职场歧视和偏见。例如，有研究表明，相比敌意，特殊主义才是引起最多歧视现象的根本原因："歧视的出发点未必天然带有敌意；即便对任何人都没有敌意，你依然可以用不平等的方式对待不同的人。" ⓭ 比方说，如果某个内群体成员做出了不道德行为，我们更倾向于尝试修复与对方的关系而非施以惩罚，哪怕该行为已经严重得令人发指 ⓮。在运用特殊主义原则偏袒内群体成员（例如拥有同样的种族、民族、性别认同等）的歧视过程中，员工和管理者一样难辞其咎。

哪里有内群体，哪里就有对应的外群体（outgroup）。外群体有时代表内群体之外的"所有人"，但更多的时候，它指的其实是内群体成员公认的某一群人。在我们前面提到的案例中，如果一个人把温蒂汉堡的员工当作内群体成员，那么对应的外群体成员可能就是麦当劳、汉堡王或塔可钟的员工。通常，我们会认为外群体成员"千篇一律"，忽视他们实际上存在的个体差别。政客和选民就很有可能落入这种危险的陷阱，错误地认为其他党派的外群体成员"全都一个样""根本就不能理解我们"。更糟糕的是，研究表明，人们很容易对外群体成员产生厌恶之情，贬损他们，甚至用轻蔑的态度对待他们❶。宗教是导致这种内外群体成员之间相互贬抑的主要原因之一，它的作用甚至会蔓延到职场中。例如，一项全球性的研究发现，群体在深度沉浸于宗教仪式和讨论时将变得格外歧视外群体成员，而且外群体掌握的资源越多，就越容易招致内群体的攻击❶。这可能是因为外群体的存在威胁了内群体的身份认同、冲击了他们的世界观 ❶。

最后，不知道你是否还能回想起我们在知觉与个体决策一章中谈过的技术性失业威胁问题。自动化趋势固然会引起对失业的恐慌，但根据近期的研究证据，自动化和机器人的普及可能有利于减少职场偏见。随着这一趋势的发展，员工逐渐被划分为人类和非人类两大群体，一种新型泛人类主义身份认同（即将"人"视为一种普遍的身份认同、将所有人类划分到内群体中）应运而生，发生在人与人之间的偏见、歧视和不平等现象也就有了消解的可能 ❶。

## ● 群体的发展阶段

具有明确任务时限的临时性群体通常会依次经历一系列"作为"或"不作为"的阶段。如图 9-1 所示，这一过程被称为间断平衡模型（punctuated equilibrium model）。

» 首次会议设定了群体的行动方向；
» 群体的第一阶段以惰性为核心特征，活动进展缓慢；
» 进入规定时限的半程时，群体的行动将发生一次转变；
» 转变后，群体进入第二个惰性阶段；
» 在最后一次会议之后，群体活动明显加速 ❶。

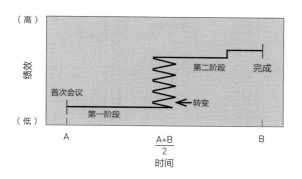

**图 9-1　间断平衡模型**

在第一次会议中，群体会将大致目标和行动方向确立下来。与此同时，几乎是从群体组建的瞬间开始，规定群体成员行为模式和观念假设的框架也产生了；接下来，整个群体会在这个框架之内进行项目工作。至此，群体的方向就会被固定，它在群体工作的前一半时间内都不太可能被重新审视。这个阶段是惰性阶段，群体倾向于维持现状，或者陷入某种行为的定式，即使遇到了挑战最初模式和假设的新观点也无动于衷。

在第一次会议和正式截止期限的中点（不论这时项目是进行了一小时还是六个月），群体会经历一次重要的转变。这个中点的作用就像一个时钟，它提醒群体成员，时间是有限的，他们需要开始行动了。这种转变标志着第一阶段的终结，它的特征是爆发性的变革、对旧模式的摒弃以及对新视角的采纳。这一转变为第二阶段设立了新方向，建立了新的平衡，并开启了新一轮的惰性阶段。在第二阶段中，群体会实施在转变过程中制订的新的行动计划，直到最后一次会议及后续的爆发式行动，以完成最终任务。

描述群体发展阶段的模型其实有很多，但间断平衡模型是迄今得到了最多证据支持的主要理论。不过需要留意的是，上述模型并不适用于所有类型的群体，它描述的只是在时间限制下从事临时性任务的群体的特性[20]。有的模型认为，团体在发展过程中会依次经历形成阶段、冲突解决或"风暴"阶段、成员间形成角色和决策共识的"规范化"阶段，以及成员相互合作的"执行"阶段。如果从间断平衡模型的角度来看，群体在第一阶段可能会完整经历一轮"形成－风暴－规范化－执行"的发展过程，随后短暂经历转变期、重塑群体规范和角色期望，接着进入第二阶段、开展新一轮的执行活动[21]。

除了身份认同和发展阶段，组织中的群体还具有诸多方面的重要属性，包括角色、规范、地位、规模、凝聚力和多元化。接下来，我们会一一进行探讨。

## ● 群体属性一：角色

2019 年，英国议会的 11 名成员离开了各自的政党，组建了名为独立小组（The Independent Group）的新团体（现已解散），致力于弥合党派间的分歧、为英国谋求共同的政治利益 ㉒。在这一团体中，每位成员都起到了独特的贡献。在一个群体中，每一位成员都扮演着某种角色（role），在其位而谋其事。

在职场内外，我们总是扮演着许多不同的角色（例如同时作为妻子、母亲、扑克牌比赛冠军、编辑和教授）。不同群体会对个体施加不同的角色要求。许多角色能够彼此协调，但有的角色则相互冲突。例如，倘若你得到了一份在菲尼克斯城的工作机会，而你的家人却希望留在奥兰多，这时，为人父母和职业发展的要求是否能相互协调呢？此外，我们又是如何理解各式各样的角色要求的？答案是，我们会动用角色感知形成对恰当行为的概念，并从群体中习得不同的角色期待。与此同时，我们也试图把握每一种角色的具体情形，以尽可能缓解角色冲突。接下来我们逐一讨论这几个方面。

### ○ 角色感知

角色感知（role perception）指我们对自己在特定情形中应有表现的看法。周遭环境（如家庭、办公室和油管视频）的刺激会催生我们的角色感知。例如，已婚已育的员工对家庭角色的认同格外强烈，因此也更倾向于将家庭角色迁移到工作角色（如领导者）中 ㉓。

### ○ 角色期望

角色期望（role expectation）指他人对我们在特定情形中应有表现的看法。比如，对美国联邦法院的法官，人们会认为他应当周到、庄严；对足球队的教练，人们则认为他应该富有冲劲，能够随机应变并调动球员的士气。角色期望对从事相应工作的人们有着切实的影响。例如，创造性角色期望就能促使员工在工作中更大程度地发挥创造力 ㉔。

在职场中，我们通常从心理契约（psychological contract）的视角来审视角色期望。心理契约是雇员与雇主之间不成文的约定，它确立了双方的共同期望。需要注意的是，与雇员之间存在心理契约的可以是雇主企业的不同成员或其组成部分，比如高管、上司、同事和招聘部门等 ㉕。通常，员工期望组织管理者能公正地对待自己、提供合适的工作条件、明确传达对日常工作强度的要求，并就自身的工作情况提供适当反馈。反过来，组织通常期望员工端正态度、服从安排、保持忠诚。糟糕的是，组织有时会期望员工做出特定的不道德行为，员工一旦拒绝服从，便可能受到惩罚（例如遭受侮辱、承受压力），或被认为缺乏人情味 ㉖。

如果组织没能达成员工的期望，会产生怎样的后果呢？可以预见的是，员工的绩效表现、离职率和满意度均会受到负面的影响 ㉗。为什么有的员工不能履行组织对自身的期望呢？可能阻碍员工践行契约的因素包括资源匮乏、工作繁重、压力过大（例如家庭事务对工作产生了干扰）以及对当前心理契约不满等。这样一来，不仅员工工作绩效会大打折扣，员工也更容易错失晋升的机会 ㉘。那么，倘若组织满足了员工的期望呢？这将令员工心怀感激、对组织更加认同，员工也会更愿意在基本的工作要求之外开展组织公民行为 ㉙。

## ○　角色冲突

有时，履行一种角色的要求就意味着无法满足另一种角色的需要，这种现象就是角色冲突（role conflict）㉚。在极端情况下，不同角色的期望是相互对立的，例如，大学教授几乎无法同时成为优秀的教师和杰出的学者，因为大多数人的精力往往只能让他们实现其中一个目标 ㉛。

类似地，我们常常会经历角色间冲突（interrole conflict），因为我们所处的不同群体可能会对我们做出截然相反的期望 ㉜。一个直接的例子就是兼职工作者，这些人可能有一份主业（比如软件工程师）和一份副业（比如金属乐队的吉他手），不同的工作之间难免会发生冲突。研究的确发现，类似的兼职工作有可能对主业产生干扰 ㉝。更常见的例子是人们在家庭或生活中的角色与工作角色发生冲突。例如，一位刚生产完的美国母亲表示，自己"正在两项任务的夹缝中苦苦挣扎：一方面，要从剖宫产手术中艰难恢复；另一方面，还得想方设法地动用一切伤病假期、带薪休假和无薪休假，努力拼凑出一点休息的时间，好让自己一边照顾好刚出生的儿子，一边准备重返职场"。㉞角色总是介入我们的工作，例如，作为一名护士，你在突如其来的灾难（例如龙卷风或大规模枪击）面前，既需要冷静地救治伤者（因为这是你的职业角色对你的期望），又不得不忍受亲近之人受伤的情感煎熬（因为这是你的人际角色带来的）㉟。

研究表明，对于大部分员工而言，角色冲突的确是最主要的压力源之一 ㊱。例如，跨国收购并购活动期间，员工总会受到原企业和新的母公司两种身份认同的拉扯 ㊲。在这种跨国并购之下，员工可能产生双重认同，将对原先本地机构和新的跨国组织的认同分离开来 ㊳。

## ● 群体属性二：规范

位于美国旧金山市的初创企业高士特（Gusto）把办公室设计得像一间客厅，并且推出了"无鞋政策"（当然了，如果非要穿鞋不可，你可以穿凉鞋或拖鞋）❸。不过我们不妨倒回去想一想：为什么我们在室内也需要穿鞋呢？为什么我们在有的地方（比如高士特或者自己家）可以不穿鞋，在有的地方（比如百思买超市）却不行呢？答案就藏在规范中。

规范（norms）存在于任何一个群体中，它是群体成员共同认可和接受的行为标准，规定了人们在不同情况下该做什么、不该做什么。不同群体、社区和社会的规范可能存在差异，但无论如何，规范都是存在的❹。规范是从群体成员的社会知觉中确立的。比方说，团队领导者或许会振臂一呼："我们就该这么干！"自此，他便开始对相应的行为予以奖赏。这样一来，所有人都会不约而同地将领导者的建议付诸实践❹。当然了，要确立和推行新的规范，光有领导者个人的想法是不够的：只有当所有成员都接受这一规范时，大家才会真正采纳它，否则过几天就恢复原样了❹。

### ○ 规范与情绪

群体成员的情绪可能起到强化规范的作用，特别是在朝夕相处的过程中。例如，当你拖着病体来上班时，你的同事有可能做出负面的反应、用愤怒粗暴的方式对待你❸。更有甚者，规范可能决定了个体和群体的情绪体验；换句话说，在规范的驱使下，群体成员可能趋向于用一致的方式理解他们的体验❹。而且，如果对群体规范没有发自内心的认同，即便你尝试假意遵从它，也有可能被其他成员看穿。

### ○ 规范与从众

作为群体的一员，你一定渴望被群体接纳、获得一种稳定的归属感。因此，你往往非常乐于采取与其他成员一致的行为模式，以免经历内心的冲突和煎熬❹。相当多的证据表明，群体能够对个体施加巨大的压力，迫使人们改变自身的行为以符合群体的标准 ❹。

所罗门·阿希（Solomon Asch）等学者的研究证明了群体的从众（conformity）压力可能对个体判断产生的影响 ❹。阿希将七八人分为一组，并要求人们观察两张画有线段的卡片。如图 9-2 所示，在两张卡片中，第一张卡片上画着一条线段，另一张卡片则画着三条不同长度的线段，且其中一条与第一张卡片上的线段等长。线段长度的差别是很明显的，所以，如果让人们判断第二张卡片上哪条线段的长度与第一张卡片上的线段相等，差错率其实不到 1%。

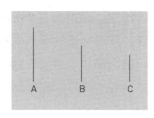

**图 9-2　阿希线段实验所用的卡片示例**

实验会进行多轮，在每个轮次中，参与者需要依次完成匹配任务——在第二张卡片上选出长度正确的线段。在刚开始的两轮里，所有参与者都会给出正确的答案。然而，从第三轮开始，由研究人员扮演的第一名参与者会给出明显错误的答案，例如图 9-2 中的线段 C。紧接着，同样由研究人员扮演的第二名参与者会给出同样的错误答案，以此类推。最后，难题就落到了不明就里的真正的被试头上，这名被试会想：自己究竟应该公开表达与他人不同的感受，还是应该给出与他人一致的错误回答？

实验的结果表明，75% 的人最终会选择从众，在至少一轮实验中明知错误，但还是给出了与其他组员一致的回答；平均而言，这些人在 37% 的时间里都给出了错误的答案。可是，这真的意味着我们是没有思想的机器人吗？当然不是。个体一定会屈从于自己从属的每一个群体的从众压力吗？当然也不是。引发从众的通常是参考群体（reference groups），个体往往本身就将自己当作该群体的一员、非常熟悉其中的成

员，或是认为该群体的成员非常重要、渴望获得同样的群体身份。而且，从众效应不见得都是负面的。例如，在遵从亲社会规范时，人们更容易慷慨捐赠，甚至更容易共情别人 **❹⑧**。

○　**规范与行为**

规范能渗入群体行为的方方面面 **❹⑨**。我们在前文提到，工作场所中的规范深刻影响着员工的行为。这似乎是不言而喻的，但事实上，直到霍桑实验（该系列实验于 1924 – 1932 年在美国西屋电气公司位于芝加哥的霍桑工厂进行）的结果公诸于世，人们才彻底认识到了规范对员工行为的重要影响 **❺⓪**。

起初，研究者希望探究物理环境（具体来说，是生产车间的照明强度）与工作效率的关系。随着光线亮度的提升，实验组和对照组工人的生产效率都提高了。然而，当光线亮度逐渐降低时，实验组工人的生产效率依然会不断提高，直到光线变得几乎像月光一样微弱。这样的结果使研究者意识到，在客观的物理环境之外，存在着某种支配工人行为的群体动力。

紧接着，研究者挑选了一批装配电话机的女工，将她们单独隔离出来编为一组，以便更加细致地观察她们的行为。在接下来的数年中，该小组的生产力稳步提升，组员病假和事假的数量几乎只有常规生产部门的 1/3。显然，这个群体的"特殊"地位对它的绩效产

生了极大的影响。群体成员认为，自己是作为精英被挑选出来的，之所以会选她们小组做实验，是因为管理层关心她们的利益。本质上，在照明实验和装配实验中，员工的反应源于他们得到的关注。

最后，研究者在绕线室的工人中发起了一项薪资激励计划。该研究最重要的发现是，员工个人的产出并没有在激励之下有所提高，相反，一种群体规范控制着所有人的角色绩效。员工担心，如果自己个人的产出显著提升，群体的激励比率就会被相应削减，工厂还可能会提高每日的产量要求，而这将导致手脚慢的员工遭到批评，甚至有人下岗。因此，群体形成了一种"恰当产量"的概念，既不能太多，也不能太少。成员在生产过程中互相帮助，确保一天下来每个人上报的产量基本一样。此外，群体的规范还限定了一系列禁止出现的行为：不准当"出头鸟"、产出过多；不准"拖后退"、产出过少；不准"打小报告"、揭发同事的行为。群体强力地执行这些规范，如果有人违反，就用点名、嘲笑甚至击打上臂的方式施以惩罚。在这一过程中，群体设置了严格的规范并一丝不苟地执行，从而确保自身能以远远低于能力上限的产出效率持续运行。

## ○ 正面规范与群体结果

正面的群体规范有可能带来积极的结果，但前提是满足某些关键的条件。从进化论的观点来看，总体而言，规范之所以会产生，就是因为它能带来积极的结果：当面临巨大的外部威胁时，群体需要强有力的规范来促进成员的互动与合作、惩罚偏离的行为❺❶。这可能也解释了世界各地不同文化中社会规范的差异。

正面规范发挥积极作用的一个典型情境是企业社会责任（见第 3 章：态度与工作满意度）。每一个践行企业社会责任的组织都希望将其中蕴含的价值观念转化为员工层面的统一规范❺❷。毕竟，只有当员工在思想上认同这些正面的规范，后者才更有可能发挥强有力的积极影响。德国有研究指出，工作满意度可能是一个重要的因素：员工的工作满意度越高，其采纳企业社会责任规范的意愿就越高❺❸。

## ○ 负面规范与群体结果

我们在态度与工作满意度一章提到过，反生产工作行为或职场偏差行为（deviant workplace behavior）是员工自愿做出的、违反重要组织规范的行为，它对组织整体和其他成员的福祉非常不利。表 9-1 展示了职场偏差行为的分类，并提供了具体的例子。

负面的群体规范会引发消极后果和偏差行为。例如，组员和领导者缺勤会给所有人的行为定下基调：如果有几个组员不来，领导者也不来，那其他所

表 9-1　职场偏差行为的分类

| 类别 | 例子 |
| --- | --- |
| 生产 | 早退<br>故意放缓工作速度<br>浪费资源 |
| 财物 | 破坏公物<br>谎报工时<br>偷窃办公室财物 |
| 办公室政治 | 偏私<br>议论和传播谣言<br>指责同事 |
| 人身伤害 | 言语辱骂<br>偷窃同事财物 |

有人都可以不来❺❹。一项针对消防员和护士的研究发现，虽然组织提供的家庭友好福利能有效缓解工作 – 家庭冲突，但如果消防员觉得其他团队成员都没有使用这一福利，他们自己也不大可能选择使用它❺❺。有意思的是，研究表明，想促进职场多元化时，让人们认识到刻板印象普遍存在的事实并不能达到预期的效果，反而可能引发更多出于刻板印象的行为❺❻。

尽管没有多少组织愿意这么承认，但事实就是，组织往往亲手缔造了助长和延续偏差行为的工作环境。一则，工作群体可能发展出正面或负面的习性；正如常言所说，"善花不会结出恶果"，当群体沾染不良的习气时，反生产工作行为或偏差行为就会更频繁地发生❺❼。二则，在受到上级、同事甚至顾客的不当对待以后，员工更有可能做出不道德行为❺❽。要想留住员工，组织就应该重视这一点，因为在有类似遭遇的员工中，近半数人表示自己会考虑换一份工作，12% 的员工则真的递交了辞呈❺❾。最后，有的组织可能急于求成、迫使员工长时间加班，这种做法其实也会间接催生偏差行为❻⓿。

○　规范与文化

集体主义文化与个体主义文化会有不同的社会规范吗？答案是肯定的。有时，这种差异甚至大到外群体成员无法察觉或理解内群体规范的程度❻❶。不过，你知道我们的价值取向很可能在群体情境的影响下发生变化吗？即便已经在特定的社会文化中生活了很长时间，这种即时性的改变依然有可能发生。一项近期的实验研究组织参与者进行角色扮演练习，并分别对两组参与者强调集体主义和个人主义（见第 5 章：人格与价值观）规范。紧接着，参与者需要完成一项小任务，这项任务要么由参与者自行选择，要么由一名内群体或外群体成员指定。实验结果表明，如果参与者最初接受的是个人主义规范，那么自行选择的任务将令他们获得最高的激励水平；但是，如果最初接受的是集体主义规范，那么激励作用最强的则是内群体成员指定的任务❻❷。

不过，尽管个人的倾向会发生临时性的波动，文化规范对许多职场行为依然有着深远的影响，例如谈判策略的选择（比起像美国这样强调个人尊严的文化，在卡塔尔等更加重视荣誉和面子的文化情境中，人们更倾向于采取激进的策略 ⑥。这种差异对谈判结果的作用是出人意料的，因为在人际互动中，亚洲文化往往重视和谐、崇尚合作，但一旦进入专业领域，亚洲人其实十分乐于竞争、为自己挣来脸面。此外，文化规范还会影响人们对破坏规范的人产生的反应。例如，相比个人主义文化，在集体主义文化下（见第 5 章：人格与价值观），人们倾向于认为违背规范的人缺乏权力，也会对他们表现得更加义愤填膺 ⑥。

# ● 群体属性三：地位；群体属性四：规模与动态

你是否留意过这一点：群体内成员的地位其实总是倾向于发生分化？有时，成员地位的差别是从群体外部带进来的，但很多时候又不是这样的。不同群体的规模也是不同的，这种差异同样会影响成员的行为、群体的发展动态以及最终的结果。接下来，我们具体探讨一下这些因素对工作群体效能的影响。

## ○ 群体属性三：地位

地位（status）存在于所有社会中，它指的是社会对群体或群体成员赋予的位置或层级。即使是最小型的群体，成员地位的差异也会逐渐产生。当个体发觉自以为的地位与他人对自身的看法不一致时，地位本身将构成一种重要的激励，并引发一系列重要的行为结果。

- 什么决定了地位

根据地位特征理论（status characteristics theory），地位的来源有以下三种 ⑥。

1. **个体对他人拥有的权力。** 拥有权力的个体往往能控制群体的资源，进而控制群体的结果，人们通常认为这样的人拥有较高的地位。

2. **个体贡献于群体目标的能力。** 人们通常认为，能对群体的成功做出关键贡献的个体拥有较高的地位。

3. **个体的个人特征。** 有些人的个人特征恰好是群体所重视的（相貌、智力、财力或友善的性格），因此，人们会认为这些人比其他人拥有更高的地位。

- 地位与规范

拥有较高地位的个体如果对本群体缺乏社会身份认同，便更有可能偏离社会规范 ⑥，与此同时，他们也能够规避来自其他群体低地位成员的压力。而且，比起地位较低的成员，地位高者更容易抵抗从众的压力。当一个人在群体中备受重视，同时又不太在意群体的社会奖赏时，那么从众规范对他来说就无关紧要了❻❼。一般来说，在群体中引入高地位成员对绩效是有利的，但这种促进作用并非没有限制，一个很重要的原因在于，这类人有可能助长某些反生产工作行为的风气❻❽。不过，他们也不是无所不能的。水能载舟，亦能覆舟；群体成员间的私下议论既有可能巩固地位，也有可能使人的声誉毁于一旦❻❾。

- **地位与群体互动**

在追求更高地位的过程中，人们往往会采取更加主动的行为❼⓪，比如主动发表意见和批评、发号施令或打断他人。相反，研究发现，那些本身就拥有较高地位的个体则更倾向于韬光养晦、维持和谐❼❶。地位较低的成员对集体讨论的参与往往不够积极，因此，如果不能充分发挥这些成员的价值，群体整体的绩效将受到损害。对此，主管可以发挥正向的作用，鼓励这部分员工建言献策❼❷。不过，所有成员的地位都很高也未必是件好事。比较恰当的做法是把一部分地位较高的人与一批地位中等的人组合起来，因为如果让一群地位很高的成员相互牵制，对群体的绩效也是不利的❼❸。此外，除了自身实际拥有的地位，如果对群体的地位等级有比较准确的认识，那么个体也将取得更好的绩效，并更加高效地在群体内建立人脉网络❼❹。

- **地位与不平等**

要使群体平稳存续，就要让成员相信现存的地位等级是公平的。当成员质疑地位的公平性时，群体的均衡状态就会被打破，随之而来的将是一系列纠偏行为。等级秩序很容易让底层成员产生消极情绪和憎恨之情❼❺。过于悬殊的地位分布会损害低地位成员的个人绩效和健康状况，并增大他们的离职倾向❼❻。一般来说，以权力为基础的地位等级影响是最负面的，往往会引发人际冲突；而其他形式的地位等级则有可能在激励人们追求地位的过程中促进良性竞争❼❼。

- **地位与污名化**

米莉亚姆·奥莱利（Miriam O'Reilly）对英国广播公司（BBC）发起了年龄歧视诉讼，随后，她就成了众矢之的。在一次职业晚宴中，米莉亚姆遭到了所有人的排挤。一位同事私下告诉她："我真的很抱歉……可是我不能让别人看到我跟你在一起。我的主管说，如果继续与你为伍，我自己的事业也会受到牵连。"❼❽显然，你自己的地位会影响别人看待你的方式，但同行人的地位其实也会产生类似的效果。一个人遭受的污名化会"传染"身边的人❼❾。如果与背负污名的人为伍，个体自身也将遭受无凭无据的负面评价，这就是"污名化的连坐效应"。如果遭受污名化的个体地位较低，即便他已经发出了明确抗议，其余的群体成员依旧倾向于将现状合理化、让污名化持续下去❽⓪。

- **群体地位**

从生命的早期开始，我们便形成了“我们与他们”这种思维模式[81]。从文化的意义上看，内群体往往构成了社会的中坚力量、占据了较高的地位，进而歧视外群体成员。为了应对这种歧视，外群体成员通常会极大地运用内部的特殊主义原则，与内群体进行地位的竞争[82]。当高地位群体也反过来感受到了来自低地位群体的歧视时，他们将变本加厉地歧视回去[83]。随着这些环节的依次进行，群体的极化程度将越来越深。

### 群体属性四：规模与动态

群体规模会影响群体整体的行为模式吗？会，但它对不同行为的影响是不同的[84]。十几个人的群体比较擅长汇总多样化的内容[85]。如果以发现某种事实或集思广益为目标，那么规模越大的群体就越高效[86]。如果任务要求得到更加丰硕的成果，那么 7 人左右的小团体是更合适的[87]。有时，我们甚至会对群体规模形成刻板印象（例如觉得小团体更值得信赖，或在对较大的群体施以援手时产生更大的心理障碍）[88]。

群体的另一类重要特征体现在群体动态中，其中最重要的研究发现当属社会懈怠（social loafing）现象，即个体在集体工作中付出的努力往往低于独自工作时[89]。这一现象直接挑战了过去人们对群体的假设。在传统的观念里，无论规模多大，群体整体的生产力至少相当于个体成员生产力的总和。

不过，有关社会懈怠现象的研究发现可能包含西方视角固有的偏差[90]。这种行为倾向与个人主义文化在本质上是契合的，这也就解释了美国和加拿大的研究发现，因为这些社会的主流观念鼓励人们追求私利。然而，集体主义社会的人们会受到群体目标的激励，这与社会懈怠现象并不一致。相应地，如果对比不同文化中的情形，会发现东方背景下的群体发生社会懈怠的概率明显更低。

研究表明，个体越坚持工作伦理，越不容易产生社会懈怠行为[91]。而且，即便存在社会懈怠，如果群体总体的尽责性和宜人性（见第 5 章：人格与价值观）水平比较高，那么绩效也能维持在较高的水平[92]。此外，社会懈怠问题在虚拟团队情境中可能格外突出，特别是当成员彼此不够熟悉、家庭责任又频频转移人们对群体工作的注意力时[93]。下面几种方式有助于避免社会懈怠：

- 设立群体目标，使所有成员能为了共同的目的而奋斗；
- 以强调集体性成果的形式强化群体间的竞争；
- 让成员评价彼此的表现；
- 选取工作动机强烈且喜欢团队工作的成员加入群体；

» 将群体回报的一部分与每位成员
的独特贡献挂钩，并且用适当的
结构安排工作，确保能够准确识
别每位成员的贡献 ❷❹。

## ● 群体属性五：凝聚力；群体属性六：多元化

只有凝聚成一个整体，群体才能
高效地实现应有的功能。此外，不同类
型的多元化对群体的绩效也会产生不同
的助益。我们先来讨论一下群体凝聚力
的重要性。

### ○ 群体属性五：凝聚力

群体凝聚力（cohesiveness）是一
种紧密连接群体成员的纽带，它令人们
精诚合作、始终作为群体的一分子 ❾❺。
某些工作群体的凝聚力很高，这是因为
它们的成员相处时间很长，或者它们的
规模和目的有利于成员深入互动，抑或
是存在外部威胁，使群体成员变得更加
团结。

凝聚力会影响群体的生产力，反
之亦然 ❾❻。不过，研究一致表明，凝聚
力与生产力之间的关系取决于与绩效
相关的群体规范 ❾❼。如果规范强调质量、
产出以及与外群体的合作，那么凝聚力
高的群体就会呈现更高的生产力。如
果绩效规范的强度较弱，高凝聚力则会
对绩效产生反效果。在绩效规范较强的

情况下，即使凝聚力较低，群体也能实
现生产力的提升，只是提升效果逊于凝
聚力高的群体。最后，如果绩效规范的
强度很弱，群体的凝聚力也很低，那么
群体的绩效将维持在中等偏下的水平。
图 9-3 对上述结论进行了梳理。

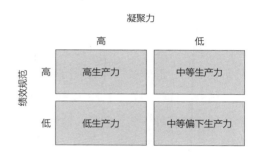

图 9-3　凝聚力与绩效规范对群体生产力的影响

除了组织大家一起玩电子游戏 ❾❽，
你还可以通过哪些途径增强群体凝聚
力呢？

» 尽可能缩小群体规模；
» 推动成员对群体目标的共识；
» 增加成员相处的时间；
» 提高群体的地位和加入群体的
门槛；
» 激励大家与其他群体竞争；
» 对群体整体而非成员个人予以
奖励；
» 令群体与外界隔离 ❾❾。

### ○ 群体属性六：多元化

我们将讨论的最后一种群体属性

是群体成员的 多元化（diversity），即群体成员彼此之间相似或差异化的程度。总体上，有关多元化的研究尚无定论，它可能对群体产生的影响取决于诸多情境因素，也取决于我们定义和测量它的方式❿。有趣的是，群体实际上的多元化程度与人们的感知之间并不存在很强的关联（同一群体中多数派和少数派的感知甚至也不一样！ ❿），而且部分研究指出，群体成员在处理自身的群体身份时，往往倾向于在归属感和独特性之间寻求某种平衡。此外，这种感知与事实之间的差距也有可能源于人们巩固现状的知觉倾向。例如，一项针对标准普尔指数 1500 企业的研究发现，这些企业约定俗成的做法是在董事会中象征性地留出两个女性席位，研究者将此称为"形式主义平权"❿。

人们感知到的自身与团队的差异或分裂会产生负面的后果，但感知团队异质性的影响则有好有坏❿。换言之，多元化的影响在很大程度上可能取决于人们看待它的方式，比如，组织高管是否能采取"重视多元化"的视角可能就发挥着关键的作用❿。不过，尽管现存结论并不明确，人工智能技术还是让这一领域的发展向前迈进了一步。例如，近期的一项研究就运用了人工智能技术开发出的一种新的分析方法，用以衡量不同社会类别（如种族、性别）在跨文化制造团队成员个体知觉中突出程度的差异❿。

- **群体多元化的类型**

一方面，表层多元化（如性别、种族等方面，见第 2 章：组织中的多元化）可能在群体中引发冲突，特别是在群体组建之初，它很可能损害士气、导致更多成员退出❿。一项研究对比了文化背景多元的团队和一致的团队（后者的成员来自相同的国家），发现虽然这些团队在模拟荒野求生测试中效能水平相当，但多元团队的成员满意度更低、团队凝聚力更弱，发生的冲突也更多❿。而且，外部评估者对种族构成多元的团队往往还怀有偏见，倾向于为其分配较少的资源❿。

在更深的层次上，当成员的价值观念或想法存在差异时，群体中通常会产生更多的冲突。不过，领导者可以通过引导团队关注手头的任务、鼓励成员相互学习，来降低冲突的负面影响、促进围绕群体事务的讨论❿。韩国有研究表明，将对权力有较高需求（权力需要，见第 7 章：动机）的个体与对权力需求较低的个体组合在一起，有助于减少损害生产效率的组内竞争；而将成就需要水平接近的个体组成团队，则可以提升任务绩效❿。此外，如果群体成员在信任他人的倾向上存在较大的差异，那么该群体则可能在爆发冲突和丧失信任的反复中陷入信任危机❿。

另一方面，功能性多元化（即群体成员在技术、能力和其他工作所需的特质方面的差异）是有可能增进团队绩效和创新的，但具体的效果还取决于其他因素⑫。例如，功能性多元化能促进成员间的知识分享，进而提升团队创造力⑬。领导力对功能性多元化益处的发挥有着关键作用——卓越的领导者能将不同人的才智拧成一股绳，成就伟大的事业⑭。

### •　群体多元化的挑战

尽管群体成员的差异可能引发冲突，但这些冲突也蕴含着解决问题的独特机遇。一项针对陪审团行为的研究发现，当陪审团成员多元化程度更高时，大家会花更多的时间仔细讨论证据、相互分享更多信息，所犯的事实性错误也更少。总的来说，作为多元化团队的一员，短期内的确不容易适应，因为这样的团队往往会随着时间的推移发生同化、比较脆弱，而且容易在内部分裂出不同的小团体⑮。不过，倘若能够接纳彼此的差异，团队成员将逐渐在这种多元的氛围中变得思维开阔且富有创造力，从而在将来表现得更好。例如，联合国和平建设小组的团队成员就来自世界各地。有研究深入分析了这些团队的发展历程，发现它们的成员最终都会形成团队认同，但这需要循序渐进的过程⑯。

多元化的其中一种潜在负面影响是在团队中形成断裂带（faultlines）。这种现象在表层特征多元化的团队中更加常见，它指的是性别、种族、年龄、工作经验、语言和教育背景等个体差异将团队分裂成了两个或多个明显的亚群体⑰。

举个例子。我们假设群体 A 有三位非洲裔员工和三位拉丁裔员工。前者拥有相近的工作经验，而且都是营销专业的；后者也拥有相近的工作经验，而且都是金融专业的。我们再假设群体 B 也有三位非洲裔员工和三位拉丁裔员工。不过，其中两位非洲裔员工已经有较多的工作经验，但另一位则是新人；在拉丁裔员工中，有一人在公司已经工作了好几年，但另外两人是新人。此外，两位非洲裔员工和一位拉丁裔员工是营销专业的，剩下的三人则是金融专业的。对比两个群体成员特征的分化情况，我们会发现，群体 A 显然更容易产生断裂带。

相关研究显示，断裂带通常都会对群体的运行和绩效产生不利影响。亚群体之间的相互竞争可能占用核心任务的时间，进而损害群体绩效。同时，当亚群体存在时，群体的学习速度会变得缓慢，做出的冒险决策会更多，创造力会下降，冲突也会更加频繁。而且，亚群体之间如果无法相互信任，对群体的凝聚力将非常不利⑱。最后，尽管亚群体内的成员满意度通常比较高，可一旦出现断裂带，群体的整体满意度便会降低⑲。那么，断裂带究竟有没有好的一面呢？有研究发现，在结果导向的组织文化中，由技能、知识和专业产生的断裂带可能是有益的。这是因为，结果导向的文化会引导员工集中关注组织重视的事务，而无暇顾及亚群体引发的问题⑳。

那么，我们在组织当中应该如何减少断裂带的负面影响、发挥它的积极作用呢？研究发现，将同类角色在不同的亚群体中分配、为群体赋予共同的奋斗目标，或在发生分化的群体中加入具有相似特征的不同亚群体成员，均有助于解决多元化和断裂带引起的问题。总而言之，增进亚群体之间的合作、强调共同的群体目标，有助于提升部分组织的绩效表现 ㉑。

另外，崇尚多元化的信念和保持开放态度的规范也有可能发挥积极的作用（我们马上会讨论到，这些都是可以通过培训来提高的）㉒：例如，一项研究在考察了德国外交部的外事人员后发现，外交官个人及团队如果秉持崇尚多元化的信念，那么断裂带对绩效的负面影响就能得到缓解 ㉓。同理，针对跨文化群体的研究也表明，接纳多元化（即带有多元化理念）的政策、实践和工作程序能促使团队成员深入交流彼此的想法，从而提升团队的效能 ㉔。

最后，多元化对绩效的影响可能也是存在文化差异的：一项研究考察了超过 5000 个喜马拉雅登山队，发现集体主义价值观（见第 5 章：人格与价值观）会模糊小群体之间的界限，促进多元化；多元化对群体而言有利有弊，最终会产生怎样的结果则取决于任务的类型 ㉕。

## ● 群体决策

美国及很多其他国家的法律体系都坚信，两个人的头脑总会胜过一个人的才智，陪审团就是一个典型的例子。组织中的很多决策都是在群体、团队或委员会中做出的。在本节中，我们将介绍群体决策的优点，并探讨群体动态对决策过程带来的特殊挑战。最后，我们还会展示一些可能优化群体决策的技术。

### ○ 群体与个体

群体决策在组织中的应用十分广泛。不过，群体决策就一定优于个体决策吗？这个问题的答案取决于诸多因素。下面，我们具体讨论一下群体决策的优势、劣势和益处。

### · 群体决策的优势

群体擅长运用更完整的信息和知识。在信息可靠的情况下，群体能够集结个体成员的不同资源，将大量异质性信息输入决策过程中 ㉖。同时，群体汇聚了更多元的观点，这就带来了更多选择机会 ㉗。最后，群体决策使结果更容易为人们所接受。在决策过程中，如果观点的分歧以辩论而非异见的方式得到表达，那么群体成员将更容易接受最终的裁决结果 ㉘。此外，积极参与决策过程的成员将对结果表现出更强烈的支持，同时还会鼓励别人也接受该结果。

- **群体决策的劣势**

　　群体决策非常费时，因为人们通常需要花更多的时间对解决方案达成共识，特别是在虚拟团队中❷。群体中存在着从众压力。由于成员渴望得到群体的认可和尊重，他们很有可能避免公开表达一切不同意见，致使群体没能得出最优的结果❸。群体的讨论过程可能被某个或极少数成员主导。一旦这些人能力欠佳，群体的效能便会大打折扣。有趣的是，在虚拟情境中，容许边缘群体成员展开私下讨论有助于提升群体最终的决策质量❸。此外，如能设立容许"异见者"的群体规范、让特定的成员提出不同意见，那么主导者对其他成员施加的从众影响将大大减轻❸。最后，群体决策的一大问题在于责任的模糊性。在个体决策中，谁需要对后果负责是再清楚不过的。然而，在群体决策中，单个成员的责任就被稀释了。

- **效果与效率**

　　群体决策是否比个体决策效果更好，其实还取决于对效果的定义或评价效果的人。在知觉与个体决策一章中，我们就谈到，评价的准确性会受到评价者知觉，例如对群体凝聚力和信任度的感知的影响❸。总体上，群体决策的准确性要优于个体成员准确性的均值，但通常会逊于群体中判断最准确的个体的水平❸。在速度方面，个体远远胜于群体。如果我们看重创造性，群体的表现略胜一筹。而如果我们关注的是成员对可行解决方案的接受度，那么群体可以再加一分❸。

　　不过，在考虑效果的同时，我们也必须考虑效率。绝大部分情况下，对于同样的问题，群体决策占用的时间总是更多的。当然也有例外，比如，在需要征集大量不同意见时，个体决策者就要花大量的时间浏览文件，并与掌握独特信息的多方人士沟通，才能取得比较好的决策效果❸。研究显示，当信息在群体中高度分散且"隐藏"较深时，群体决策可能是很低效的。在这种情况下，整合信息的难度非常大，群体成员必须保持坦诚、紧密合作，才能充分共享信息、解决问题❸。管理者在决定是否要进行群体决策时，必须要权衡效率和效果。

○　**群体盲思与群体偏移**

　　群体决策可能产生两种副作用：群体盲思和群体偏移。这两种现象会损害群体客观评估备选方案的能力，进而降低决策的质量。

- **群体盲思**

　　群体盲思（groupthink）指群体受到从众压力的影响，没能充分评估不寻常的、来自少数派的或是非主流的观点。这种常见的思维倾向极大地损害了大量群体的绩效表现❸。事实上，群体盲思现象与所罗门·阿希在线段实验中得到的结果是高度一致的。更注重绩效而不是学习的群体更容易受到群体盲思的伤害，压抑一切不同于主流的意见❿。此外，如果群体处于发展初期、群体身份比较清晰、成员希望维护积极的群体形象，或是群体形象受到整体的威胁时，群体盲思也特别容易产生❿。

对此，管理者可以做什么呢❿？首先，可以控制好群体规模。随着群体规模的扩大，成员更容易受到群体的威慑，发表异见时也会更加犹豫。此外，还应该鼓励群体的领导者扮演好公正无偏的角色。在此基础上，管理者还可以专门指派一名成员充当"魔鬼代言人"，专门负责提供不同的思考角度、挑战当前群体的主流观点。另一种选择是让群体成员练习积极吸收多元思路的讨论模式，不要总是担心群体身份遭受威胁、产生过度的维护之情。在群体决策中，应该引导成员不急于讨论可能的收益，这样才有助于群体首先清晰地认识决策蕴含的风险。

- 群体偏移

群体偏移（groupshift），即群体极化，指的是群体成员在讨论不同意见、寻求一致方案的过程中不断强化自己最初的立场。我们可以将群体偏移视为群体盲思的一种特例。此时，群体的最终决策反映的其实是决策过程中占据主导地位的决策规范（如更谨慎或更冒进）❿。换言之，经过讨论，群体成员其实在原有的观点上变得更极端了❿。

这种极化偏移有几种不同的解释❿。例如，有人认为，讨论本质上是说服，说服让人们变得更自在，故而逐渐愿意用更极端的形式表达自己最初的观点。另一种说法是，群体使个体成员的责任分散了。由于没有哪个人需要为群体的最终决策负全部责任，人们便会更轻易地采纳极端立场。还有一种可能的解释是，人们之所以愿意走极端，是因为他们希望彰显自身与外群体的差异❿。

接下来我们将讨论群体决策技术。这些技术或许有助于减少群体决策的一部分弊端。

○　**群体决策技术**

群体决策最主要的场景是互动群体（interacting group）❿，在这样的群体中，人们依靠语言和非语言线索彼此互动和沟通。不过，我们在讨论群体盲思时已然指出，互动群体中存在着一种隐形的监督，迫使个体成员屈从于大众的意见。头脑风暴法和名义群体技术（下面会介绍）是解决传统互动群体中此类问题的有效方法。

- 头脑风暴法

头脑风暴法（brainstorming）鼓励成员提出一切可能的想法、避免批评性意见，从而克服了阻碍创造力的从众压力❿。一场典型的头脑风暴是这样进行的：领导者首先提出一个明确的问题，确保所有人都能理解；接着，成员轮流发表意见，在限定的时间内尽可能多地提出备选方案。为了鼓励大家"不走寻常路"，在这一阶段，哪怕有人提出了再稀奇古怪的想法，其他人都不能加以批评，而且要把所有的想法都记录下来，以备后续的讨论和分析。

头脑风暴法的确有助于产生新想法，但它的效率并不高。大量研究一致发现，让个体独立产生的想法其实比小组在头脑风暴过程中产生的还要多。其中一个原因是"思维阻塞"。当人们在群体中试图产生想法时，许多人会同时发言，这可能阻塞个体自身的思维过程，进而阻碍了观点的分享[148]。

· **名义群体技术**

名义群体技术（nominal group technique）可能是一种更有效的决策方法，它对决策过程中成员之间的讨论和沟通加以限制。尽管成员会像开传统会议时一样全员出席，但大家的思考和工作是彼此独立的。具体来说，在决策问题提出之后，群体会依次进行以下步骤：

> 在展开任何讨论之前，每位成员分别写下自己对该问题的想法；
> 在上述沉默期过后，每位成员依次发表自己的其中一种想法，但在所有人的想法都已经得到发表

和记录前，不做任何讨论；
> 群体集中讨论所有的想法，澄清观点并进行评估；
> 每位成员独立且无声地对想法进行排序，综合排名最靠前的想法成为群体的最终决定。

名义群体技术的关键优势在于，它既将群体成员正式聚在一起，又不会遏制成员的独立思考。总体上，研究表明这种技术要优于头脑风暴法[149]。

任何一种群体决策技术都有其独特的长处和短板，具体选择哪一种技术取决于你关心的重点以及不同方面结果之间的利弊权衡。如表 9-2 所示，互动群体法有利于形成群体对决策的承诺，头脑风暴法能促进群体凝聚力，名义群体技术则能以很低的成本获取大量想法。

表 9-2　对比不同群体决策手段的有效性

| 有效性指标 | 群体类型 | | |
| --- | --- | --- | --- |
| | 互动群体 | 头脑风暴 | 名义群体 |
| 想法的数量和质量 | 低 | 中 | 高 |
| 社会压力 | 高 | 低 | 中 |
| 经济成本 | 低 | 低 | 低 |
| 速度 | 中 | 中 | 中 |
| 任务导向 | 低 | 高 | 高 |
| 人际冲突发生率 | 高 | 低 | 中 |
| 决策承诺 | 高 | 不适用 | 中 |
| 群体凝聚力 | 高 | 高 | 中 |

## ● 本章小结

通过对群体的讨论，我们可以得出很多启示。第一，群体规范通过设立是非标准来控制人们的行为。第二，地位不平等是令人沮丧的，它可能对组织生产力以及人们留在组织中的意愿造成不利影响。第三，群体规模对绩效的影响取决于任务类型。第四，群体凝聚力可能提升绩效，但这还受到群体中与绩效相关的规范的影响。第五，多元化对绩效有利有弊，相互对立的研究结论比比皆是。第六，角色冲突可能引起工作压力和员工的不满❶❺❶。只要悉心管理，群体就是可以实现积极的组织结果、做出最优决策的。在下一章中，我们将对上述部分结论进行更加深入的探讨。

## ● 对管理者的启示

- 你需要认识到，在组织中，群体对个体行为的影响是巨大的，它可能发挥积极的作用，也很可能造成消极的后果。因此，务必格外关注角色、规范和凝聚力，理解了它们如何在群体中起作用，就理解了群体可能会如何行动。
- 要想降低职场偏差行为发生的概率，就要确保群体规范没有在无形中助长这些负面行为。
- 关注群体中的地位问题。由于低地位成员在集体讨论中通常不够积极，一旦群体的地位差异比较悬殊，低地位成员的意见可能就得不到表达，他们的才能也得不到发挥。
- 在开展事实搜寻工作时采用更大的群体，在涉及具体行动的任务时采用更小的团队。如果群体规模很大，务必确保每位成员的绩效都能得到准确的评估。
- 要提升员工的满意度，就要确保员工准确地理解自己的工作角色。

请扫描二维码
获取书中参考文献

# 第 10 章

# 理解工作团队

● **本章学习目标**

» 比较群体与团队的区别；

» 对比团队的 5 种类型；

» 识别高效团队的特征；

» 阐述组织应当如何培养个体的团队精神；

» 弄清何时应当采取个人工作方式、何时应当采取团队工作方式。

皂笔公司（SoaPen）是团队协作和企业家精神的产物，创立伊始，它便已经获得了丰田公司 5 万美元的注资，以及联合国儿童基金会（UNICEF）等无数组织机构授予的荣誉❶。该公司创始团队的成员均为少数族裔女性（阿曼纳特·阿南德、舒布罕姆·伊萨尔以及玛丽亚·普特里），她们创造了"皂笔"（即一种有着钢笔外形、能在手上涂写的肥皂）这一产品，想让孩子们爱上洗手。在皂笔公司的创业过程中，团队塑造显得异常重要。舒布罕姆就曾提到，寻找具备互补专长、新鲜视野的团队成员对初创企业的成功非常关键❷。

有时，团队能实现个人永远无法企及的创举❸。而且，比起传统的组织部门，在变化发生时，团队也能更灵活地响应，因为它能迅速地组建、运行、调整和解散。最后，研究指出，当积极投身团队工作时，我们自身的思维方式也会发生转变，即便是在做出个人事务的决策时，也仍然保留着协作思维的烙印❹。

不过，尽管团队工作模式已经被当今的组织广泛采用，它也不是万能的。归根结底，团队成员都是有血有肉的人，他们同样可能在知觉谬误或群体力量（例如，见第 9 章：群体行为基础）的影响下偏离最佳决策、走向歧途。那么，什么因素会影响团队潜能的发挥呢？团队成员又是如何协作的？要回答这些问题，我们首先要弄清群体和团队的区别。

## ● 群体和团队的区别

有学者认为，群体和团队是不同的（尽管这两种说法常常被混用）❺。在介绍群体行为基础的一章中，我们将群体定义为多个为实现特定的目标聚在一起、互动互依的个体。工作群体（work group）则是指成员间互动的目的主要是分享信息、帮助各自做好本职工作的群体。

在工作群体中，成员往往无须或无法合力进行集体性工作，因此，群体的绩效仅仅是其中个体贡献的简单加和，并不存在某种正向的协同作用，使最终的产出超越成员投入的总和。换言之，工作群体其实是一群各司其职的个体，只不过这些个体有时会相互依赖或产生互动。

　　不同的是，工作团队（work team）能通过成员间的合作达成正向的协同效果 ❻。经过个体的努力，团队整体的绩效将大于个体投入的加总。而且，团队通常是持续变化而非静止不变的集体。因此，人们往往将团队视为动态系统，更多关注"组队"这个动词（如作为团队的一员经历的过程和采取的行动），而非"团队"这个名词本身 ❼。

　　无论是在工作群体还是工作团队中，都存在着对成员行为的期望、形成群体规范的努力、持续发生的群体动态以及不同程度的决策问题（即便只是非正式决策）。在两种集体中，成员也都需要产生想法、运用资源或进行某些流程上的协作，比如协调彼此的工作安排。不过，对于工作群体来说，这些工作的目的只限于搜集信息，为外部决策者提供判断依据。尽管我们在某种意义上可以将工作团队视为工作群体的一个子集，但团队建立的初衷就是在成员间建立具有目的性的（即共生的）互动过程，这也是它不同于普通群体的核心特征，如图 10-1 所示。

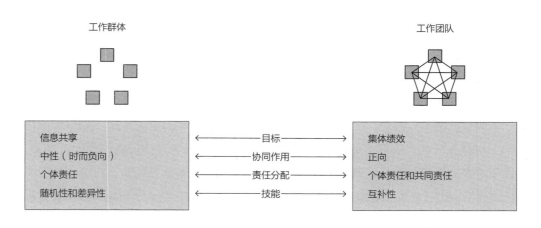

图 10-1　工作群体和工作团队的比较

　　上述定义也能令我们理解组织为何广泛地选择以团队形式推进工作：这种做法使组织具备了在不增加人数配置的情况下增加产出的潜能。当然，团队的这种正向协同作用并不是凭空发生的魔法，仅仅将群体改叫团队显然是不可能提升绩效的。我们接下来会提到，高效的团队往往具有某些共同特征。因此，如果管理者希望借助团队来提升组织的绩效，就要让团队尽可能具备相关特征。

## ● 团队的类型

团队可以用于制造产品、提供服务、洽谈交易、协调项目、提供建议和制定决策❽。在本节中，我们首先会介绍组织中4种常见的团队类型：问题解决型团队、自我管理型团队、跨职能型团队和虚拟团队（见图10-2）。紧接着我们还将探讨多团队系统，即"团队的团队"，随着工作的日益复杂化，这种组织方式也变得越来越广泛了。

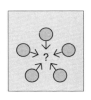  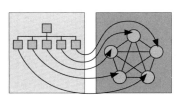 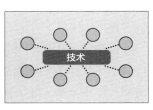

问题解决型团队　　　自我管理型团队　　　　　　跨职能型团队　　　　　　　虚拟团队

**图 10-2　4 种团队类型**

### ○　问题解决型团队

问题解决型团队（problem-solving teams）多年来一直广受采用，质检团队就是一个典型的例子。起初，这种团队常见于制造厂房，固定的班子定期（如每周或每天）聚集在一起，确保产品符合质量标准，并解决产品生产中的各种问题。例如，直接对客的手表制造商威诺时（Vincero）就组建了全天候质检团队，对每一块生产出来的手表进行手工检查❾。这种做法后来也拓展到了其他行业，例如医疗行业就经常运用质检团队来提升病人照护服务的质量。类似的问题解决型团队大部分时候是无权直接处理他们的发现的，不过，倘若他们在工作中提出的建议最终得到了采纳和执行，则很可能为工作带来重要的改善。

### ○　自我管理型团队

我们刚刚提到，问题解决型团队只能提供建议。不过，有的组织往前再迈了一步，让团队享有解决方案的执行权并为最终结果负责。例如，芝加哥的奥布莱恩兽医集团就在旗下的 13 家诊所中引入了自我管理型团队，这些团队能自主决定如何应对即时产生的问题，还会将相关经验分享给其他团队❿。

自我管理型团队（self-managed teams）由从事高度相关或相互依赖的工作的一批员工（通常有 10 ~ 15 人）组成，它会承担一部分管理职能❶，通常包括计划和安排工作、向成员分配任务、制定运营决策、处理问题以及维护与供应商和顾客的关系等。完整意义上的自我管理型团队甚至可以自行挑选成员，并由成员自己评估彼此的绩效。

一旦成立自我管理型团队，传统的管理角色就显得不那么重要了，有时甚至会被直接取缔。不过，由于缺少正式权威和责任归属，此类团队通常需要耗费宝贵的时间和资源来"对齐"成员的价值观和目标❷。奥布莱恩兽医集团的创始人格雷戈·奥布莱恩（Greg O'Brien）就曾表示，让原本的管理者真正放弃相关控制权是很困难的："这意味着，我们打造的团队要能让一群成年人在事态变化时自发地解决问题，将工作拉回正轨。在这一过程中，管理者总是忍不住想直接插手控制。"❸

根据研究证据，自我管理型团队并不总是更高效。有研究指出，自我管理型团队的效能取决于促进团队的行为在多大程度上能得到激励。例如，当团队成员感到收入等经济回报与人们对团队的投入挂钩时，个人和团队的绩效都会提高❹。

另一部分研究关注冲突对自我管理型团队效能的影响。有的研究发现，冲突对自我管理型团队的效能是不利

的，因为纷争阻碍了成员间的合作、滋生了权力斗争，进而损害团队绩效❺。不过，另一些研究则指出，当人们感到自己能畅所欲言而不会招致其他成员的羞辱、拒斥和惩罚时，冲突反而能促进团队绩效❻。

最后，研究还探讨了自我管理型团队这种组织方式对个体成员行为的影响，相关发现依旧是不一致的。虽然在这些团队中的员工通常比其他员工拥有更高的工作满意度，但有证据显示，他们的缺勤率和离职率有时也是更高的。此外，一项针对英国机构劳动生产力的大规模研究发现，自我管理型团队的绩效并不比拥有较少决定权的传统团队更好❼。而且，有研究表明，在没有正式控制的情况下，团队内部可能会发生领导者"过度涌现"的情况：换言之，就是事实上才干不足的人反而更容易取得控制权❽。

## ○ 跨职能型团队

像 ExtraHop、Ixia 这样的科技公司都在尝试让信息技术人员和安全运营人员开展协作。这样一来，在实现网络安全的同时，企业还能夯实自身的技术组合、打破部门壁垒，并在这些员工之间形成正式化、自动化的合作关系❾。这些例子很好地体现了跨职能型团队（cross-functional teams）的用途：它将组织同一层级上不同工作领域的员工聚集起来完成任务。

跨职能型团队能有效促进组织内甚至组织间的不同部分交换信息、产生新想法、解决问题以及协作完成复杂的项目。不过，由于对协作的要求很高，跨职能型团队的组建和管理颇有难度。为什么呢？首先，它的成员具有多元的专业背景，而且在组织中层级相近，这就使领导权产生了模糊性。要促成这些成员间的协作，在领导权更替之前，团队首先要处理好悬而未决的冲突，并打造相互信任的氛围 ❷⓿。其次，跨职能型团队的早期发展阶段通常需要比较长的时间，来让成员适应这种多元化和复杂程度更高的工作模式。最后，在工作经历和专业背景高度差异化的群体中，培养信任和团队协作精神也是更加费时的。

### ○ 虚拟团队

前面几类团队的成员都是面对面工作的，虚拟团队（virtual teams）则不同，它需要运用技术将处于不同地理位置的成员集结起来、实现共同的目标 ❷❶。因此，无论距离的远近，虚拟团队的成员均需要通过广域网、企业的社交媒体、视频会议和电子邮件进行线上沟通。例如，思科公司就成立了虚拟团队来识别和利用软件市场不同领域的新趋势。这些团队等同于某种社会网络小组，其员工在世界各地实时协作，发现商业机会，并自下而上地执行任务 ❷❷。

此外，虚拟团队也需要不同于传统线下团队的管理模式，一部分原因是其团队成员的互动模式是很不一样的。例如，虚拟环境与面对面环境传递社交线索的方式不同，而且前者还会扩大人与人之间的距离 ❷❸。另一部分原因是，尽管与面对面团队相比，虚拟团队成员彼此间往往会传递更为独特的信息，但他们对信息共享的态度很可能不够开放 ❷❹，管理者应当对此多加留意。可见，信任对打造高效的虚拟团队非常重要 ❷❺。在管理虚拟团队时，组织应当：（1）在团队成员间树立信任（哪怕是邮件中一则小小的冒犯性回复都有可能让团队信任毁于一旦）；（2）密切关注工作进展（从而避免团队迷失方向、防止个别成员"失联"）；（3）公开虚拟团队的努力和成果（以免虚拟团队变得默默无闻）❷❻。

### ○ 多团队系统

目前为止，我们讨论过的几类团队虽然通常规模较小，也较为独立，但它们自身的活动与组织的目标是密不可分的。随着任务变得愈发复杂、团队规模持续扩大，对协作的要求也会不断提升——直到抵达某个转折点，如果继续增加团队成员的数量，就得不偿失了。为了解决这个问题，组织可能会建立多团队系统（multiteam systems），将多个相互依存的团队整合在一起，服务于更高层次的共同组织目标。换言之，多团队系统其实就是一个"团队的团队"❷❼。

如果对多团队系统还没有清晰的概念，你可以想一想美国航空航天局（NASA）登陆火星的计划❷。为了完成这一使命，NASA 将不计其数的团队集结起来，满足不同领域的需要。组成这些团队的成员有学者、科学家、工程师、操作人员、地勤等，他们的专业本身是相对独立的，但他们需要开展的工作却相互依存、共同进退。为什么呢？因为他们共同的使命是将航天员送上火星。

能提升小型、传统团队效能的因素不一定能直接迁移到多团队系统中，甚至还可能损害后者的绩效。一项研究表明，"边界跨越者"有助于提升多团队系统的绩效。这些人的职能是协调系统各个组分的工作，他们的存在减轻了不同团队成员之间的沟通压力，进而降低了多团队系统中的协作负担❷。相反，有的个人（"边界破坏者"）或团队则可能损害系统内部的沟通和协作❸；对此，组织可以进行专门的培训，确保所有团队能采取同样的角度来看问题、统一各团队对事物的基本假定（让大家"步调一致"）❸。此外，员工可能只认同自己所属的小团队，或只认同整个多团队系统。在多团队系统建立之初，成员对自身团队过高的认同可能引发团队间的冲突。不过，如果能引导人们建立起对整个系统的认同，上述冲突就能得到缓解，系统整体的绩效也会有所提升❸。

在领导方式上，多团队系统也与传统的独立团队存在很大差异。尽管领导者对任何一个团队的绩效都很重要，但在多团队系统中，领导者的担子更重：他们不仅要领导这些团队，还要促进这些团队之间的协作❸。研究指出，得到领导者关注和投入更多的团队更容易形成心理授权感，这种感受有助于团队成员高效地解决问题❸。

## ● 打造高效的团队

虽然团队是按照人们的意志打造的，但它的发展过程却有着自己的规律。例如，科技创业团队常常是三五好友牵头组建的。一位名叫诺姆·沃瑟曼（Noam Wasserman）的学者研究了上万个科技创业团队，他发现，其中 40% 的创始人在创业前是朋友❸。有趣的是，沃瑟曼指出，这种朋友关系增加了创业的失败率；平均而言，每增加一位友人，团队后续有创始人退出的概率就会增加将近 30%❸。

许多学者都致力于挖掘团队效能的影响因素。有研究梳理、汇总了海量的团队特征，得到了更有针对性的模型❸。图 10-3 归纳了我们目前已知的影响团队有效性的因素。你可以看到，其中的许多内容本质上都源于我们在群体行为基础一章中介绍过的概念。我们将高效团队的关键元素划分为三个类别：

第一类包含打造高效团队的资源和其他情境因素；第二类涉及团队的构成；第三类则包含团队的不同过程和状态，即可能影响团队效能的内部事件。接下来，我们就选取一些因素进行讨论。

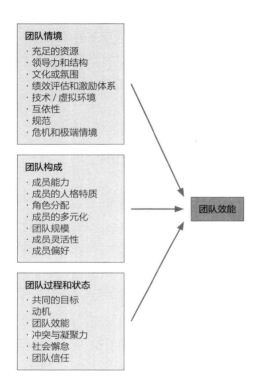

**图 10-3　团队效能模型**

○ **团队情境**

　　我们接下来会讨论对团队绩效影响最显著的 5 类情境因素，它们分别是充足的资源、领导力和结构、文化或氛围、能够如实体现成员贡献的绩效评估和激励体系，以及危机和极端情境（此外，技术 / 虚拟环境已经在前文讨论过；互依性也已经在前文有关自我管理

型团队的内容中提及；规范指的是群体成员共享和公认的行为规范，这在上一章中也讨论过了）。

* **充足的资源**

　　团队是更大的组织系统的一部分，每个工作团队的存续都依赖着团队以外的资源。如果资源是稀缺的，那么团队高效运行、实现目标的能力就会直接受到冲击。一项研究在考察了与群体绩效相关的 13 种不同因素后得出结论："或许，高效团队最重要的特征之一就是能得到组织的充分支持。"[38] 对团队来说，重要的资源包括及时的信息、适用的设备、充足的人手、鼓励以及行政支持。

* **领导力和结构**

　　团队的运转有赖于恰当的角色和任务分工。要做到这一点，有效的领导力和团队结构是不可或缺的。结构可以由组织直接设计，也可以由团队成员自行安排。不过，在合理结构的基础上，领导者能对团队成员起到非常关键的激励作用。例如，绩效优秀的团队往往有着变革型和授权型领导（见第 12 章：领导力）[39]。此外，比起团队成员与彼此的关系，领导者与下属成员的关系对员工工作态度、绩效和离职意愿的影响更大 [40]。

* **文化或氛围**

　　我们在后续专门的章节中会讨论

到，文化（例如组织的价值观、信念和假定）和氛围（例如组织的政策、实践和程序）在组织中极其重要。不过，团队也可能形成自身的文化和氛围，进而影响其自身的效能。例如，一项研究考察了中国香港一家银行的团队，发现重视集体主义观念胜于个人主义观念的团队，其绩效更有可能从成员的组织公民行为中受益❹。

　　许多早期研究从政策、实践和工作程序入手研究团队氛围对团队效能和创新的影响。这些研究表明，良好的团队氛围最重要的因素包括以下几个方面：共同的愿景；允许成员在无威胁的环境下自由分享、协作的共识；对产出质量的关注；对创造性和创新性解决方案的鼓励；定期且频繁的互动❷。对西班牙的银行团队和澳大利亚的研发团队的研究证据印证了上述因素的重要性；团队的良性氛围愈强，其财务绩效（如销售额）和创新绩效（如创新的速度和项目的完成度）就愈高❸。过去十年间，更多研究开始关注不同氛围对团队的影响。例如，研究已经证实，团队成员对政策、实践和程序公平性的感知对态度、冲突和绩效有着非常重要的影响❹。

#### • 绩效评估和激励体系

　　基于个体的绩效评估和激励可能阻碍高效团队的发展。因此，在对员工个人的贡献进行评估和激励的基础上，组织应当建立混合的绩效评估制度，既对个体的贡献给予充分的认可，又对积极的团队结果给予集体层面的激励❺。以团队为基础的绩效评价、利润分成、小组奖励以及其他形式的制度设计均有助于促进团队努力、培养团队承诺。此外，在绩效管理体系的运行中，建设性反馈也能对团队绩效产生积极影响❻。不过，组织和管理者应当留心避免激励制度实施过程中的偏见和歧视：研究表明，以非洲裔员工为主的团队会遭到污名化，这些团队得到的报酬也比欧洲裔员工团队的更低❼。

#### • 危机和极端情境

　　危机和极端情境是对团队能力的重大考验。这样的情境可能激发团队的潜能，使之在巨大的压力下成就惊人之举；也可能使团队分崩离析、造成不可挽回的灾难。一个典型的例子发生在 1949 年曼恩峡谷的火灾中，它告诉我们，危机可能在顷刻之间急剧升级、瓦解整个团队。当时，一批空降灭火员（即通过飞机被运送到指定现场扑灭山火的精英消防员）受命跟随一位名叫瓦格·道奇（Wag Dodge）的向导，前往美国蒙大拿州境内的曼恩峡谷南部扑灭由雷暴引发的山火❽。任务途中，道奇猛然发现，一丛30英尺<sup>①</sup>高的火焰正以

———————

① 1 英尺约为 0.30 米。——编者注

每分钟 610 英尺的速度向他们逼近，于是，整个团队立即调转方向，在 76 度倾斜的山坡上向着山脊进发。然而，火焰还是无情地追上了这个队伍，吞噬了他们身后的地面。于是，道奇紧急引燃了一小块平地，大声呼唤所有队员，让大家丢弃沉重的装备、伏在烧剩的灰烬中避险。不幸的是，没有一个人听从道奇的指示，仍然向着山脊冲去。最终，道奇的逃生之火拯救了他自己，他一个人躺在灰烬之中活了下来 ❹。

在过去数十年间，许多组织行为学者对类似的灾害和极端情境非常关注。事实上，团队总有可能遭遇极端的、灾难性的情境，被迫迅速行动、履行自身的使命，例如，长期执行太空使命的航天员和世界性流行病暴发时的医疗团队 ❺。针对多团队系统的研究表明，在灾害环境下，人们的行为模式通常是搜集信息而非采取行动；到了真正行动时，人们通常并没有仔细考虑过情境或可能选项，甚至没有任何计划 ❺。

影响团队是否能成功渡过危机的因素有很多，其中，领导者的作用极其关键（想想曼恩峡谷火灾中的道奇）。在灾难中，高效的领导者能够支持团队解决问题、支持团队成员、明确团队架构和计划、有效分工合作，同时令所有成员理解当前的状况 ❺。结构的作用也很关键。例如，研究就发现团队架构（team scaffolds，即团队中明确角色类型、促进责任共担、划定团队边界的

流动的内在结构）能很好地支持危机中的团队协作，因为它明确了责任，树立了共识，而且为成员提供了认同感和归属感 ❺。在危机之中，这种流动性和灵活性的确非常重要，因为高效的团队必须在极短和极少的简单互动中适应事态的变化 ❺。至于个体成员，积极情感（见第 4 章：情绪与心境）有助于缓解危机状况引发的压力 ❺。

最后，透明的决策过程至关重要，因为团队成员需要在相关信息的指导下实现决策的意图（例如弄清关注点究竟是特定的问题还是团队协作）、高效共享信息，并在恰当的时机审视清楚团队的目标、流程和战略再付诸行动 ❺。

## ○　团队构成

美国小企业管理局前局长玛丽亚·康特雷拉斯 - 斯威特曾说："在组建团队时，我会去找足智多谋的人。我需要灵活的人，也需要谨慎的人……谨慎的人通常品行端正。"❺ 她提到的这些品质都很好，但远远不是我们在寻找团队成员时需要考虑的全部。在配置团队成员时，我们可以考虑的团队构成维度包括：团队成员的能力和人格特质、角色分配、多元化（见第 9 章：群体行为基础）、文化差异、团队规模以及不同成员对团队协作的偏好。

## ·　成员能力

偶尔，我们也会听说资质平庸的

运动员在优秀教练的指导下，通过巨大的决心和精确的团队配合以弱胜强的故事。不过，这样的故事之所以会成为新闻，恰恰是因为它鲜有发生。团队的绩效在一定程度上取决于其中个体成员的知识、技术和能力❺❽。它们决定了团队成员表现和团队效能的上限。研究表明，有一系列能力（或技能）有助于成员进行高效的团队协作，包括化解冲突、合作解决问题、沟通、设定目标以及计划等❺❾。而且，总体上，团队成员背景（如教育水平、专业领域和能力）的互补性虽然与团队绩效的关联较弱，但却非常有助于提升实践中的创新和创造力❻⓿。此外，同样值得一提的是，成员的协作经验会随着时间的推移逐渐在团队层面累积，增进彼此共同解决问题的能力，进而提高团队绩效❻❶。换言之，在协作过程中，团队成员会逐渐摸索出恰当的合作方法。

• **成员的人格特质**

我们在人格与价值观一章中已经提到，人格特质对个体行为有着深刻的影响。大五人格模型中的某些维度与团队效能极其相关❻❷，例如，尽责性在团队中就格外重要❻❸。这是因为，尽责性高的个体擅长为团队成员提供支持，而且能敏锐地察觉到他人的真实需要。

那么其他特质呢？宜人性程度更高的团队也能取得更好的表现。而且，不同成员宜人性的相对水平也是很重要的：当存在宜人性水平低的成员时，团队凝聚力会受到损害；当成员的宜人性水平彼此相差过大时，团队生产力也会受到负面影响❻❹。开放性程度高的团队成员更愿意与他人分享自己的想法，这将令团队变得更具创造力和创新性❻❺。在发生任务冲突时，成员情绪稳定性更高的团队往往有更好的表现❻❻。冲突本身倒不会促进团队绩效，不过，情绪稳定的团队能够更好地化解冲突，甚至以此为契机取得更好的表现。对于外倾性的作用，研究还没有明确的结论。不过，一项研究指出，团队外倾性的平均水平越高，互助行为就越多，特别是当团队具有良好的合作氛围时❻❼。除了大五人格模型中的维度，近期也有研究发现，团队成员的主动型人格（见第 5 章：人格与价值观）对团队创新有着重要影响❻❽。可见，对团队效能而言，成员个体的人格特质与团队整体的人格特征同样重要。

• **角色分配**

团队的需求是多样的，因此，在挑选成员时，团队需要确保每一个角色都有人承担❻❾。一项研究考察了 21 年间美国职业棒球联盟中的 778 支主要队伍，其结果彰显了恰当分配团队角色的重要性❼⓿。你可能会猜想，团队成员的能力越强，表现肯定越好。的确是这样，不过，在团队中扮演核心角色的成员（即经手更多工作流程、处在工作流程中心的成员；在棒球队伍中即投手和捕手）的技能水平尤为关键 **71**。

在团队中，我们能举出的不同角色有 9 种（见图 10-4 ）。成功的团队往往能够结合成员的技能和偏好为这些角色分派合适的人选（在许多团队中，一个人会同时担任多种角色）。要使团队成员精诚协作，管理者就需要充分了解每个人的专长，在选人、用人时清楚这些能力对团队的作用，同时照顾到每个人的工作风格和偏好。

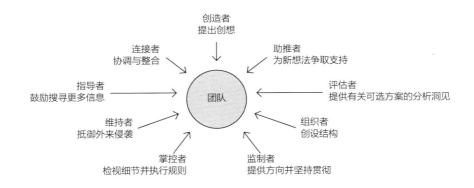

**图 10-4　团队成员可能的角色**

・ **成员的多元化**

在群体行为基础一章中，我们探讨了多元化对群体的影响。那么，团队多元化对团队绩效会产生怎样的影响呢？工作单元（群体、团队或部门）中各成员在年龄、性别、种族、教育水平或就职年限等人口统计学特征上的相似性是一个人口学（demography）话题。人口学研究指出，团队成员彼此间的工作经历差别越大，团队的离职率就越高，因为这些差异使沟通变得困难、冲突变得频繁 **72**。不过，有综述研究在整合了数百项研究的结论后发现，人口统计学上的多元化对团队绩效和创造力的负面影响是很小的 **73**。我们对多元化总是容易抱有一种乐观的态度，认为它无论如何都是件好事，有助于团队从更丰富的视角中汲取养分 **74**。然而，我们在群体行为基础一章中为大家展示的研究结果表明，多元化的作用受到许多复杂因素的影响，它究竟是好是坏，恐怕很难直接回答。

・ **文化差异**

我们已经讨论了与团队多元化有关的许多差异。不过，文化差异的作用又如何呢？研究指出，至少短期而言，文化差异会干扰团队过程[75]，不过，我们可以分析得更深入一些。比如，文化地位的差异会带来怎样的影响呢？英国的研究者发现，文化地位的差异会影响团队绩效：那些拥有更多高文化地位成员的团队会实现更高的绩效——不单是在团队层面，对于每一位成员都是如此[76]。这一结果的意义，不仅仅是告诉我们要挑选文化地位高的团队成员，更重要的是，它启示我们关注团队成员在多元化情境中对团队整体文化地位的认同。一般来说，文化多样性会促使人们考虑不同的观点，于团队任务而言是一笔宝贵的财富。不过，文化异质性程度高的团队在熟悉彼此、适应共同解决问题的模式时会面临更大的挑战，好在，这些挑战终会随着时间的推移逐渐被攻克。

· **团队规模**

许多专家都坚信控制规模是提升团队效能的关键[77]。亚马逊的 CEO 杰夫·贝索斯（Jeff Bezos）信奉"两块比萨"原则，他认为："如果两块比萨都不能喂饱所有人，说明团队太大了。"[78]《福布斯》出版商、作家里奇·卡尔加德（Rich Karlgaard）也写道，"扩大团队规模与增大成功概率几乎毫不相干"，因为随着团队人数的增加，成员之间的潜在联系会呈指数级增长，这将令沟通空前复杂，并极大地削弱成员感受到的支持[79]。

专家建议将团队规模控制在完成任务所必需的最小值。遗憾的是，管理者常常误以为团队人数"多多益善"（同时低估了规模增长带来的任务耗时增加和其他损失），进而使团队变得过于庞大[80]。一旦超员，团队的凝聚力和共同责任都会减弱，社会懈怠会加剧，而成员间的沟通则会变少[81]。在大型团队中，特别是在巨大的时间压力下，成员将很难彼此协作。如果现有的工作单元比较大，而你希望让员工以团队的形式工作，那么你可以考虑将当前的工作群体划分为多个子团队[82]。最高效的团队规模通常是 5 ~ 9 人。

· **成员偏好**

并非所有员工都富有团队精神。出于这种心理，许多人会自行选择不加入团队。如果强迫一个喜欢独立工作的员工与他人组队，那么团队的士气和该名个体的满意度都会受到直接的损害[83]。这启示管理者，在挑选团队成员时，除了要考虑能力、人格和技能等方面的因素，也要关照员工个人的偏好。高效团队的成员往往都是喜欢在团队中工作的人。

○ **团队过程和状态**

团队效能的最后一类影响因素是过程变量和状态变量，包括成员对共同计划和目的的承诺、具体的团队目标、团队效能、团队身份认同、团队凝聚力、心智模式、冲突、社会懈怠和信任。这些特征可以很好地预测团队绩效和团队成员的态度，而且对规模较大、互依性高的团队尤其重要 **❽**。

团队过程为什么重要呢？因为它是使团队的产出大于投入的关键。图 10-5 阐释了团队过程对团队实际效能的影响 **❽**。

图 10-5 团队过程的作用

- **共同的目标**

高效的团队始于使命，通过对使命的分析，团队方能设定实现使命的目标、制定达成目标的策略。持续创造优秀绩效的团队能始终清楚地认识到自己要做什么、该怎么做 **❽**。这听起来显而易见，但许多团队都会忽视这个最基本的过程。高效的团队善于 自省（reflexivity），能够在必要时及时反思、调整目标 **❽**。计划固然重要，可一旦环境条件做出了要求，团队也应该愿意做出调整 **❽**。例如，这种自省过程能提升制造团队的心理幸福感、帮助初创企业从挫折中学习、提升急诊团队在极端环境中的绩效 **❽**。有意思的是，一些证据显示，高度自省的团队更善于化解团队成员的计划和目标之间的冲突 **❾**。

- **动机**

成功的团队能将它们的共同目标转化为具体的、可测量的、足够困难（但也符合实际）的绩效目标 **❾**。比方说，针对产量的目标往往带来产量的改变，针对准确性的目标则会引起准确性的改变，依此类推 **❾**。而且，为提升成员个人绩效（而非团队整体绩效）而设定的目标往往会损害团队绩效 **❾**。因此，我们应当将个人的目标与团队目标统一起来。与此同时，除了目标，许多其他与动机相关的因素也很重要。例如，在设定目标以后，为实现目标而努力的具体过程充满了胜利、挫折和能量的起伏。长期而言，铆足了劲想取得成就的团队会产生更好的表现 **❾**。此外，有策略地分配资源和能量也是很重要的。例如，一项研究对美国冰球联赛（National Hockey League，NHL）5 个赛季的数据进行了分析，发现球队在决定其最有价值的球员上场时机时的策略性能够预测该队伍季末的战绩 **❾**。

- 团队效能

高效的团队充满了信心，坚信自己能够取得成功。我们将这称为团队效能（team efficacy）[96]。拥有成功经验的团队对未来的成功有着更强的信念，这种信念将激励它们付出更大的努力。既往的研究指出，团队效能对团队绩效有着强有力的预测作用，特别是当团队成员对总体目标的贡献高度相互依赖时[97]。此外，对彼此知识和能力的熟悉会强化团队成员的自我效能感与其自身创造力的联系，因为这有助于团队成员更高效地相互获取信息[98]。

我们可以怎样提升团队效能呢？可以考虑两种办法：一则，可以给予团队小小的成功、助其建立信心；二则，可以进行专门的培训，提升成员的技术和人际技能。团队成员的技能越强，他们树立信心、发挥信心的能力也就越强。

- 团队身份认同

在群体行为基础一章中，我们谈到过社会身份对个人生活的重要意义。当人们与所属集体建立起强烈的情感联结时，他们将在该群体中投入更多。对团队而言也是一样的[99]。例如，一项针对荷兰士兵的研究发现，尽管这些士兵本就效命于所属的集体，但在感到自己得到了团队成员的接纳和尊重时，他们依然会更愿意为团队付出努力[100]。因此，通过认可个体的技能和能力、创造尊重和包容的氛围，领导者和员工将携手塑造积极的团队身份认同（team identity），让团队取得更好的结果[101]。

组织身份认同也很重要。尽管对于个体而言，团队身份认同往往是更强的，但团队并非出于真空之中——相反，作为更大的组织的一部分，它总是要与其他单元、团队和个人产生互动[102]。拥有积极团队认同的个体一旦缺乏对组织的认同，将局限于自身的团队之中、不愿与组织的其他团队开展合作[103]。不过，总体上，团队身份认同对团队绩效、态度与合作行为的影响是最直接的；换言之，积极的组织身份认同往往也是通过提升团队认同来促进团队成果转化的[104]。

- 团队凝聚力

你是否有过所有成员紧密相连的团队经历呢？团队凝聚力（team cohesion）描述的正是这种成员在情感上相互连接和依赖、对团队承诺很深的情形。一项研究在夏威夷州火山区这种与世隔绝、高度封闭的极端环境下，对航天员（在执行火星登陆任务期间）进行了实验，发现在任务进行几个月后，团队的凝聚力就开始慢慢瓦解[105]。对此，研究者试图寻找瓦解凝聚力的因素，希望能改善航天员团队的机能。

凝聚力高的团队通常会取得更好的绩效，不过研究也发现了一种反向的效应

（即绩效更高的团队也更容易形成高凝聚力）⑩⑥。可能提升团队凝聚力的因素包括共享的领导责任、开放的信息共享以及成员之间的相互依赖性⑩⑦。近期的研究还指出，在团队解散以后，凝聚力依然可能保留下来；在凝聚力特别高的团队中，成员之间可能发展出持续一生的关系和情谊⑩⑧。

- **心智模式**

   高效团队的成员往往共享一种精确的**心智模式（mental models）**，对团队所处环境的关键元素具备极富条理的认知（团队的使命和目标关注高效团队需要做什么，而心智模式关注团队应该怎么做）⑩⑨。如果团队成员的心智模式是错误的，那么团队绩效就会受损⑪⑩。一项综述研究指出，当成员共享彼此的心智模式时，他们将更频繁地互动、更有干劲地工作、形成更积极的工作态度，以及取得更高的客观绩效⑪⑪。然而，倘若团队成员在做事方法上意见不一，他们将很有可能就工作方式发生争执、忽视真正该做的事情⑪⑫。

   团队还应当建立自己的交互记忆系统，用于储存和组织对团队有用的信息。例如，在拥有这一系统的团队中，成员会非常清楚"谁知道什么、谁擅长什么"，这样一来，他们就能将任务分配给最胜任的人选、向最有见解的专家寻求建议⑪⑬。交互记忆系统对团队绩效十分重要，特别是在集体主义、高权力距离的文化中以及在特别动荡的环境下（比如危机中）⑪⑭。

   医院的麻醉团队就体现了共享心智模式对团队行动的重要意义。一项瑞士的研究发现，麻醉团队在运转过程中会进行两种不同模式的沟通：口头监督彼此的绩效（不涉及批评，但保持对进行中的各事项的口头汇报），以及"向所有人喊话"（向所有人发表声明，例如"患者的血压正在下降"）。该研究发现，高绩效和低绩效团队进行这两类沟通的频率是相当的，关键在于进行这些沟通的次序是否有助于团队形成共享的心智模式。在进行第一种口头监督后，高绩效团队会辅以协助、指示，随后进入"向所有人喊话"的环节⑪⑮。其中的启示再简单不过了：高效的团队需要在运行过程中维持共享的心智模式，并在沟通中让成员随时了解正在发生的状况。

- **团队冲突**

   团队冲突与团队绩效的关系很复杂，但冲突本身未必就是一件坏事（见第14章：冲突与谈判）⑪⑥。关系冲突（即人们彼此间产生的个人分歧、矛盾和憎恶）通常都是有害的。不过，在团队开展非常规活动时，对任务内容的异见（即任务冲突）能激发更充分的讨论，促使人们批判性地评估问题和不同方案，进而提升团队决策的质量。根据一项研究，发生在团队工作初期的、中等程度的任务冲突能提升团队创造力，但过于轻微或过于严重的冲突对团队绩效都是不利的⑰。换句话说，在进行创造性活动的早期，团队成员的不同意见太多或太少都不好。

- **社会懈怠**

  我们在群体行为基础一章中提到，当个体的贡献（或不作为）很难被准确识别时，人们很可能产生社会懈怠、搭集体的便车。高效的团队能确保每位成员都对集体的目的、目标和行动负有个人责任和共同责任，从而遏制这种现象的苗头⑱。因此，组织应该让团队成员清楚自身对团队所负的责任。

- **团队信任**

  在新冠疫情防控期间，想必大家都体会到了信任对团队成功运行的重要性。Chief（首席）公司的联合创始人林赛·卡普兰（Lindsay Kaplan）在疫情时需要管理公司的虚拟团队，然而，其间的一次紧急状况令她必须赶回家中照顾自己的宝宝。事后，她生动地回忆道："我只好给营销团队发短信，告诉他们我不能按时来开会了……我信任我的团队，也是这种信任支撑着我熬过了那段时间。我坚信招募团队成员不能急于求成，结果也是好的，看着我们精心打造的团队平稳自足地运行，我们都觉得很骄傲。"⑲

  团队信任指团队成员对彼此共同的正面预期。当你信任你的团队成员时，你会相信他们可靠而值得信赖，也会发自内心地关心他们的福祉（反过来，他们对你也一样）。信任可能会被打破，但也可以修复⑳。研究表明，团队信任对团队绩效有着相当大的影响，特别是对虚拟团队而言㉑。随着团队成员彼此分享更多想法、在团队中投入更多努力、对彼此的绩效表现具备更多了解，团队信任也将逐步发展㉒。

## ● 激发个体的团队精神

鉴于团队对组织的成功至关重要，很多组织历来都喜欢聘用擅长团队合作的员工，或是培养和激励员工的团队精神。例如，唐·耶格（作家、《体育画报》副主编）就曾表示，组织想要的是"以团队为先"，而非以自我为中心的人㉓。搜救团队之所以用团队的形式训练队员，正是为了夯实搜救任务的成功核心——团队协作过程㉔。部分牙科团队也开始采用团队奖金方案，对团队整体的绩效予以奖励㉕。

○ **筛选：聘用具有团队精神的人**

有的人本身便具备了高效团队协作所需的人际技巧。也就是说，在筛选团队成员时，管理者需要确保相应人选既满足专业上的要求，又符合团队角色的需要 ⑫。在这一过程中，管理者常常需要克服选择最有才能的个体的冲动。举个例子：纽约尼克斯职业篮球队向球员卡梅隆·安东尼（Carmelo Anthony）支付高薪，因为后者为球队拿下了很多分数；不过，从数据上看，安东尼进球的数量远高于联盟中的其他高薪球员，这侧面说明他留给自己队友的得分机会是比较少的 ⑫。我们在本章讨论过，成员的人格特质、能力和许多其他因素对团队绩效都很关键。因此，管理者应当选聘最有潜力在团队中取得良好绩效的人，并将其分配到最恰当的团队中，与其他成员顺畅协作 ⑫。

○ **培训：塑造团队精神**

培训专家会组织员工团队学习和练习团队技能，从而提升团队效能。大量研究均显示，培训能切实地带来成员态度、团队过程乃至认知（例如心智模式）方面的改善，而且，这些结论适用于许多重要的行业（例如医疗）⑫。有的工作坊会针对性地培训员工解决问题、沟通、谈判、管理冲突和带教等技能，例如，欧莱雅集团就意识到，成功的销售团队光有能力超群的销售人员是不够的。集团的高级副总裁大卫·沃尔多克（David Waldock）表示："我们过去没有充分认识到，那些得到晋升的顶尖销售团队不只有优秀的专业技能，而且还有卓越的执行技巧。"在引进针对性的团队培训后，沃尔多克感慨道："现在，我们的团队不再各行其是、只会纸上谈兵了。我们现在有了真正的集体感，而且是好的集体感。" ⑬ 高效的团队无法在一夜之间被打造出来，它需要时间来成长。

○ **激励：对团队精神予以奖励**

传统的组织激励体系应当做出调整、鼓励合作性而非竞争性的工作努力 ⑬。贺曼公司（Hallmark Cards Inc.）在原有的个人激励体系基础上增加了一笔基于团队目标实现情况的年终奖。全食超市（Whole Foods）将大部分绩效工资依据团队绩效发放，因此，该公司的团队总是非常仔细地挑选成员，确保他们对团队效能（以及团队的奖金）有所贡献 ⑬。组织应该用晋升、加薪和其他形式的认可来奖励个体彰显团队精神的行为，包括培训新同事、共享信息、调停团队冲突以及学习团队所需的新技能等。研究发现，团队层面的奖酬更有利于提升团队绩效，特别是当这些奖酬在团队中按照个体贡献分配（而非平均分配）时 ⑬。个体的贡献固然不容忽视，但它需要与无私的团队贡献相互平衡。

最后，请不要忘记个体还可以从团队工作中获得内在激励，例如一种同舟共济的情谊。在团队中，自我与队友取得个人发展的体验弥足珍贵，这同样能给人带来激励和满足。在《三方国界》（这部电影讲述了前特种部队队员在回归平民生活时遭遇的困境）拍摄期间，演员本·阿弗莱克（Ben Affleck）和奥斯卡·伊萨克（Oscar Isaac）谈到，在饰演各自的角色时，他们都被团队中忠诚和志同道合的感受深深地打动了[134]。

## ● 注意！团队不是万金油

团队工作比个人工作需要更多时间和资源。同时，团队也对沟通提出了更高的要求，而且需要解决冲突和举行会议。因此，如果要采取团队工作的形式，那么它带来的收益就要高于它产生的成本。然而，现实并非总能如我们所愿[135]。

怎样才能知道一个群体的工作是否更适合以团队的形式开展呢？你可以进行下面三项测试[136]。首先，你要明确，这项工作由多人来做会比一个人更好吗？工作越复杂、越需要不同的视角，就越适合由多人共同完成。相反，无需多种不同输入的简单任务最好还是留给个人去完成。其次，你要了解，这项工作是否包含某种共同的目的或集体的目标，而且超越了个体目标的简单总和呢？许多汽车经销商的服务部门都组建了由客服人员、机械师、零部件专家和销售人员组成的团队，用以更好地实现满足顾客需求的集体使命。最后，你还得弄清楚群体成员在工作中是不是相互依赖的。团队适用于相互依存的任务：集体的成功依赖每一名个体的成功，同时每一名个体的成功又彼此依赖。例如，足球显然就是一项团队运动，因为球队的成功离不开全体队员的相互依赖和配合。相反，除了在接力赛中，游泳运动队就不是真正意义上的团队：它的每一位队员都各自表现，它的最终成绩也只是所有队员成绩的总和。

## ● 本章小结

团队工作需要员工相互配合、共享信息、克服差异，并将个人的利益依附于团队的利益。了解问题解决、自我管理、跨职能和虚拟团队乃至多团队系统的差异有助于你运用恰当的团队模式组织工作。团队自省、团队效能、团队身份认同、团队凝聚力和心智模式这些概念涉及团队情境、构成和过程中的重要问题。要使团队高效地运转，就要围绕个体成员的团队精神开展选聘、培训和激励工作。最后，高效的组织始终能认识到，团队未必总是最有效率的工作方式。对此，管理者需要仔细分辨适宜的情况，对组织行为也要具备深刻的了解。

## ● 对管理者的启示

- 高效的团队拥有充足的资源、高效的领导、积极的文化和氛围，以及客观反映团队贡献的绩效评估和激励体系。其成员则兼有过硬的专业素质和适宜的技能与特质。
- 高效的团队规模往往很小。团队成员能够符合角色要求，同时乐于在团队中工作。
- 高效团队的成员相信团队的实力，对共同的计划和目标拥有很强的承诺，而且具备共享一套精确的心智模式、清楚彼此该做什么。
- 应当尽量选择人际交往技能突出的个体作为团队的成员，因为这些人更容易高效地开展团队工作；应当提供培训，提高员工的团队技能水平；还应当对个体的合作精神予以激励。
- 不要觉得做什么事情都需要团队。如果任务不需要人们相互依赖就可以完成，那么让员工独立工作可能才是更好的选择。

请扫描二维码
获取书中参考文献

# 第 11 章

# 沟通

● **本章学习目标**

» 描述沟通的功能和过程；

» 对比下行沟通、上行沟通以及通过小组网络和非正式渠道的水平沟通；

» 对比口头、书面和非言语沟通；

» 阐述渠道丰富性对沟通渠道选择的影响；

» 对比说服性信息的自动化加工和控制性加工；

» 指出影响高效沟通的常见障碍；

» 讨论解决跨文化沟通问题的方法。

沟通是人与人之间相互连接的主要途径。沟通不止能传送信息、传达意义，更可以建立人与人之间的联系。例如，雪莱·扎利斯，女性商数（Female Quotient，FQ）的 CEO，创立了 FQ 人际网络，将世界各地不同公司的众多女性连接在一起❶。边路（Sider Road）的 CEO 乔斯琳·格林基称，这个人际网络让女性得以发出自己的声音，并"与别人共同建立起相互信任的圈子"。❷

可能令你意外的是，沟通（communication）不仅要传达意义，也要让人理解意义。意义的表达只是第一步；更重要的是，你的表达需要让别人理解。这听起来再简单不过了，可在现实中，糟糕的信息传递、误解和其他沟通障碍比比皆是，完美的沟通几乎是不存在的。

## ● 沟通的功能

在群体或组织中，沟通承担了 5 项基本功能：管理、反馈、情绪分享、说服和信息交换❸。

- 行为管理

沟通对组织成员行为的管理是通过多种途径实现的❹。首先，组织会设置正式的层级和条例指引员工的沟通。倘若员工遵循了这些指引，那么沟通过程就自然而然地承担了管理的功能。此外，非正式沟通同样可以管理行为。当群体成员嘲笑和骚扰产量过高（因而让其他人相形见绌）的员工时，他们就是在以非正式沟通管控对方的行为。

- 反馈

沟通可以用来传达反馈信息（见第 7 章：动机），例如让员工知道自己该做什么、该怎么做以及如何继续提升自身的绩效。设立目标、进度反馈以及对正面行为的奖赏都离不开沟通，也都能起到激励作用。而且，反馈并不只有从领导者到下属这一种单向形式。领导者同样可能主动向下属员工寻求反馈❺，员工也可以通过某些非正式渠道发表有关组织的反馈内容（例如在玻璃门这样的网站上）❻，而顾客则可以在点评网站（例如 Yelp）上对商户的服务进行反馈❼。

- **情绪分享**

  沟通是员工表达满意与不快的基本途径。因此，沟通还承担着情绪分享的功能，以满足人们的社交需求。例如，加拿大护理师莉莎·詹宁斯（Lisa Jennings）曾发起一项运动，她联系了众多第一反应人（first respondent，指接受过急救培训且取得了专业证书、率先抵达急救现场处理紧急事件的人员），邀请对方分享自己在工作中经历创伤性事件后的情绪反应，旨在呼吁立法机构重视第一反应人的心理健康❽。另一个例子是，星巴克曾尝试让店员在咖啡杯上写下"种族大同"（Race Together）的字样、呼吁人们发起有关种族关系的对话。在这样的例子中，最初的沟通总是非常艰难的，以至于星巴克后来不得不叫停了这项活动。不过，还有更多的人像詹宁斯一样坚持了下来，在情绪分享中升华了人与人之间的联系❾。

- **说服**

  与情绪分享一样，说服也有利有弊。比如，领导者是要说服员工群体投入企业社会责任活动中，还是要说服他们为了实现组织目标从事违法活动，性质就很不一样。这个例子或许有些极端，但这是为了让我们牢记，说服对组织而言可能是一柄双刃剑。

- **信息交换**

  沟通的最后一类功能是促进决策的信息交换。在决策过程中，沟通能够提供员工和群体所需的各类信息（例如与情境、条件、规范和可选项有关的信息）。

○ **沟通过程**

  在沟通发生前，首先要有一个目的，也就是发送者希望传递给接收者的一则信息。发送者首先对信息进行编码（将其转化为某种符号形式），随后通过某种媒介（渠道）将信息发送给接收者、供其解码。这样一来，意义便从一个人传递给了另一个人❿。

  图 11-1 呈现了沟通过程（communication process）。该模型的关键部分有：（1）发送者、（2）编码、（3）信息、（4）渠道、（5）解码、（6）接收者、（7）噪声和（8）反馈。

  发送者对思维进行编码，从而创造了信息。信息的作用对象是接收者，而后者需要将信息从符号形式转化为自身能够理解的内容。

  信息是发送者编码得到的客观产物。在谈话时，我们的话语就是信息；

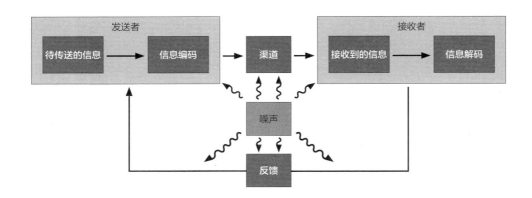

图 11-1 沟通过程

在写作（比如写信）时，写下的文字就是信息；在举止中，人们的举手投足、一颦一笑就是信息。

渠道是信息传播的媒介。它由发送者选择和确定，既可能是正式的，也可能是非正式的。正式渠道（formal channels）由组织建立，用于传递与组织成员专业活动相关的信息。例如，一份正式辞呈就向组织传达了员工自身的离职意向。其他形式的信息，如个人或社交信息则通过非正式渠道（informal channels）传播，这种沟通是自发的，取决于个体的主观选择⓫。例如，餐馆员工扔下围裙、冲出门去，就是在用非正式的方式表达自己的离职意愿。

在接收信息之后，人们还需要将其解码。解码过程往往受到特定因素的干扰，因而使其不完全按照人们预想的方式进行。其中，噪声是沟通的障碍之一，它的来源包括知觉问题、信息过载、语义难度和文化差异等。噪声的存在会扭曲信息的明晰性。

沟通过程的最后一环是反馈。反馈能够验证我们是否成功地遵照最初的意图完成了信息的传输、确认信息是否得到了充分的理解。这个环节可能发生，也可能不会发生；这取决于接收者是否会完成沟通的闭环（即用语言或非语言的方式确认自己已经接收到或理解了信息）⓬。

## ● 沟通的方向

沟通可以是垂直的，也可以是水平的；可以通过正式的小群体网络进行，也可以沿着非正式渠道展开。我们将垂直方向的沟通进一步区分为下行沟通和上行沟通⓭。例如，你可能会觉得组织的愿景（见下一章）完全是由CEO或创始人确定的；然而在现实中，这一愿景需要通过自上而下、自下而上以及横向的沟通全方位地传达到组织的各个部分⓮。

## ○ 下行沟通

下行沟通是由组织中较高的层级向较低的层级展开的沟通。在下行沟通中，传达信息的方式和情境非常关键。领导者和管理者时常运用这种沟通方式分配目标、指导工作、传达政策和程序规定、指出需要注意的问题以及提供反馈。此外，在下行沟通中，领导者和管理者还有可能不那么正式地彰显自己的地位（比如显示自身的声望或支配权力）[15]。

我们可以具体考虑一种下行沟通的终极形式：绩效评估。自动化的绩效评估能让领导者省去与员工一一谈话的工夫，这种方式颇有效率，但也错失了促进员工成长、给予激励和增进关系的良机[16]。一般而言，间接的、去个人化的沟通令员工更不容易准确理解信息的意图。在下行沟通中，优秀的沟通者不仅能将决定背后的原因解释清楚，而且能主动引导下属与自己沟通[17]。

## ○ 上行沟通

上行沟通是由群体或组织的低层级向高层级展开的沟通[18]。这种沟通形式令组织高层获得反馈信息、知悉目标进展、明确现存的问题。借助上行沟通，管理者得以知晓员工对工作、同事和组织的感受，同时也能获取有助于改变现状的想法。如果员工事事保持沉默，那么组织将错失潜在的、更好的工作组织方式。总的来说，管理者应当仔细思考，哪些因素可能阻碍员工向上传递重要的信息（例如人格特质、压力、恐惧、僵化的组织层级、心理脱离等）[19]，特别是当员工已经觉得领导者对其建议不够开明时[20]。

由于当今大部分管理者的工作职责都扩大了，上行沟通变得愈发困难，因为管理者需要处理太多的事务，极容易分心。为了实现高效的上行沟通，你应当尽量提供简洁的概述，避免冗长的解释，辅以可供选择的行动方案，并且提前规划好沟通方案，充分利用上级集中注意力的时间[21]。某种意义上，沟通策略和沟通内容同样重要。

## ○ 水平沟通

当沟通发生在同一工作群体内部、同一级别的不同工作群体之间，或是其他形式的同级关系之间时，我们便称之为水平沟通[22]。

水平沟通非常节省时间，而且能够促进合作。一方面，有的水平沟通是正式的，例如，本地化社交（Social Native）公司中的项目团队需要开会讨论团队目标和解决问题（为了增进沟通，该公司的员工都没有固定的办公室！[23]；另一方面，有的水平沟通则是非正式的，例如观察到了同事的情绪表达[24]——当有同事哭着离开经理的办公室时，看到这一幕的其他同事将接收到非常强烈的信号。在管理者知晓和支持的前提下，水平沟通对组织是有益的。不过，倘若正式的垂直沟通被忽视了，例如员工在领导者不知情的情况下就擅自采取了行动或制定了决策，水平沟通将引起恶劣的冲突。因此，组织应当始终将水平和垂直沟通结合起来运用。

## ○ 正式的小群体网络

正式的组织网络是非常复杂的，它可能包含了数百名人员、好几个层级 ㉕。不过，如果将这个庞大的网络加以拆解和简化，我们可以得到三种常见的小群体网络结构（见图 11-2，以五人群体为例）：链式结构、轮式结构和全渠道结构。

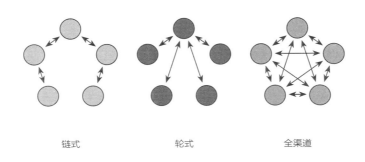

链式　　　　　　　　轮式　　　　　　　　全渠道

**图 11-2　三种常见的小群体关系网络**

链式结构严格遵循正式的指挥链，它是对传统三层级组织中常见沟通渠道的抽象。轮式结构依赖一名核心人物作为整个群体沟通的枢纽，这种沟通结构常见于存在一位强有力领导者的团队。全渠道结构允许成员主动与彼此沟通，这种模式最常出现在成员自由贡献、没有正式领导角色的自我管理型团队中。当今的很多组织喜欢以全渠道结构自居，鼓励员工与所有人直接沟通（但有时它们其实不应该如此）。

如表 11-1 所示，不同结构的有效性取决于你所关心的结果。轮式结构有利于领导角色的涌现，全渠道结构对成员满意度最有利，而链式结构则能最大限度地保证准确性。

**表 11-1　小群体网络结构的效能**

| 标准 | 网络结构 | | |
|------|------|------|------|
| | 链式 | 轮式 | 全渠道 |
| 速度 | 中 | 快 | 快 |
| 准确性 | 高 | 高 | 中 |
| 领导涌现 | 中 | 多 | 无 |
| 成员满意度 | 中 | 低 | 高 |

## ○　小道消息

群体或组织内的非正式沟通网络传递的消息俗称小道消息（grapevine）❷。通常，大部分人会认为这些小道消息和流言蜚语是负面的。研究也的确表明，不足为信的流言可能令人们不公正地评判或厌恶他人❷。总体上，小道消息有利有弊，它传播的社会压力可能促进绩效，也可能降低员工的幸福感❷。此外，小道消息很可能成为员工和求职者重要的信息来源❷。同行之间口耳相传的内幕消息对求职者的入职决定有着重要的影响，其作用甚至超过了玻璃门这些非官方评级网站上的信息❸。站在雇主的角度，员工自身的人际网络同样是一种重要的招聘渠道，例如，TWT集团（加拿大信息技术公司）就会通过员工的个人关系，招聘他们了解和信赖的人❸。

在任何群体或组织中，小道消息都无法避免。毕竟，它一定程度上满足了员工的需求；闲谈中的信息交流能让人们彼此产生亲密感和催生友谊，只是这种作用可能不利于外群体成员❸。通过了解员工人际网络中传播的流言蜚语，管理者可以更深入地把握组织中流动的正面和负面信息❸。而且，管理者还可以通过观察员工参与闲谈的频率（即观察谁更经常谈论无关紧要的事情）识别更有影响力（人脉广泛、受同事信任❸）的员工。在裁员时，这些人往往更容易保住饭碗❸。此外，一项研究运用了人工智能技术分析了一对一谈话中的闲谈内容和后续提问，结果发现，如果谈话对象发起追问，人们往往会更喜欢对方，也更愿意在未来与之沟通❸。

不过，"闲谈者"的行为意图是很重要的：当闲谈是出于合作和帮助的目的，而非仅仅为了"嚼舌根"时，这些人才更有可能获得人际网络的中心地位❸。不过，即便不考虑行为目的，积极参与小道消息的传播和讨论本身似乎也是有用的。这种做法甚至还能帮助创业者在进入新的国家市场时融入当地社会网络和社区，取得经营合法性，避免被视为"圈外人"❸。因此，组织通常不会管控或惩罚传播小道消息的行为，甚至还可以尝试理解和利用小道消息。

## ●　沟通的模式

恰当的沟通模式能强化沟通的效果，不当的沟通模式则可能使接收者产生预期之外的反应。例如，你可以想象这样一个场景：一名 78 岁的病患和他的亲属来到了诊室里，此时，医生宣布了该病患可能会因病死去的消息。你可能会想，接下来，医生将会温和地安慰这一家老小。可是，如果医生没有像上面说的这样当面沟通，而是让一个滚轮机器人将消息告知病患和家属，想必这家人将会怒不可遏❸。可见，特定类型的沟通可能适用特定的模式。除了虚拟和有形这两种形式，我们还常常需要运用口头、书面和非言语模式与他人沟通。接下来，我们会讨论这方面的最新知识和实践。

## ○ 口头沟通

口头沟通是传递信息的主要方式之一，其常见形式包括演讲、正式的一对一或小组讨论以及非正式的小道消息。

口头沟通的优势在于速度、反馈和信息交换。在速度方面，我们在传递语言信息的顷刻之间就能观察到对方的反应。如果接收者对信息不甚确定，便可通过即时的反馈加以厘清。遗憾的是，我们很难意识到自己其实不擅长倾听。研究指出，我们常常产生"倾听者疲劳"，等不及对方表达清楚就急于给出建议。格雷厄姆·博迪（Graham Bodie）教授曾说："优秀的倾听者总能克服纠正对方的天然冲动，并让对话保持简洁。"[40] 主动倾听（即在沟通时排除干扰、凑近对方、眼神交流、尝试转述并鼓励对方说下去）[41] 和真诚、不加评判的态度有利于我们学习和建立信任[42]。口头沟通中发生的信息交换包含社会、文化和情绪的成分。当我们有意识地超越文化的界线、主动分享和交换时，我们就进行了社会文化交换，促进了个体与团队之间的信任、合作和共识[43]。

在信息需要经由多人传递时，口头沟通的一个主要缺点就显现出来了：经手的人越多，信息可能发生的扭曲就越严重。如果玩过"传声筒游戏"，你就很容易理解问题所在。在这个游戏中，每个人都用自己的理解向下一个人传达听到的信息。于是，到达终点的信息往往与原本的信息大相径庭，哪怕我们觉得信息本身是非常简单和直接的。例如，在产品研发团队中，工程师与客户的距离通常很远，因此，他们经常会做出质量不错，但不太符合客户预期的产品[44]。在类似的情形中，信息经过层层过滤才来到了团队手里，而团队可能从未真正接触过客户。因此，很多组织开始寻求擅长与客户打交道的专业工程人才。

## ○ 书面沟通

书面沟通的途径包括信件、电子邮件、即时信息、组织出版物以及其他包含书面文字或符号的内容。当今企业常用的书面沟通方式有信件、幻灯片、电子邮件、即时信息、短信、社交媒体、手机软件和博客等；其中，有的方式能长期留存数字或实体形式的记录，有的则胜在能即时迅速地交换信息。自然，每一种书面沟通形式都有自己的缺点。

数据挖掘和人工智能分析（乃至"学习"）方法可以充分利用海量的书面商业沟通信息。研究者可以运用自然语言处理技术对算法加以训练，抓取人们在电子邮件、即时讯息、社交媒体（甚至包括话题标签）和其他书面沟通媒介上发布的信息，并从中衡量员工的情绪、心境、人格特质和其他特征[45]。在商业领域，它的应用场景更是不胜枚举。例如，自然语言处理技术可以帮助企业深入理解顾客对产品类型的偏好（进而有针对性地投放广告）、实时掌握顾客的情感和意图，可以用来侦察财务合规和舞弊情况，可以用在医疗情境中改善病患体验、增强诊断能力，可以智能侦测敏感信息（进而提升网络空间安全性），甚至还可以打造数字化助手、协助团队处理任务[46]。这项技术的市场前景不可估量：据估计，从 2019 年至 2024 年，市场体量将实现 21% 的增长，超过 264 亿美元[47]。

## ○ 非言语沟通

我们每一次传递的信息都会包含非言语内容[48]。因此，对沟通问题的完整讨论绕不开非言语沟通，它包括我们的身体动作、语调和重音的变化以及面部表情[49]。可以说，我们的每一个身体动作都有意义、都不是巧合（尽管很多动作是下意识的）。我们微笑，是为了显示自己值得信赖；放下手臂，是为了看起来容易接近；站立起来，是想显示权威[50]。而且，我们也有可能下意识地、自动地进行非言语沟通：在事件发生时，我们会做出反应、表达情绪；此时，旁人则能观察到我们的反应和表达，对我们的情绪感受加以判断[51]。

如果你只看会议纪要，那么你对会议内容的理解将与亲自参加会议或观看会议录像时大相径庭。为什么呢？因为非言语沟通不能被记录下来，这样一来，你其实并不知道发言者强调了哪些词语或句子（这体现在语调上）。语调的变化很可能让同样的信息产生截然不同的含义。此外，面部表情同样能传达意义，并且能和语音语调共同传达出傲慢、挑衅、恐惧、羞赧等情绪。例如，在面试中，面试官和求职者的非言语行为（比如握手）对双方印象的塑造和管理都很重要[52]。而且，非言语沟通还能影响信息接收者的行为。例如，种族偏见是可能通过非言语沟通传染的[53]：一项研究发现，仅仅是让人们观看影像、目睹欧洲裔人用间接的方式苛待非洲裔人，就足以激活负面的种族刻板印象，让人们对非洲裔人群体产生不好的观感[54]。

# ● 沟通渠道的选择

人们是如何选择沟通渠道的呢？下面的渠道（或媒介）丰富度模型可以指导管理者选择沟通渠道[55]。

## ○ 渠道丰富度

不同渠道所能传达的信息体量是不同的[56]。有的渠道丰富度高，能够：

（1）同时承载多种线索；（2）允许实时反馈；（3）个性化程度高。有的渠道比较匮乏，在这三个方面均不具备明显的优势。面对面沟通的渠道丰富度（channel richness）是最高的，因为在同样的沟通片段中，它能够传达最多的信息，不仅容纳了多种线索（文字、姿态、面部表情、手势、语调），包含即时的反馈（包括言语反馈和非言语反馈），而且因为沟通者的在场而富有人情味。其他丰富度较高的媒介（由高至低排序）包括视频会议、电话交谈、直播演讲和语音邮件。最不具人情味的则是正式报告、简报等这些书面媒介。

## ○ 选择沟通方式

渠道的选择取决于信息是不是常规性质的。常规信息往往直截了当、模糊性低，可以通过丰富度较低的渠道颇有效率地传达。非常规信息则相对复杂、可能引起误解，这时，领导者就需要选择恰当的渠道来实现高效沟通 **❺❼**。在本节中，我们来探讨一下口头、书面和非言语沟通分别适用哪些情形。

### • 选择口头沟通

如果你希望了解对方对信息的接受度，那么口头沟通可能是更好的选择。比方说，在提出新产品的营销方案后，你最好与客户当面沟通，以便了解客户对每一项提案的反应。而且，你也

应该照顾到沟通对象的偏好；有的人更关注书面内容，有的人则更喜欢讨论。例如，倘若你的上司提出和你开会讨论，你大概不会执意改用邮件沟通。工作环境的节奏也是一个影响因素。在快节奏的职场中，随时开会可能是常态；而在任务期限密集的项目团队里，有计划的视频会议可能才更适宜。

在面对面沟通时，许多信息都潜藏在沟通过程中。因此，在选择沟通方式时，你也要考虑自己的沟通技巧。研究指出，说话腔调的重要性是话语内容的两倍。最佳的说话腔调应当清晰、温和，它对你的职业发展非常有益。如果你的说话腔调还有不足，可以让团队帮助你意识到问题，做出改进；或者你可以求助于专业的发声教练 **❺❽**。

### • 选择书面沟通

书面沟通往往是传达复杂、冗长的信息最可靠的方式。而且，对于某些简短信息的传递，它也最有效率，比如有些事情两句话就能写清楚，但打电话却要花上 10 分钟。不过，你始终应当记得，书面沟通在情绪传达方面存在明显的局限性。

如果你希望信息形成有形、可查证的记录，你就可以选择书面沟通的方式。书信在商业往来中主要的用途是维护关系、留存记录，或是用来手写署名。此外，作为求职者，用手写感谢信回绝应聘者通常是个很不错的选择，

而且行政人员通常也不会拆看手写信件，而是会将信封完整地呈至收信人的桌面。

电子邮件在商业领域最为常用，它是一种相对不那么正式的书面沟通形式，可以用来就无须专门开会讨论、但用即时讯息或短信很难说清的事项进行非正式沟通。不过，邮件沟通需要谨慎措辞；由于这种沟通方式抹去了非语言线索，你很容易看起来粗鲁自大，甚至不尊重他人的文化❺❾。一般而言，你应当只回复那些与专业事务相关的即时讯息，并且只在确认对方愿意收到这些讯息时才发送它们。收发短信的成本非常低廉，而且及时响应客户和管理者的沟通要求有助于你发展自己的事业。社交媒体在销售领域（无论是对公还是对私）取得了很多惊人的效果。例如，某线上会议服务商 PGi 的一位销售代表收到了 TweetDeck（推特帮手）的提醒消息，得知一名潜在客户在推特上抱怨了网络会议的不便。他立即联系了对方，并促成了自己成交最快的一单生意❻⓪。不过，在使用社交媒体时，一定要谨慎发表评论，因为这些暴露在公众视野之下的观点可能带来意想不到的影响，还有可能给你的雇主留下负面的印象❻①。

· 选择非言语沟通

在沟通中，关注非言语内容是很重要的，特别是要留意言语和非言语信息之间的矛盾。打个比方，如果一个人在谈话中频繁地看手表，说明此人可能希望尽快结束谈话。有时，我们口头表达的信息和非言语沟通传达的信息是不一致的，比如嘴上说着信任，姿态却透露出"我对你完全没有信心"，这就可能造成对方的误解。研究显示，组织的领导者在沟通过程中常常就会产生这样的矛盾，比如表面上重视性别平等，实际上董事会的席位却还是主要留给男性（这种做法会在无形中"劝退"很多求职者）❻②。

○ 信息安全性

对于几乎所有储存着客户、顾客和员工的私人信息或独家数据的组织而言，信息安全都是一个非常重要的问题。组织常常担忧电子信息的安全性，例如医院病人的数据❻③。为此，很多组织会有意识地监控员工的互联网数据和邮件往来，甚至动用视频监控和电话录音。尽管部分措施可能确实是必要的，但这些做法也侵害了员工的权利，可能引起员工的抵制❻④。要减少员工的顾虑，组织可以让员工参与信息安全政策的制定过程，同时也让其有权决定组织使用个人信息的方式❻⑤。

● **以说服为目的的沟通**

目前，我们已经讨论了诸多沟通方法。接下来，我们集中关注沟通的核心功能之一——说服，并探讨可能增强说服效果的因素。

## ○ 自动化加工和控制性加工

要理解说服的过程，我们需要考虑两种信息加工方式 ❻❻。回想一下上次你在浏览社交媒体时看到的广告。片刻之后，你很可能发现自己已经下单了一件印有自己大学体育吉祥物的《哈利·波特》联名 T 恤。你其实并没有仔细对比不同 T 恤的设计，而是受到精巧的广告和智能的机器学习算法的驱使，进行了冲动购买。如果我们诚实一些，就不得不承认炫目的营销手段的确深远地影响着我们的消费选择。研究通过心率和皮肤电传导数据显示，在类似的环境中，我们会采取某种"自动化"的决策模式 ❻❼。事实上，我们在很多时候都依赖这种自动化加工（automatic processing），对证据和信息进行浅显的分析。这种加工方式只需耗费很少的时间和精力，而且常常动用我们在知觉与个体决策一章谈到的启发式关联。它的缺点在于，我们很容易被各种"小伎俩"蒙蔽，比如朗朗上口的旋律或令人眼花缭乱的照片。

现在，再回想一下你上次找地方住的经历。当时，你或许向熟悉地区行情的专家寻求了建议，搜集了大量价格信息，而且仔细地对比了租房和买房的利弊。在这种情况下，你对信息进行了更费力的控制性加工（controlled pro-cessing），基于事实、数据和逻辑详细分析了证据和信息。控制性加工需要投入更多精力和能量，但正因如此，你也不太容易被蒙骗了。

## · 重要性 / 兴趣水平

决定人们采取何种信息加工方式的重要因素之一，是人们对说服性信息的兴趣水平 ❻❽。当人们对决策的结果很感兴趣，或是该结果的影响非常重要时，他们将更倾向于仔细地处理信息。可能也正因如此，人们在涉及重要问题（比如搜寻住处）时才会比处理不那么重要的问题（比如冲动下单 T 恤）时搜寻更多的信息。

要勾起沟通对象的兴趣，一种办法是讲故事。例如，尽管结构化面试比非结构化面试更可靠，人力资源管理还是更经常使用后者。对此，某些研究发现，运用讲故事或推荐帖的方法呈现结构化面试的优点，将有助于说服人力资源管理者更多地采用这种面试方法 ❻❾。

## · 既往知识

对相关主题领域具有充分了解的人更倾向于采取控制性加工策略。一方面，由于这些人已经就特定行动的利弊进行过深入思考，除非能给予其充足的理由，否则他们不会轻易改变自己的立场；另一方面，即使说服观点非常流于表面，而且没有足够的证据，如果对相关话题缺乏了解，人们依然很容易改变自己的想法。因此，了解丰富信息的观众是更难说服的 ❼。

- **人格特质**

在购物之前，你会反复浏览亚马逊网站上的商品评论吗？你是不是甚至还会货比三家、仔细浏览其他网店或点评网站再做决定呢？如果真是这样，你可能具有很高的认知需要（need for cognition），拥有这种特质的人需要足够的证据和事实才能被说服 ❼。相反，认知需要较低的人更容易采取自动化加工策略，在评估说服性信息时依赖情绪和直觉。

- **信息特性**

影响人们采取不同信息加工策略的另一类因素是信息本身的特性。例如，当读者看到博主披露了利益相关信息时，他们会更加信任这些博主（也会对其产生更多好感）；不过，当引导这些读者仔细思考这些利益相关信息时（即启动控制性加工过程），他们就更容易保持怀疑 ❼。

经由相对匮乏的渠道传输的信息更容易启动自动化加工，因为接收者没什么机会与信息内容互动。相反，通过丰富度高的沟通渠道传播的信息则更容易启动有意识的加工过程。而且，在沟通中，人们可以运用音调、音量、语气和语速的微妙变化彰显自信（进而让信息显得更有说服力）❼。

○  **选择说服信息**

成功说服的关键是将沟通方式与受众的信息加工方式匹配起来 ❼。当你的受众对沟通话题不感兴趣、缺乏相关背景知识、认知需要较低而且接收信息的渠道较为匮乏时，他们更有可能进行自动化加工。此时，你就应该在信息中注入更加饱满的情绪，同时尽可能让听众对你所期望的结果产生积极的想象。反之，如果受众对主题非常关心、具有较高的认知需要，或是当信息传输的渠道非常丰富时，你就应该多多抛出理性的观点、提供充分的证据。

● **高效沟通的障碍**

许多障碍都会造成沟通的低效和信息的扭曲。本节，我们重点介绍几类主要的沟通障碍。

○  **信息过滤**

信息过滤（filtering）指有意识地操纵信息，令接收者只获悉有利于发送者的部分。例如，对老板报喜不报忧就是一种信息过滤。

组织的层级越多，信息过滤问题可能就越严重。不过，哪怕不存在正式层级，地位的差距也可能滋生信息过滤。当员工不敢上报坏消息、总是希望取悦老板时，他们将很有可能只汇报自以为老板想听到的内容，严重扭曲上行沟通 ❼。

○ **选择性知觉**

选择性知觉的关键在于，沟通中的接收者可能在自身需要、动机、经历、背景和人格特质的驱使下选择性地接收和听取信息，也有可能基于个人在沟通中的兴趣点和期望对信息进行解码。例如，倘若一名面试官已经认定女性总是将家庭的需要置于事业发展之前，那么他将很有可能对所有女性候选人都怀有同样的成见，而无视对方真实的想法。正如我们在知觉与个体决策一章中所说，我们并非看见了现实；我们只是阐释了自己的所见所闻，并把它叫作现实。

○ **信息过载**

尽管综合多种信息来源有助于加强理解[76]，但人处理信息的能力终归是有限的。当我们需要处理的信息量超出了自身能力的限度时，就会感受到信息过载（information overload）。

那么，当拥有的信息已经超出了自身所能梳理和使用的范畴，人们会如何反应呢？答案是筛选、忽略、遗漏和忘却，又或者是放弃更深入的信息加工，直到信息过载的情况得到缓解，但无论哪一种情况都会造成信息损失和沟通低效。因此，解决信息过载问题非常重要。

再延伸一下，英特尔的一项研究发现，减少科技产品的使用频率可能是有效的，正如一篇文章所说，这么做"能让人们避免紧锣密鼓地准备电子公文，不至于反复推翻原有的工作计划"[77]。一种相对激进的做法是直接减少接入设备的数量。例如，库尔斯啤酒公司的高管弗里茨·范·帕申（Frits van Paasschen）丢掉了台式计算机，只保留移动设备，而礼来公司（Eli Lilly）则要求销售团队停止使用笔记本计算机等一系列设备，只在 iPad 上办公。这些措施都有效提高了生产力[78]。

○ **情绪**

你的情绪管理和情绪表达同样会影响沟通的效能。例如，一篇综述整合了几十个研究的证据后发现，有意识地展现非言语线索有助于提升沟通绩效，但自然产生的非言语反应则没有这样的效果[79]。这启示我们调整非言语沟通模式来实现高效沟通。此外，尽管压抑自身的情绪通常都是不利的（给他人留下负面的第一印象、带来负面的社交结果），但表达负面情绪（例如愤怒）同样可能引起负面的社交后果。当然，表达负面情绪也有积极的一面，它能让他人更好地了解你的真实感受[80]。关键可能在于处理负面情绪的方式：研究表明，沉浸在负面情绪之中可能是不明智的；相反，如果能够有建设性地直面和处理情绪（比如重新审视当下的状况，弄清自己的真实感受），你将获得内心的释放，取得更好的社交结果[81]。

另外，对同一则信息，你在心情

愉快时的理解可能与愤怒烦乱时的很不一样。例如，处于积极心境中的人在阅读说服性信息后会对自身的观点更加自信，因此只有足够精妙的论述才能对他们的观点产生强烈的影响[82]。处于消极心境中的人往往会更加细致地检视信息，而拥有积极心境的人则更容易对沟通内容照单全收[83]。盛怒等极端的情绪会令沟通效果大打折扣[84]，因为我们在类似的情形中很容易抛开有控制的思考过程。

○ **语言**

即使说着相同的语言，人们用同样的字眼表达的含义也可能千差万别。造成这种语义差异的两大原因分别是年龄和行业术语。某些字词的含义可能会随着时代的发展而变化。例如，越是年长的员工越容易使用富有年代感的词汇，可能令人觉得他们"倚老卖老"[85]。管理者应当慎重措辞，用不同的方式与不同的员工高效沟通。此外，我们还应该审慎选择话语和术语，尽可能令更多的人理解沟通的内容[86]。毕竟，并非每个人都来自相同的背景、处于同样的情境，也不是每个人都能理解某些行业术语。因此，在面向多元的受众时，沟通语言越简单越好。

○ **沉默**

沉默是缺乏沟通的表现，反映了信息的匮乏，因此我们很容易忘记它其实值得专门的探讨和处理。这是很成问题的，因为沉默本身就包含了重要的信息，暗示了沟通对象可能对某个话题不感兴趣或无力应对[87]。此外，沉默也可能只是信息过载的结果，或是思考回复时产生的延迟。无论背后有着怎样的原因（通常是多种多样的，比如恐惧、顺从甚至是亲社会动机）[88]，研究都表明，沉默和拒不沟通的情况非常普遍，而且相当不利[89]。近期有许多研究致力于理解员工和管理者明明可以发声却选择沉默的原因。这些研究发现，当员工感到沟通对象的心态不够开放、员工自己产生了无力感以及体验负面情绪（特别是恐惧）的倾向时，他们更有可能保持沉默[90]。对此，管理者和员工都应该行动起来，协力创设良好的职场环境，包容不同的想法、意见甚至坏消息，令人们更敢于分享自己的想法。

○ **沟通焦虑**

据估计，5% ~ 20% 的人都饱受沟通焦虑（communication apprehension）的折磨[91]。这些人在必须进行口头或书面沟通时，会感受到难以承受的紧张和压力[92]。他们可能觉得面对面沟通无比困难，或是对打电话感到极端焦虑，继而用并不高效或不恰当的备忘录或电子邮件来代替。

出于对口头沟通的焦虑，人们可能会极力避免以口头沟通为主的活动[93]，例如课堂教学。可是，几乎所有工作都要求一定程度的口头沟通。更值得担忧的是，对口头沟通的焦虑可能使人们过高地估计工作中的沟通要求，从而影响人们的职业选择。

## ○　谎言

谎言是信息的直接误传（涉及真正意义上的信息扭曲），它也是高效沟通的一大障碍❾❹。不同的人对谎言可能有着不同的定义。例如，你觉得故意不说明自己所犯的错误算撒谎吗？还是只有明确否认自己对错误的责任才算呢？尽管谎言的定义一直困扰着伦理学家和社会科学家，但谎言的普遍性是毋庸置疑的。平均而言，人每天可能都会撒一两次谎，有的人甚至更多❾❺。

## ○　危机时期的沟通

高效沟通的最后一道障碍是来自危机的挑战❾❻。美国政府在 2005 年 8 月卡特里娜飓风来袭期间的表现，就突显了危机对沟通效率和效果的阻碍❾❼。彼时，各层级的政府机构对飓风的到来都毫无准备，既不能有效开展协作，也无法应对灾情的模糊性和不确定性。

危机期间的高效沟通分为三个阶段：（1）在危机发生前沟通预案和准备工作；（2）在危机发生时应对各方的反应；（3）在危机发生后与利益相关者沟通，促使各方汲取共同的教训❾❽。面临不同性质的危机，促使人类群体开展沟通活动的动机是很不一样

的：在战争爆发时，人们倾向于争夺控制和支配权；在和平年代的危机中，人们则更容易自我批判、恐惧负面的后果❾❾。对于危机中的沟通问题，我们必须考虑这些复杂的动机，因为倘若仅仅从应对压力的角度分析人类的行为，我们将无从理解这种种控制、支配、焦虑和恐惧。

那么，我们应该如何提高危机之下的沟通效能呢？有益的做法包括进行高效的信息共享、充分沟通事实的含义以及设想不同行动的后果❿⓿。与此同时，尽管人们在危机之中可能更倾向于攫取权力、规避责任，比起各自为战，合作共度危机可能才是更明智的做法。例如，研究显示，人们在自行尝试解决问题（例如研发疫苗）时很容易陷入迷茫，而且无法从他人失败的经验中学习；然而，通过协调与合作，人们便很容易解决困惑、互相学习❿❶。最后，技术手段可以促进沟通。例如，手机软件可以向救援团队迅速提供信息，以便其及时准确地锁定受灾人群❿❷。技术还可以提供危机预警，比如在 2018 年，推特就发布了一则弹道导弹威胁预警。尽管这实际上是一条错误的预警信息，但相关分析发现，它引发了多达 1200 万次推文讨论，使人们的恐慌情绪持续了一周之久❿❸。因此，我们应当始终注意危机中的沟通信息可能对公众产生的巨大影响。

## ● 沟通中的文化因素

即便上述障碍都被克服，沟通也并非易事。如果还存在跨文化因素，那么沟通便更是难上加难。适用于一种文化的沟通方式在另一种文化中很可能水土不服。例如，美国的一家药品公司在加利福尼亚某地区推广疫苗产品时就遇到了滑铁卢。公司最初采用的营销策略主要面向男性顾客，然而，该地区的绝大部分居民是第一代亚裔移民，这些移民家庭中真正有话语权的其实是妻子。在意识到这一文化特点后，销售团队改换了策略，成功提高了公司产品在该地区的销售额 ⑩。

### ○ 文化壁垒

许多问题都可能加剧跨文化沟通的困难。

第一，不同文化之间可能存在语言壁垒。不同的人，特别是不同文化中的人用来传情达意的文字是不同的。有的词语并不能在不同文化间翻译和对应。例如，芬兰语中的"sisu"代表某种类似"勇气"和"不屈的毅力"的东西，但没有任何一个英文词语与之严格对应。1945 年，就在广岛事件的前几天，日本首相铃木贯太郎对同盟军发出的最后通牒进行了回应，但他原话中的"不予置评，我们需要更多时间"却被翻译成了"无声的抗议"⑩。不仅是语言，类似的差异还可能存在于非语言沟通过程中，例如人们表达感激的方式就存在文化差异，在个人主义文化下，这种情感的表达方式通常是肢体接触。

第二，不同文化之间可能存在语义壁垒，相同的文字在不同的语言中可能有着不同的含义。比如，日语中的"hai"翻译成英文后代表"是"，但它真正的含义是"是的，我在听"而非"是的，我同意"，这就可能给美日两国高管的沟通造成麻烦。

第三，不同文化之间还可能存在语气壁垒。有的文化惯用正式的语言，有的文化则惯用不那么正式的语言；还有的文化需要根据情境转换所用的语气，对家庭、社交和工作场合进行区分 ⑩。例如，同样是在轮胎行业，墨西哥人做生意时就比其他国家的人更讲究穿着和沟通方式；在工作中，他们甚至会用更正式的代词"你"（usted），以示与非正式场合（tú）的区别 ⑩。在正式场合中，使用私人的、非正式的语言风格显然就不合适了。

最后，还有对冲突的容忍度和化解冲突方式的差异。个人主义文化中的人更能容忍直接的冲突，也更倾向于公开彼此的异见。集体主义文化中的人则倾向于隐晦地承认冲突，并且避免情绪化的纠纷。后者通常会将冲突归咎于情境而非个人，因此不会要求对方通过公开道歉来弥补关系的裂痕。相反，前者更倾向于公开地回应冲突、为冲突负责并当众道歉，从而修复双方的关系。

## ○ 文化语境

在不同文化中，语境对个体理解沟通内容的影响也是不同的⑩。在<mark>高语境文化（high-context cultures）</mark>中，例如中国、韩国、日本和越南，人与人的沟通高度依赖非言语信息和细微的情境线索，个体的地位、在社会情境中所处的位置以及个人的声誉也都有着重要的意义，"此时无声胜有声"甚至也是常有之事。相反，欧洲和北美则属于<mark>低语境文化（low-context cultures）</mark>，沟通中信息的意义主要依托语言和书面文字的内容，而身体语言和个体身份则不那么重要（见图11-3）。

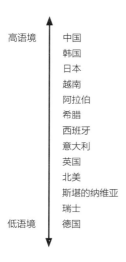

高语境　中国
　　　　韩国
　　　　日本
　　　　越南
　　　　阿拉伯
　　　　希腊
　　　　西班牙
　　　　意大利
　　　　英国
　　　　北美
　　　　斯堪的纳维亚
　　　　瑞士
低语境　德国

**图11-3　高语境文化与低语境文化连续谱**

语境的差异在沟通中意义重大。在高语境文化中，沟通有助于促进双方的信任。看似随意和无关紧要的对话事实上起到了建立关系、树立信任的作用。在这些文化中，言语上的赞同是一种极强的承诺。而且，"你是谁"——即你的年龄、资历和在组织中的级别——会极大地影响你的可信度。因此，管理者往往只需要"建议"甚至"暗示"，而非直接发号施令。然而，低语境文化更倾向于执行书面的、精确的、有法律效力的契约，更重视直截了当的做法。因此，人们会期望管理者明白、准确地说明自己的意图。

## ○ 跨文化沟通指南

我们能从跨文化商业沟通中学到很多东西。可以说，是文化塑造了我们每个人独一无二的观点。人与人是如此不同，也正因如此，我们才有机会通过高效沟通、互帮互助得到最具创造性的解决方案。

研究跨文化沟通的专家弗雷德·卡斯米尔（Fred Casmir）认为，在与来自其他文化的人沟通时，我们的表现往往不尽如人意，这是因为我们总是根据文化背景抽象地判断对方。这种做法非常生硬，甚至可能带来不可挽回的后果，特别是当我们仅仅根据观察到的表面特征做出假设时。而且，即便有心使用合乎文化习惯的方式对待他人，我们也常常被媒体大肆宣传的刻板印象带偏。许多刻板印象其实是错误的，或是不符合当下实际的。

卡斯米尔表示，世界上的文化实在太多，人们很难完全掌握，而且每个人对自身文化的理解也不一样，因此，跨文化沟通的要义是保持文化敏感性，追求共同的目标。他发现，最理想的做法是建立"第三文化"，即发展出独属于群体的沟通模式，照顾到每位成员的文化和沟通偏好。由于充分接纳了成员的个体差异，这种亚文化有助于形成良性的社会规范、为高效沟通奠定基础。一旦实现了高效沟通，跨文化群体的生产力和创新能力就是不可估量的。

在与其他文化的成员沟通时，你应该如何减少误解呢？卡斯米尔和其他专家为我们提供了以下建议。

1. **了解自己。**了解自己的文化身份和文化偏见是理解他人独特见解的关键一步。
2. **营造互相尊重、公平和民主的氛围。**创造公平且相互体谅的环境。这将成为你们的"第三文化"，成为超越个体文化背景的跨文化沟通土壤。
3. **陈述事实，而非自己的理解。**在试图理解或评估他人的说法、做法时，你更多参考的是自身的文化和背景，而非观察到的客观情形。然而，如果选择只陈述事实，那么你就可以了解到不同人的解读。你应该花足够多的时间、结合足够多的视角尝试观察和理解现象，然后下判断。
4. **考虑别人的想法。**在传达信息前，首先要换位思考：沟通对象的价值观、个人经历和参考系分别是什么？你对他们的学识、教养和其他背景了解多少？这些信息是否能让你更深入地了解对方？在有可能发生冲突时，你应该尝试将自己代入别人的处境中思考，采取合作的方式解决问题。
5. **主动维护群体的身份认同。**"第三文化"是群体的共同立足点，也是高效沟通的基石，和其他文化一样，它也需要时间来培育。在这一过程中，组员可以相互提醒，牢记共同的目标，保持互相尊重，照顾每一个人的沟通偏好 ⓘⓞⓝ。

## ● 本章小结

沟通维系着组织的运转；通过管理信息、理解信息，组织得以优化运营流程、获得更好的结果。在本章中，你已经了解到，沟通遵循着特定的过程，实现着不同的功能。沟通可以向下或向上发生，也可以在水平方向上进行。沟通的形式可以相当正式、依托组织建立的人员网络，也可以不那么正式、以小道消息的方式呈现。不同的沟通渠道（如口头、书面和非言语）在丰富度上存在差异，而且适用于不同的情形。最后，从信息接收者的角度来看，人们有时候会不假思索、自动化地接收信息，有时则投入较多的认知努力来解码信息。如果想成为优秀的沟通者，你就要了解沟通的常见障碍，在必要时还需要进行充分的文化考量。

## ● 对管理者的启示

- 记住，你的沟通方式会在相当大的程度上影响沟通的效果。
- 无论信息是怎么传达的，你都要从沟通对象那里获取反馈，确保对方真正理解了你的意图。
- 比起口头沟通，书面沟通往往更容易造成误解；因此，只要有条件，尽可能与员工当面开会沟通。
- 确保你的沟通方式与受众情况和信息类型相适配。
- 始终留意沟通中潜在的障碍，例如性别偏见和文化差异。

请扫描二维码
获取书中参考文献

# 第四部分

# 谈判、权力与政治

# 第 12 章

# 领导力

● **本章学习目标**

» 归纳领导特质理论的主要结论；

» 阐述领导行为理论的核心观点和主要局限；

» 比较不同的权变领导理论；

» 描述几种当代领导理论，并说明它们与基础领导理论之间的关系；

» 阐述领导对打造道德型组织的作用；

» 阐述领导者如何建立信任、培养后辈从而对组织施加积极的影响；

» 指出我们对领导力的理解面临哪些挑战。

## ● 领导特质理论

美国联邦快递（FedEx）主管运营与服务支持的副总裁格洛丽亚·博伊兰（Gloria Boyland）被称为当今美国商业世界最有权势的女性之一。她将大量的时间用来指导自己的直系下属，不仅给予激励，而且反复强调他们对公司发挥的关键作用。此外，格洛丽亚也赋予下属充分的自主权，她信奉一条指导原则："后退一步，才能让别人上前一步。"❶ 她表示，联邦快递的创始人弗雷德·史密斯（Fred Smith）就是一位擅长鼓舞人心的变革型领导者，自己从对方身上学到了很多。作为非洲裔女性，格洛丽亚最初并没有拿到一手好牌，因为企业的领导权主要掌握在欧洲裔男性手中，女性必须付出巨大的努力，才能冲破柔情脉脉的刻板印象，显示领导者的强硬 ❷。

想必你自己也有体会，并非所有的领导者都是管理者，也并非所有的管理者都是领导者。有时，非正式领导力，即来自组织正式结构之外的影响力，其实比正式领导力更加重要。例如，马西·辛德（Marcy Shinder）如今已经成为工作市场（Work Market）公司的首席市场官，在刚入职时，她便已经开始主动与同事建立关系，并很快脱颖而出，显示出非正式领导力了 ❸。是什么造就了领导者？格洛丽亚身上有许多重要的领导特质和行为，她的经历也反映了当代社会存在的领导力挑战（比如缺乏民族和性别多样性 ❹。尽管领导的概念相当复杂，涉及特质、行为和很多其他因素，我们还是可以给出一个总体的定义：领导力（leadership）是影响群体，使之实现愿景和既定目标的能力。

### ○ 人格特质与领导力

伟大的领导者身上有哪些独特之处？要回答这个问题，我们可以先从领导特质理论（trait theories of leadership）开始。这一类理论关注个体的品质（包括人格特质，如大五人格；见第 5 章：人格与价值观）和其他特征，并试图用这些因素来预测领导涌现和领导效能 ❺。在漫长的历史中，人们总是用特质描述强大的领导者，因此，领导力研究一度致力于挖掘相关的人格、社会、物质或智力属性，希望理解领导者在哪些方面有别于普通人。不过，你要知道，即便一个人显示出恰当的特质，而旁人也认同此人的领导身份，这个人也未必能成为高效和成功的领导者，真正引领整个群体实现目标。结合我们在讨论人格的章节中谈到的个人 - 情境交互视角，领导行为是特质与情境共同作用的产物❻。学术研究和人力资源管理实践也佐证了这一观点：有学者运用机器学习和人工智能技术，尝试识别领导者的特质，用以预测领导效能，结果发现，要实现高效的领导，特质因素和情境条件都是不可或缺的❼。

- **大五人格特质**

  在研究人格特质时，许多学者一致发现，外倾性对正面的领导结果具有很强的预测作用。外倾性不仅是领导者涌现最有力的预测指标❽，而且还能预测诸多领导行为或风格。例如，外倾性程度高的领导者更倾向于使用变革型领导风格，展示关怀行为（本章后文会详细讨论 ）❾，因此，这些人更容易成为高效的领导者。不过，这些作用更多产生于外倾性特质中主动、果敢或有主见的一面，而非温暖、平易近人和亲密的一面❿。也就是说，外倾性之所以能预测高效的领导，很可能是因为它包含的某些独特面向。但无论如何，过于"果断"或过于"温暖"都不利于你成为

领导⓫。

宜人性和情绪稳定性同样是领导力的重要方面（例如，它们能提高下属对领导者的满意度），但经验开放性对领导效能的作用则相对弱一些⓬。尽责性对诸多重要的领导行为和结果有着关键的作用。例如，尽责性高的领导可能同时采取更多定规维度和关怀维度的行为（见后文的讨论）⓭。此外，尽责性对领导效能也有相当强的预测作用，而且是所有特质中对团队绩效预测力最强的指标⓮。

- **黑暗三联征**

  黑暗三联征与领导力有没有关系呢？研究指出，这些特质与领导力并不是背道而驰的：常规（即中等）水平的黑暗三联特质（甚至包括精神病态）是最理想的，而过低（和过高）的分数都可能造成领导的低效⓯。幸运的是，该项研究以及其他一些国际性的研究均发现，提升领导者的自我认识和自我管理能力有助于控制黑暗三联征的负面影响⓰。然而，让领导者正确地认识自己可能也存在一定的困难，比如自恋的领导者更容易产生自我增强的心理（即自视甚高），在涉及领导力的问题上偏听偏信⓱。

○ **情商与领导力**

高效领导的另一项特质，是我们在情绪与心境一章中讨论过的情商。情

商的一个重要构成部分是同理心。同理心强的领导者能够体察他人的需要，倾听下属的声音（和言外之意），解读他人的反应。如果能有效地展露和管理情绪，对下属良好的表现展现真挚的欣赏和热情，对欠佳的绩效适当表现恼怒，领导者便能对下属的感受施加强有力的影响[18]。领导者自我评价的情商和变革型领导力（本章后文会介绍）存在中度关联，但当评价的主体被换成下属时，这一关联就要微弱得多[19]。此外，研究显示，在控制了认知能力和人格特质的情况下，情商依然能够预测领导者的涌现[20]。

基于现有的研究证据，我们可以对人格特质与领导力的关系得出两个结论：第一，人格特质能预测领导力；第二，人格特质对领导者涌现和领导力表现的预测作用较强，对高效领导和低效领导的区分作用则较弱[21]。

## ● 行为理论

特质理论有助于我们识别具备领导力的个体，而领导行为理论（behavioral theories of leadership）则告诉我们应该如何培养领导者[22]。

最全面的领导行为理论产生于美国俄亥俄州立大学进行的系列研究[23]。该研究旨在确定领导行为包含的独立维度，它将最初的上千个维度逐步缩减到两个核心的维度：定规和关怀。这两个维度能够有效涵盖员工所描述的大部分领导行为。

### ○ 定规维度

定规（initiating structure）指领导者根据目标对自身和下属的角色进行结构化的规定。它包含组织工作开展、规定工作关系和设定目标的行为。在定规维度上得分较高，意味着领导者倾向于给下属分配任务、阐明绩效标准并设置任务期限（结合这一点，你便很容易理解为什么尽责性是一种重要的领导特质了！）。一篇涵盖了数百项研究的综述指出，定规维度与群体、组织的生产力以及绩效评估结果均有着很强的正相关[24]。

### ○ 关怀维度

关怀（consideration）指领导者将工作关系建立在相互信任的基础上，并尊重员工的想法和感受。在关怀维度上得分较高，意味着领导者会帮助员工解决个人问题，态度友善、平易近人，而且能平等地对待、欣赏和支持每一位员工（也就是以人为本）。我们大部分人都希望追随体恤员工的领导者。美国经济研究局曾进行了一项跨越多年、覆盖数百万人次的调查，结果显示，与富有关怀的领导者共事带来的满意度"相当于家庭年收入翻倍的效果"[25]！研究也的确表明，当领导者采取更多关怀行为时，其下属会对工作更满意、更有干劲，也会更加尊重他们的领导者 ❷❻。

### ○　文化差异

行为理论中不一致的研究结果在一定程度上可能源于下属偏好的差异，而这种差异会受到文化的影响。GLOBE 项目（见第 5 章：人格与价值观）的研究指出，人们对定规维度和关怀维度的偏好是存在文化差异的 ❷❼。该研究发现，在文化价值观拒斥单方面决策的国家中，例如巴西，关怀水平高的领导者更有可能取得成功。正如一位巴西的管理者所言："我们不喜欢独断专行、我行我素的领导者。这是我们文化的一部分。"因此，一名美国的管理者如果想要高效地领导巴西的团队，就需要展示更多关怀的（即团队导向的、参与式的、人道的）行为。相反，在法国人眼里，管理者多属于官僚，因此并不需要展现太多人道主义关怀。因此，从事更多定规行为（即以任务为本）将获得更好的效果，而且领导者也可以做出相对独裁的决策。如果法国的领导者对员工关怀备至（以人为本），反而可能产生负面效果。在另一些文化中，两种维度可能都很重要。例如，中国文化重视礼节、体贴和无私，同时对绩效也有着很高的追求。因此，对于高效的管理者而言，定规维度和关怀维度都是不可或缺的。有趣的是，一项研究考察了几十个国家的数千名领导者后发现，组织和管理者似乎并不是根据文化的差异，而是基于自身的情况选择定规或关怀实践的 ❷❽。

## ●　权变理论

有的领导临危受命，带领组织渡过危机，也因此收获了极高的赞誉。例如，阿尔弗雷德·格兰西三世就接手了摇摇欲坠的底特律交响乐团（Detroit Symphony Orchestra，DSO），让它起死回生。危机中的领导力比常规情境下要复杂得多。阿尔弗雷德就处理了大量的复杂问题：他杜绝了一切非必要的开支，重新商定了劳动协议，解决了债务问题，并加强了资金募集工作；与此同时，他也始终坚守着艺术的初心。同样重要的是，在一时的危机中发挥作用的领导风格未必能引领组织走向长期的成功。因此，在情况好转后，阿尔弗雷德转而采取了一系列创新性的举措，例如促成了乐团全球直播设备的升级、为交响乐厅更新了照明和电力设备等。从这个事例中，你应该能非常直观地体会到，高效的领导需要不断适应情境的要求 ❷❾。

### ○　费德勒模型

第一个较为全面的权变领导模型是由弗雷德·费德勒（Fred Fiedler）提出的 ❸⓿。费德勒权变模型（Fiedler contingency model）提出，优秀的群体绩效源于领导风格与情境给予领导的控制权之间的适配。在该模型中，个体的领导风格是固定不变的。

首先，该模型以最难共事者问卷（least preferred coworker / LPC questionnaire）来确定个体的领导风格。该问卷让个体回想自己曾经遇到的最难相处的同事，并对其进行描述。如果个体在描述中使用了较多褒义词（LPC 分数较高），那么此人就是关系导向的；相反，如果使用了较多贬义词（LPC 分数较低），那么此人就是任务导向的，他更关注产量和任务。

接下来，该模型逐一分析不同组织情境与领导风格的匹配情况，以此预测领导效能的高低。我们可以从三个维度衡量组织的权变或情境条件。

1. 领导－成员关系（leader-member relations），指的是员工对领导者的信任、信心和尊重程度。
2. 任务结构性（task structure），指的是工作任务包含具体程序（即结构化或非结构化）的程度。
3. 职位权力（position power），指的是领导者在诸如招聘、裁员、处罚、晋升、加薪这些方面拥有的权力。

根据费德勒模型，任务的结构性越高，工作的既定程序就越多；职位权力越高，领导者掌握的控制权就越大。在图 12-1 中，相对有利的情境集中在

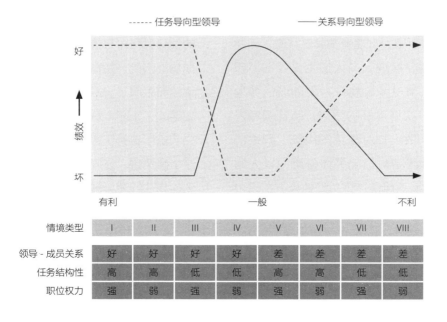

| 情境类型 | I | II | III | IV | V | VI | VII | VIII |
|---|---|---|---|---|---|---|---|---|
| 领导－成员关系 | 好 | 好 | 好 | 好 | 差 | 差 | 差 | 差 |
| 任务结构性 | 高 | 高 | 低 | 低 | 高 | 高 | 低 | 低 |
| 职位权力 | 强 | 弱 | 强 | 弱 | 强 | 弱 | 强 | 弱 |

**图 12-1 费德勒模型的主要结论**

左侧。比如，对领导者非常有利（即赋予其较大控制范围）的情境可能是这样的：一名薪酬主管的下属对其充满敬畏和信心（良好的领导 - 成员关系）；其管辖的工作任务清晰而具体，比如计算薪酬、开具支票、出具报告（任务结构化程度高）；与此同时，这名主管还能相当自主地奖惩员工（职位权力高）。与之相对，比较不利于领导者的情境可能是这样的：某志愿性质募捐联会的主席为下属所唾弃（糟糕的领导 - 成员关系、任务结构化程度低、职位权力低）——在这个岗位上，领导者拥有的控制权是很小的。该模型认为，在 I、II、III、VII 和 VIII 几种情境下，任务导向型领导会取得更好的绩效；不同的是，关系导向型领导则更适合像 IV、V 和 VI 这样不那么极端的情境。

既往的研究为费德勒模型提供了初步的支持性证据，不过近些年来，针对该模型的研究已经比较少了❸。尽管该模型为我们提供了许多重要启示，但它很难被严格地运用到实践之中。

## ○ 情境领导力理论

情境领导力理论（situational leadership theory, SLT）认为，成功的领导者能根据下属的准备度（即下属完成特定任务的能力和意愿）采取恰当的领导风格❸。具体来说，领导应当根据下属的准备度在四类不同的行为中选择。

倘若下属既没有能力，也没有意愿完成某项任务，领导者就需要提供清晰和具体的指令；如果下属能力不足，但愿意完成任务，领导者便需要采取更高的任务导向来弥补下属能力的欠缺，同时还要运用较高的关系导向令下属愿意满足领导者的期望；如果下属有能力但缺乏意愿，领导者则应该采取支持和参与式的风格；最后，如果下属能力和意愿都很强，领导者几乎就不需要做什么了。

情境领导力理论非常符合人们的直觉。它强调了下属的重要性，以领导者对下属能力和动机的补充作用为逻辑依据。不过，该理论并没有得到研究证据的充分支持❸。之所以如此，可能是因为理论内部固有的模糊性和非一致性，也可能是因为研究方法的欠缺。

## ○ 路径 - 目标理论

路径 - 目标理论（path-goal theory）结合了定规维度和关怀维度与动机理论中期望理论的核心思想❸。路径 - 目标理论认为，领导者的职责在于为下属提供实现目标所必需的信息、支持和其他资源（所谓的"路径 - 目标"恰恰表示领导者应该为员工指明实现工作目标的路径、扫清途中的障碍）。

该理论做出了以下预测。

» 当任务模糊性高、压力大（而非结构化程度高、稳步推进）时，指挥型领导能带来更高的员工满意度。

» 当任务结构化程度高时，支持型领导能带来更高的员工绩效和满意度。

» 当员工能力较强、经验丰富时，指挥型领导对员工来说很可能是多余的。

和情境领导力理论类似，路径－目标理论从目标实现的视角出发所做的分析非常符合我们的直觉。例如，有针对高中校长和下属教师的研究发现，校长采取的交易型领导行为（后文会讨论）有利于指明实现目标的路径 **㉟**。不过，这一框架也有着与情境领导力理论相似的局限性，它很难被直接运用于实践，但很好地体现了领导力的重要作用 **㊱**。

○ **领导 - 参与模型**

我们要讨论的最后一个权变理论认为，领导者制定决策的方式与决策结果本身同样重要。领导－参与模型（leader-participation model）将领导行为与决策过程中的下属参与联系在一起 **㊲**。与路径－目标理论类似，这个模型提出领导行为必须根据任务结构（比如常规任务、非常规任务或介于二者之间的任务）来调整，但它并没有涵盖所有领导行为，而且仅仅提出了一些适合让下属参与制定的决策类型。不过，

该理论所阐述的可能提升下属接受度的情境和领导行为也为后续的相关研究奠定了基础。例如，金州勇士队教练史蒂夫·科尔（Steve Kerr）曾表示，仅仅领导和管理球员是不够的——球员依赖着自己，但自己也依赖着他们，而且在必要时，他也需要球员参与决策、做出表率 **㊳**。

目前为止，我们所覆盖的理论都假设，领导者会以同样的风格对待单位中的每一个人。现在，你可以结合自己过去的经历，思考这样的一个问题：在现实中，领导者对待下属的方式是否因人而异？

● **当代领导理论**

领导力研究的发展日新月异。在上述理论的基础上，当代领导理论进一步探究了领导者涌现、发挥影响、指引员工和组织的独特过程。接下来，就让我们详细探讨当前一些主流的领导力概念，并在其中寻找与前述理论内容的关联。

○ **领导－成员交换理论**

想想某位你认识的领导者。这名领导者有没有一群格外偏爱的"亲信"呢？如果你的答案是肯定的，那么该领导者与其下属的关系就反映出了领导－成员交换理论（leader-member exchange

/ LMX theory）的精神实质 ❸。该理论认为，领导者与每一位下属之间都存在独一无二的关系，这些关系的质量是存在差异的。一小部分下属与领导者的关系相对特殊，这群人就是领导者的圈内人。领导者会给予自己的圈内人更多信任和注意力，通常也会对他们进行特殊关照。至于剩下的员工，则属于圈外人。

　　关系的维系离不开领导者和下属的投入（见图 12-2）。能力强、有责任心、主动和积极的员工（以及擅长逢迎和自我推销的员工）更容易与领导者建立高质量的关系，进而成为内群体的一员 ❹。站在领导者的角度，开展变革型领导行为以及迎合下属均有助于建立高质量的关系，同时，领导者还可以激励自己希望亲近的员工、惩罚自己希望疏远的员工 ❹。研究表明，领导者与下属在互动过程中会彼此形成社会资本。如果对关系产生义务感，他们将投入更多贡献；相反，如果觉得自己已经"仁至义尽"，他们将不再继续投入 ❹。一般而言，如果领导者对下属抱有较高的期望，或是当领导者与下属喜爱彼此、认为彼此有很多共同点时，随着时间的推移，双方将建立起高质量的关系 ❹。性别相同的领导者和下属关系通常比性别不同的领导和下属更亲密（更高的 LMX 水平 ❹）。此外，对于不同的领导者和下属个体而言，这种关系的重要性也或多或少有差异（比如，有的员工可能比其他人更看重 LMX）❹。

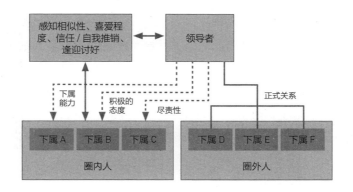

**图 12-2　领导者、圈内人与圈外人三方的异同和互动**

　　大部分研究都证实了领导 - 成员交换理论的核心观点，而且也确实发现领导者对下属存在区别对待的现象。更重要的是，领导与不同下属关系的差异并不是随机的；相较之下，圈内人获得的绩效评价更高、客观绩效表现更好、在工作中做出的助人行为或组织公民行为更多，对领导的满意度也更高 ❹。

　　不过，领导"偏爱"一部分人、明确划分圈内人和圈外人的做法可能给群体或团队带来负面后果❹。一方面，尽管 LMX 与团队绩效的关联比较微弱，但它对团队成员的态度、集体效能感、公平氛围和团队协作可能产生显著的负面影响，而且可能加剧团队内部的冲突❹。另一方面，团队中领导–成员关系质量的整体水平（即成员总体上觉得他们自己与领导者的关系有多紧密）对群体结果的影响似乎更加重要❹。同事之间交换关系的质量在很大程度上能够缓解低迷的 LMX 水平对团队的不利影响，这与领导替代理论（后文会讨论）的观点是一致的❺。

领导–成员关系的作用存在一定的边界条件。例如，LMX 会对员工感知到的信任、工作满意度、感知到的公平性以及他们的组织公民行为和离职意愿产生怎样的影响，似乎在一定程度上取决于文化。一项研究对 23 个国家的近 70 000 名员工进行了分析，发现 LMX 在个人主义文化中的重要性高于集体主义文化❺。这一理论的另一个限制在于，领导和员工对彼此关系质量的认识可能是不一致的（比如，老板可能觉得自己和员工的关系很好，但员工不一定也这么想）；如果存在这种差异（无论哪一方觉得关系质量更高），员工的工作投入都会受到损害❺。

## ○ 魅力、变革和交易型领导风格

有的领导者身上就是有一种与众不同的"东西"，引得人们心甘情愿地追随其后。或许，像马丁·路德·金（Rev. Martin Luther King Jr.）、圣雄甘地（Mahatma Gandhi）和美国前总统贝拉克·奥巴马（Barack Obama）这样的人身上就存在着这么一种东西，使他们能够团结和改变别人❺。在关于"什么造就了伟大的领导者"的辩论中，魅力型领导和变革型领导这两个当代理论包含着一个共同的主题：领导者的要义，是以言辞、思想和行为鼓舞人心。

## · 什么是魅力型领导

社会学家马克斯·韦伯（Max Weber）将"魅力"（源于希腊语中的"天分"一词）定义为"一种普通人所不具备的人格气质，这种气质赋予了个体超自然的、超人的或者至少是超凡脱俗的力量与品质。它令普通人望尘莫及，包含着某种超越常人的神圣或典范性质。由于拥有了这种特质，有的人便被他人视为领袖"。❺

魅力型领导理论（charismatic leadership theory）认为，当下属观察到领导者的某些行为（例如某些由价值理念驱使的、符号性的或情感充沛的行为）时，他们会将其归结为英雄主义气质或杰出的领导力，从而赋予领导者权力❺。许多研究发现，魅力型领导者往往具有这样的特征：能够阐明愿景、甘愿为实现愿景承担个人的风险、体察下属的需求，而且行事不同凡响❺（见图 12-3）。还有一部分研究发现，智力型、外倾性和宜人性与魅力型领导风格中激励与影响力的一面有关❺❼。基于魅力型领导理论，这些个人特质令领导者以积极的态度应对工作中的各种事件，且这种领导者高超的情商有助于他们对下属施加影响，将下属团结起来攻坚克难❺❽。

---

**1. 阐明愿景**
　　魅力型领导者拥有愿景，这种愿景的具体表达是某个理想化的目标，昭示着美好的未来。同时，魅力型领导者能够清晰地阐述这一愿景，令所有人都能理解它的重要意义。

**2. 愿冒个人风险**
　　为了实现愿景，魅力型领导者甘愿冒巨大的个人风险，投入高昂的成本，甚至做好了自我牺牲的准备。

**3. 体察下属的需求**
　　魅力型领导者了解下属的能力，并且对下属的需求和感受予以回应。

**4. 不同凡响**
　　魅力型领导者的行为在他人看来很可能是标新立异、打破常规的。

---

**图 12-3　魅力型领导者的关键特征**

- **魅力型领导对下属的影响**

　　魅力型领导者能给下属带来诸多积极影响：例如，他们会提升下属的任务绩效、增加他们的组织公民行为，并降低（有时甚至能扭转）下属的离职意愿和压力水平❺❾。可是，这些影响是怎样实现的呢？关键在于营造一个极富吸引力的 愿景（vision），让下属看到组织的美好未来、认清从现状通往未来的道路。要令员工心驰神往，愿景必须符合时代和现实，同时体现组织的独特之处。这样一来，下属不仅会受到领导

者激情（体现在沟通方式中，包括眼神接触等非语言沟通）的鼓舞❻⓿，而且也会发自内心地向往愿景本身。例如，一项以色列的研究发现，魅力型校长能在教师群体中塑造出一个共同的愿景，这将改善组织的氛围（见第 16 章：组织文化），进而给整个学校带来积极的结果❻❶。

　　此外，愿景还必须得到清晰的阐述。愿景阐述（vision statement）是对组织愿景或使命的正式说明。魅力型领导者会向下属阐明愿景，使之感受到共同的目标和宗旨。此外，魅力型领导者能给组织定下精诚合作、相互支持的基调。他们会提出很高的绩效期许、相信下属能够实现这些目标，从而帮助下属建立自尊和自信。他们还会通过语言和行动传达全新的价值理念，并以身作则地成为下属学习的榜样。最后，魅力型领导者往往会做出不同寻常的举动，调动员工的情绪、激发其实现愿景的信念和勇气。

　　研究指出，魅力型领导之所以能发挥作用，是因为下属能"捕捉"到领导者希望传达的情绪❻❷。有研究发现，魅力型领导者麾下的员工会对工作产生更强烈的归属感，因此，他们更加乐于助人，对领导者也更加顺从❻❸。

- **高效的魅力型领导是否取决于具体情境**

　　魅力型领导在很多不同的情境中

都能发挥积极的影响。不过，员工身上的某些特质以及特定的情境条件有可能加强或限制这种领导风格的效果。

压力是强化魅力型领导作用的因素之一。在感受到危机的来临、承受着巨大的压力或性命攸关之时，人们更容易受到魅力型领导的影响。在危机之中，我们总是需要领导者给予勇气，因此特别乐于听从魅力型领导者的指挥。此外，这种倾向也可能是一种原始的反应。即便是在实验室环境中，倘若人们处在比较兴奋的心理状态中，他们也更容易对魅力型领导者做出反应；而倘若领导者使用的是更有建设性的、"促进定向"的语言（而不是关注事物消极的一面、不给出解决方案），这种反应将格外强烈 ❻❹。压力对领导者也会产生影响：在面对压力时，领导者可能由于资源的损耗而无力采取魅力型领导行为 ❻❺。

另一个重要的因素是模糊性：在无法准确评估或观察他人的表现时，我们会更多地依赖外在线索（例如魅力型行为）来判断领导者是否高效。例如，一项研究就发现，在模糊的情境中，个人魅力对美国总统和 CEO 的当选与任免情况有着更强的预测力 ❻❻。

一些人格特质特别容易受到魅力型领导者的感染 ❻❼。比如，缺乏自尊心、怀疑自我价值的人更容易对领导者言听计从，因为他们不太容易形成一套自己的领导方式或思维习惯。这部分人如此

渴望魅力型领导者的引领，以至于其他情境条件都显得不重要了。

- **魅力型领导的缺点**

遗憾的是，魅力型领导者这种狂热的梦想家不一定总是为其所在的组织谋利 ❻❽。有研究显示，自恋的人时常表现出某些与魅力型领导相关的行为 ❻❾，这与上述现实在本质上是相通的。此外，研究还表明，魅力型领导可能会蒙蔽员工对公平的感受：当员工给魅力型领导者蒙上一层神圣的光环时，他们会情不自禁地相信领导者是公正的 ❼⓪。

许多腐败的领导者同样富有魅力，他们会将个人的目标凌驾于组织的利益之上。例如，安然（Enron）、泰科（Tyco）、世通（WorldCom）、南方保健（HealthSouth）等公司的领导者都曾肆意利用组织的资源牟取私利，罔顾法律和道德抬高股价，从而兑现大量的股票期权、中饱私囊。这并不是说魅力型领导是低效的；总体上，这仍然是一种高效的领导风格。但我们需要认识到，魅力型领导并不是解决问题的万能钥匙，其成功与否很大程度上取决于情境，取决于领导者的愿景，也取决于组织对领导者权力的制衡和对结果的监督。

- **成为魅力型领导者**

每个人都可以在自身的能力范围内发展出一套魅力型领导风格。当你在

核心领导角色中保持活跃时，就能自然而然地向下属传达目标和愿景、积攒个人魅力 **71**。如果想要进一步增强这种魅力，你还可以在言行中显示出更大的激情，促使你的下属产生同样的热情。比如，你应该尽可能用生动的语气说话、加强眼神交流来强化信息，并且展现坚定有力的手势和面部表情。总而言之，你应当充分调动下属的情绪，激发他们的潜能，让团队成员紧密地团结在一起。不过，切勿用力过猛：研究显示，如果过于强调个人魅力，你可能变得只关注自己的愿景，却忽略了重要的操作性问题（比如定规行为）**72**！

## ○ 交易型领导与变革型领导

根据睿仕管理咨询公司（Right Management）的一项调查，只有 17% 的员工表示他们的领导者积极促进他们的个人发展，而 68% 的员工则表示自己的领导者完全不会开展这方面的工作 **73**。对于后面这 68% 的员工而言，他们的领导者极有可能采取了交易型领导风格。

交易型领导者（transactional leaders）指引下属实现既定目标的方式是提供清晰的角色和任务要求，根据实际情况施加奖惩，以及在必要的时候进行积极或消极的干预 **74**。我们在前面提到的许多理论（例如路径-目标理论）所描述的就是交易型领导。有时，组织需要的正是交易型领导这种管理模式 **75**。

例如，针对海上钻井从业者的研究发现，当领导者根据情况需要施加积极的干预时，员工更容易采取安全的生产行为；工作中发生事故的概率越高，这种作用就越突出 **76**。

与之相对，变革型领导者（transformational leaders）则激励员工为了组织的目标超越自身的利益 **77**。这些领导者对员工的影响可能是巨大的 **78**。图 12-4 简单介绍了交易型领导和变革型领导的不同特征。

| 交易型领导 | |
| --- | --- |
| 权变式奖酬（contingent rewards） | 基于交易契约奖赏员工的努力，承诺对优秀的绩效给予奖励，认可下属的成绩。 |
| 积极的特例管理（management by exception-active） | 观察并寻找违背规则和标准的行为并纠正它们。 |
| 消极的特例管理（management by exception-passive） | 只干预不满足标准的现象。 |
| 放任式管理（laissez-faire） | 不承担责任，更不作决策。 |
| **变革型领导** | |
| 理想感召（idealized influence） | 提出愿景并营造使命感，令下属感到自豪，从而获得尊重和信任。 |
| 精神激励（inspirational motivation） | 向下属传达自己对他们的高度期望，使用象征性符号凝聚众人的努力，简洁有力地表达重要的目标。 |
| 激发智慧（intellectual stimulation） | 鼓励下属动用智慧和理性去谨慎地解决问题。 |
| 个性化关怀（individualized consideration） | 关心每一个下属，用个性化的方式对待下属，成为他们的教练，为他们提供建议。 |

**图 12-4 交易型领导和变革型领导的特征**

历史学家多丽丝·卡恩斯·古德温（Doris Kearns Goodwin）在《运筹帷幄》（*Leadership in Turbulent Times*）一书中描述了美国多位前总统身上的变革型特质，她认为，正是这些特质鼓舞了美国的人民，让众多追随者为了国家的目标牺牲自己 **⑦**。有证据显示，领导者是否采取变革型行为很大程度上取决于文化和行业的特点。例如，一项综述研究综合分析了来自 18 个不同国家的研究证据后发现，在健康和安保行业，以及在崇尚自信、平等的低权力距离文化中，变革型领导风格更为常见 **⑧**。

- 全距领导力模型

图 12-5 展示的是全距领导力模型（full range of leadership model）。放任式管理的字面意思就是"随意放任（什么都不做）"，这是一种最消极被动的领导行为，因此也是最低效的领导行为 **⑧**。在特例管理中，领导者的主要任务是在正常运营中出现危机（特例）时去"救火"，这意味着他们只在出现问题时才着手解决，但这往往为时已晚 **⑧**。值得注意的是，特例管理有积极和消极两种形式，而消极的形式是最为低效的 **⑧**。权变式奖酬遵循既定的奖励规则来认可员工的努力，它不失为一种有效的管理手段，但却无法令员工努力超越最基本的工作职责 **⑧**。

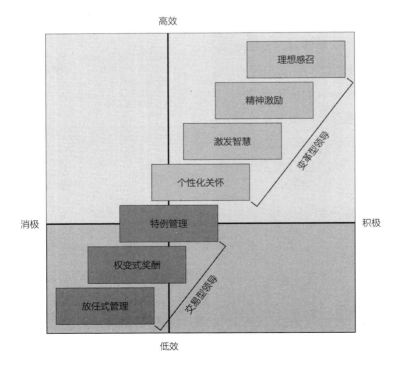

**图 12-5 全距领导力模型**

只有剩下的四种风格才属于变革型领导的范畴，这些方式能够激励下属超越职责的最低期望，并且超越自我利益，去追求组织的目标。个性化关怀、激发智慧、精神激励和理想感召这四种领导风格（统称为"4I"）都会令员工更加努力、实现更大的产出，同时还能提振士气和提高员工的满意度，进而提高组织效能、降低离职率和缺勤率，最终增强组织的适应性 ⑤。

有趣的是，对于变革型领导而言，不同特质的重要性是有差异的，这取决于我们关注哪种具体的变革型领导风格。例如，在大五人格框架中，大部分特质（除了情绪稳定性）都与理想感召有关，但只有经验开放性和宜人性能够比较稳定地预测精神激励和个性化关怀。而且，不可思议的是，所有大五人格特质均无法预测激发智慧这个维度。不过，比起人格特质，这一维度与智力的关系可能更大一些 ⑥。

- 变革型领导的作用

总体上，大部分针对变革型领导的研究关注的都是它取得卓越效能的原因 ⑦。研究发现，变革型领导发挥积极作用的机制大体可以归纳为以下五大类（许多内容与本书的其他章节存在关联）⑧。

1. **情感或态度机制**。变革型领导模式能激发员工积极的心境、情绪，提高员工的工作满意度、组织承诺和幸福感。

2. **动机机制**。变革型领导模式能有效激励员工，使之充满自信地投入工作。

3. **身份认同机制**。变革型领导模式使员工产生对领导者本人、领导者的价值理念以及团队和组织的深刻认同。

4. **社会交换机制**。变革型领导模式能提升领导与下属之间的交换关系质量（见本章前面讨论的LMX），并让员工认为自己得到了领导者、团队或组织的支持。

5. **公平强化机制**。变革型领导模式让员工感到自己得到了公平的对待，从而激励员工做出更大的贡献，同时使他们更加信任领导者、团队和组织。

研究表明，"社会交换机制"是领导行为和风格发挥作用的主要途径：凡是能提升领导 - 成员关系质量的行为，几乎都有助于提升员工的工作绩效 ⑧。尽管很多其他因素也很重要，但这些因素似乎都是通过社会交换发挥作用的。换言之，（1）变革型领导模式有助于改善领导 – 成员关系；（2）进而带来情感、态度、动机、身份认同、感知公平等明显的积极变化。不过，我们需要认识到，变革型领导理论同样是存在局限的，这种风格常常很难与LMX区分开来——但无论如何，这种领导模式在现实中的确能通过我们提到的其他不同机制（即情感、身份认同、感知公平和动机）发挥切实的作用 **❾❶**。

- **变革型领导与交易型领导的对比**

交易型领导和变革型领导这两种施加影响的方式并不矛盾，它们其实是相互补充的 **❾❶**。在交易型领导的基础上，变革型领导能进一步增强员工的努力水平、提升员工的绩效。这两种领导风格都很重要，但它们的作用存在一定的区别：变革型领导对提升群体绩效、组织公民行为和员工对领导者的满意度更加有效，而交易型领导（主要是权变式奖酬这个维度）则更有助于提升领导效能、下属绩效和工作满意度 **❾❷**。此外，如前所述，变革型领导和积极的特例管理在安全生产问题上均有着独特的重要意义 **❾❸**。不过，这两种领导风格可能并不像我们想象的那样容易区分，现实中可能并不存在全距领导力模型所呈现的这种明确的区别。确实也有以往的综述研究发现，变革型领导和权变式奖酬之间存在着高度关联，这一度使学者们怀疑二者在根本上是不是同一种东西 **❾❹**。

- **变革型领导与魅力型领导的对比**

你想必已经意识到，变革型领导和魅力型领导存在诸多共通之处。不过，二者也是有差异的。我们在前面已经讨论过，魅力型领导者激励员工的方式是用极具象征意义和情感分量的表达传递价值愿景 **❾❺**。也就是说，魅力型领导风格更强调领导者的沟通方式（是否足够激情、足够有感染力？），而变革型领导风格则更看重沟通的内容（是否足够个性化、启迪智慧、富有激励和影响力？）。不过，究其核心，这两种领导风格都关注对下属的激励，而且在很多时候，它们实现激励的方式也是一样的。

- **对变革型领导的评价**

一般而言，变革型领导者有助于提升组织的绩效。不过，对这种领导风格的批评也不在少数，有人甚至觉得，这种领导方式在根本上是对人的操纵，而且很容易令我们对擅长激励他人的个体赋予过大的权力 **❾❻**。还有人认为，变革型领导理论应当进一步厘清不同维度的相对重要性，阐明为什么变革型领导由这几个维度构成，并说明这些维度各自的独特作用 **❾❼**。更重要的是，不少研究者对变革型领导的测量工具提出了批评，认为通过现有量表得到的数据结果很可能与其他变量混淆（例如，测量得到的个性化关怀、激发智慧水平、精神激励水平和感召力反映的究竟是领导者的实际行为还是下属的感知？）**❾❽**。

## ● 负责任的领导

通过对上述理论的学习，我们对高效的领导已经具备了更深入的理解。不过，这些理论并没有阐明伦理道德和信任的作用；倘若我们希望对领导力形成全面的理解，这些问题就是绕不开的。因此，接下来我们会介绍另一些当代领导力的概念，探讨领导力对道德性组织的意义。

### ○ 真诚型领导

真诚型领导者（authentic leaders）对自身有着充分的了解（他们知道哪些事情对自己更重要，也清楚自己的长处和缺点），他们会坚守自身的使命和原则，会充分考虑他人的观点和所有相关信息再采取行动，并且在与员工的相处过程中展现真实的自我 ❾❾。结果是显而易见的：人们会信赖真诚型领导者。例如，尼克比萨与酒吧连锁店（Nick's Pizza and Pub）的老板尼克·萨利洛（Nick Sarillo）就秉持着真诚的经营原则：要是哪家分店的表现不尽如人意，他总是会公开信息，并考虑将经营不善的店铺关停 ❿。遗憾的是，在真诚问题上，女性往往会受到双重标准的困扰：当女性以传统观念中"女性化"的方式行事，或展现出"温暖"的领导风格时，通常都会显得比较真诚 ❿❶。然而，倘若她们采取了更主动的、交易型的管理模式（如设立结构或发号施令），就

会违背社会对女性的刻板印象，给人留下不真诚的印象 ❿❷。正因如此，当希拉里·克林顿（Hillary Clinton）在 20 世纪 90 年代推行"有意义的政治活动"时，民众几乎将她奉为圣人；而当她在几十年后的总统竞选中彰显出更符合传统意义上男性形象的领导行为时，人们却给她打上了虚伪的标签 ❿❸。

真诚型领导能预测很多结果，包括群体绩效、组织公民行为、LMX、员工对领导者的信任和满意度、领导效能、下属态度和心理授权感，而且它也能在一定程度上影响员工的创造力、工作投入、偏差行为、离职意愿和职业倦怠 ❿❹。此外，研究显示，"言行一致"的领导者能够赢得下属的信任、增强下属对组织的承诺，因而使下属取得更好的表现 ❿❺。这样的领导者对下属也有着很强的激励作用：例如，一项巴基斯坦的研究发现，真诚型领导者所流露的对自我的清醒认识能够感染员工，促使他们更深入地认识到自己的长处和短板，实现自我提升 ❿❻。

尽管针对真诚型领导的研究得到了许多有趣的发现，但有综述研究指出，真诚型领导和变革型领导在实践层面其实极其相似，这也使部分学者认为它们其实是同一个概念 ❿❼。不过，部分研究表明，真诚型领导对团队绩效和员工的组织公民行为有着更重要的影响，因为它蕴含着一种被充分内化的崇高使命，而这足以构成群体前进的动力 ❿❽。

## ○ 道德（与不道德）型领导

虽然现存的定义有很多种，但道德型领导（ethical leadership）总体上指领导者是否能成为下属的道德楷模，能否对行为规范做出示范，并以合乎道德的方式运用手中的权力，公平地对待他人[109]。道德型领导对员工有着几个方面的影响。首先，它会直接影响员工对道德问题的看法[110]。其次，它能够改善员工的工作态度、工作绩效以及对领导者的感知——这种领导风格能赢得员工的信任，从而带来诸多积极的结果[111]。再次，道德型领导为员工示范了对待彼此的正确方式，它能有效减少员工威胁性的行为，引导员工不去为自己的错误开脱，甚至有助于阐明善待顾客的道德义务，从而提升顾客服务绩效[112]。

遗憾的是，道德型领导面临着与真诚型领导类似的批评，它在实践中也很难与变革型领导区分开来[113]。更重要的是，让领导者保持高道德水准其实是很困难的：在面临巨大的精神压力和情绪耗竭时，或是在感到有必要通过不道德行为树立领导者的威望时，今天的道德卫士在明天可能就会苛待下属[114]。不过，下属未必会对领导者的不道德行为产生负面反应：如果下属与领导者具有一致的价值观念，或是当双方彼此信任时，下属仍然会选择支持不道德型领导[115]。此外，某些情境条件可能会削弱道德型领导的作用。一旦下属的数量过多，或者下属与领导者的道德标准不同（双方可能有着不同的是非判断），又或者当下属没有处在正念状态（见第 17 章：组织变革与压力管理）中时，道德型领导对下属行为的作用就会大打折扣[116]。尽管组织中的每一名成员都承担着道德责任，但大部分旨在促进组织道德行为的举措还是将关注点放在领导者身上的。

无数的企业丑闻（例如富国银行在 2016 年被曝光的不道德销售行为）告诉我们，基于道德的领导在组织的各个层级上都有着重要的意义[117]。高层管理者奠定了组织的道德文化基调，指引着各层级管理者的行为，因此，这些人的道德领导力不仅影响着直系下属，也会沿着组织的指挥结构逐层发挥重要的道德影响[118]。道德型领导还会影响组织的财务表现。例如，一项研究考察了 111 家美国的零售商店，发现道德型领导能有效减少"销售额缩水"（即商品遭窃造成的损失），因为这种领导风格能显著遏制员工和顾客的不文明行为[119]。

## ○ 服务型领导

服务型领导（servant leadership）能够超越个人利益，为下属提供成长和发展的机会[120]。它的标志性表现包括倾听、共情、说服、不争协助以及主动帮助员工发挥自身的潜力[121]。由于这种领导风格的根基是服务于他人需要的价值理念，相关研究主要关注的是它对下属福祉的影响。研究证据的确显示，服务型领导对员工的工作态度、对领导的信任以及 LMX 均有着很强的正面作用 ⑫。正因如此，这种领导力能够有效预测员工的工作绩效和组织公民行为，也能在一定程度上预测员工的幸福感和领导工作的效果 ⑬。之所以会产生这样的结果，可能是因为它引起了员工的感激之情，使之选择做出亲社会行为来投桃报李 ⑭。与真诚型领导类似，服务型领导能给女性带来额外的优势，因为这种风格与社会对女性的刻板印象是契合的。换言之，相比男性，女性领导者采取的服务型领导对下属的激励作用更强，带来的绩效提升效果也更加明显 ⑮。

此外，研究显示，服务型领导可能在员工中掀起"服务热潮"。例如，一项针对发型师的研究就发现，服务型领导者能唤起员工对沙龙的强烈认同，并增强他们的服务信心，进而极大地提升顾客对沙龙服务的好评率 ⑯。而且，服务型领导还有可能在组织中发挥"涓滴效应"，使低层级的管理者效仿上级的领导风格，从而提升整个组织员工的绩效 ⑰。尽管服务型领导与变革型、真诚型和道德型领导也多有关联，研究表明，它可能是最有区分度的一种领导风格，比真诚型领导和道德型领导更容易与其他领导模式区分开来 ⑱。

## ● 积极领导力

在前面的讨论中，你一定不难体会到，同样是当领导者，有的人可以做得很优秀，有的人糟糕透顶，有的则平庸无奇。我们现在就开始思考这样一个问题：如何有意识地营造积极的领导状态呢？

### ○ 信任

信任（trust，见我们关于群体和团队的讨论内容）是一种积极的心理状态，它发生在相互依赖的人们中间，象征着人们对彼此的正面预期以及对对方福祉的真挚关心 ⑲。很多时候，你并不能真正掌控全局，迫于时间的压力，你很可能不得不信任他人 ⑳、冒着风险相信别人会为你做好该做的事。信任既可能源于能力（例如，员工可能信赖领导者的专业技能和工作经验），也可能来源于正直的人品（例如，员工可能认为领导者具有良好的出发点、诚信和特质）。自然，基于正直品行的信任更有助于节约建立新关系所需耗费的成本（至少对组织间的商业往来是如此）㉛。

信任是领导力的首要属性，一旦它被打破，群体的绩效就会遭到严重的损害 ㉜。下属信任领导者，意味着他们相信领导者不会损害他们的权力和利益 ㉝。领导者信任下属，意味着他们相信下属能够履行好应尽的职责 ㉞。感受到别人的信任同样很

重要——当下属信任领导者，领导者也能感受到这种信任时，领导效能将会得到提
高 **⑬**。

- 信任的意义

  领导者和员工之间的信任能带来诸多好处。以下是一些重要的研究结果。

  » **信任令员工敢于冒险。**无论是决定采取不同于传统的工作方法，还是选择听从
    领导者的建议尝试不同的方向，员工都需要冒险。此时，相互信任的关系能够
    帮助员工跨出这一步 **⑬**。
  » **信任能促进信息共享。**如果领导者所表达的态度是自己愿意公正地听取员工的
    意见，并积极做出改变时，员工便更愿意发表自己的看法 **⑬**。
  » **信任能提升群体效能。**如果领导者能给群体营造一种信任的基调，那么群体成
    员将更乐意互帮互助、为对方多尽一份心，进一步巩固信任关系 **⑬**。
  » **信任能提高生产力。**信任领导者的员工通常能得到更高的绩效评价，这意味着
    他们拥有更高的生产力 **⑬**。

- 信任的发展过程

  什么因素会让我们觉得一位领导者值得信任？研究发现了三个核心要素：正直、
仁爱和才干（见图 12-6 ）**⑭**。

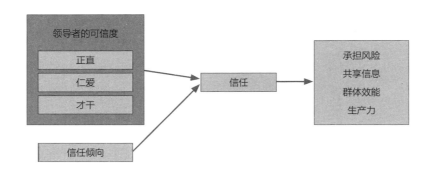

**图 12-6　组织中的信任模型**

正直代表了对方的诚实和真实。有研究人员让 570 名白领员工给 28 种领导者的
特征进行排序，迄今排名最靠前的特质就是诚实 **⑭**。正直也意味着言行的一致（见前
面关于真诚型领导的部分 ）。

仁爱意味着领导者将下属的利益放在心里，即使双方的利益未必始终一致。关爱和支持的行为可以成为领导者与下属之间的情感纽带。

才干涵盖了领导者的专业能力和人际技能。如果一位领导者的能力无法得到你的欣赏，无论他的原则性有多强，出发点有多好，你大概率也不会信赖对方。

- **信任倾向**

  信任倾向（trust propensity）指的是一位员工在多大程度上可能信任自己的领导者。有的人天生倾向于觉得他人值得信赖❶❹❷。信任倾向与宜人性这种人格特质有关，而自尊较低的个体则更不容易信任他人❶❹❸。当团队成员信任领导者和同事的倾向差异较大时，他们之间很可能发生冲突并且愈演愈烈❶❹❹。

- **信任与文化**

  雇用关系中的信任很可能存在极大的文化差异。如果在个人主义社会（见第 5 章：人格与价值观）中，我们或许就会看到家长式领导的不利一面，因为很多员工可能并不适应家庭等级式的工作群体。

- **时间的作用**

  我们往往需要花上一些时间观察他人的行为，才能确定对方是否值得信任，比如当你开始一份新工作、与新同事建立关系时通常就会如此❶❹❺。例如，被收购企业的员工就需要逐渐建立对收购企业高管的信任（如果收购程序相对公平，且高管也具有较好的能力，这种信任就更容易建立）❶❹❻。首先，如果信任非常重要（比如在领导者有机会投机取巧、伤害员工时），领导者可以展现更多的正直、仁爱和才干来促进信任关系的建立。其次，有研究在考察了世界各地上百家企业后指出，领导者可以改变自上而下的命令式沟通，转而采取持续的组织内对话，以此增强员工对自身的信任。再次，领导者有意识地遵循某种议程，并且频繁地与员工进行亲密、互动、包容的人际沟通时，员工将更信任领导者、更投入自己的工作❶❹❼。最后，如果领导者从变革式风格转向自由放任式风格，或是对不道德行为产生暴怒的反应，信任关系就容易遭到破坏，员工也会因此认为领导者很低效❶❹❽。

- **重获信任**

  如果管理者破坏了与员工之间的心理契约，令员工觉得管理者不值得信赖，那么管理者会发现，员工的满意度下降了，承诺降低了，离职意愿提高了，组织公民行为少了，任务绩效也下滑了❶❹❾。

  被破坏的信任是有可能通过长期或短期手段恢复的❶❺⓿，但究竟能否真的恢复，则取决于信任关系最初是被怎样打破的⓿。如果原因是能力不足，那么最好的弥补方式是向对方道歉，承认自己的错误，并保证下次会做得更好。如果原因在于缺乏正直的品性，道歉的作用就不大了。不过，无论如何，一言不发、否认错误或者拒绝表达内疚绝不是明智的做法⓿。

如果破坏信任的人能持续表现出值得信赖的行为，那么信任还是有可能重建的。及时道歉是很关键的：爽快的道歉通常优于姗姗来迟的愧疚⓿。不过，如果你欺骗了对方，那么信任就永远不会完全回来了，无论你再怎么道歉、保证或是洗心革面都没有用⓿。

## ○　培养后辈

领导者通常还肩负着培育未来领导者的责任。导师（mentor）指的是对经验欠缺的后辈员工，也就是"学徒"提供支持和帮助的资深员工⓿。师徒关系对个体的职业和心理有着重要影响⓿。成功的导师能够与学徒建立起相互信任的个人关系，培养对方的责任心、自信心和适应能力，引领对方增长才干，取得职业发展（例如有意识地积累人际关系）⓿。

那么，是不是所有员工都愿意进入这种师徒关系呢？很遗憾，并不是的。不过，有越来越多的研究发现，企业应当适当开展这样的导师计划，因为它同时有利于导师和学徒⓿，不过非正式的计划形式可能效果更好一些⓿。此外，师徒关系也是存在性别差异的：男性更经常担任导师，而女性在师徒关系中往往会提供和收获更多心理上的支持⓿。

你可能会想，导师计划应该能带来薪酬和工作绩效等方面的客观好处，但研究表明，它的好处主要集中在心理层面⓿。因此，尽管导师制对职业成功有一定的作用，但它显然不是主要的动因。

## ○　危机中的领导

常言道："时势造英雄。"也就是说，领导者会在危机发生时挺身而出，力挽狂澜⓿。的确，当危机来临时，总会有领导者涌现出来，但这些领导处理各种状况的能力却有很大的差异。例如，在2020年新冠疫情暴发时，时任德国总理安格拉·默克尔（Angela Merkel）就以其决断、坚定、循证、高效的领导力惊艳世人，广受赞誉。这绝不是谬赞，事实上，在疫情肆虐之时，时任德国病患的死亡率在世界范围内都是很低的⓿。在和平稳定的年代，女性领导者则常常受到"玻璃悬崖现象"的困扰，在领导力涌现上遭遇瓶颈（详见第2章：组织中的多元化）⓿。由于人们倾向于认为女性的思维方式更有助于化解危机，而且传统刻板印象认为女性缺乏足够的能动性

（尽管并没有证据表明男性和女性领导孰优孰劣），所以在常态中，女性成为领导者的机会就更少了。危机领导力远不像"时势造英雄"所描述得那样简单；除了上述现象，危机所蕴含的时间压力、复杂状况、张力和威胁也都给领导者造成了巨大的挑战 ⑯。

危机中的领导者，如第二次世界大战期间的战斗英雄，常常被赋予神话般的英雄形象：积极、忠诚、愿意冒险、锐意变革，等等 ⑯。有趣的是，一项研究在回顾了几十年来历史上知名的领导事件后发现，许多成功的领导者都进行了交易型领导行为，包括制定策略（例如分析形势、委派任务、制订计划）和促进协作（例如指挥行动和管理信息流）⑯。对形势的分析似乎尤为重要，研究表明，在应对危机的团队中，领导者会迅速与追随者形成一套关于危机的共享心智模式（参见第 10 章：理解工作团队）⑯。情绪也扮演着重要角色：例如，在一项研究中，因产品召回使组织蒙受重大损失的领导者在承担责任并表达悲伤（而非否认过失、表达愤怒）时，会得到更加正面的评价 ⑯。此外，这一领域的研究尚未完全覆盖性别认同与危机领导力涌现的关联，不过可以预见的是，未来相关的研究将继续发展。

在所有领导风格中，魅力型领导最常在危机情境中得到研究。当危机来临时，魅力型领导者可能最具远见（例如，他们会建立愿景，随后呼吁人们采取行动），并且对危机的响应最为及时（例如，从号召行动开始，不断与人们沟通取得的进展和成效、强化行动方向的正当性）⑰。这两方面的特点都有助于提升领导效能，不过一旦危机结束，后者就几乎没有用武之地了 ⑰。下属对危机也会产生强烈的反应，而这将影响他们对领导者的归因，例如，对总统选举的研究表明，危机感预测了选民对候选人个人魅力的归因，以及他们给这些候选人投票的意图 ⑰。此外，魅力型和变革型领导的影响还可能持续到危机结束之后。例如，一项针对美国军队领导者的研究发现，变革型领导者所带领的队伍在危机发生后有着更低的离职率，而且因为有了共同的经历，这些队伍中的士兵会对集体产生更强的归属感 ⑰。

## ● 领导力理论面临的挑战

管理大师吉姆·柯林斯（Jim Collins）曾说："在 16 世纪，人们将所有无法理解的事情都归结于万能的上帝。庄稼为什么歉收？答案是上帝。人们为什么会死去？答案是上帝。现在，领导力成了新的万能回答。" ⑭ 诚然，这一精辟的评论来自柯林斯多年的管理咨询心得。不过，在试图理解组织的成败时，我们的确应该更多地考虑领导力之外的因素，毕竟天时、地利、人和缺一不可。在最后这一小节，我们将探讨领导力理论面临的挑战。

## ○ 领导力是归因的结果

你可能还记得，我们在知觉与个体决策一章中提到过归因理论，这一理论关注个体推断事物间因果关系的过程。领导力的归因理论（attribution theory of leadership）认为，所谓的领导力只不过是人们归因的结果[175]。我们很容易将下面这些特质归到领导者身上：高智商、性格外向、擅长表达、争强好胜、理解力强、勤奋敬业[176]。在与领导者相处的过程中，我们也很容易将自己身上发生的事情归结于与领导者的关系（例如，"我的上级讨厌我，所以他才给了我这么差的绩效评价"）[177]。在组织层面上，我们往往也会将极其卓越或极其糟糕的绩效视为领导者个人作为的结果[178]。

下属对领导者的感知深深影响着领导效能。一项研究考察了来自西欧、美国和中东地区的 3000 多名员工，发现人们往往对领导者充满"浪漫化"的想象，将自己的上级视为变革型领导者[179]。归因理论告诉我们，塑造领导者的形象可能比实际的领导成就更重要。如果希望成为领导者，你就应该让他人觉得你有头脑、有风度、善言辞、争上游、好努力，这样一来，你的老板、同事和下属才更有可能将你视为高效的领导者。相反，归因可能也会给行为的实际效果造成负面的影响，例如，当员工对领导者做出组织公民行为时，其他同事和领导者可能会认为这名员工是在"拍上司的马屁"[180]。类似地，如果员工觉得领导者的公平行为并非出于真正的仁慈（而是为了维持形象和控制员工），他们就不太容易对领导者产生信任了[181]。

## ○ 领导力的中和剂与替代品

有一种领导力理论认为，领导者本人的行动在很多情况下其实是无关紧要的[182]。一方面，领导力的中和剂（neutralizers；比如对激励的漠视，如表 12-1 所示）使得领导行为无法对下属产生任何影响；另一方面，工作经验和培训经历等替代品（substitutes）则能够代替领导者的支持和能力，为员工创设结构。许多组织，包括视频游戏厂商维尔福（Valve Corporation）、戈尔特斯（Gore-Tex）户外面料制造商，以及团队合作软件厂商 GitHub，都在尝试取缔领导者和管理层。打造这种"无老板"的公司治理环境需要让员工自己负起责任，例如自行决定团队的构成甚至成员的薪酬[183]。组织的某些特征也能够代替正式的领导，例如明确的正式结构、严格的规则和程序以及具有凝聚力的工作群体等。反过来，领导力也能代替一部分政策、实践和程序。例如，道德型领导力就能部分代替组织的公平措施。也就是说，领导者是否切实地践行道德规范可能不那么重要，只要你觉得对方是道德的就足够了 ⑱。

**表 12-1 领导力的中和剂与替代品**

| | 关键特征 | 关系导向型领导 | 任务导向型领导 |
|---|---|---|---|
| 个体 | 经验 / 培训 | 无效果 | 替代品 |
| | 专业度 | 替代品 | 替代品 |
| | 对激励的漠视 | 中和剂 | 中和剂 |
| 岗位 | 高度结构化的任务 | 无效果 | 替代品 |
| | 自身能够提供反馈 | 无效果 | 替代品 |
| | 能带来内在满足 | 替代品 | 无效果 |
| 组织 | 明确和正式的目标 | 无效果 | 替代品 |
| | 严格的规则和程序 | 无效果 | 替代品 |
| | 工作群体的凝聚力 | 替代品 | 替代品 |

如果你认为领导者的行动是引领员工实现目标的唯一因素，那么你就把事情想得过分简单了 ⑱。我们已经讨论过，态度、人格、能力、群体规范等多方面的因素都会影响员工的绩效和满意度。至于领导力，它只不过是我们整个组织行为模型中的又一个变量。

## ● 本章小结

　　理解领导力是理解群体行为的核心，因为正是领导者引领着我们朝着目标前进。了解什么是优秀的领导对提高群体绩效来说是非常有价值的。在人格方面，大五人格框架与领导力之间存在着强有力的关联。行为理论的主要贡献在于，它将领导划分为任务导向型（定规维度）和人际导向型（关怀维度）两大类。通过对情境的思考，权变理论进一步发展了行为理论的思想成果。当代领导理论对我们理解领导效能做出了重大贡献。对道德和积极领导力的研究也让我们看到了许多激动人心的结果。

## ● 对管理者的启示

- 要实现最大的管理效能，你需要确保自己采取的定规和关怀行为与组织的动态和文化相匹配。

- 理想的领导人选具备变革型领导品质，而且需要拥有激励他人实现长期愿景的成功经验。你可以借助人格测试来筛选外倾性和尽责性高的个体，这样的人通常具有更高的领导准备度。

- 在聘用领导者时，请选择你认为道德水平高、值得信赖、能够胜任管理角色的候选人。对于组织内部的管理队伍，你也应该加以培训，令他们按照道德标准行事，实现更高的组织效能。

- 尽可能与下属建立信任关系，因为一旦组织的稳定性和可预测性降低，在定义彼此的关系和期望方面，牢固的信任关系将替代官僚式的制度。

- 可以考虑在正式课程、工作坊和师徒制等形式的领导力培训中投入更多。

请扫描二维码
获取书中参考文献

# 第 13 章

## 权力与政治

● **本章学习目标**

» 对领导力与权力做区分;

» 阐述正式权力的三种基础及个人权力的两种基础;

» 阐述依赖性在权力关系中的作用;

» 列举权力和影响力的不同策略,并逐一说明它们的适用情境;

» 阐述权力滥用的原因和后果;

» 描述政治在组织中发挥的作用;

» 阐述政治行为存在的原因、产生的结果,并探讨相关的伦理问题。

## ● 权力与领导力

在组织行为学中，权力（power）一词其实是中性的，它指的是强制他人服从自己意志的能力、自由和手段❶。人可以拥有权力，却不使用它；人可以掌握权力，并自行决定何时行使它。关于权力最重要的一点或许在于，它是依赖性（dependence）的函数❷。掌权者之所以有权，是因其控制着别人依赖或希求的东西。人们对掌权者的依赖程度越高，这种权力就越大。反之，当人们拥有了别的选择、开始依赖自己或转而依赖不同的人时，这种权力就丧失了。

遗憾的是，有太多的人将手中的权力用于不道德的目的。比方说，组织中的人们会依赖高管、经理甚至员工群体中的"超级明星"（例如为律师事务所拉来大客户的合伙人），因为这些人掌握着晋升、加薪和拉客户的话语权。这些手握权力的领导者因此有可能采取种种不公的方式，强迫他人服从自己的意愿。

如果仔细对比上一章对领导力的描述与本章对权力的描述，我们会发现这两组概念紧密地交织在一起。二者有何不同呢？首先，只要存在依赖性，无论人们的目标是否一致，权力都会存在。然而，领导力则要求领导者与被领导者的目标具有一定程度上的一致性。其次，权力更侧重于掌权者对追随者的向下影响，基本忽略了横向与向上的影响，而这些在领导力中却非常重要。最后，领导力研究通常强调不同的风格，它希望回答类似这样的问题：领导者应该对下属展现多少支持？应该与追随者共享多少决策权？而权力研究则专注于赢得服从的策略。

权力关系可能存在于生活中的方方面面，并不仅限于正式的领导职位。权力可以通过多种方式来获得。接下来，我们先探讨一下权力的各种来源。

## ● 权力的基础

权力从何而来？为了回答这个问题，我们将权力的基础（或来源）分为两大类——正式权力和个人权力，并将每一类分解为更具体的类型❸。

### ○ 正式权力

正式权力基于个人在组织中的职位。它可以来自强制或奖赏的能力，也可以来自合法的权威。

- 强制性权力

强制性权力（coercive power）的基础，是人们对不服从指令或激怒掌权者的负面后果的恐惧❹。例如，销售顾问可能由于担心被解雇、被降职、被分配到不理想的地区或客户，或是被当众羞辱，因而对上司伪造团队销售数据的行为缄口不言。此外，强制性权力还可能来自对关键信息的掌握。组织中拥有特定数据或知识的人可以以此博取他人的依赖。例如，销售团队的负责人可能掌握着客户的线索，由于这种信息非常珍贵，任何可能威胁到获得它的事情都可能使顾问保持沉默。

- 奖赏性权力

与强制性权力相反，人们会为了利益和好处而服从奖赏性权力（reward power）。这种权力的基础，是掌握着他人重视的奖赏的分配权。奖赏可以是财务上的，例如工资标准、加薪和奖金，也可以是其他方面的，例如认可、晋升、更有趣的工作任务、友好的同事或抢手的排班和销售片区❺。沿用刚才的例子，销售团队负责人用独家线索来奖励服从的下属，就是在行使奖赏性权力。

- 法定性权力

要想触及一种甚至多种权力的基础，最常见的途径是获取法定性权力（legitimate power）。个人在组织中的结构性位置，往往会带来相应的控制和使用组织资源的正式权力。比方说，当校长、银行行长发号施令时，教师、出纳员往往会听从指挥。法定性权力还包含组织成员对职位等级权威的接受程度❻。由于权力和等级在人们的脑海中总是被紧密地联系在一起，哪怕仅仅是将组织结构图上的垂直线画得更长，都会让人们认为领导者拥有更大的权力❼。此外，法定性权力还可能削弱他人的权力。例如，有研究表明，如果员工自身拥有较高的法定性权力，当他们站出来反对不道德现象时，遭受他人强制性权力（例如惩罚、排挤等）压制的可能性会较小❽。

### ○ 个人权力

个人权力源于独特的个人特征❾，它的基础有两个：专业性和他人的尊重与钦佩。有的人可能只拥有个人权力，而有的人则可能同时拥有正式权力。例如，很多顾问拥有个人权力，但倘若他们不是正式的管理者，则没有正式权力。相反，销售团队的负责人本身就拥有正式权力，同时也可能受到大家的尊重和喜爱。

- 专业性权力

专业性权力（expert power）是由于专业知识、特殊技能或知识而产生的影响力❿。随着工作专业化分工的深入，我们越来越依赖专家来实现目标。我们普遍认为医生群体拥有专业的知识，这就让医生具备了专业性权力——事实上，我们大多数人的确都会听从医生的建议。再回到销售顾问的例子，某些团队成员可能因为具备强大的销售技能或该领域的专业知识而享有专业性权力。

- 参照性权力

参照性权力（referent power）源于人们对拥有理想的资源或特质的人的认同⓫。比方说，如果我喜欢你、尊重你、钦佩你，你就可以对我行使权力，因为我希望取悦你。有的人虽然不在正式的领导职位上，却拥有参照性权力，这些人能够施展自身的魅力、亲和力和情感吸引力，从而对他人产生影响 ⓬。

人们会服从参照性权力，是因为钦佩对方、希望变得和对方一样。因此，我们便可以理解，为什么厂商愿意支付数百万美元的费用让名人代言自己的产品。营销领域的研究显示，像勒布朗·詹姆斯这样的人拥有影响人们对运动鞋和信用卡选择的力量 ⓭。

## ○　哪种权力的基础是最有效的

在众多权力的基础中，哪种是最有效的呢？这是一个复杂的问题。从权力关系中依赖的一方来看，依赖者的感知和特征不同，权力基础的有效性也不同。例如，人们通常会认为展示愤怒的领导者拥有更大的正式权力，也因此对这些领导者更忠诚 ⓮。然而，强制性的领导者缺乏参照性权力，人们可能认为这些领导者的行为不够有效，因此对其缺乏忠诚，甚至采取有意针对对方的越轨行为。

不过，参照性权力本身的确是相当强大的。例如，史蒂夫·斯托特（Steve Stoute）开办的 Translation（翻译）公司专注于经纪业务，为希望推广自身品牌的公司匹配热门歌星代言人。斯托特把贾斯汀·汀布莱克（Justin Timberlake）介绍给了麦当劳，把玛丽·布莱姬（Mary Blige）介绍给了苹果音乐，把许多著名的说唱歌手（如 Jay-Z 和 50 Cent）介绍给了不同的鞋履品牌 ⓯。Translation 公司开展这项业务的方法与时俱进。随着当今市场对内容更新的体量和频率要求越来越高，Translation 公司大力打造了它的线上迷你系列栏目，用于推广产品、讨论流行文化。此外，它还与嘻哈教父德瑞博士（Dr. Dre,

Beats by Dre 耳机品牌的创始人）联手制作了《超市》（*The Shop*）系列节目。在这档观看人次高达 4250 万的节目中，NBA 全明星（如凯文·杜兰特、勒布朗·詹姆斯）和嘻哈艺术家（如 Future）轮番登场。这些拥有巨大参照性权力的人会坐在理发店式布景前，热烈地讨论时下流行的各种话题（如球鞋、音乐、体育赛事等）❶❻。

## ● 依赖性：权力的关键

权力最重要的方面在于，它是依赖性的函数。在本节中我们将会看到，理解依赖性有助于我们理解权力的程度。

### ○ 一般依赖性假设

让我们从一则一般性假设开始：B 对 A 的依赖性越高，A 对 B 的权力就越大。当你拥有别人所需的事物，而且你是唯一的控制者时，别人就会依赖于你，你也就拥有了对这些人的权力❶❼。但如果资源本身非常充裕，那么拥有它就不能增加你的权力。因此，反过来说，你越能扩展自己的选择范围，就越不容易将权柄交到他人手里。这也解释了，为什么大部分组织都会尽力开发多个供应商，而不只是跟同一个供应商做生意。

### ○ 是什么造就了依赖性

你控制的资源越是重要、稀缺且不可替代，他人对你的依赖性就越高❶❽。

### • 重要性

如果你拥有的东西无人问津，它就不会带来依赖性。不过，请注意重要性的程度有高有低，有的资源能解决生存之需，有的资源则只是更加时兴或便利。

### • 稀缺性

当某种劳动力供不应求时，劳动者便能为自己争取到更高的报酬和更好的福利。举例来说，如今的大学很容易找到英语讲师，这类劳动力可谓供过于求。相比之下，网络系统分析师则十分抢手，需求广泛但供给紧张。结果就是，计算机工程专业的教员拥有很高的议价能力，他们往往可以协商得到更高的工资、承担较轻的教学任务并享受很多其他福利。

### • 不可替代性

某种资源的替代品越少，控制它的人就越有权力。人工智能技术的发展让劳动力的不可替代性成了一个愈发凸显的议题。例如，熟练技工的技能如果能被高效的自动化机器人代替，工人的权力就会受到威胁。尽管存在着这样的担忧，但一些经济学家和理论家认为，随着需要不可替代技能的新工作岗位出现，人工智能实际上将提高人的生产力，让人的工作变得更容易 ⑲。

## 〇 社会网络分析：一种用于评估资源的工具

社会网络分析是评估组织内部资源交换和依赖关系的工具之一 ⑳。这种方法通过考察组织成员之间的沟通活动，来识别他们之间的信息流动。在一个社会网络中，比如在一个由共同的专业兴趣连接在一起的社群中，每个人或每个团体都是一个节点，而这些节点之间的连接则被称为关系。节点之间的沟通或资源交换越是频繁，它们的关系就越强。有的节点之间虽然没有发生直接的沟通，但它们的资源却能通过中介

节点双向流动。换言之，有的节点是资源流动的中介，它们让未连接的节点之间实现了相互交流。当我们用图形标示社会网络中个体之间的关联时，就得到了一张社会关系图。社会关系图类似于组织结构图的一个非正式版本，区别在于，后者显示组织中权威的实际规定，而前者则体现了组织中资源的实际流向。图 13-1 是社会关系图的一个示例。

网络可能蕴含着巨大的权力动态。处于中介位置的人往往更有权力，因为这些人可以利用不同群体的独特资源。从另一个角度来说，许多不同的人都依赖中介，这就赋予了中介异于常人的权力。一项针对英国国家健康服务部门（United Kingdom's National Health Service）的研究显示，帮助组织进行

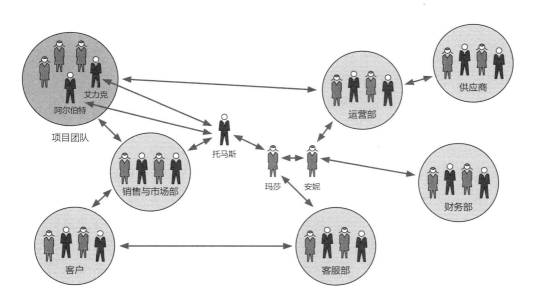

**图 13-1 社会关系图示例**

重大变革的变革代理人（change agent）如果本身是信息中介者，就更有可能发动成功的变革 ㉑。不过，这种中介地位也可能具有矛盾性。有研究发现，在营销机构网络中，尽管处于中介位置的个体拥有更大的权力，也更有意愿行使权力，但也往往更不容易察觉发挥这种权力的机会 ㉒。

在社会网络中，有的人之所以能够积累权力，是因为拥有某些特质。例如，这些人可能对奖赏不敏感（因而可以免受他人的影响）、更外向，甚至拥有更显著的黑暗三联征 ㉓。不过，性别刻板印象也可能阻碍女性发挥中介的效力。由于伴随着中介地位的自主性、权力和魄力与对女性的刻板印象相悖，处于中介位置的女性往往会体验到更大程度的绩效焦虑以及对负面评价的恐惧 ㉔。

中介者在网络中与他人建立的关系也非常重要。人们会和上级、同事建立不同的关系，如友谊关系、合伙关系，并随之产生不同的依赖性和义务 ㉕。这些“关系”（ties）不仅对于完成组织的工作非常重要，而且也对员工福祉的提升发挥着作用。那些没能建立起这些关系，或者随着时间推移丧失这些关系的员工，往往更有可能离开组织（尽管这些关系本身是有可能在员工离开组织之后继续存在的）㉖。

在组织中进行社会网络分析的方法有很多 ㉗。有的组织会追踪内部电子邮件沟通或部门间文档共享的记录。此类大数据工具可以非常简便地收集反映个体信息交换模式的客观信息。还有一些组织会对人力资源信息系统中的数据加以分析，捕捉上级与下属之间的互动方式，并基于这些数据描绘社会关系图，呈现组织中资源和权力的流动状态。领导者可以从中识别那些对众多群体发挥着最大影响力的中介者，从而更有针对性地开展工作。此外，组织和研究人员还可以运用不断更新的人工智能应用程序，使用机器学习算法来持续捕捉（并在过程中不断学习和改进）信息流、构建社交网络 ㉘。

## ● 影响策略

人们会采用什么影响策略（influence tactics）将权力的基础转化为具体行动呢？如果想影响上司、同事和员工，人们都有哪些选择？现有研究发现了以下 9 种不同的影响策略 ㉙。

> » **利用合法性**（legitimacy）：依赖自身的职位权威，或提出与组织政策和规则相一致的请求。
> » **理性说服**（rational persuasion）：利用逻辑分析和事实依据来体现请求的合理性。
> » **精神激励**（inspirational appeals）：从影响对象的价值观、需

求、希望和志向出发，激发情感承诺。

» **协商**（consultation）：令影响对象参与计划的决策过程，从而争取支持。

» **交换**（exchange）：提供一定的利益或回报，换取对方的同意。

» **个人魅力**（personal appeals）：令影响对象出于友谊或个人忠诚遵从某个请求。

» **逢迎**（ingratiation）：在提出请求前用奉承、赞美或友善的行为做铺垫。

» **施压**（pressure）：采用警告、反复要求或威胁等手段。

» **结盟**（coalitions）：争取更多其他人的支持，以此劝服影响对象同意自己的主张。

○ **影响策略的具体类型**

不同的影响策略效果各异。对于提升工作绩效来说，理性说服、精神激励和协商都很有效❸。但在建立工作中的人际关系时，理性说服的效果就不如精神激励和协商了❸。施压这种策略往往适得其反，通常也是最无效的❸。逢迎策略可能带来人际方面的积极效果（例如在求职面试期间）❸，但只有当影响对象不太在意请求的结果或是请求本身比较常规时才适用❸。

让我们用一个具体的例子讨论一下。如果想获得加薪，你可以先用理性的策略弄清楚自己的薪酬相对组织内的其他同事是什么水平，抓住一根富有竞争力的橄榄枝，运用数据彰显自己的优异表现，或利用薪酬计算器对比自己和同行的工资水平，然后你可以将这些结果展示给你的主管，对方想必会眼前一亮。唐·亚戈达咨询公司（Don Jagoda Associates）的高级副总裁凯蒂·邓宁（Kitty Dunning）曾在邮件中向她的上司有理有据地展示了自己为公司销售额增长做出的贡献，从而得到了16%的加薪❸。运用理性说服策略向上司提出加薪或替代性工作安排（见第8章：动机：从概念到应用）可能会非常奏效，因为它有助于你与上司建立起相互尊重❸。

不过，虽然理性说服在上述情境中是有效的，但影响策略的效果在一定程度上取决于影响的方向❸和受众的特点。如表13-1所示，理性说服策略是唯一一种在向上和向下影响中都奏效的策略，不过向下影响的作用更强❸。精神激励策略在向下影响中的效果最理想❸。逢迎的作用在横向影响中最突出，不过在向下影响中也有一定的效果❹。此外，采用不同策略的顺序、运用策略时的个人技巧以及组织文化等因素，都有可能影响策略的收效。总体上，从更依赖个人权力的"软"策略（例如个人魅力、精神激励、理性说服和协商）开始，影响的成功率更高。如果这些策略不管用，你可以继续尝试"硬一些"

的策略（例如交换和结盟），强调正式的权力，并承受更大的成本和风险 ❹。

看待权力，并认为权力应该被用来帮助他人 ❺。

### 表 13-1　不同影响方向适用的策略

| 向上影响 | 向下影响 | 横向影响 |
|---|---|---|
| 理性说服 | 理性说服 | 理性说服 |
| | 精神激励 | 协商 |
| | 逢迎 | 逢迎 |
| | 利用合法性 | 交换 |
| | | 利用合法性 |
| | | 个人魅力 |
| | | 结盟 |

我们在前面提到过，策略的有效性还取决于受众 ❷。那些更容易遵从软策略的人通常更具有反思性和内在动机，往往也有着更强的自尊心和掌控欲。相对地，更倾向于遵从硬策略的人则更具行动导向和外在动机，这样的人更渴望合群而非我行我素。有趣的是，现有研究并没有发现影响策略使用效果的性别差异；无论男性还是女性，采用软性或中性策略的收益都要大于硬性策略 ❸。

### ○　不同文化对影响策略的偏好

不同文化对影响策略的偏好是有差异的 ❹。来自个人主义国家的人倾向于用个人化的眼光看待权力，并认为权力可以被用来实现个人的目的；而集体主义国家的人则倾向于用社会化的眼光

### ○　影响策略的实际应用

不同人的政治技巧（political skill）也有差异。政治技巧指影响他人，从而实现自身目的的能力 ❻。显然，政治技巧高超的个体可以更熟稔地运用自身对他人需求、资源和偏好的了解，从而更有效地实施影响策略 ❼。在需要社交技巧的岗位上，政治技巧也有助于提升工作的效果，例如领导者、销售顾问、房产中介和其他关系导向的职业 ❽。归根结底，富有政治技巧的人能够在不为他人所察觉的情况下施加影响，而这恰恰是影响力的关键（"政治"这个标签带来了许多不必要的污名）❾。

我们还知道，不同组织的文化千差万别。有些文化温暖、松弛、充满支持，有些文化则趋于正式和保守；有些文化鼓励参与和协商，有些文化崇尚理性，有些文化则富有压力。与组织文化相契合的人更容易获得影响力 ❺。例如，外倾性高的个体在团队导向的组织中更具影响力，尽责性高的个体则更能在重视独立完成技术性任务的组织中发挥影响。之所以如此，是因为与组织文化契合的人恰恰能在组织最重视的方面表现优异。因此，组织本身的特点决定了哪种影响策略能够奏效。不过，即便不考虑文化契合度的因素，研究表明，外倾性高的个体总体上更容易培养出高超

的政治技巧，宜人性和尽责性对此也有一定的作用❺。但请注意：研究也发现，政治技巧可能会掩盖黑暗三联征（如马基雅维利主义，见第5章：人格与价值观）的某些负面表征❺。

总体上，政治技巧能给员工个体带来诸多好处❺。它能帮助你建立自我效能感、提升工作满意度、增强对组织的承诺，并稍稍缓解你感受到的压力。此外，培养政治技巧也能提升你的绩效和生产力，促使你做出更多的组织公民行为。或许，最重要的一个好处是，它能帮助你提高自身的声誉，促进职业成功，让你获得更高的收入、更体面的职位和更满意的职业体验。研究表明，政治技巧之所以能带来这些益处，主要是因为它能帮助人们提高声誉、增强信心❺。

## ● 权力对人的影响

到目前为止，我们已经探讨了权力的定义和获得权力的策略。然而，我们还没有回答一个重要的问题：权力会不会腐化人心？显然，权力会影响拥有权力的人。一方面，它能起到激励的作用；另一方面，它也会导致掌权者更多地依赖直觉、变得自私和腐败❺。任何形式的权力都有可能使人们沉溺于掌握权力的快感。

证据确实表明权力存在着腐败的可能。权力会促使人们将自身的利益置于他人的需求或目标之上❺。为什么会这样呢？有趣的是，其中的原因不仅在于权力使得人们有能力优先追求自身的利益，还在于它能使人们免受外界的枷锁束缚、专注于内心的追求，因而更加重视自己的目标和利益。此外，权力似乎还会让掌权者"物化"他人（即将别人视为实现自身目标的工具），并将人际关系摆在更次要的位置上❺。

非但如此，掌权者对威胁自身能力的事情往往会产生格外负面的反应。这些人会抓住一切机会保住手中的权力，在威胁之下还会采取极端的行动、无视可能对他人造成的伤害❺。拥有正式权力可能扭曲你对他人情绪的感知（例如，掌权者对他人的愤怒格外敏感，因为这可能威胁到自身的权力），致使你以无效的方式行事❺。在面临道德风险时，那些被赋予权力的人更有可能做出自私的决定（例如，对冲基金经理可能敢于拿客户的资金冒更大的风险，因为他们能从收益中得到很大的奖赏，却不会因为损失受到同样的惩罚）。有权力的人还更愿意贬低他人。此外，权力也有可能导致过度自信的决策（尽管公司领导者的过度自信实际上也有可能给公司带来积极的影响）❻。

### ○ 面对权力，我们能做些什么

权力对每个人的影响是不同的，它其实也有积极的方面。例如，权力可以使他人更积极地看待你❻。它有激励的作用，能增强我们实现目标的动机。权力还能促使我们帮助他人。例如，一项研究发现，在工作中，当人们感到自己拥有权力时，人们才能将乐于助人的意愿付诸行动❻。总体上，以往研究集中揭示了权力对人们思想、情绪和行为的影响❻。

首先，权力影响着人的认知或思维。掌权者倾向于简化处理信息的方式，依赖单一、易得的信息来源❻。这也意味着权力大的人更有可能依赖刻板印象和启发式思维。比方说，一名创业者如果已经成功创立了好几家企业，那么他将很有可能在成功的喜悦中忽视市场或创业过程中的许多重要方面。其次，尽管关于权力如何影响情绪的研究不多，但有证据表明，掌权者更倾向于不惧后果地表达真实的正面情绪，而不容易被别人的情绪"投射"（比如，不会因为目睹他人的痛苦而感到不安）❻。最后，在行为方面，掌权者（在得到增强的自信心和意志力的加持下）会表现出更多主动性，对潜在的奖励或利益更加敏感（比如变得更加自私），对行为规范则不太在意❻。例如，如果你是一名研究生，那么你会发现，在一些专业学术会议上，学者地位高的标志并不是西装革履，反而是可以自由地穿着牛仔裤来做展示。

那么，面对权力，我们能做些什么呢？我们对权力的影响真的"无能为力"吗？首先，权力是否会产生负面后果，其实取决于掌权者的个性。研究显示，如果你天生容易焦虑，便不太容易受到权力的腐蚀，因为你会怀疑使用权力是否真的有利于自己❻。其次，组织系统也可以遏制权力的腐败。例如，一项研究发现，尽管权力会驱使人们做出自私之举，但问责制度却能阻止这类行为的实施。再次，有的做法能够减轻权力的负面影响。有研究显示，向掌权者表达感激之情这样简单的举动，足以降低对方向自己采取攻击性行动的可能性。最后，有句老话叫"拿着鸡毛当令箭"，形容的是手里哪怕只有一点权力都要滥用的现象。这话有一定的道理，那些起初地位较低，后来获得了权力的人似乎最有可能滥用权力。为什么呢？较低的地位会带来威胁的感受，或许正是这种对威胁的恐惧，导致了人们后来对到手权力的滥用❻。

## ● 政治：当权力被付诸行动

有人的地方，就有江湖。在组织中，人人都希望另辟蹊径，去施加影响，获得奖赏，并推进自己的事业。当人们将权力付诸行动时，他们就参与到了政治之中。良好的政治技巧有助于人们高效地利用自己的权力基础❻。政治非但无法避免，而且往往也是必经之路。

## ○　政治行为

究其本质，组织政治（organizational politics）主要涉及运用权力影响组织决策的活动；有时，这种活动的背后是自利的、不为组织所容的目的 **⑩**。在我们讨论的范畴内，组织中的政治行为（political behavior）包含个体在自身岗位要求之外进行的一系列活动，这些活动会影响（或试图影响）组织内部优势与劣势的分布格局 **⑪**。

也就是说，政治行为超出了工作的正式要求；它必然涉及对权力基础的运用；它尝试影响决策的目标、标准和程序。我们给出的定义非常广泛，足以涵盖各种各样的政治行为，比如向决策者隐瞒关键信息、结盟、举报、散布谣言、向媒体泄露机密信息、与他人进行利益交换，以及用代表（或反对）特定个人（或决策）的立场开展游说 **⑫**。从这种意义上说，政治行为似乎总是负面的，但事实并非如此。

## ○　政治的实质

研究表明，人们对政治的态度各不相同：（1）有些人持被动反应（reactive）态度，他们认为政治是具有破坏性的故意操纵；（2）有些人表现出不情不愿（reluctant）的态度，他们将政治视为不得已而为之的恶；（3）有些人采取策略性的（strategic）态度，认为政治是做成想做之事的必要手段；（4）最后，有些人持有更为整合（integrat-ed）的看法，认为政治其实是决策制定的核心 **⑬**。

诚如后两种意见，许多经验丰富的管理者在访谈中表示，政治是组织生活中的一个重要组成部分 **⑭**。其中有很多人认为，只要不对他人造成直接伤害，某些政治行为在道德上是可接受的。他们相信，采取政治行动是必要之举，否则大多数事情将难以推进。然而，对收入较低的人群而言，尽管他们也认识到政治行为的必要性，但这些人通常更不愿意实际参与其中，因此他们在职业生涯中可能面临更大的阻碍 **⑮**。

不过，你大概还在想：政治为什么必须存在呢？难道组织不可以完全摒除政治的成分吗？当然是可以的，前提是组织的所有成员必须有着共同的目标和利益，资源必须充裕，绩效成果必须完全明确、客观。显然，这并不符合我们大多数人所处组织的现实情况。而且，尽管人们常常不愿意被牵涉进政治之中，但如果政治行为能够作为一种亲社会手段，实现帮助他人的目的，那么人们投身其中的意愿就会大大提高 **⑯**。

或许，催生组织政治最重要的原因在于，人们广泛地意识到，大多数用于分配有限资源的"事实依据"实际上都有千百种"解释"。比方说，薪酬是依据绩效分配的，可什么算良好的绩效？什么样的改进算得上实质的改进？什么样的工作条件可以说不尽如人意？组织生活往往包含很大的中间地带，在这里，没有不言自明的事实，模糊性滋养着政治。

此外，大部分决策也都必须在模棱两可的情境下进行。既然鲜有客观事实，那么解释的空间就总是存在。因此，组织中的人们必然会发挥自己所能产生的一切影响，来推动自己实现目标和获得利益，政治活动由此产生。某些人认为的"对组织利益的无私奉献"，落在另一些人眼里可能就成了"满足私欲的露骨企图" ⓱。

## ● 政治行为的原因与结果

在前面的讨论中，我们已经了解政治是组织的常态。接下来，我们再探讨一下政治行为的原因与结果。

### ○ 催生政治行为的因素

群体和组织之间的政治浓度差异很大。有些组织的政治活动公开且猖獗，而另一些组织则几乎没有为政治留下发挥的空间。是什么导致了这种差异？学术研究和现实观察告诉我们，有几类因素可能会促进政治活动的发展。这些因素包括个体差异（这源自组织雇员的特质），以及组织的文化和内部环境。图 13-2 展示了个人和组织因素对政治行为的共同作用，以及政治行为给个人和组织带来的有利结果（增加奖赏、避免惩罚）。

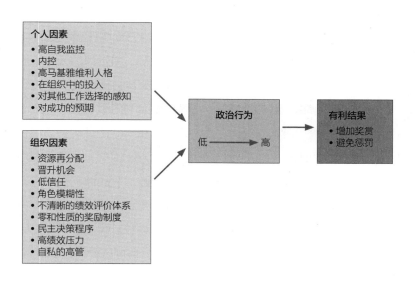

**图 13-2　政治行为的前因和结果**

- 个人因素

在个体层面，研究者发现了一些可能与政治行为相关的因素，如人格特质、个人需要等。拿人格特质来说，那些自我监控程度高、内控程度高、权力需要（NPOW，见第 7 章：动机）旺盛的个体更有可能参与政治行为。高自我监控的个体对社会线索更加敏感，也更趋于服从社会规范，这些人在政治活动中更加游刃有余。内控者相信自己能够控制环境，因此更倾向于发挥主动性，努力向着对自身有利的方向操纵环境。你可能不会感到意外，马基雅维利人格（见第 5 章：人格与价值观）作为热衷于操纵、渴望权力的特质，与利用政治活动获取个人利益不谋而合。

个体在当前组织的既往投入，以及他们认为自身拥有的其他选择，都会影响他们采用不当政治手段的意愿 ❼❽。当人们预期组织未来能够提供的利益越多、放弃这些利益的代价越大时，他们动用不当手段的可能性就越小。相反，人们拥有的其他工作机会越多（例如面对繁荣的就业市场、掌握稀缺的技能或知识、拥有良好的声誉或具备强有力的外部联系），他们运用政治手段的可能性就越大。

最后，有的人操弄政治，可能仅仅是因为擅长。这些人往往对人际互动富有洞察力，能够依照情境的变化调整自身的行为，而且善于发展人际网络 ❼❾。他们的政治行动通常也能得到间接的回报。例如，一项对某建筑公司的研究发现：上级在推荐获奖人选时，往往更容易将机会给予富有政治技巧的下属；此外，自身政治导向更强的上级对这样的员工格外青睐 ❽⓿。来自世界各地的其他研究同样表明，政治技巧有助于提升他人对个体绩效的感知和评价 ❽❶。

- 组织因素

尽管个体差异有一定的影响，但研究证据显示，特定的情境和文化对政治活动的助长作用更强。具体来说，当组织的资源缩减、现有的资源分配模式变动，或出现晋升机会时，便更有可能滋生政治活动 ❽❷。在资源变少的情况下，人们往往会动用政治手段维护自己的既得利益。此外，任何变动（特别是那些可能显著改变组织内部资源分配格局的变动）都有可能激化矛盾，催生政治行为。

文化的作用也很重要。缺乏信任、角色模糊、绩效评估体系不清晰、零和性质的奖励分配制度、绩效压力大和高管自私自利的组织文化是政治活动的温床 ❽❸。由于政治活动在员工正式角色的要求之外，因此，角色模糊性越大，员工开展政治活动而不被察觉的可能性就越高。角色的模糊性意味着员工行为规范的模糊性。在这种模糊性中，员工从事政治活动的范围和形式的限制将大大减少。

此外，当组织文化在奖励分配方

面越是具有零和性质（这往往是组织财务状况紧张脆弱的结果），员工参与政治活动的动机就越强❽。零和（zero-sum approach）意味着"蛋糕"只有一块，一个人的任何收益都以别人或群体的牺牲为代价。例如，倘若将 15 000 美元作为加薪奖励分配给五名员工，那么其中任何人有了超过 3000 美元的获益，都意味着对其他人的掠夺。这样的做法在无形中鼓励了员工之间的相互倾轧，也会促使员工更加积极地展示自己的功劳。

## ○ 人们对政治行为的反应

对于大部分政治技巧不算太高或不愿意参与政治游戏的人来说，组织政治的结果往往就是负面的：它会导致工作满意度降低、焦虑和压力增加、离职率上升和绩效下降。研究表明，无论人们认为政治多么必要，在一个人所处的环境、组织或团队中，政治的分量越重，负面结果（如压力、人员流动、士气低落、绩效低迷）就越多❽。组织政治还可能导致员工对自身绩效的评价下滑，而这可能是因为员工认为充满政治的环境氛围不公平，因而失去了动力❽。另外，还有研究表明，组织政治可能是一把"双刃剑"（有好的一面，也有坏的一面），它既能赋予人做好事的能力，也会耗竭人的情绪❽。

政治与绩效之间的关系一定程度上取决于个体对组织政治的理解。有研究者指出："当一个人能够清晰地理解组织决策的过程，明白这些决策都由谁负责、为何如此，那么他就能比对此懵懂无知的人更好地理解组织中正在发生的各种事情。"❽在政治浓度和个体的理解程度都很高时，个体更容易将政治活动视为机会，进而提升自己的绩效。这与我们对政治技巧高超的个体的预期是一致的。相反，倘若无法充分理解组织政治，那么个体更可能将政治活动视为对自身的威胁，而这对工作绩效则是不利的❽。

面对变化，如果员工视之为威胁，那么他们很有可能做出防御性行为（defensive behaviors），即避免行动、责备或变化等自我保护的行为反应（表 13-2 列示了一些例子）❾。这些行为也可以算作政治活动的一部分，但它们是负面的和具有破坏性的。较之以"软性"的、正面的方式影响他人，这些行为往往通过攻击或回避的手段保护个人的利益，如隐瞒真实的想法或贡献❾。短期内，员工的确能借此维护自身的利益；但从长远来看，这种行为会耗尽他们的精力。

## ○ 印象管理

毋庸置疑，人们总是热衷于了解旁人如何看待和评价自己。在组织中，得到他人的正面评价能带来很多好处。比如，它首先能帮助我们得到心仪的工作；其次，在被录用之后，良好的印象

表 13-2 防御性行为

| 避免行动 | |
|---|---|
| 过度遵从 | 用类似"我们有明确的规定……"或"我们一直以来都这么做"的说辞完全撇清自己的责任 |
| 甩锅 | 将执行任务或决策的责任转移给他人 |
| 装傻充愣 | 通过假装无知或无能来逃避不想做的任务 |
| 磨洋工 | 拖延任务，让自己看起来很忙碌（例如将两周的工作延长到四个月） |
| 阳奉阴违 | 在公开场合表面支持，但私下里几乎什么都不做 |
| **避免责备** | |
| 谨言慎行 | 巨细靡遗地记录自身的工作活动，从而营造有能力和细心的形象，并避免未来被追究责任 |
| 打安全牌 | 回避所有可能对自己不利的情形，比如只接手成功率高的项目、迎合通过上级做出的冒进决策、避免表达自身的判断，以及在冲突中持中不言 |
| 狡辩 | 找尽理由减轻自己对负面结果所负的责任，或特意用道歉的方式表达悔意（也有可能两者兼有） |
| 推卸责任 | 将负面结果的责任归咎于实际上并不完全对此负责的外部因素 |
| 误导 | 用扭曲、润色、欺瞒、选择性呈现或模糊化处理的手段操纵信息，误导他人 |
| **避免变化** | |
| 预防 | 试图防止对自身有威胁的变化发生 |
| 自保 | 在变革期间谨守特定的信息和资源，以保全自身的利益 |

也令我们得到更好的绩效评价、更高的薪水和更快的晋升。管理他人对我们的看法是很重要的。例如，对于在异国他乡代表组织的外派人员来说，适应当地的文化规范就是一个很重要的问题 **㉒**。我们将个人试图控制他人对其自身印象的过程称为印象管理（impression management，IM）**㉓**，如表 13-3 的示例。

印象管理的过程可以是有意识的，也可以是无意识的；它给他人的感受可能是真诚的，也可能是虚伪的。当印象管理令他人感到虚伪时，这种行为可能导致你的绩效下滑、焦虑增加，使你产生一系列负面情绪 **㉔**。相反，如果能给别人留下谦虚、真实、诚恳的印象（如用幽默的方式展露自己的缺点，从而拉近与别人的距离），那么印象管理则有助于让他人对你产生正面的看法，带来良好的人际关系 **㉕**。

相关研究探讨了印象管理对两个关键结果的影响：面试结果和绩效评估。下面我们分别来探讨一下。

· **面试与印象管理**

证据显示，大多数求职者和面试官在面试过程中都会运用印象管理技巧。这些技巧之所以有效，部分原因在于它们能使求职者在面试官眼里显得更加亲和、更有

表 13-3　印象管理技巧

| 顺从 | 举例 |
|---|---|
| 赞同某人的观点以博取对方的认同。这是一种逢迎的方式 | 一位经理对自己的上级说："你对西部地区办公室的重整方案真是太正确了，我完全同意你的想法。" |
| **示好** | **举例** |
| 对某人做出善意举动以博取对方的认同。这是一种逢迎的方式 | 一位销售员对某个潜在客户说："我有两张今晚的戏剧票，但我没办法去看了，请你拿去吧，就当是对你抽空和我谈话的感谢。" |
| **借口** | **举例** |
| 寻找其他理由，让某个负面结果看起来没那么严重。这是一种防御性印象管理技巧 | 一位销售经理对自己的上级说："我们没能及时把广告刊登出来，反正这些广告刊登出来也没什么人看。" |
| **道歉** | **举例** |
| 承认自己对不良后果所负的责任，同时为自己的行为辩护。这是一种防御性印象管理技巧 | 一位员工对上级说："对不起，我弄错了报告中的一项内容。请你原谅我。" |
| **自我推销** | **举例** |
| 突出自己的优点、淡化自己的缺点，引导他人关注自己的成就。这是一种以自我为中心的印象管理技巧 | 一位销售员对自己的老板说："马特花了三年都没能搞定那个客户，而我六周就把他拿下了。我才是公司最好的谈判专家。" |
| **强化** | **举例** |
| 强调自身所做的事情比大多数组织成员所认为的更有价值。这是一种以自我为中心的印象管理技巧 | 一位记者对报社编辑说："我对这位名人离婚风波的报道大大提高了我们的销量。"（尽管这则报道仅仅刊登在娱乐版的第三页） |
| **恭维** | **举例** |
| 对他人的美德加以赞美，使自己显得更有洞察力、更受欢迎。这是一种展示自信的印象管理技巧 | 一位新入职的销售培训生对她的同事说："你刚才处理客户投诉的做法真是太巧妙了！如果是我，绝对没办法像你那样处理得这么好。" |
| **示范** | **举例** |
| 完成超出硬性要求的工作，以展示自身的敬业和勤奋。这是一种展示自信的印象管理技巧 | 一位员工在下班时间用公司的计算机发邮件，让上司知道自己工作到很晚 |

能力 **96**。为了探究不同面试技巧的实际效果，一项研究分析了数千场招聘和选拔面试，区分了以下几种策略：外表导向的策略（如努力展现出专业的形象）、外显技巧（如奉承面试官或谈论自己的成就）和言语暗示（如多用正面表达或展现热忱 **97**。在诸多维度中，印象管理是面试结果最强有力的预测指标之一。不过，这种策略也不是屡试不爽的。倘若面试是高度结构化的，例如所有面试问题都是事先设定的且仅关注候选人的资质，那么印象管理的作用将会显著减弱。这种操纵性技巧只有在相对模糊和非结构化的面试环境中才更有效。

- **绩效评估与印象管理**

在绩效评估环节，情况则大相径庭。逢迎行为与绩效评分是正相关的，这表明奉承上级的人能获得更高的绩效评价。然而，自我推销似乎会起到相反效果，对绩效评价产生负面影响❾❽。很重要的一点补充是，具有高超政治技巧的个体似乎更容易用印象管理为自己带来良好的绩效评价，而不具备政治技巧的人则可能为印象管理所害❾❾。一项针对760名董事会成员的研究发现，逢迎董事会成员（如表达共同的态度、意见或表示赞美）的人更有机会获得董事会的席位❿❿。另一项研究则指出，试图奉承主管的实习生通常不受欢迎，除非他们自身具有良好的政治技巧——这种技巧能博取主管的欢心，赢得更好的绩效评价❿❶。

○ **政治行为的道德伦理问题**

尽管道德和不道德的政治行为并不是泾渭分明的，但你依然应该考虑一些关键的问题。例如，对你来说，政治活动的用途是什么？有时，我们采取政治行动并不是出于多正当的理由。此外，你如何平衡上述用途与对他人造成的伤害（或潜在伤害）？最后，这些政治活动是否能符合基本的公平、公正标准？

不幸的是，有权有势的人往往非常善于用组织的利益来包装自利的行为。这些人往往能颠倒黑白，将本不公平的事情说得公平、公正。掌握权力、巧于辞令、善于说服的人最容易在政治活动中出现道德伦理方面的问题，因为他们更有办法逃脱惩罚。在面对组织政治的伦理困境时，你首先应该考虑是否值得去冒这样的风险，以及是否有可能伤害到别人。如果你拥有强大的权力基础，务必意识到权力的腐蚀性。无权无势的人更容易采取道德行为，因为这些人通常没有多少政治资本可以利用。

○ **勾勒你职业生涯的政治蓝图**

正如我们所看到的，政治并不是政客的专利。你可以将本章介绍的概念非常具体地应用在组织中。不过，这些内容还有一个更加显而易见的用武之地：你自己。

从自身的职业生涯出发，你完全可以将有关权力与政治的思考发挥到极致❿❷。你的雄心是什么？谁有权力帮助你实现它？你和这些人的关系如何？要回答这些问题，最直接的办法是绘制一张政治关系蓝图，以勾勒出你与那些对自身职业生涯有影响的人之间的关系。图13-3就展示了这样一张蓝图❿❸，让我们一起来看一看。

假设你的晋升取决于五个人，包括你的上司婕米。如图所示，你同婕米的关系非常密切（否则你的麻烦可就大了）。此外，你和扎克的关系也很不错。不过，对

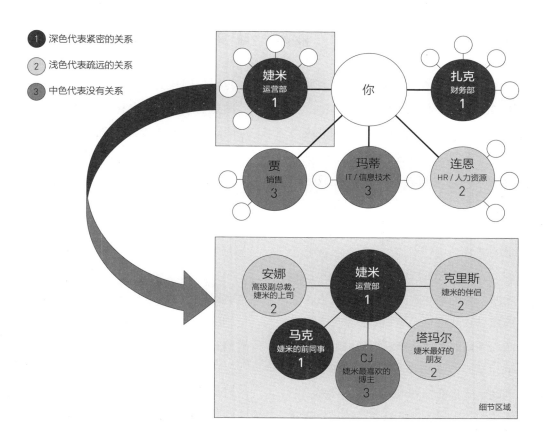

**图 13-3 绘制你的政治关系蓝图**

资料来源：克拉克，《为你的职业生涯制定一项竞选策略》，《哈佛商业评论》，2012 年 11 月，131-134 页。

于剩下的几个人，你要么关系疏远（连恩），要么没什么关系（贾和玛蒂）。这张图给你的启示相当明显：你需要制订一个计划，增强自己对这些人的影响力，与他们建立更加密切的关系。那么，你应该怎么做呢？

要想影响他人，一种最好的做法是间接影响。如果你要和马克一起参加网球联赛，并且你知道，马克是婕米的前同事，而且一直与婕米保持着良好的友谊。那么，如果能影响马克，你也将有很多机会间接影响到玛蒂。同样，对于你政治关系中的其他四名关键人物，你也可以用类似的思路加以分析。

在你看来，这些策略可能颇有马基雅维利主义的风格。不过请你一定要记住，晋升的机会只有一个，而你的对手很可能也有他们自己的政治关系蓝图。权力和政治是组织生活中永恒的主题。

## ● 本章小结

　　几乎没有人会喜欢在组织中无权无势的感觉。人们对不同权力基础的反应很不相同。专业性权力和参照性权力源于个人品质，而强制性权力、奖赏性权力与法定性权力本质上是组织赋予的。能力是一种格外受人欢迎的品质，以能力为基础的权力有助于提升团队成员的绩效。

　　高效的管理者能接受组织的政治本质。有的人在政治方面精明过人，因而富有政治嗅觉，擅长印象管理。拥有政治手段的人往往能获得更好的绩效评价，从而得到更多的加薪和晋升机会，而缺乏政治能力的人则不然。此外，精于政治的人还可能拥有更高的工作满意度，并更容易释放工作中的压力。不过，政治是一把双刃剑，既有积极的一面，也有消极的一面。

　　政治关系蓝图是一种很好的示意图，能够帮助你识别重要的政治机会。最后，权力与政治涉及诸多重要的伦理考量。接纳组织中权力和政治的一面，也意味着要承担起具备伦理意识、践行道德标准的责任。

请扫描二维码
获取书中参考文献

## ● 对管理者的启示

- 要想运用权力实现团队或组织（哪怕是你自己）的利益，你就要意识到，不同的权力基础可能有不同的效果。你应该对这些基础都有所了解，并依据情况的需要加以运用（但请确保你的行为合乎道德）。

- 要想让他人遵从你的请求，有许多有效的技巧和印象管理策略。一般而言，采取理性说服、精神激励和协商的方式最有可能取得成功，而施压或自我推销的效果则是最差的。

- 请记住，权力源于依赖。当你因为过度依赖某种资源（例如一个要价过高的供应商）而感到缺乏掌控感时，可以尝试尽可能拓展自己的备选范围，并寻求这些资源的替代品。

- 在社会网络中的位置会影响你拥有的权力。要想推动变革、发挥影响力，你可以尝试充当人与人之间连接的桥梁，跨越边界去连通关系、资源和信息。

- 权力影响人们的方式有很多。意识到掌权带来的短视和盲区，可以帮助你回避权力对掌权者自身的负面影响。

- 用政治的视角来看待组织行为，有助于你更好地预测他人的行动，并据此制定自身政治行动的策略，为你自己和你的组织赢得优势。

# 第 14 章

---

# 冲突与谈判

● **本章学习目标**

» 阐述三种不同的冲突类型，并指出相应的冲突点；

» 概括冲突的发展过程；

» 对比分配式谈判和整合式谈判；

» 尝试应用谈判过程的 5 个步骤；

» 阐述个体差异对谈判过程的影响；

» 阐述可能影响谈判的社会因素；

» 探讨第三方在冲突中的角色和作用。

## ● 冲突的定义

特斯拉（Tesla）是美国的一家汽车和能源公司，其创始人兼 CEO 埃隆·马斯克（Elon Musk）就陷入过各种各样的冲突。无论是马斯克直言不讳的推特帖子、大大小小的诉讼案件、与美国证券交易委员会的纠纷，还是与音乐人阿泽利亚·班克斯（Azealia Banks）和克莱尔·鲍彻（Claire Boucher）的争执，对特斯拉的董事会成员和员工来说，这些组织与外部群体的冲突经历已经是家常便饭❶。

然而有趣的是，特斯拉的董事会内部几乎不存在冲突❷。许多人指责董事会"放任默许"，不愿发起必要的冲突。这可能是由于董事会成员对马斯克的忠诚，或者是由于时间和资源的限制（大多数董事会成员都是兼职），又或者是因为大多数影响决策的信息都经过了马斯克的过滤。有人甚至提议在董事会决策中引入人工智能，因为这种方法不受时间与资源的制约，而且更能做到不偏不倚❸。特斯拉的案例表明，冲突可能发生在组织的方方面面。有时，没有冲突反而也是一种重要的信号，意味着某些关键事项没有得到充分讨论，或某些有争议的想法没有受到挑战。

冲突的定义有很多❹，但最常见的一种说法是，冲突源于对差异或对立的感知。我们在这里采取一种较为广泛的定义，将冲突（conflict）视为一种过程，而该过程始于一方认为另一方确实或有可能对自身关心的事物产生负面影响。在组织中，人们会因为不一致的目标、对事实的不同解释、在行为期望方面的分歧等产生各种各样的冲突。

当代的学术观点根据冲突的效果对其进行分类❺。功能实现型冲突（functional conflict）能够支持团队的目标、提升团队绩效，因此这种冲突是建设性的。例如，董事会成员之间可能围绕提高生产效率展开辩论，如果大家能公开探讨和比较不同的观点，那么这种冲突便有可能是功能实现型的。反之，功能失调型冲突（dysfunctional conflict）会拖累团队绩效，它具有破坏性。在团队内部，为了争夺个人控制权而产生的冲突会分散团队对当前任务的注意力，这就是一种功能失调型冲突。图 14-1 概括了不同程度的冲突可能造成的结果。

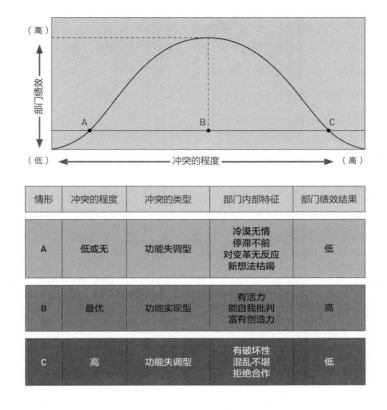

图 14-1　冲突与部门绩效的关系

| 情形 | 冲突的程度 | 冲突的类型 | 部门内部特征 | 部门绩效结果 |
|---|---|---|---|---|
| A | 低或无 | 功能失调型 | 冷漠无情<br>停滞不前<br>对变革无反应<br>新想法枯竭 | 低 |
| B | 最优 | 功能实现型 | 有活力<br>能自我批判<br>富有创造力 | 高 |
| C | 高 | 功能失调型 | 有破坏性<br>混乱不堪<br>拒绝合作 | 低 |

## ○　冲突的类型

理解冲突的一种方式，是理解引发冲突的分歧。这种分歧是来自不同的目标吗？是源于人与人之间的摩擦吗？是关于哪种工作方法更好吗？尽管每一次具体的冲突都有其独特性，但学者们将冲突划分为三种基本类型：关系型冲突、任务型冲突和过程型冲突 ❻。关系型冲突（relationship conflict）主要涉及人际关系；任务型冲突（task conflict）关注工作的内容和目标；而过程型冲突（process conflict）则聚焦于完成工作的方法。

### ・　关系型冲突

现有研究证实，在工作环境中，大多数关系型冲突都是功能失调型冲突 ❼。为何如此？这是因为关系型冲突中所包含的摩擦和敌意会加剧彼此的对立，阻碍相互之间的理解。此外，在三类冲突中，关系型冲突也是最消耗情绪的。它会阻碍团队成员以开放、合作的方式共同解决问题，令人们更倾向于回避和竞争 ❽。这样一来，团队的信任、凝聚力（见第 10 章：理解工作团队）、满意度、工作态度与积极情感（见第 4 章：情绪与心境）就都为关系型冲突所拖累。更有甚者，团队成员的组织公民行为会减少，而偏差行为会增多 ❾。不过，关系型冲突本身与团队绩效的直接联系相对较弱，这意味着，这种冲突最有害的影响可能更多地体现在心理层面以及某些行为方面（比如组织公民行为和偏差行为）❿。

- **任务型冲突**

与关系型冲突不同，学者对任务型冲突的功能性看法不一。早期的一些研究曾指出，团队内部的任务型冲突与更高的团队绩效相关，但后续针对 95 项实证研究结果的综合分析发现，任务型冲突总体上与团队绩效并无关联（尽管从团队类型来看，二者之间可能存在一定的关联，比如，在非管理岗位上，任务型冲突会降低团队绩效；在决策层团队中，任务型冲突则会提升团队绩效）⓫。此外，研究表明，任务型冲突可能会轻微降低人们的合作强度，并在一定程度上增强团队成员之间的竞争。⓬ 这些影响随后可能会对信任和工作态度产生严重的负面影响，并且与关系型冲突类似，可能导致组织公民行为的减少和偏差行为的增加 ⓭。

- **过程型冲突**

过程型冲突通常涉及任务分配和角色分工。比如，如果人们认为部分团队成员在偷懒，就有可能引发针对任务分配的冲突；如果个别成员感到自己在团队中被边缘化了，则可能引发针对角色分工的冲突。显然，这一类冲突往往涉及极其个人化的方面，因而也容易迅速演变为关系型冲突。而且，有关做事方法的争论势必也会占用实际做事的时间。尽管有关过程型冲突的研究相对较少，但现有证据表明，它对团队成员的信任和态度十分不利，而且与团队绩效之间也存在着一定关联（这一点与关系型冲突的情况类似）⓮。

- **复合型冲突**

还有一个问题似乎也很重要：不同类型的冲突可能会同时发生。当任务型冲突与关系型冲突同时爆发时，关系型冲突的负面影响将更加恶劣；而如果只存在任务型冲突，冲突的影响则可能是正面的⓯。那么，在现实中，后面这种情况是否常见呢？一项在新创企业中开展的研究发现，在冲突初期，关系型冲突和任务型冲突的确常常同时产生，但随着时间的推移，这两类冲突的强度将逐渐稳定，彼此的关联也不再紧密⓰。这表示在早期阶段的人际关系中确实有可能同时发生两类冲突。其他研究证据也基本支持了这一发现。例如，一项荷兰的研究指出，在任务型冲突中，哪怕人们只是在主观上感觉到关系型冲突，都有可能在这种感受的驱使下固守自身最初的偏好，不愿在分歧中让步❶。

另一些学者认为，个体对冲突程度的感知是很重要的。如果人们觉得任务型冲突的程度很低，便不会真正投入需要解决的问题中；但如果感受到的任务型冲突的程度过高，针对任务的争斗很快就会演变为关系型冲突。因此，适度的任务型冲突才最有可能发挥积极作用❶。此外，冲突中的人本身也很重要。一旦人们彼此的工作风格或核心特质水火不容，就容易人多误事，出现"厨子太多烧坏汤"的局面，引发关系型冲突，甚至带来苛责式领导的问题❶。研究表明，当团队中只有少数人感受到强烈的任务分歧，而大部分人感受较弱时，冲突才更有可能对绩效产生积极影响，因为只有在这种情况下，这一小部分的成员才会以审慎、合作和开放的方式提出自己的异见❷。

## ○　冲突点

理解冲突的另一种方法是考虑冲突的所在，或产生冲突的框架。从这个视角出发，冲突也可被分为三种类型。双方冲突（dyadic conflict）是发生在两个人之间的冲突。组内冲突（intragroup conflict）是发生在群体或团队内部的冲突。组间冲突（intergroup conflict）是发生在群体或团队之间的冲突❷。

绝大部分针对关系、任务和过程冲突的研究考虑的都是组内冲突。然而，有关组内冲突的结论并不一定能代表所有类型的冲突。例如，研究发现，要想让组内任务冲突促进团队绩效，就要确保团队具有支持性的氛围，使得团队成员相互照应，不会苛责彼此的错误❷。可是，这一结论能迁移到组间冲突中吗？恐怕不然。我们可以想象一下美国橄榄球联赛的例子。例如，为了促进球队适应性和提升球员能力，在球员相互支持的情况下，一定程度的组内冲突（但不宜过多）可能是必要的。但是，我们会关心一名球员与其他球队的队员发生的冲突吗？大概率不会。当然，这种冲突仍需妥善管理，因为如果冲突变得过于激烈，球队成员可能会感受到过大的压力，从而无法进行正常的人际互动。

你可能会很意外，个体在群体社会网络中的位置（参见第 13 章：权力与政治）在组间冲突中也是很重要的。一项相关研究发现，个体在群体内的位置与其处理组间冲突的方式和效果有关。在群体中相对边缘的成员反而能更好地解决自身所在的群体与其他群体之间的冲突。不过，这一切的前提是，该边缘成员仍有能力为所在的群体负责❷。可见，哪怕处于团队的核心，你也不一定就是出面协调本团队与其他团队冲突的最佳人选。

总的来说，要想充分理解功能实现型和功能失调型冲突，我们不仅需要区分冲突的不同类型，也要理解它的根源所在。此外，尽管关系型、任务型和过程型冲突这一组概念非常有助于我们理解组内冲突，但对于组间冲突来说就不那么适用了。

## ● 冲突的发展过程

冲突往往会经历五个发展阶段：潜在的对立或不和、认知与个人化、意图、行为和结果（见图 14-2）❷④。

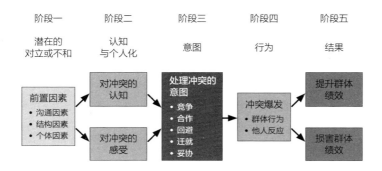

| 阶段一 | 阶段二 | 阶段三 | 阶段四 | 阶段五 |
| --- | --- | --- | --- | --- |
| 潜在的<br>对立或不和 | 认知<br>与个人化 | 意图 | 行为 | 结果 |

**图 14-2 冲突的发展阶段模型**

### ○ 阶段一：潜在的对立或不和

在第一阶段中，产生冲突的条件开始酝酿❷⑤。尽管这些条件不一定直接引发冲突，但它们是冲突出现的必要条件。除了故意挑起冲突的行为等最明显的诱因❷⑥，我们将冲突的条件分为三大类：沟通因素、结构因素与个体因素。

· 沟通因素

沟通可能在群体或双方互动的过程中引发冲突❷⑦。复杂的语义、误解或沟通渠道所包含的"噪声"（见第 11 章：沟通）都有可能引起对立。此外，行业术语或不充分的信息也可能造成沟通障碍，为冲突埋下伏笔。沟通的方式也会产生深远的影响。例如，研究表明，

如果将任务型冲突看作辩论，人们将更容易接受彼此的意见❷⑧。沟通得太多或太少都不好。一定限度内的沟通是有益的，但超过这个限度以后，过度沟通反而可能在无形中使冲突加剧。

· 结构因素

在当前的语境下，结构指群体的规模、成员任务的专业化程度、角色清晰度、成员目标的一致性、领导风格、奖励机制，以及群体间或成员间相互依赖的程度等因素。群体的规模越大、专业分工的程度越深，发生组内冲突的可能性就越大。资历则与冲突成反比，也就是说，一个人在组织中待得越久，卷入组内冲突的可能性就越小❷⑨。因此，

当新成员较多、人员流动率较高时，组内冲突就会变得频繁。在这一点上，组间冲突则很不相同，它具有自我延续的特点。在旷日持久的冲突中，不同群体的成员常常创造出共享的意义和身份认同 ❸⓪。要是了解俄亥俄州立大学与密歇根大学之间长达百年的竞争史，你肯定会对此深表赞同 ❸①。

- **个体因素**

最后，个体因素（如人格特质、情绪和价值观）也有可能催生潜在的冲突。宜人性低、神经质程度高或自我监控水平高（见第 5 章：人格与价值观）的个体更容易与他人发生争执，而且在冲突中会做出更糟糕的反应 ❸②。打个比方，如果一名员工刚刚经历了早高峰，那么他很有可能将路上的愤怒带到工作中，让晨会的氛围变得非常紧张 ❸③。再比如，要是你觉得自己手头的工作很难得到什么好结果，但你的上级对此却很乐观，这也有可能引发冲突，减少你对工作的投入程度，进而损害你的工作表现 ❸④。此外，个人偏好或价值观的差异也可能使冲突加剧。例如，一项在韩国进行的研究发现，当成员对成就的预期不同时，群体将发生更多的任务型冲突；当大家对人际亲密程度的预期不同时，将发生更多的关系型冲突；而当人们对期望获得的权力看法不一时，则将产生更多的地位型冲突 ❸⑤。不同的人对冲突有着不同的看法，对不同冲突管理策略的好坏也有着各自的判断。这些因素都会影响人们感知到的冲突类型以及随之做出的反应 ❸⑥。

## ○ 阶段二：认知与个人化

如果说，第一阶段包含的条件可能对某一方在意的事情产生负面影响，那么在第二阶段，这种潜在的对立或不相容就会变为现实。

我们在冲突的定义中就已经指出，冲突发生的前提，是冲突涉及的一方或多方意识到这些可能引发冲突的因素。不过，在产生分歧时，人们即便已经有了对冲突的认知（perceived conflict），也不一定会将其视为个人化的问题。只有当人们产生了情绪波动，比如因为分歧而变得焦虑、紧张、沮丧或产生敌意时，他们才会拥有对冲突的感受（felt conflict）。在这一过程中，人们会尝试理解正在发生的事件（例如，将某事视为一种冒犯），进而意识到另一方的违规或过错 ❸⑦。一旦把矛头指向对方，我们自然会体会到冲突带来的负面情感。

第二阶段之所以重要，是因为冲突牵涉的各方开始确定冲突的内容、奠定冲突的基调 ❸⑧。例如，看到因为早高峰而怒气冲冲的同事，其他员工可能会感到有点不对劲。但只有在真正发生了不愉快的互动之后（比如，"老板自己被堵了很长时间，凭什么要拿我出气，给我加工作量，这一点都不公平！"），员工才会切实感受到冲突。情绪在认知的塑造中发挥着重要的作用 **㊳**。负面情绪会让我们简化问题、缺乏信任，并用负面的方式揣度别人的行为 **㊵**。有时，为了排遣冲突引起的不适，你可能会向知己倾诉自己的感受。然而，矛盾的是，对方越是积极地回应，越是认可你的想法，你对冲突的原本态度越可能进一步强化，而这对解决冲突其实是不利的。**㊶** 相反，正面情绪有利于我们充分发现不同事物之间的潜在关联，进而以更广阔的视野发掘创造性的解决方案 **㊷**。在冲突升级之前，产生负面情绪是很自然的，甚至是不可避免的，但请你记住，花点时间反思和重新确认自己的感受，可能会帮助你更有建设性地处理冲突（只是千万别沉湎于此！）**㊸**。最后，正念（见第 17 章：组织变革与压力管理）或许是一种值得提倡的情绪状态，它也有助于建设性地管理冲突 **㊹**。

## ○ 阶段三：意图

意图（intentions）介于人们内在的认知与情绪和外在的行为之间，它是人们决定以特定方式来行动的决策 **㊺**。不过，即便设想了某种行动方式，我们也不一定真的付诸相应的行为。此外，意图本身也不是固定不变的。在冲突过程中，如果某一方能够理解对方的观点，或对对方的行为做出情感反应，那么意图也有可能发生改变。

我们可以借由主张（assertiveness，也就是一方尝试满足自身关切的程度）以及协作（cooperativeness，即一方尝试满足对方关切的程度）这两个维度来区分冲突解决过程中的五种不同意图，它们分别是：竞争（强主张、弱协作）、合作（强主张、强协作）、回避（弱主张、弱协作）、迁就（弱主张、强协作）以及妥协（中度的主张与协作）**㊻**。

- **竞争**

当个体追求自身利益的满足而不顾及对冲突中其他各方的影响时，这个人就是在竞争（competing）**㊼**。当资源比较稀缺、我们本身的个性争强好胜，或是自身利益马上就可以实现时（"终点近在眼前！"），我们都更倾向于竞争。此外，如果环境中的文化或氛围也鼓励竞争，那我们也更有可能这样做 **㊽**。

- **合作**

冲突的各方如果一致希望同时满足所有人的关切，就会通过合作来寻求共赢。合作（collaborating），意味着各方会通过澄清分歧来解决问题，而不只是迁就彼此的想法 **㊾**。如果你能找到一种双赢的解决方案，令双方的目标都能完全实现，这就是合作。当冲突的各方认为彼此有能力、足够理性并且愿意合作时，合作便更容易促成 **㊿**。

- 回避

一个人在意识到冲突存在时，有可能希望逃离它或抑制它。回避（avoiding）的表现包括试图忽视冲突以及远离与自身意见相左的人，等等。

- 迁就

有时，为了安抚对方、维持关系，谈判的某一方可能会做出牺牲、将对方的利益置于自身的利益之上。我们将这种意图称为迁就（accommodating）。例如，尽管自身有所保留，但还是对他人的观点表示支持，这就是一种迁就。

- 妥协

当妥协（compromising）发生时，就没有赢家或输家。在这种情况下，各方愿意对引发冲突的事物进行分配，并接受一种没有完全满足各自最初主张的解决方案。也就是说，妥协最突出的特征是每一方都愿意放弃一些东西。

一项研究考察了多个不同研究中关注的行为结果，发现合作对团队绩效和团队态度有着积极作用，而回避和竞争则会显著地损害团队绩效❺❶。这进一步说明，问题的关键不仅在于冲突本身乃至冲突的类型，还在于人们对冲突的反应和管理冲突的过程。

## ○　阶段四：行为

第四阶段是一个动态的互动过程。例如，你向我提要求，我就与你争辩；你朝我大吼大叫，我也还以喊叫。图 14-3 用可视化的方式向我们展示了不同程度的冲突行为。其中，程度较低的冲突比较微妙、间接，蕴含着克制的张力，比如学生对老师的观点提出挑战。自下而上，冲突逐渐升级，变得越来越有破坏性。罢工、暴乱和战争显然位于这个连续体的上端。这一端的冲突基本上都是功能失调型冲突。功能实现型冲突通常限于连续体的下半部分。

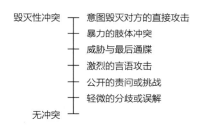

毁灭性冲突　┬　意图毁灭对方的直接攻击
　　　　　　├　暴力的肢体冲突
　　　　　　├　威胁与最后通牒
　　　　　　├　激烈的言语攻击
　　　　　　├　公开的责问或挑战
　　　　　　├　轻微的分歧或误解
无冲突　　　┴

**图 14-3　冲突的动态升级**

## ○　阶段五：结果

冲突双方你来我往的互动是有后果的。正如我们前面的模型所示（见图 14-1），能提高绩效的冲突是功能实现型冲突，会损害绩效的冲突则是功能失调型冲突。然而，在现实中，许多学者都曾指出，尽管职场冲突有可能是有益的，但这种益处往往只发生在特殊情况下。在大多数情形中，功能失调的结果通常更为严重，盖过了正面的功能❺❷。这意味着管理者应该将大部分时间用来减少功能失调型冲突，而非促进功能实现型冲突。

- **功能实现**

　　一方面，建设性的冲突能够改善决策质量，激发创造力与创新，促进群体成员对彼此产生兴趣与好奇心，提供发现问题和释放紧张的机会，并且促进自我评估与变革。例如，一项针对中国台湾组织的研究表明，随着时间的推移，适量的任务型冲突（而非关系型冲突）能够改善团队关系、提高成员间社会互动的质量、实现有意义的沟通。轻度的冲突还能够激活人们的情绪，从而使员工更加积极地投入工作❸。不过，严重分化的群体往往难以有效管理和利用内部的分歧，容易接受次优的解决方案；或是容易回避决策，而非直面冲突❹。正如我们在前面提到的，冲突的严重程度是影响冲突结果的一个关键因素。

　　另一方面，冲突有利于破除群体盲思（见第 9 章：群体行为基础）。有些决策背后的假设可能根本经不起推敲，而且没有经过与替代方案的充分比较，具有诸多弱点，而冲突的存在则使得群体不至于轻易通过这样的决策。简言之，从好的一面来看，冲突能够挑战现状，激发新的思想，推动群体重新审视自身的目标与活动，并加强群体对变化的响应。

- **功能失调**

　　冲突对群体或组织绩效的破坏性是不言而喻的。很多研究都揭示了功能失调型冲突对群体效能的不利影响❺，包括让沟通变得低效、降低群体的凝聚力，以及诱发内斗而拖累群体的目标。此外，各种形式的冲突（包括功能实现型冲突）似乎都将降低群体成员的满意度和信任感❻。在极端条件下，冲突甚至有可能让群体不再能够发挥任何功能，威胁群体的生存。

- **管理冲突**

　　面对功能失调型冲突，我们能做些什么来缓和它？或者相反，当冲突太少、不能充分发挥其功能时，我们又能通过什么方式来刺激它呢？在类似的情形中，我们可以运用许多手段，要么化解冲突，要么促进冲突，从而使冲突达到对我们最有利的水平。这一过程便是冲突管理（conflict management）❼。对冲突的预测与管理可以从三个层面入手，分别是：战略层面（例如，理解冲突对组织系统的影响，并以此为基础有针对性地开展冲突管理活动，争取让管理层支持并推行这些冲突管理策略）、功能层面（例如，系统地引入冲突管理实践，了解员工的需要，在工作设计中纳入减少冲突的考量）以及员工层面（例如，提升员工对冲突的认识，促进成员间的联系和凝聚力，灵活地应对随时产生的冲突）❽。例如，倘若有些冲突将会持续很长时间，那么战略层面的冲突管理策略可能就不会以彻底解决冲突为目的，而是更多地关注如何在长期内持续灵活地应对冲突❺❾。

在理想的情况下，意图可以准确地转化为行动。然而，现实条件往往不是理想的。目前，针对冲突管理的研究还没有得出一致的结论❻⓪。首先，适用于一种冲突的策略在另一种条件下可能会适得其反，引发更多冲突❻①。例如，有的策略希望通过创造共享的身份认同来改善关系质量，但同样的策略则会模糊不同成员角色的界限，导致预期之外的任务冲突。其次，有的策略虽然是针对某一类冲突的，但其影响却有可能蔓延到其他方面❻②。例如，在任务型冲突中试图厘清人们彼此的差异很有可能激发关系型冲突。因此，在冲突管理问题上，从战略层面入手，而非总是"具体问题具体分析"可能是很重要的。

要减少对生产活动不利的冲突，第一，关键在于认识到真正的分歧所在。成功的冲突管理往往鼓励开放、坦诚的讨论，关注各自的不同观点而非揪着问题不放，能够倾听和理解对立的想法并将其建设性地整合起来❻③。第二，让冲突中的各方各自做一些取舍，选出对自身最重要的主张，致力于满足各方最重要的需求。在这种情况下，尽管做出了让步，但大家都实现了最核心的目的❻④。第三，能够成功化解冲突的群体通常能对意见分歧进行公开讨论，并且愿意面对在此过程中产生的冲突❻⑤。公开的讨论可以促进群体对眼前的问题形成共识，推动群体朝着各方都能接受的解决方案而努力。第四，管理者应该强调化解冲突对各方都是有利的。这有助于让意见不一的群体不至于过分坚持己见，进而将冲突变得高度个人化。此外，比起偏好竞争的群体，具有更强的合作意图、对共同目标更为认同的群体往往更容易有效地管理冲突❻⑥。

## · 文化的作用

在化解冲突的策略上，集体主义与个人主义（见第 5 章：人格与价值观）包含的倾向和动机可能是文化差异的一大来源。集体主义者可能倾向于用表达关切或引入第三方的做法来解决争端，而个人主义者则更有可能选择直接或公开地面对分歧。

跨文化谈判可能会导致信任问题❻⑦。一项针对印度和美国谈判者的研究发现，在跨文化谈判情境中，人们对彼此的信任程度较低。这可能是因为谈判者没能找到足够的共同利益，因为人们在跨文化谈判中更不愿意主动披露或征求信息。

目前，我们已经探讨了冲突的性质、成因与后果。接下来，我们转向谈判，这是常常用于化解冲突的手段。

## ● 谈判

谈判几乎渗透在群体和组织的所有人际互动中。有的例子显而易见，比如劳资谈判；有的例子不那么明显，比如经理与员工、同事和上级的谈判，销售人员与顾客的谈判，采购员与供应商的谈判；有的例子则比较隐晦，比如一名员工答应为同事顶班几分钟，这样对方在未来也有可能帮自己的忙。毋庸置疑，谈判技能在当今的职场中非常重要。

我们将谈判（negotiation）定义为两个或多个当事方决定如何分配稀缺资源的过程❻❽。尽管我们通常更容易想到那些达成一次性交易的谈判，比如在接受一份工作前进行的工资谈判，但在组织中发生的每一次谈判其实都会影响当事方之间的关系以及谈判者对自身的感受❻❾。根据当事方互动频率的不同，谈判伦理的重要程度也不同；有时，为了维护双方的关系，以道德的方式谈判和取得谈判结果同样重要。接下来，我们可能会混用谈判和磋商这两个术语，它们的意思是一样的。

### ○ 谈判策略

谈判通常以两种方式进行：分配式谈判与整合式谈判❼❶。如表 14-1 所示，这两种谈判方式的目标、动机、关注点、利益性质、信息共享程度和关系持续时间都有差异。我们接下来会给出它们的定义，并对比上述差异。

表 14-1 分配式谈判与整合式谈判的比较

| 谈判的特征 | 分配式谈判 | 整合式谈判 |
| --- | --- | --- |
| 目标 | 争取最大的蛋糕 | 把蛋糕做大，让双方都受益 |
| 动机 | 输赢 | 双赢 |
| 关注点 | 立场（"在这一点上，我完全不能让步。"） | 利益（"可以请你告诉我为什么这一点对你来说这么重要吗？"） |
| 利益性质 | 对立 | 统一 |
| 信息共享程度 | 低（共享信息意味着将优势拱手让给对方） | 高（共享信息有利于双方找到符合彼此利益的方案） |
| 关系持续时间 | 短期 | 长期 |

### · 分配式谈判

我们可以设想这样一个情形：直到新的政策生效，你的团队才得知一个重大变化❼❶——在下一个财年，分配给你们的资源将被削减 20%。你无法阻止政策的实施，于是只好与执行管理层就一系列条款展开磋商。在这场谈判中，双方都认为对方的得利将造成自身的损失。你极力主张公司将资源削减的比例减少一半，而上层则表示只能减少到 15%。你采取的这种策略正是分配式谈判（distributive bargaining）。这种谈判方式的特征是它的零和性质，即一方的收益等同于另一方的损失，反之亦然。分配式谈判的核心在于当事方就一份固定资源的分配展开争论。所谓固定资源（fixed pie），指的是数量固定的待分配物品或服务。一旦资源是固定的（或者双方认为它是固定的），人们便倾向于展开这种分配式磋商。

图 14-4 向我们呈现了分配式谈判的本质。A 和 B 表示谈判的双方，目标点表示他们各自希望达到的理想目标（即分得全部的资源）。此外，双方还各有一个抵制点，标志着可以接受的最差结果——超过该点，谈判方将放弃磋商，不去接受不理想的分配方案。目标点与抵制点之间的区域构成了每一方的谈判意愿范围。如果 A 与 B 的意愿范围有重合的部分，那么双方之间便有了达成谈判结果的空间，在这个空间里，双方的主张都可以得到满足。

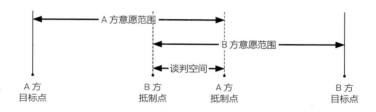

**图 14-4　划定谈判的空间**

在进行分配式谈判时，你可能会希望先发制人。这种做法的确可以为你带来优势，这是因为锚定偏差（见第 6 章：知觉与个体决策）会使人们倾向于固守最初得到的信息。锚点一旦设定，人们就往往难以根据后续的信息充分调整自身的判断。精明的谈判手善于利用初始报价来设定锚点。许多针对谈判的研究表明，这样的锚点大大有利于报价的一方 ❼❷。不过，如果你的对手也有意识地争取最大的利益，那么先发制人的策略也是有缺陷的，它实质上向对手传递了可供利用的信息 ❼❸。此外，谈判方案呈现的框架也是很重要的。如果你的主张是以要求（例如：我要求用你的 B 来换我的 A）而非给予（例如：我可以用我的 A 换你的 B）的框架来提出的，那么对方接收到的突出信息可能就是自身的"损失"而非"收益"，谈判的成功率也就降低了 ❼❹。

在分配式谈判中，你是应该采取强硬的策略、尽可能做最少的让步并提出极端的报价；还是采取温和的策略，通过适当的让步诱使对方妥协呢？一项综述研究表明，这取决于你希望得到的结果：如果维护关系比较重要，那么温和的策略可能更好 ❼❺；如果你想取得更高的经济回报，强硬的策略则更好一些。当你需要与对手当面互动时，如果对方是男性，且双方都追求自身利益最大化，以及当你们都知道哪些事项有磋商的余地而哪些事项没有时（尽管人们对谈判空间的感知往往是扭曲

的 ㊅ ），强硬的策略更奏效 ㊆ 。而只有当你的确可以做出适当让步时，温和的策略才是有效的。此外，部分研究指出，伪锚点（例如，"我本来打算要价 10 000 美元的，但考虑到你做了一些让步，所以我可以只要 8000 美元。"）能够传递让步的信号（即便你其实放大了自己的让步）㊆ ，这可能是一种有效的温和策略。另一种先发制人的温和策略是采取多项等值同时报价（multiple equivalent simultaneous offers，MESOs），也就是同时向对手提供多组等效的报价方案供其选择。这种做法可以令对方认为你们的谈判是灵活的，因而真诚地尝试达成协议。此外，它也将增加谈判对手立即接受某个选项的可能性 ㊆ 。

- **整合式谈判**

一位在联邦政府工作的女士怀孕了，她希望能有充足的时间陪伴孩子，但又很清楚自己无法在全职工作的情况下做到这一点 ㊇ 。为此，她仔细研究了有关兼职工作的很多政策和程序，想了解自己可以怎样实现目标。带着研究的结果，她找到了自己的上司，为自己争取到了一种替代性工作安排，每周都有好几个时间段可以专心带孩子。这名员工的思路为我们展示了整合式谈判（integrative bargaining）的好处。与分配式谈判不同，整合式谈判假定存在一种甚至多种方式可以创造双赢的结果，而非

认定只能得到你输我赢的局面。当然，只有当双方都认可这一前提并积极参与时，整合式谈判才有可能成功。

- **选择议价方法**

就组织内部的活动而言，整合式谈判是优于分配式谈判的，因为前者有助于建立长期关系 ㊀ 。它将谈判当事方联系在一起，让所有人都感觉自己取得了胜利。相反，在分配式谈判中，总有一方会成为失败者。因此，当人们需要开展长期合作时，分配式谈判可能会树立敌意，加深分歧。研究表明，在重复谈判的过程中，对谈判结果感受更加正面的失败方将更有可能在后续的谈判中采取合作策略。

那么问题来了：为什么我们在实际的组织中并不能观察到很多整合式谈判呢？这是因为整合式谈判的成功依赖特定的条件。一项覆盖近 20 万人的研究发现，人们面临的财务风险越高，就越容易将谈判视为零和博弈，而这将限制他们达成整合性解决方案的能力 ㊁ 。此外，有利于促成整合式谈判的条件还包括开放的信息、坦率的关切表达、对彼此需求的敏感性、信任以及谈判过程的灵活性。相对传统的组织可能不太具备这些条件，但在心理安全感足够高、文化氛围足够积极开放的环境下，具备整合式心态的谈判者依然有可能采取这种谈判策略。

## ● 谈判的过程

图 14-5 展示了一个简化的谈判过程模型，它将谈判分为五个步骤：（1）准备与筹划；（2）定立基本原则；（3）澄清与争取；（4）谈判与问题解决；以及（5）收尾与实施 ❽。

准备与筹划 → 定立基本原则 → 澄清与争取 → 谈判与问题解决 → 收尾与实施

**图 14-5　谈判的过程**

· **准备与筹划**

准备与筹划可能是整个谈判过程中最重要的环节。在开始谈判前，你需要先做好功课。这次冲突的性质是什么？谈判的背景是什么？都牵涉到哪些人，他们对冲突的看法分别是什么？然后，你需要考虑你自己的目标，并以书面的形式表述从"最理想"到"可接受的最低限度"的一系列结果。打个比方，假如你是戴尔公司的供应主管，你的目标是从键盘供应商那里争取到尽可能多的降价，那么你就需要确保这个目标在接下来的谈判中始终占据首要位置，而不是被其他事项淹没。考虑好自己的目标，你还需要评估对方的目的。哪些无形或隐藏的利益可能对他们很重要？他们可能更愿意在哪些方面让步？简言之，你要仔细考虑对方可能愿意放弃的东西。否则，一旦你低估了对手在关键问题上的妥协意愿，不利的谈判结果可能在谈判开始前就注定了 ❽。

在充分收集信息以后，你需要制定谈判的策略。具体来说，你应该明确自身和对手在谈判中拥有的最佳备选方案（best alternative to a negotiated agreement，BATNA）。你的最佳备选方案决定了你可以接受的最低报价——在谈判中，任何优于最佳备选方案的报价都是对你更有利的选择（相对僵局而言）。从对手的角度来说也是一样的：除非你能提供一个优于其最佳备选方案的报价，否则谈判根本不可能成功。

在大多数情况下，拥有更好的替代方案的一方会取得更有利的谈判结果。因此，专家建议谈判者在参与谈判前就找到自己的最佳备选方案 ❽，做好用数据和事实来反驳对手、支持自身立场的准备。不过，这里存在一种有趣的例外：某个谈判方如果完全没有任何其他退路，就很有可能"孤注一掷"，因为他们不需要考虑谈判失败的后果 ❽。尽管最佳备选方案是一种保底策略，但它本身并不能保证让你取得最有利的谈判结果。因此，也有人指出，尽管事先明确备选方案是有益的，但在实际的谈判过程中，你还是应该关注自身与对手的谈判空间（而非自己的替代方案），并积极地看待谈判这件事（例如，视其为一种有益的学习经历，而不是"令人望而生畏的雷区"[87]。此外，正如存在着伪锚点一样，伪最佳备选方案也是有可能存在的。谈判前明确的最佳备选方案并不一定能落实。因此，有些实际上只掌握了伪最佳备选方案的人很有可能陷入不利的境地，由于这种方案根本无法实现，因此他们最终还是只能被动地接受或拒绝对手的报价[88]。

- **定立基本原则**

做好筹划、制定策略以后，你就可以与对手共同商定谈判的基本原则和程序了。由什么人进行谈判？在哪里谈判？有没有时间限制？谈判将覆盖哪些议题？如果出现僵局，还要不要遵循既定的程序？在这个阶段，谈判的当事方将交换初步的主张或要求。

- **澄清与争取**

在交换初始立场时，你与谈判对手还将解释、扩展、澄清、支持和论证你们各自的要求。这个步骤并不一定是对抗性的。相反，它是一个对彼此进行指教的机会，能够说明某些问题为什么重要，以及双方为什么会提出当前的要求。在这一阶段，你可以向对方提供支持自身立场的文件资料。你还可以回顾前一章（权力与政治）有关影响力的内容，这些知识也很有用，因为叙事框架在这一阶段可能也非常重要。例如，研究表明，如果你将自身的立场（以及之后的报价）呈现为要求而非给予，对方便不太可能做出让步（参考前文关于率先报价的讨论）[89]。

- **谈判与问题解决**

谈判的本质，是双方通过相互的索取与付出努力敲定最终协议的过程。在这一过程中，双方都需要做出让步。而谈判一旦结束，双方的关系就改变了，这一点也是需要考虑的。因此，倘若你"赢得"谈判会让对方产生怨恨或敌意，那么妥协可能才是更明智的谈判策略[90]。举个例子，谈判过程中人际关系的走向是很重要的；无论谈判的实际结果如何，那些对待遇谈判过程感受良好的个体入职一年后的工作满意度都会更高，离职可能性也更小[91]。

- **收尾与实施**

谈判的最后一步是形成正式的协议，并制定必要的程序来监督谈判结果的实施[92]。对于重大的谈判，例如劳资谈判或租赁条款谈判，达成这一协议需要在正式合同中敲定细节。而在很多其他的情形中，谈判可能仅仅需要以一次握手收尾。

## ● 个体差异对谈判效果的影响

有些人是不是天生更擅长谈判呢？这很难一概而论。尽管很多研究表明，情境和关系对谈判结果的影响更大，但个体差异的确也在很大程度上解释了人们对谈判结果的认知[93]。换言之，如果你的情绪稳定性较差，那么面对同一个失败的谈判结果，你会更有可能觉得"天塌下来了"。研究指出，外向、开放和诚实的谈判者往往会获得更好的谈判体验[94]。

以下四种因素都有可能影响谈判的效果：人格特质、情绪与心境、文化和性别。

### · 人格特质的作用

如果了解谈判对手的人格特质，你是不是就可以判断对方的谈判策略了呢？鉴于人格特质与谈判结果之间只存在微弱的关联，因此这个问题的答案最多只能是"或许吧"[95]。近期，有针对营销主管、律师和工程监理的研究表明，雄心勃勃且讨人喜欢的人谈判的效果最好[96]。不过，大部分研究关注的都是大五人格中的宜人性维度。其中的原因显而易见：宜人性强的人往往更乐于合作、愿意服从、待人友善而且倾向于避免冲突，因此，这种特质与谈判有着内在的关联。我们很容易认为，宜人性强的个体在谈判（特别是分配式谈判）中更容易成为对手的"猎物"。倘若该个体谈判的对手不够诚实或谦逊，这的确是有可能的。此外，如果宜人性强的个体为了维护双方的关系而刻意规避紧张的局面，那么他们在分配式谈判中确实可能表现得更糟[97]。不过，总体上，宜人性与谈判效果之间的关系是比较弱的[98]。

有意思的是，比起个体自身的人格特质，更重要的似乎是谈判双方人格特质的相似性（无论特质本身在世俗意义上是正面的还是负面的）。具有相似特质的谈判者更容易快速达成协议，他们在谈判过程中感受到的冲突会更少，表现出的积极情绪会更多，对彼此的印象也更佳[99]。此外，当双方都愿意不惜代价地维护彼此的关系（这是宜人性的一个要素）时，他们在整合式谈判中往往能取得更有利的结果[100]。

另一种与谈判结果息息相关的个体差异是自我效能感（见第 7 章：动机）。这个结论是很直观的：相信自己能谈判成功的人往往能取得更好的表现[101]。这很可能是因为自信的人通常会提出更强有力的主张，不太容易在自身的立场上让步，而且这种自信本身也可能令人生畏。尽管个中机制尚不明确，但在开始谈判前特意提振信心对谈判者来说似乎确实是有益的。当然，过度自信也不可取：当你的表现将受到上级的评价，而对方预期你会表现良好时，更明智的做法应该是审慎地预防负面结果，而非乐观地追求正面结果（因为失败的损失可能比成功的收获更大 ⓶）。

最后，部分研究表明，情商和识别他人情绪的能力有助于提升谈判绩效，也会令你看起来更乐于合作、更受人喜爱 ⓷。接下来，我们会探讨具体的情绪或心境对谈判的影响。

- **情绪与心境的作用**

情绪与心境会影响谈判吗？会，但具体的作用取决于情绪的类型和情境因素。

在谈判中表达愤怒可能会促使对手让步，因为对手可能会认为你不会再继续退让了。然而，这一作用的决定性条件是权力。只有当你拥有的权力不少于对方时，展现愤怒才是有用的。否则，假如你的权力很小，这种做法反而会引起对方强烈的反扑 ⓴。此外，佯装愤怒或仅仅是表面上愤怒（见第 4 章：情绪与心境）也是没有用的，但表现出真实的愤怒（深层扮演）却是有效的 ⓵。不过，你可能也不该压抑愤怒。当愤怒与谈判本身密不可分时，压抑它反而会分散你的注意力 ⓶。经常展现愤怒的谈判者更容易赢得对手的让步，因为这为其营造了"强硬"的形象 ⓷。然而，研究还表明，即便"愤怒"这种策略让你赢得了当下的谈判，长期来看，你反而可能为其所累，因为对方很可能不愿意遵循谈判结果，也不愿意再次与你合作 ⓸。无论愤怒会带来怎样的

影响，你的愤怒本身都会促使谈判对手尝试了解更多有关你的偏好或优先级的信息，而这有可能扩大双方的共同利益 ⓺。此外，愤怒在谈判中的作用因文化而异。例如，比起美国人或欧洲人，东亚人在谈判中展现愤怒可能换来更大的让步。这可能是因为在刻板印象当中，东亚人往往不会轻易发怒 ⓽。

其他几种情绪也会影响谈判效果，例如焦虑。有研究发现，焦虑水平更高的个体在与对方周旋时会采取更多欺骗手段 ⑪。另一项研究发现，焦虑的谈判者对结果的期望较低，回应报价的速度更快，更急于退出谈判，因此在谈判中的表现也更糟 ⑫。与此相关的是，表达悲伤也有可能引发让步，但前提是你们处于合作关系中，而且对方认为你的权力较小，并期望未来继续与你互动 ⑬。这说明在有需要的时候展现同理心也是很重要的，因为这会影响双方对谈判理性和公平性的感知 ⑭。

此外，情绪的不确定性也会影响谈判结果：研究发现，以不可预测的方式表达正面和负面情绪的谈判者能争取到更大的让步，因为这种做法削弱了对方的控制感 ⑮。一位谈判者曾这样说道："你明明一直都在做某件事情，但无缘无故地，有些全新的东西就被引入了，然后你不得不做出反应，不得不偏离原来的轨道、重新寻找方向。"⑯ 不同的是，情绪矛盾性似乎与更多的整合性协议和更大程度的让步相关，因为人们通常会认为情感矛盾的个体更加顺从 ⑰。

- **文化与种族的作用**

文化背景不同，人们的谈判方式是否也会不同呢？答案再简单和明显不过了：是的，的确如此。发生在文化相同的当事方之间的谈判通常比跨文化谈判更有效。比方说，一名哥伦比亚人更适合同另一名哥伦比亚人谈判，而不是与斯里兰卡人谈判。

首先，在成功的跨文化谈判中，谈判者的开放性特别关键。也就是说，一种比较好的策略是派出开放性高的个体进行跨文化谈判，这样的谈判者更容易规避时间压力等因素的不利影响，从而充分了解有关谈判对手的信息⑪⑧。其次，由于情绪本身是具有文化差异的，因此谈判者还需要格外留意跨文化谈判中的情绪变化。例如，对于很多东亚人来说，在谈判中运用愤怒来达到自己的目的并不是一种恰当的做法。因此，当谈判对手展现愤怒时，东亚人可能会拒绝合作⑪⑨。

部分在美国和埃及进行的研究表明，有些表达在西方文化中可以促进整合式谈判，但在其他文化中却可能适得其反⑫⓪。例如，在美国，强调认知、理性和逻辑上的潜在得失是有利于整合式谈判的。然而，同样的表达在埃及等其他文化中却可能起到相反的作用，而更有助于谈判的则可能是强调荣誉、正直的操守以及维护个人形象和力量的表达。此外，有些特定于具体文化的仪式也有可能提高整合式谈判的成功率。例如，在西方文化中，握手能释放出合作的信号，因此它对整合式谈判是有帮助的⑫①。

尽管关于种族在谈判中影响的研究相对较少，但最近的一项研究发现，美国的非洲裔求职者在谈判中表现出以下特点：（1）对自身能争取的利益预期较低；（2）在试图讨价还价时受到的惩罚更大；（3）对手的种族偏见越大，这种惩罚就越重⑫②。

- **性别的作用**

谈及性别，一类刻板印象认为，女性在谈判中会表现得更乐于合作、更令人愉快，因此也更容易取得糟糕的结果。然而，近几十年的研究证据表明，性别在谈判中的作用其实高度依赖情境⑫③。例如，在高度强调和谐但不太强调主动争取的集体主义文化规范中，女性在谈判中很有可能取得更好的效果⑫④。

很多研究都关注性别对谈判行为和谈判结果的影响。与男性相比，女性倾向于以略微不那么坚持主张、不那么自私自利以及更愿意合作的方式行事⑫⑤。不过，如果沟通受到了限制，这种差异也会缩小。研究还表明，谈判对手越是"针锋相对"，女性的竞争力反而越强⑫⑥。然而，女性主动发起的谈判比男性更少，特别是在情况不够明朗，而且性别角色期望比较鲜明的时候⑫⑦。一项考察了一批卡内基梅隆 MBA 学生的研究发现，针对自己的第一份工资，会主动进一步谈判争取的男性有 57%，而女性则只有 4%。结果呢？男性和女性的起薪相差了 4000 美元之多 ⑫。尽管早期研究普遍认为男性在谈判中更容易取得有利的结果 ⑫，但一项最新的元分析研究显示，男性和女性在谈判结果上其实并无显著差异。虽然从平均值来看，男性似乎取得了更好的谈判结果，但是一旦考虑到谈判经验、对谈判空间的理解、是否代表他人进行谈判、性别角色规范是否被触发等因素，性别之间的差异就不再显著了 ⑬。

## ● 社会情境中的谈判

到目前为止，我们讨论的大部分都是一次性的谈判，而且没有考虑当事方与其他人的关系。然而，组织中的很多谈判是开放式的，也是公开的。比如，当你需要决定把一项繁重的工作交给哪位组员、需要向老板争取出国旅行的机会，或是需要为项目争取更多资金时，谈判是具有社会属性的。通常，你需要与原本就认识或还将继续合作的人展开谈判，而且这些谈判以及取得的结果还有可能成为大家的谈资。因此，要真正理解现实中的谈判，我们就必须考虑声誉和人际关系这些社会情境因素。

### ○ 声誉

你的声誉源于别人对你的看法。诚实可靠的声誉在谈判中至关重要。简言之，信任是整合式谈判的敲门砖 ⑬，而建立信任最有效的方式则是在持续的互动中做出诚实的举动。唯其如此，别人才会更愿意提供包含多种结果的开放式方案。这有助于创造双赢的局面，因为在信任的基础上，双方都可以既努力取得自身重视的成果，同时也照顾到对方的利益。

有时，我们会根据口碑来决定是否要信任别人。那么，哪些方面、怎样的口碑有助于建立值得信赖的声誉呢？正直的人更容易在谈判中取得良好的效果 ⑬。人们通常会认为这些人更有可能履行承诺并提供准确的信息，因此也更愿意将他们的承诺作为交易的价码。这就为谈判者提供了更多选择，而且这些选择是不受信赖的人难以触及的。此外，声誉良好的人也更受爱戴和欢迎。换句话来说，这些人拥有更多的社会资源，进而能在谈判中争取到对方的理解。

### ○ 人际关系

重复谈判不只牵涉到声誉。这样的谈判关系所蕴含的社会和人际要素，要求我们不能仅仅考虑有利于自身的因素，而需要同时考虑对方或双方共同的利益 ⑬。因此，类似地，一旦具有信任基础，重复谈判的方案选项也会大大增加，因为眼下的让步有可能换来未来的回报 ⑬。此外，重复谈判也能促进双方以整合性的方式解决问题，因为人们会与谈判对象建立情感联系，进而用更加私人的眼光看待彼此 ⑬。而且，由于重复性谈判能够建立信任、增强可靠的感觉，它也使整合式谈判这种做法变得更加可行了 ⑬。

## ● 谈判中的第三方

至此，我们已经讨论了很多有关直接谈判的术语。不过，个体或群体之间的直接谈判偶尔也会陷入僵局，无以为继。在这种情况下，他们可能会寻求第三方的帮助。谈判中的第三方通常承担以下三种基本角色：中间人、仲裁人和调解人。

中间人（mediator）是通过推理与说服、建议替代方案等方式促进谈判的中立第三方。这种第三方广泛服务于劳资谈判和民事纠纷，而且通常非常有效。例如，美国平等就业机会委员会（EEOC）报告的中间人协调成功率高达 72.1% ⑬。不过，中间人能否发挥作用，取决于特定情境：首先，冲突双方必须具备谈判和解决冲突的意愿。其次，冲突的强度也不宜过高；中间人在化解中等程度的冲突时最为有效。最后，当事人对中间人的看法至关重要。要想取得良好的效果，中间人必须足够

中立，而且不能展现出任何强制性。

仲裁人（arbitrator）是能够指定最终解决方案的权威第三方。仲裁可以自愿发起（由双方申请），也可以强制进行（由法律或合同规定）。相对于中间人调解，仲裁的主要优势在于它一定能够产生解决方案。而仲裁的局限性则与仲裁人本身的倾向是否过于强势有关。例如，倘若一方在仲裁中受到了压迫性的对待，那么这一方对仲裁结果就很可能感到不满，双方的冲突也很容易再次出现。

调解人（conciliator）是受到谈判当事方信任的第三方，其作用是为双方提供非正式的沟通渠道。这样的角色往往是由关爱他人、性格友善的个体来担任的，这样的人通常广受同伴的尊重和钦佩 ⑬。例如，在《教父》系列的第一部电影中，罗伯特·杜瓦尔（Robert Duval）就是一位这样的人物。作为唐·柯里昂（Don Corleone）的养子，这名训练有素的律师多次在柯里昂家族和其他黑手党家族之间充当调解人。由于中间人和调解人这两种角色有诸多重叠之处，因此比较二者效果的好坏是很困难的。在实践中，调解人往往不只架起沟通的渠道，也会参与到寻找事实、阐释信息以及说服争端双方达成共识的环节中。

## ● 本章小结

虽然很多人认为冲突一定会损害群体和组织的绩效，但这种观点其实是不正确的。冲突既可以是建设性的，也可以是破坏性的、会影响群体或单位运作的。冲突的程度可能过高或过低，这两种极端对绩效都是不利的。当冲突处于最佳水平时，它能够防止组织或群体停滞，激发创造力，释放紧张和压力，并在不破坏或阻碍活动协同性的前提下，为变革播下种子。

## ● 对管理者的启示

• 始终都要意识到，人与人之间、团队内部和团队之间都存在潜在的冲突。关系型冲突和过程型冲突通常有害，但某些任务型冲突在特定情况下则可能有益。你需要尽可能发挥冲突的功能性，同时尽可能降低功能失调型冲突的负面影响。

• 尽量提前识别可能引发冲突的条件。接着，你可以采取建设性的手段（比如合作）来化解冲突。但你也应该认识到，管理冲突往往并不容易，因为针对某个问题的手段很可能造成其他意想不到的问题。一种最有效的冲突管理策略是进行开放的、关注利益（而非立场）的讨论。

• 我们很容易认为分配式谈判是当前局面的唯一解。然而，在谈判时，你应该主动评估是否存在进行整合式谈判的机会，因为这种做法更有利于维护长期关系。此外，你还应该根据目标和情境选择强硬或温和的谈判策略。

• 面对谈判，务必遵循准备与筹划、定立基本原则、澄清与争取、谈判与问题解决以及收尾与实施这些步骤。在谈判前，你还应该考虑好自己的"最佳备选方案"，而且要确保其现实可行。

• 在选择由谁来参与谈判时，请记住，与对手相似的谈判者更容易取得有利的结果。同时，你也应该选择具有良好的声誉、自信、有雄心和讨人喜欢的人。此外，高情商的谈判者善于察觉、理解和表达情感，这样的人在谈判中也具有优势。最后，谈判者还应该了解开展谈判的文化背景。

请扫描二维码
获取书中参考文献

# 第五部分

# 理解、引领和
# 实施组织体系变革

第 15 章

# 组织结构原理

● **本章学习目标**

» 知道组织结构的七个要素；

» 了解简单型组织、官僚型组织和矩阵型组织的结构特点；

» 了解虚拟型组织、团队型组织和环型组织的结构特点；

» 阐述裁员对组织结构和员工的影响；

» 比较机械型组织和有机型组织；

» 分析不同的组织结构对组织行为的启示。

## 组织结构是什么

谷歌公司的组织结构设计做得非常出色 ❶。这种结构有效地支撑了其创新文化、竞争力和持续的增长。通常，人们往往意识不到结构的存在，但结构对组织的意义其实非常深远 ❷。例如，在康塔塔健康（Cantata Health）和元医疗信息技术解决方案（Meta Healthcare IT solution）担任人力资源总监的蒂莫西·加尔蒂诺（Timothy Giardino）博士曾说："结构遵循战略……结构控制行为……结构保障执行。"❸ 有时，结构也会成为组织履行其社会使命的障碍。例如，系统性偏见和结构性障碍常常会阻碍女性或少数族裔员工的职业生涯发展 ❹。因此，组织有责任仔细考虑发动组织变革的必要性，也有义务识别和打破限制员工发展的枷锁。

组织结构（organizational structure）是指对工作任务进行分工、分组和协调的正式安排 ❺。在设计组织结构时，我们需要考虑七个关键要素：工作专业化、部门化、指挥链、管理幅度、集权与分权、规范化和跨界 ❻。

表 15-1 为我们展示了围绕组织结构设计的一系列重要问题，并呈现了这些问题与七个结构要素的对应关系。接下来，我们也将在不同的小节中逐一详细探讨。

表 15-1　设计恰当组织结构的关键问题及解答

| | 关键问题 | 解答问题的要素 |
|---|---|---|
| 1 | 工作应当分解细化到何种程度 | 工作专业化 |
| 2 | 对工作进行分组的依据是什么 | 部门化 |
| 3 | 员工个体与团队向谁汇报 | 指挥链 |
| 4 | 一名管理者可以有效领导多少员工 | 管理幅度 |
| 5 | 决策权如何分配 | 集权与分权 |
| 6 | 在多大程度上依靠规章制度来约束管理者和员工 | 规范化 |
| 7 | 不同领域的人员是否需要定期互动 | 跨界 |

○ **工作专业化**

20 世纪早期，亨利·福特（Henry Ford）建立了他的汽车装配线，随后跻身巨富之列。在这条流水线上，每位工人都负责一项具体的专业任务，例如安装汽车的右前门。通过把汽车组装工作划分为极小的标准化任务单元，让工人们只需要重复操作自己负责的部分，福特成功地带领一批技能相对有限的员工实现了每 10 秒生产一辆汽车的神速 ❼。

工作专业化（work specialization）又称劳动分工，它指的是组织将内部活动划分为不同工种、交由不同个体完成的细致程度 ❽。从大的意义上讲，专业化的确是一种充分利用员工技能，甚至使之在不断的重复中精进的有效方式。例如，亚马逊的技术众包项目土耳其机器人（Mechanical Turk）、托普科德（TopCoder）平台等项目的成功推动了一种新的劳动分工形式，这种形式以微型专业化为特征，通过网络将编程项目、数据处理任务或评估工作等极其微小的任务分配给世界各地的人，最后再由项目经理统一汇总 ❾。

专业化的东风席卷全球，但自 20 世纪 60 年代起，过度专业化的问题开始显现。过度专业化非但不再能激发人力的效率潜能，反而使员工饱受无聊、倦怠和压力之苦，引发低质低效、大量缺勤以及人员流失的恶果（见图 15-1 ❿。如今，我们会通过扩大而非缩小个体从事的工作活动范畴来提高生产力。当我们把多样化的任务交给员工，令其有机会开展一套完整的工作活动并得到完整的产出，而且将其置于可以轮流发挥不同技能的团队之中时，通常都会显著地提升员工的产出水平和满意度 ⓫。

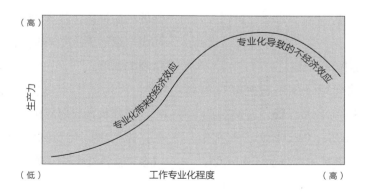

**图 15-1 工作专业化的经济效应与不经济效应**

## ○ 部门化

在完成专业化分工以后，组织还需要将相似、相关的工作分为一组，以便相互协调、消除不必要的复杂性。按照一定依据对工作进行分组的过程即为部门化（departmentalization）[12]。

· 职能部门化

一种最普遍的部门化方式是依据职能来分组。例如，制造经理可以给工厂设置工程、会计、生产、人力资源和供应链等职能部门。这些部门将相似领域的专业人士聚集在一起，从而提升组织的效率。比起让人们在多样化的单元中工作，职能部门有助于员工持续精进自身的专业。从员工的角度来说，职能式组织结构也提供了清晰的职业发展路径，起到了良好的激励效果。不过，尽管职能式结构非常适用于专注同一类产品或服务的组织，可一旦组织业务范围扩大、职能的种类增加，不同部门之间的协调成本就会变得很高。在这种情形下，部门内或部门间很容易产生内斗，进而损害员工的工作动力。

· 产品或服务部门化

部门化也可以依据组织生产的产品或提供的服务来进行 [13]。宝洁公司（Procter & Gamble，P&G）就任命了不同的高管来负责其主要产品（如汰渍、帮宝适、舒洁和芳香清）在全球范围内的业务。这么做的好处在于绩效表现的责任归属非常清晰，但要使这种部门化充分发挥作用，每个部门的管理者和团队也必须超越自身专业和所负责产品的限制，形成更为综合的理解（例如，随着时间的推移，逐渐了解其他团队和部门的工作）[14]。

· 地理区域部门化

当一家企业按照地理区域（或片区）划分部门时，多个不同的区域（如西部、南部、北部和东部片区）可能需要设置一批同样的职能岗位（如销售人员）[15]。当组织的客户分布的地理区域非常广泛，且具有类似的需求时，用这种方式来设置部门是非常有效的。因此，我们会看到，丰田公司按照地理区域调整了自身的管理结构，以便更好地开发和交付产品 [16]。地理区域部门化将使得在同一地点工作的团队发展出属于自己的身份认同和工作实践 [17]，也会对跨区域协作、部门绩效以及整个组织的信息流通产生深远的影响 [18]。通过这种方式设置部门的组织应当特别关注区域间的沟通和知识共享情况，并且可以借助虚拟通信手段和知识管理系统来增强管理的效能。

· 流程及客户部门化

流程部门化意味着对员工、产品或客户服务流程进行架构调整 [19]。例如，信息安全公司可能会设立以下部门：（1）一个政策管理部门，负责调动人力资源、法律和项目管理职能，共同制定信息安全政策；（2）一个网络安全部门，负责监控网络安全状况，预防网络入侵和管理网络事件；（3）一个用户身份和访问管理部门，统管用户的身份验证、识别和访问权限；（4）一个运营部门，负责系统变更，保障系统运行❷。作为这样一家公司的用户，你所经历的流程正是由这些不同部门负责的。比如，你通常会先接受一项信息使用协议，随后发起访问请求、建立你的网络身份，接着再进行一系列的网络交互。有时，你也会收到有关安全漏洞的报告，以及系统维护或关停的通知。还有一种部门化的依据是组织面向的客户类型，例如针对政府、工业或个人客户设置不同的部门。

- 部门化对组织行为的启示

　　大多数组织不会一直沿用同一种部门架构。例如，微软过去曾一直采用客户部门化策略，针对消费者、大型企业、软件开发人员和小型企业来组织自身的工作。然而，在 2013 年 6 月，微软宣布将按照职能来重组部门，按照工程、营销、业务发展、战略和研究、财务、人力资源以及法律这些传统组织职能来划分工作❷，以促进持续的创新。此后，微软又进行了新一轮的重组，主要围绕产品类型设置部门，同时设有按照职能和地理区位（美国本土和国际市场）组织的小型团队❷。

　　与传统的职能结构相比，更加细分的部门设置（如根据产品、地理区域、流程和客户进行部门化）的优点和缺点都非常鲜明。后者更有利于协调单元内部的工作，促进按时交付、预算目标的实现以及新产品的开发和推介。不过，职能的重复也会导致额外的成本。有时，这种细分的设计是非常有效的，比如有的组织可能确实需要在两个不同的国家分别设置部门，让各地的专家依据其对当地文化的了解，做好新产品的推广工作。同时，向两个不同的国家委派相同的市场专员也相应地增加了组织的成本，因为他们承担的工作职能是相同的。

　　我们在这一章中将反复谈到，每当组织有意发动变革、令工作实践与变革的目标（特别是强有力的领导者的目标）保持相同的步调时，变革的实际执行将成为重中之重。那么，什么要素与执行有关呢？

○ **指挥链**

　　指挥链一度是组织架构的基石，但如今它的重要性已经大不如前了。不过，管理者们依然需要考虑组织链的影响，特别是在需要频繁处理生死攸关局面的行业中。指挥链（chain of command）是从组织顶层延伸到底层的权力链条，它规定了组织内部汇报工作的关系。只要谈到指挥链，我们就永远绕不开权威性和命令统一性这两方面的特征。

- **权威性**

  权威性（authority）指职位所固有的下达命令并得到遵循的权力❷。为了协调组织内各方的工作，每个职位都会在指挥链上占据一个位置，并被赋予一定的权威，用以履行职责。当大部分权威集中于某管理者主导的指挥链时，领导–成员交换质量（LMX，见第12章：领导力）就变得非常关键，因为在这种情况下，无论要做什么事情，都需要获得领导者的"首肯"❷。

- **命令统一性**

  命令统一原则（unity of command）规定，每个个体的直接上级只能有一位。一旦该原则被打破，那么一名员工就很可能需要面对来自多位上级，但要求或优先程度相互冲突的命令❷。尽管命令统一的情况通常多于同时存在多位上级的情形，但倘若你确实需要同时应对好几位上级，那么请务必留意自己的工作量是否合理，接收到的信息是否相互冲突，明确不同事项上真正有话语权的人，并了解这些上级对你忠诚度的实际期望❷。此外，你也应该主动与上级沟通，就工作量进行协商，同时树立好边界感，形成一套自己的处事规范，从而为自己的沟通与工作流提效。

- **指挥链对组织行为的启示**

  时代在变，组织设计的基本原则也在变。过去只有高管才能掌握的信息，如今的员工却可以在数秒之内悉数获取；过去由高管垄断的许多决策的权力，现在也被交到员工的手里❷。你会看到，随着自我管理团队和跨职能团队的普及，权威性和命令统一性已经不像过去那么重要了。

  不过，对于很多组织而言，指挥链对提高生产力依然有着重要的意义。一项调查发现，在超过1000名管理者中，有59%的人认为，自己所在的公司"的确存在着一条隐形的线，线的上端是战略的制定者，下端是战略的执行者"。不过，这项调查也指出，组织在决策中越是强调分明的层级制度，让下级员工对组织的总体战略"买账"（获得他们的同意和支持）就越困难❷。或许，比起把组织链当作一条线，将其视为一座金字塔会不会更妥当呢？的确如此。有研究表明，持有后面这种观点的人更容易看到基层员工群体对组织的贡献，也更容易收获良好的社会关系和团队绩效❷。

- **管理幅度**

  一名管理者最多可以高效地管理多少人？管理幅度（span of control）描述的是组织中管理者及管理级别（也称层级）的数量情况❸。在其他条件相同时，管理幅度越大，管理层级越少；每个层级的员工越多，组织的运行就越高效❸。

  很多人认为，较窄的管理幅度有

其好处。当幅度限于五六人时，管理者通常可以对员工保持密切的控制❸。不过，窄幅管理也存在着三个主要缺陷❸。首先，这种做法的成本很高，因为它对应着更多的管理层级。想象一下，现在有两个组织，它们分别雇用了 4100 名操作工人，但一家组织的平均管理幅度是 4，而另一家组织则是 8。如图 15-2 所示，后者将比前者少 2 个层级、少雇用约 800 名管理者。假如每位管理者的年薪是 60 000 美元，那么管理幅度较宽的组织每年将在管理者薪酬上节省 4800 万美元的开支！其次，窄幅管理也会令垂直沟通变得更加复杂。随着层级的增多，决策过程将趋于缓慢，高层管理者也很容易被孤立。

　　近年来，组织普遍采用的管理幅度有增加的趋势❸。然而，为了确保绩效不会受到负面的影响，许多组织也一直在加大对员工培训的力度，因为管理者们意识到，当员工对自己的工作了解得足够透彻，同时可以与同事相互请教时，较宽的管理幅度同样是可行的。

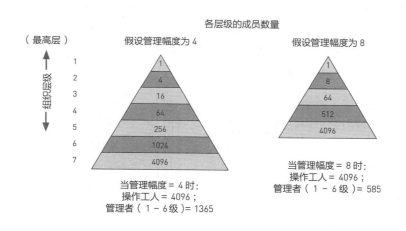

**图 15-2　不同管理幅度的对比**

## ○　集权与分权

　　集权（centralization）指组织的决策权集中于一点❸。在集权程度高的组织中，顶层管理者会包揽所有的决策，下层管理者则只负责执行。在相反的极端，分权程度高的组织可能会将决策全权交给执行端的管理者或工作团队❸。注意，集权这一概念的范畴只涉及正式权威，即由职位赋予的正式权利。在组织实践中，针对集权的设计通常倾向于把更多的权力分配给基层管理者，因为这些人离问题和实务更近，掌握的信息比高层丰富得多。例如，宝洁公司就曾给小型员工团队授权，允许其独立于传统的层级结构进行产品开发，从而更加迅速地将新产品推向市场 **㊲**。

- 集权与分权对组织行为的启示

分权有助于组织快速解决问题，因为这种设计允许更多的人提供决策信息 **㊳**，而且拉近了员工与关乎自己工作、生活的决策的距离 **㊴**。集权的组织更擅长规避错误，而分权的组织更擅长把握机会 **㊵**。一项针对芬兰大量组织的研究表明，那些设置了大量分散的研发单位的企业，比将所有研发活动集中于单一部门的企业更擅长创新 **㊶**。对于拥有海外事业部的公司来说，很多决策与当地的获利机会、客户群体和法律规定紧密相关，因此适当分权能促进高效的本地化决策。不过，集权同样是必要的，因为这样才能保证各个区域的经理负起相应的责任。一旦没有平衡好集权与分权的关系，不但组织自身的利益会受损，而且组织与海外政府的关系也可能会恶化 **㊷**。

不过，分权有时也是一把双刃剑。一项研究考察了近 3000 位美国空军军官后发现，当组织中存在多团队系统时，分权反而可能带来过度冒险、合作不畅等诸多问题 **㊸**。

- 规范化

规范化（formalization）指工作的标准化程度 **㊹**。工作的规范化程度越高，员工在工作内容、时间和程序方面的自由度就越小（例如，可能会存在明确的职责规定），步调就越一致，产出也越统一。例如，在出版公司，文员的工作通常就是高度规范化的，他们会遵循一套标准的程序来完成一系列明确规定的工作内容。相反，如果规范化程度比较低，那么工作过程受到的限制就比较少，员工也有更大的空间来行使自主权。同样是在出版公司，销售代表的自由度就是很大的，他们需要把握好销售的大方向，但完全可以根据实际的需要来调整具体的销售策略，比如打电话给大学教授推介公司出版的新书。在工作中，他们的行为不会受到多少约束，最多只需要记得在每周的销售报告中提交特定的内容。

研究表明，规范化有时是有害的。例如，一项针对 94 家企业的研究指出，规范化会降低团队的灵活性，特别是在分权程度高的组织中。这表明规范化并不适用于具有互动性质的工作或需要灵活和创新的情境 **㊺**。当然，它也有积极的一面。例如，在大多数情况下，规范化的薪酬制度都有助于减少性别不平等问题 **㊻**。

- 跨界

如果组织内部的部门过多，协调这些部门的任务可能就会变得极其艰巨。对此，鼓励或设立跨界联络角色的做法，可能有助于克服部门化的弊端，同时发挥它的积极作用。跨界（boundary spanning）意味着个体与其正式团体之外的人建立了联系[47]。例如，一名经常与 IT 团队互动的人力资源主管就进行了跨界活动。这些活动可以防止正式结构变得僵化，并且（不出意料地）能增强团队创造力，改善决策质量，促进知识共享并提高绩效[48]。对于跨国企业来说，跨界活动还有助于海外分公司与当地员工高效合作。例如，一项涵盖了 60 多个人道救援组织的研究发现，当组织的领导者承担起跨界角色、主动联络不同的群体时，员工的共同学习和创造力都会得到促进[49]。

组织可以设计正式的制度来鼓励跨界活动。一种做法是设置正式的联络人岗位，或是建立由不同背景的人组成的委员会[50]。开发活动也有助于促进跨界联系。此外，拥有会计、营销等领域工作经验的员工更有可能进行跨界活动[51]。许多组织制定了工作轮换计划，这不仅让新员工有机会了解组织的不同领域，也为良好的跨界关系打下了基础。

## ● 常见的组织形式与结构

组织结构的形式有很多，而且常常随着工作方式的更新而变化。让我们先从三种更常见的组织形式开始，它们分别是：简单型组织、官僚型组织和矩阵型组织。

### ○ 简单型组织

很多初创企业，如不少硅谷的公司，都是简单型组织（simple structure）。现代科技企业往往由某位创始人建立，并能够吸引一群忠诚的员工。这些人夜以继日地工作，拥有统一的愿景[52]。通常，简单型组织的部门化程度较低，管理幅度较宽（你可以想象一个扁平化的组织），权力集中于一人，规范化程度也很低[53]。

这种结构的优点就在于简单。它使得组织的运作敏捷而灵活，成本低而责任分明。但它也有着明显的弱点：随着组织的发展，低规范化和高度集权很容易导致信息过载，特别是对于高层而言。如果唯一的掌权者试图继续包揽所有的工作，那么决策过程将会变得极其缓慢，而这也是很多小企业失败的重要原因。因此，如果不能及时变革，设计更复杂的结构，组织便很可能失去发展的动力，最终走向失败[54]。简单型组织的另一个弱点是它的风险比较高，这是因为整个组织都依赖着一个人。比如，要是创始人或管理者生病了，那么组织的信息来源立刻就被切断了，所有决策过程也会陷入停滞[55]。

### ○ 官僚型组织

标准化！这就是官僚型组织的关键所在。你可以想想那些负责税务、卫生保健或消防的政府部门，这些部门的工作都依靠标准化的流程来协调和控制。

官僚型组织（bureaucracy）通过专业化、严格规范化的制度法规、部门化（无论是职能型、部门型还是其他类型）、集权、窄幅管理以及遵循指挥链的协作过程来开展常规性和操作性的任务 56。

在许多人看来，"官僚组织"可能是个贬义词，但它有着非常明显的优势，即高效地开展标准化活动。将类似的专业活动集中在一起能够产生规模经济，避免人力和设备的冗余，也有助于成员形成共享的话语体系。由于规章制度的存在，管理者不再需要就众多事项进行酌情决策，因此官僚型组织便只需要雇用能力较为普通（因此成本更低）且数量较少的中低层管理者。换言之，这样的组织并不需要多么擅长创新和经验丰富的管理者，也并不太适合富有创造力的员工 57。

对于官僚型组织的主要弱点，我们可能也很熟悉，那就是这一类组织往往过分强调规则，而对不合规的情形几乎没有商榷的余地。对于存在既定决策程序的常规问题，官僚型结构是非常高效的 58。然而，标准化程序和正式规则的弊端也很明显：在这样的体系中，员工的自主性容易大打折扣，他们往往很难形成和维持高昂的工作热情 59。

## ○ 矩阵型组织

矩阵型组织（matrix structure）是职能和产品部门化的结合体。我们会发现很多组织都具备这种形式的特点 60。矩阵型结构为组织提供了两个权威链条，令组织成员根据其具体的职能和产品承担相应的责任。盖洛普公司的一项调查发现，美国有 84% 的员工都效力于矩阵型组织 61。三星、巴斯夫和欧莱雅等企业都采取了矩阵式结构 62。

矩阵型组织最突出的特征在于它打破了前面提到的命令统一原则。表 15-2 展示的是一所商学院的矩阵式结构，其中既包含会计、决策与信息系统、市场营销等学术部门，也包含由具

表 15-2 高校商学院的矩阵式结构

| 学术部门 | 项目 | | | | | |
|---|---|---|---|---|---|---|
| | 本科项目 | 硕士项目 | 博士项目 | 研究 | 高管培训 | 社会服务 |
| 会计 | | | | | | |
| 金融 | | | | | | |
| 决策与信息系统 | | | | | | |
| 管理 | | | | | | |
| 营销 | | | | | | |

体项目（即学院提供的服务）构成的部门。在矩阵中，每位员工都有两名上司，即职能主管和项目经理。例如，一位需要给本科生授课的会计学教授可能同时需要向本科项目和会计学科的主任汇报。

矩阵式结构有助于协调组织中多项复杂且相互依赖的活动 ㉓。例如，在 2018 年的雪灾中，波士顿的罗根国际机场就凭借自身的矩阵式结构出色地应对了这次极端天气，而纽约的肯尼迪国际机场（JFK）则因为过分强势的权威结构和对外部承包商的依赖而造成了大范围延误，并登上了国际新闻的头条 ㉔。矩阵式结构是组织"官僚病"的良药，它的双重权力链条大大降低了人们捍卫自身"领地"的倾向，从而有利于实现组织的整体目标 ㉕。此外，矩阵式结构还能以最优的方式配置和利用资源，以此实现规模经济、充分发挥专业人士的能力 ㉖。不过，这种结构也有明显的缺陷，例如可能造成混乱，滋生权力的斗争，对个体施加过大的压力等 ㉗。有的人偏好更多的保障和更低的不确定性，对于这些人来说，矩阵式组织的氛围可能会让他们压力过大。

组织可以通过文化建设（见第 16 章：组织文化）来消除上述的部分不利影响，如推崇敏捷性、灵活性、流动性、协作精神并指出清晰的发展方向。例如，声破天（Spotify）公司就非常强调这些核心的价值观，并且将员工编入不同的"分队""公会""篇章"和"部落"，实现构建所谓敏捷矩阵的使命 ㉘。简言之，"部落"是由提供特定产品或服务的团队（如"分队"）组成的，而"篇章"则是由跨产品 / 服务部门（如数据库管理员、前端开发员）且从事类似工作的人员组成的。"部落"和"篇章"构成了项目和职能交织的矩阵，模式与我们在表 15-2 中介绍的传统矩阵式结构类似。不过，声破天的组织结构最有趣的部分是它的"公会"。"公会"是大量成员因为共同的利益而结成的社群，这种团体致力于持续捍卫并不断推动自身的利益。在这样的组织框架下，声破天的员工能随时、快速地组成小分队来实现短期目标，并且无须纠结需要向哪些相关方报告。

## ● 新型组织结构设计

随着扁平化结构越来越盛行，许多组织都开始寻找新的结构设计思路，试图减少组织内部的层级数量，并令组织的边界更加开放 ㉙。在本节中，我们将介绍三种可供考虑的新型结构：虚拟型组织、团队型组织和环型组织。

### ○ 虚拟型组织

明明可以租，为什么非要买呢？如果想过这个问题，说明你已经抓到了虚拟型组织的精髓。虚拟型组织（virtual structure）有时也称网络化或模块化组织，它通常维持着较小的规模。除了少量核心活动，它主要的业务都通过外包完成❼。这种组织的集权程度很高，而且几乎不会划分部门。

图 15-3 向我们展示了一种虚拟型组织的结构。其中，管理层几乎外包了所有主要职能。这个组织的核心是一个小规模的执行管理团队，负责直接监管组织内部的活动，并协调本组织与承担制造、分销等关键职能的组织的关系。

**图 15-3 一个虚拟型组织的结构示意**

虚拟型组织有着多种不同的形式❼。一种较为传统的形式是特许经营，这种模式以门店经理、组织系统和其他专业人士为中心（即执行管理层），并将客户销售与服务交由外部的特许经营单位来实施。这种网络式结构颇为流行，尤其常见于服务行业，例如 7-Eleven（7-11）便利店、麦当劳、吉米·约翰（Jimmy Johns）餐厅和唐恩都乐（Dunkin' Donuts）公司。然而，在这种经营模式下，特许经营商常常拒绝彼此合作或协调，不容易服从执行团队的管理，有时甚至会公开竞争总部分配的资源。例如，一项针对特许经营组织的研究发现，不同特许经营商追求的使命以及奉行的道德标准存在很大的差异，而这些差异则会影响这些经营机构内歧视问题的严重性❼。另一种虚拟型组织的结构遵循"星爆模式"，即母公司会将自身的部分职能拆分出去，建立一家衍生企业❼。例如，奈飞公司在 2012 年将自身的 DVD 业务拆分成一个独立的实体，即后来的 DVD.com 网站❼。

虚拟型组织具有很强的灵活性，它令拥有创意但资金不足的个人得以与更大、更成熟的组织同台竞争。由于取缔了长期办公场所和传统内部职能的角色层级，这种结构也帮助组织节省了大量开支❼。然而，随着虚拟结构的不断普及，这种模式的缺点也愈发凸显❼。由于虚拟型组织始终处于流动和重组的状态，其角色、目标和责任往往不够明晰，这在无形中为政治行为的滋生提供了土壤。回到前面 2018 年雪灾的例子，JFK 的主要结构就是这种虚拟结构。然而，当危机发生时，组织的沟通和敏捷性受到了很大限制，而这些都是虚拟型组织的命脉 ❼❼。

## ○ 团队型组织

团队型组织（team structure）产生的初衷，是消除指挥链，并用授权团队代替传统部门 ❼❽。这种结构不仅消除了公司与其客户和供应商之间的壁垒，也消除了组织内部的水平和垂直边界。

垂直边界的消失，意味着层级结构变得扁平，地位和等级的差异被极大地弱化。一项综述研究汇总了覆盖近 14 000 个团队的研究证据，证明层级结构容易引发冲突，进而损害团队效能 ❼❾。为了实现这样的管理模式，组织可以设立跨层团队（同时包含高管、中层管理者、主管和操作工人）、践行参与式决策并运用 360 度绩效评估体系（由同事和上下级共同评估个体的绩效）。例如，世界上最大的助听器制造商——丹麦的奥迪康公司就已经抹除了一切层级 ❽⓪：所有人都在统一的移动工作站上办公，而且负责协调工作的是项目团队，而非职能或部门。

如果运用得足够彻底，团队型组织将能够跨越地理的区隔。如今，美国大部分大型企业都将自己定位为团队导向的跨国企业。例如，可口可乐和麦当劳在海外的业务几乎与美国本土的一样多，而且这些企业都在努力将海外的业务整合到组织的内部架构中。此外，团队式结构也可以作为实现特定目标的手段。例如，在某五年间，中国的企业在石油与天然气行业进行了多次收购。每一次收购都伴随着团队的重组，而新的团队则能够满足这些公司因原有本地资源不足而无法应对的市场需求 ❽❶。在这样的情形中，团队式结构其实是一种针对性的解决方案，它包含的地理区域问题在本质上并非结构性的问题，而是策略性的、资源方面的问题。简言之，组织有可能希望通过团队式结构来消除文化隔阂，扩展市场机会。有的组织还会将自己的员工与消费者或供应商组成团队。例如，为了确保供应商能够可靠地交付定制零部件，霍尼韦尔国际（Honeywell International）公司派出了自己的工程师，让他们与这些供应商紧密配合。

## ○ 环型组织

想象一下箭靶上的同心圆。假设从中心的高管辐射出去，每个圆环分别是经理、专家和员工，拥有这样结构的组织其实就是环型组织（circular structure）❽❷。这种组织依旧保留了层级结构，但最高层的管理者位于组织的核心，并且将愿景向外围扩散出去。

环型组织对于富有创造力的创业者来说是很有吸引力的。有些小型的创新企业采取的正是这样的结构。不过，一如许多其他的混合型结构，环型组织的员工也很有可能不清楚自己应该向谁报告或谁在主持大局。在现实中，我们也经常能够观察到环型组织。例如，这种组织形式就非常有利于推行企业社会责任项目。

## ● 减员：当组织变得越来越精简

在本章中，我们介绍的很多种组织结构都旨在创建体量精简、专注目标、灵活运作的敏捷型组织。类似地，减员（downsizing）也是组织可以采取的一种系统性措施，它指的是通过关闭网点、裁撤人员、去层级化（例如减少层级数量来限制管理幅度）或出售增长乏力的业务单元等做法起到精简组织的效果 [83]。

有的公司之所以采取减员措施，是为了将一切精力集中于自身的核心竞争力。美国运通公司称，在过去的十多年间，它进行了数次减员和重组，从而紧跟客户不断变化的偏好，将重心从个人客户服务转向在线客户服务。该公司的前首席执行官肯·切诺尔特（Ken Chennault）表示："科技令我们的业务和产业日新月异。跟随着这些变化，我们既需要也终于有机会实现组织和成本结构的转型。" [84] 不过，有的公司则是迫于外部的压力选择减员的。例如，在面对自然灾害、大流行病（如新冠疫情）和经济萧条时，组织就有可能开始裁员、进行工作重组、停薪以及停止招新 [85]。

尽管精简的组织具有很多优势，但减员对组织绩效的实际影响还存有争议。长期而言，缩小劳动力规模的确可能发挥积极的作用，不过大量证据显示，至少在短期内，这种做法有可能对公司当年的股票回报率产生负面的影响。此外，减员的影响可能还取决于这种举措的具体目标以及其他情境因素 [86]。一个典型的例子来自俄罗斯的戈尔基汽车厂。在其总裁博·安德松（Bo Andersson）解雇了 5 万名员工（占总人数的一半）以后，工厂的确实现了多年来的首次盈利 [87]。后来，安德松在担任俄罗斯最大的汽车制造商阿夫托瓦兹（AvtoVAZ）的首席执行官时依然延续了这种激进的裁员手段，在 2014 – 2016 年间解雇了托里亚蒂工厂数以万计的工人。然而，这一次，这种做法给他带来了很大的麻烦。彼时俄罗斯总统弗拉基米尔·普京（Vladimir Putin）的盟友谢尔盖·切梅佐夫（Sergei Chemezov）就曾表示安德松是在"玩火" [88]。最终，在 2016 年，安德松因为这一系列的裁员动作黯然离开了总裁之位。减员在西方国家是一种常见的手段，但到了俄罗斯却变得水土不服。这是因为汽车产业包含了俄罗斯人强烈的民族自豪感，汽车工人很受尊重，他们的工作也被视为"铁饭碗"，不能被轻易夺走 ❽ 。

　　减员的一部分弊端在于它对员工态度的负面影响 ❾ 。放眼全球，频频发生的减员事件引起了很多人的担忧，令员工对工作和职业前景产生朝不保夕之感 ❾ 。即便在组织减员中幸免，留任的员工也会忧心自己的未来，因而感受到更多的紧张和压力，并且降低对组织的承诺 ❾ 。此外，减员还会令更多的员工主动离职，让组织流失宝贵的人力资本 ❾ 。显然，这并不能起到精简组织的效果，反而会让组织变得越来越缺乏活力。

## ● 为何组织结构各不相同

　　图15-4为我们对比了两类组织设计的极端情形 ❾ 。一类是机械型组织（mechanistic model），这种组织的工作流程是高度标准化的，其规范化程度很高，管理层次也很多；另一类极端是有机型组织（organic model），这种组织的结构非常扁平，很多人都拥有决策权，组织运行起来比较灵活 ❾ 。组织的机械型和有机型结构将影响不同行为的有效性 ❾ 。例如，研究表明，政治行为在机械型组织中更有用，而变革型领导和授权行为在有机型组织中更高效 ❾ 。

　　那么，为什么有的组织倾向于机械式结构，而有的组织则更偏向有机式结构呢？组织设计的不同选择背后，有什么力量在推动呢？在本节中，我们将介绍组织结构设计选择的原因或决定因素 ❾ 。

机械型组织的结构　　　　　　　　有机型组织的结构

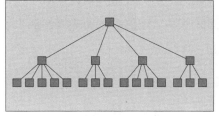
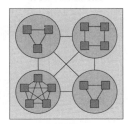

- 高度专业化的工作
- 严格的部门划分
- 清晰的指挥链
- 较窄的管理幅度
- 集权
- 规范化程度高

- 跨职能团队
- 跨层级团队
- 信息自由流动
- 较宽的管理幅度
- 分权
- 规范化程度低

**图 15-4　机械型组织与有机型组织**

## ○ 组织战略

结构是组织实现目标的手段，而目标则源于组织的总体战略，因此结构应随战略而变。如果管理层对组织的战略或价值观做出了重大调整，那么结构也必须与新的目标相适应。例如，近来的研究表明，组织文化的某些维度可能会影响企业社会责任行动的成功率❾。如果文化能得到结构的配合，那么这些行动也就有了明确的实施路径。目前，大部分分析框架都从以下三种维度来看待组织战略以及与之匹配的组织设计问题，它们分别是：创新、成本最小化和模仿❿。

### • 创新型战略

组织重视在产品和服务上进行重大创新吗？创新型战略（innovation strategy）力求实现有意义且独特的创新⓫。创新型企业会以富有竞争力的薪酬福利招贤纳士，并激励员工尝试冒险。一定程度的机械式结构能够促进创新。此外，顺畅的沟通渠道、培育长期承诺的组织政策以及明确的权威链条都有助于快速且顺利地推动变革。不过，并非所有公司都像特斯拉、亚马逊或奈飞这样追求创新⓬，有的公司显然有着不一样的战略重心。

可以说，组织要想在竞争中保持自身的领先地位，就必须进行某种程度的创新。因为不能有效创新而丧失市场地位的例子比比皆是（柯达和百视达都是）⓭。柯达的工程师史蒂夫·萨森（Steve Sasson）在1975年发明了世界上第一台数码相机。然而，当他将相机展示给上级时，对方的回应却是："挺可爱的——但不要告诉别人。"柯达公司的前任高管表示，尽管他们率先发明了这项技术，但当时的领导层却过度沉浸在胶片业务的成功之中，因而未能足够敏锐地捕捉到数字革命的苗头。另外，他们也深怕这项创新会撼动原有的胶片市场⓮。不过，创新有时也会在竞争中失利。例如，面对脸书在20世纪头十年中期的崛起，我的空间（My Space）公司试图做出应对，将自身的业务重心转向娱乐和音乐版块，但这项创新最终惨淡收场，导致了该公司社交媒体业务的衰落⓯。

### • 成本最小化战略

采取成本最小化战略（cost-minimization strategy）的组织会严格地控制成本，避免不必要的开支，并压低基础产品的售价⓰。例如，印度的捷特航空公司在2019年取消了波音777飞机的头等舱，这样便可以在每架飞机上增设55个座位来增加收入⓱。不过，成本最小化战略有时也会损害客户的忠诚度和对产品质量的感知。比如，有时你会发现商家在洗手间提供的卫生纸质量很差，并产生不好的感受⓲。再退一步来说，公众很多时候对组织削减成本的措施毫不知情，例如在美国主要的肉类供应商多年来的不道德问题和质量问题上，广大消费者事先并不知情⓾。在机器学习和人工智能出现之后，一些有先见的人提出了一种不那么关注成本削减的"成本最优化"哲学⓾，主张从大局着眼，确保支出能够尽可能促进长期的增长和利润提升。人工智能使组织有能力快速收集、处理和学习大量数据，并对未来的回报进行预测，进而践行新战略。

- **模仿型战略**

采用**模仿型战略（imitation strategy）**的组织希望在引入新产品或进入新市场的同时，尽可能承担最小的风险，获得最大的利润，因此只在创新先行者获得成功后才紧随其后⓾。有时这种模仿的程度比较轻，比如同一行业的公司会相互学习最佳的经营实践、沿用彼此的数据标准，从而共同推动行业的发展。有时，这种模仿则更加直接，比如有的组织模仿规模更小、创新能力更强的竞争对手，待其产品经受住了市场的检验后再大力投资。Instagram（照片墙）就是一个鲜活的案例。在 Snap-chat（色拉布）推出了"照片故事"功能之后，Instagram 公司也马上上线了一个几乎一模一样的模块，并以此吸纳了 2500 万名新用户⓾。

不过，模仿型战略也是有缺陷的。例如，有的公司在通过模仿取得成功以后会忽略使其成功的很多重要因素，如运气和契机。而且，如果这些公司没有足够的能力或规模来继续扩大规模，那么长期来看，模仿反而可能导致衰退⓾。此外，模仿型战略似乎也有道德层面的争议。如今有很多"臭名昭著"的公司会先和其他公司合作，学习它们的长处；一旦能够自主提供同样的产品和服务，就会马上"背刺"对方⓾。

- **战略与结构的匹配**

表 15-3 展示了与每种战略最为匹配的组织结构。创新型组织依赖有机式结构来发挥灵活性（不过即便如此，他们同样需要依靠机械式结构的部分要素），而追求成本最小化的组织则依赖机械式结构的效率和稳定性。模仿型组织是二者的结合，它们一方面需要通过机械式结构来保障当前活动的运行并严格地控制成本，另一方面也需要创设有机的子单元来搜寻新的机会。

○ **组织规模**

组织规模对组织结构的影响很大⓾。比起小型组织，雇员超过 2000 人的大型组织专业化和部门化程度通常更高，往往也会有更多的组织层级和规章制度。不过，

表 15-3　战略与结构的匹配

| 战略 | 结构设计选项 |
| --- | --- |
| 创新 | **有机式结构**：较为松散的结构；较低的专业化、规范化和部门化 |
| 成本最小化 | **机械式结构**：严密的控制；彻底的工作专业化；高度规范化和高度集权 |
| 模仿 | **机械式与有机式结构的结合体**：结构有松有紧，对当前活动控制较严而对新动作控制较松 |

当组织的规模持续扩大时，规模因素对结构的影响会逐渐减弱。为什么呢？原因很简单，当雇员多达 2000 人时，组织就已经是机械式结构了，再增加 500 人也不会有什么影响。相反，如果原本只有 300 人的组织一下增加了 500 名员工，那么它将很有可能朝着机械型组织的方向发生明显的转变。

## ○　技术

组织通过技术（technology）将投入转化为产出 ⑯。每个组织都必须具备将财务、人力和物质资源转化为产品或服务的技术。例如，中国的家用电器制造商海尔公司就利用其独特的装配线工艺大规模生产产品。该公司将这种工艺与灵活、创新的组织结构相结合，以便响应客户需求，更好地设计新产品 ⑰。总的来说，组织结构与技术应当相互适应 ⑱。组织的结构和文化可以根植在它的数据结构和软硬件中 ⑲。

## ○　环境

组织的环境（environment）由可能影响其结构的外部机构或力量构成，包括供应商、客户、竞争对手和公众压力及社会群体等 ⑳。对于管理者而言，动态环境比静态环境蕴含着更多不确定性。为了在关键的市场和领域中减少这种不确定性，管理者可能会拓展组织的结构，从而识别和应对威胁。例如，许多企业会专门设置社交网络公关部门，这不仅是为了推广它们的产品和服务，也是为了及时发现和回应网络上的负面信息（如差评）㉑。

我们总是可以从承载力、动荡性和复杂性这三个维度来考察组织所面临的环境 ㉒。接下来我们就分别讨论一下。

## •　环境承载力

承载力指环境为组织提供的增长空间。持续增长的丰富环境可以产生剩余资源，这也给了资源相对短缺的组织缓冲的机会。组织在做决策时可能需要考虑环境的承载力。例如，当亚马逊准备在美国的主要城市建立第二个总部时，它考虑的环境因素就有承载力这个维度 ⓬ 。

- **环境动荡性**

顾名思义，动荡性指环境的不稳定程度。在极度不可预测的动态环境中，管理者将很难做出准确的预测。考虑到信息技术的迭代速度，大部分组织面临的环境都是动荡的。企业自身的特点、团队以及领导者都会影响其应对动荡环境的能力 ⓬ 。例如，有一种说法叫"事在人为"（negotiable fate，即认为个人的行为可以对结果产生影响），当管理者持有这样的信念时，面对环境的动荡，他们将更倾向于主动创业，而这一选择又会进而影响公司的创新和财务表现 ⓬ 。

- **环境复杂性**

最后，复杂性指环境要素的异质性和集中度。环境要素越是异质和分散、竞争者的数量越多，环境的复杂性就越高。例如，信息安全公司面临的环境通常就极其复杂：这个行业的竞争者差异化程度很高，分布又非常广泛；人与技术及互联网交互的模式多种多样，这使潜在的对手（如攻击者、黑客和网络罪犯）有一千种办法给企业制造麻烦 ⓬ 。

- **环境的三维模型**

图 15-5 将三个维度结合起来，为我们总结了环境的定义。箭头所指的方向意味着更高的不确定性。因此，在匮乏、动荡和复杂的环境中，组织面临的不确定性是最大的，因为这样的环境难以预测、不容失误，而且组织需要持续关注的要素过多。从环境的三维模型出发，我们可以得到有关环境不确定性和组织结构设计的一般性结论：环境越匮乏、动荡和复杂，结构就越应该趋向有机化；相反，环境越丰富、稳定和简单，结构就越应该趋于机械化。

**图 15-5　环境的三维模型**

- ○ **制度**

制度（institutions）也是塑造组织结构的重要因素。归根结底，制度是通过文化发挥作用的，因为它规定了行为的适当与不当❶。制度理论关注的是驱使组织采取相似结构的力量。与我们此前介绍的理论不同，制度理论所解释的很多组织结构选择并不是一种正面的适应结果。事实上，在很多奉行制度理论的学者看来，企业的很多行为虽然看似在追求绩效，但本质上是对不可动摇的社会规范的服从。

监管压力是最突出的制度性因素之一。例如，有的行业与政府部门存在很多合同关系，这便使得相关企业必须遵循明确的汇报关系，受到严密的信息控制。有时，决定组织形式的可能只是简单的惯性，企业选择某种结构可能只是因为它过去一直这么做，或者其他公司都这么做。在权力距离较高的国家里，组织往往也会采取充满权威的严格结构，令自己融入当地的文化。在这一点上，有的人就将日本企业不擅长适应的原因归结于文化对维持权威的要求。

## ● 组织设计与员工行为

回顾前面所有的证据，想必你已经发现，关于组织设计对员工行为的影响，我们能得出的明确结论只有一个❶，那就是事情不能一概而论！不是所有人都喜欢有机式结构的灵活与自由。而且，不同结构的关键要素也不尽相同。在高度规范化、结构严密的机械型组织中，正式制度和程序（代表着组织的程序公平性）是员工满意度最有力的预测指标。而在个性化程度更高、适应性更强的有机型组织中，员工更看重的是人际公平❶。有的员工在标准化且模糊性小的工作中（也就是在机械式结构中）表现得最为高效和满意。因此，在讨论组织设计对员工行为的影响时，我们始终要考虑个体差异❶。

### ○ 管理幅度

如果说得保守一些，目前其实没有足够的证据告诉我们管理幅度与员工满意度或绩效之间的确切关系。尽管我们从直观上容易觉得，管理幅度越宽意味着监督越松、个人主动性的空间越大，对员工的绩效就越有利，但这一点并没有在研究中得到证实❶。有的人或许的确更喜欢安静地做自己的事，也有人更看重随时可以找到上级的安全感。参考领导力一章中讨论过的权变理论，我们预期员工的经验和能力、任务的结构化程度等因素或许可以解释管理幅度对绩效和满意度的不同影响。此外，有的证据表明，随着管理幅度的拓宽，管理者本人的工作满意度会逐渐增加❶。

## ○　集权程度

集权程度与员工满意度的相关性是很强的[133]。总体而言，集权程度较低的组织允许员工发挥更大的自主性，而这似乎有助于提升工作满意度。不过同样，有人更热爱自由，也有人会觉得自主性高的环境太过模糊。

## ○　可预测性与自主性

显而易见的是，人们选择加入何种组织都是有原因的。人会被适合自身特征的组织吸引，同时也更容易被这样的组织选中和留用[134]。因此，倘若组织在筛选人员时已经做好了员工与组织特征的匹配，那么组织结构对员工的影响就不那么大了。此外，公司也应该努力建立、发展和维持自身结构的独特之处，因为剧烈的变化可能会让高技能水平员工觉得组织与自身不再匹配，从而选择辞职[135]。

## ○　国家文化

研究表明，国家文化也会影响人们对不同结构的偏好[136]。在权力距离较高的文化（如希腊、法国和大部分拉丁美洲国家）中，员工更容易接受机械式结构，但来自低权力距离国家的员工则不然。因此，在分析结构对员工绩效和满意度的影响时，我们也应该将文化差异和个体差异一并考虑。

## ● 本章小结

本章的主题是用组织的内部结构来解释和预测人们的行为。也就是说，除了个体和群体因素，人们在工作中所处的结构关系对其态度与行为同样有着重要的影响。这么说有依据吗？有的。在一定程度上，组织结构的存在降低了员工需要面对的模糊性，回答了员工"做什么""怎么做""向谁汇报"和"出了问题该找谁"等问题。结构塑造了员工的态度，也能激励员工取得更卓越的绩效。

## ● 对管理者的启示

- 在设计组织、部门或团队的结构时，请与组织的战略相适应，并让结构能够推动战略的执行、取得期望的行为和结果。换句话说，结构设计需要有明确的目的。

- 要推动战略的实施，你可以考虑专业化、部门化、权威性、规范化和跨界活动等结构设计要素。

- 有几种组织结构如今非常常见，你可以从中选择。当前大部分组织采取的都是矩阵式结构与其他结构的混合模式。不过，你始终都应该制定与战略（例如，扁平化的组织往往更擅长创新）和环境（考虑承载力、动荡性和复杂性）相协调的决策。

- 除非必要，否则不要选择减员，因为这对员工态度、动机和客户感知的负面影响是巨大的。

- 一般来说，如果你的战略更注重创新，请选择有机式结构；如果优先考虑成本最小化，请选择机械式结构；如果你的战略是模仿，那么请采用二者兼具的结构。

请扫描二维码
获取书中参考文献

## 第 16 章

# 组织文化

● **本章学习目标**

» 描述组织文化的常见特征；

» 阐述文化传递给员工的过程；

» 指出能够创造和延续组织文化的因素；

» 比较组织文化对个体与组织的正面和负面影响；

» 阐述打造道德文化、积极文化和灵性文化的异同；

» 阐述国家文化对组织文化解读的影响。

## ● 组织文化是什么

你会在没有试弹的情况下买下一把 10 000 美元的吉他吗？总部位于芝加哥的 Reverb（一个在线乐器交易平台）的客户就愿意这么做。为什么他们会成为 Reverb 的回头客，而不去选择像 eBay（易贝）这样的同类平台呢？答案可能就藏在组织文化中 **①**。

组织文化的本质不可名状，但我们对此都有着深刻的体会。普遍的氛围对行为的影响是深远的。Reverb 创建的组织和平台，是建立在对音乐的热爱，并力求为音乐家创造美好客户体验的基础上的。它的员工和客户对音乐和演奏有着共同的价值观、信念与传统观念 **②**。值得一提的是，盖洛普的一项调查显示，88% 的千禧一代表示，如果对公司的宗旨或使命感到满意，他们将愿意在公司工作超过 5 年 **③**。

### ○ 组织文化的定义

组织文化（organizational culture）指组织成员共同认同并遵守的一套意义体系，它将组织与其他组织区别开来 **④**。这套体系包含组织特有的价值观、信念、物质符号和观念假设 **⑤**。在实践中，这些价值观、信念与假设具有以下特征（1）能够引导员工的注意力；（2）通常以物质符号（如制服、雕像）和故事的形式表达；（3）形成组织成员彼此共享意义的基础 **⑥**。

组织文化揭示了员工对组织本质的看法，也体现了他们对组织的喜爱程度。也就是说，文化是一个描述性概念。相关研究关注员工如何看待自己的组织，例如，它是否鼓励团队合作？是否褒奖创新？是否压抑个体的主动性？相反，工作满意度则是一个评价性概念，它衡量了员工对组织的期望和对奖励制度等方面的感受。从表 16-1 的案例中，你可以看到两种截然不同的组织文化。

组织文化极难定义和描述，多年来，人们一直在试图理解它的含义 **⑦**。很多人会问：组织有文化吗？这些学者希望弄清不同文化的区别所在。还有人会问：组织文

## 表 16-1　不同组织文化的对比

| 组织 A |
| --- |
| 组织 A 是一家制造业公司，其管理者需要对所有决策进行书面记录。在这家公司里，"优秀的管理者"能够用详细的数据来支撑自己的提议。包含重大变化或具有较高风险的创意决策是不会被采纳的。一旦项目失败，负责的管理者会受到公开的批评与处罚，因此他们会尽量避免提出偏离现状的想法。公司里有句流行的话："假如东西没坏，你就不要去修。" |
| 这家公司有着烦琐的规章制度，员工必须全部严格遵守。管理者会密切监控员工的行为，确保没有人发生偏差。管理层对员工的士气和流动率并不在意，他们只关注生产力 |
| 这里的工作活动都是围绕个人设计的。部门之间界限分明，权威链条非常清晰，在员工自身的职能或指挥链以外，公司尽可能限制了他们与其他人的正式接触。个人的努力是绩效评估和薪酬评定的首要标准，不过涨薪和晋升机会主要取决于员工的资历 |

| 组织 B |
| --- |
| 组织 B 也是一家制造业公司，但它的管理层会鼓励和奖励冒险与变革。直觉式决策与理性决策在这里都很受重视。管理层为公司能够引入新技术并定期推出创新产品感到自豪。当员工或主管产生好的想法时，公司会鼓励其"坚持下去"。在这里，失败的经历被视为一种"学习"。快速响应客户需求变化的能力也是公司引以为傲的优势 |
| 这家公司的规章制度并不多，对员工的管理也比较宽松，因为管理层相信自己的员工既勤奋又可靠。管理层重视生产力，但他们认为提高生产力的前提是要善待员工。在市面上，这家公司有着良好的声誉，是很多人的"梦中情司" |
| 这里的工作是围绕团队来设计的。公司鼓励团队成员与不同职能和层级的人进行互动。团队之间的竞争被视为一种积极的现象。个体和团队都会设置自己的目标，只要目标能够实现，公司都会给予奖励。而且，人们有很大的自主权来决定自己要通过怎样的方式实现这些目标 |

化是什么？这些学者更希望对具体的文化进行描述，并理解它令组织运转的诀窍。举例来说，喜欢问"有没有"的人可能想找到 Reverb 有哪些价值观和信念是 eBay 这样的公司所没有的；不同的是，喜欢问"是什么"的人可能会从企业的故事、仪式、物质符号和语言入手，力图揭开 Reverb 的面纱。值得注意的是，后面这种问法（我们会在下一节详细探讨）尤其容易面临测量和解释的困难。尽管它关注的这些文化维度有时的确可以被外来者观察到，但那些触及深层观念的部分恐怕只有"内部人"才能完全理解和体会 **❽**。

尽管围绕价值观或信念对文化进行"归类"的框架有很多，但下面这种基于一组相互竞争的价值观的分类方式是最常见的 **❾**。

» **"家族文化"**（The Clan）：一种基于人际关系的文化。员工重视归属感、协作、信任与支持。

» **"创新文化"**（The Adhocracy）：一种基于变化的文化。员工重视成长和多样性、关注细节、追求刺激和自主性。

» **"市场文化"**（The Market）：一种基于成就的文化。员工重视沟通、能力和竞争。

» **"等级文化"**（The Hierarchy）：一种基于稳定性的文化。员工重视沟通、规范化和既定程序。

这些文化之间的差异在于，它们的关注点是偏向内部还是外部的，以及对灵活性与稳定性的追求不同 **❿**。例如，家族文化倾向于关注内部且更加灵活，创新文化则关注外部且同样注重灵活，市场文化关注外部但更强调稳定性，而等级文化则关注内部并追求稳定性。一项对数百份研究的综述研究为我们汇总了有关上述框架的结论❶。如表 16-2 所示，不同的文化对组织结果的影响是不同的。尽管我们很清楚，领导力和组织结构同样会影响这些结果，但引入文化因素大大丰富了我们的认识。策略性的观点认为，文化应该有针对性地匹配组织的目标。尽管大部分文化对员工态度、员工绩效、创新、产品 / 服务质量和运营效率都可能产生积极影响，但相较之下，家族文化和市场文化更有助于改善客户导向的结果，而等级文化则最能提升组织的盈利能力，促进收入增长。

表 16-2　文化对组织结果的影响

| | 员工态度与绩效 | 创新 | 高质量的产品 / 服务与运营效率 | 客户满意度与市场份额 | 利润与收入增长 |
|---|---|---|---|---|---|
| 家族文化 | +* | +* | 0 | +* | - |
| 创新文化 | +* | + | +* | - | 0 |
| 市场文化 | 0 | + | +* | +* | 0 |
| 等级文化 | +* | - | +* | 0 | +* |

注：+ 代表该因素对该结果的作用是正面的，- 代表该因素对该结果的作用是负面的，0 代表作用为零（即无作用），* 代表该因素对该结果的影响相当大。

资料来源：哈特内尔，欧，金尼克，崔和卡拉姆，《组织文化的元分析测试：与组织系统要素的关联及其对组织结果的相对预测效度》，《应用心理学杂志》第 104 卷，第 6 期（2019 年）：832-850 页。

虽然上述框架在研究中最常用，但其他的框架也有很多。例如，组织文化量表（Organizational Culture Inventory）将文化分为三类：（1）重视归属、鼓励与成就的建设性文化；（2）规避责任、寻求他人认同且保守的被动 - 防御性文化；（3）争强好胜、完美主义且追求权力的攻击 - 防御性文化❶。

另一个常用框架叫组织文化图谱（Organizational Culture Profile，OCP）❶，它是通过运用一种新颖的调查方法来构建的。在 OCP 调研中，员工会看到一组价值观，并根据它们与组织契合的程度进行排序。该框架认为，组织的文化可以从下面这八个维度加以描述：（1）创新；（2）对细节的注意；（3）决断性；（4）团队导向；（5）结果导向；（6）进取心；（7）支持和（8）对奖励的重视。

## 组织的文化是一致的吗

组织文化代表了组织成员共同持有的认知。只有当来自不同背景或处于不同层级的个体都有着类似的观感时，组织所宣称的文化才真正有效❶。

主流文化（dominant culture）由大部分成员共享的核心价值观（core values）构成，它也是组织的个性所在❶。亚文化（subcultures）更容易在大型组织中产生，它的作用是帮助同一职能或地点的组织成员应对问题或总结经验❶。大部分大型组织都有着主流文化

和众多的亚文化 [17]。有时，亚文化可能变得相当强大，甚至能够在一定程度上拒斥和违背主流文化 [18]。一旦亚文化盛行，主流文化的影响力可能会大打折扣。无论是主流文化还是亚文化，其引导和塑造行为的强大力量都来自"共享的意义"。受到移民、同化或阶层分化等社会流动趋势的影响，亚文化甚至有可能在国家和地区层面出现 [19]。

## ○ 强文化与弱文化

强文化与弱文化也是不同的 [20]。如果大多数员工对组织的使命和价值观都持有相同的看法（这一点可以通过调查了解），文化就是强的；如果看法分歧很大，文化就是弱的。

在强文化（strong culture）中，组织的核心价值观得到了广泛的共享和强烈的认同 [21]。成员对核心价值观的接受程度越高、对组织的承诺越强，组织的文化也就越强，越能对员工的行为产生影响。万豪国际公司的执行副总裁兼首席人力资源官大卫·罗德里格斯（David Rodriguez）就曾强调，真正能够打造强文化的是人："如果你没有勇气和智慧将文化的控制权交给同事和员工，那是万万不行的。"正如他所说，万豪在 15 000 名员工的自愿帮助下大力倡导了公司的文化 [22]。

强文化显示了人们对组织事务的高度认同，因此它有助于降低人员的流动率。成员与组织目标的一致性能够促进凝聚力、提升忠诚度和组织承诺，进而降低员工的离职倾向。的确，一项覆盖了 137 家组织、近 90 000 名员工的研究发现，当企业具有强烈的使命感和较高的员工参与度时，文化的强度或一致性能够预测一系列财务结果 [23]。强文化使得像爱适易五金（Ace Hardware）这样的公司能够在竞争极度激烈的市场中蓬勃发展，与大量倒闭和破产的竞争对手形成鲜明的对比 [24]。

## ● 员工是如何习得组织文化的

文化会通过多种形式传递给员工。其中，最重要的载体是故事、仪式、物质符号和语言。

## ○ 故事

在亨利·福特二世（Henry Ford II）担任福特汽车公司董事长期间，没有哪位高管能"逃过"被他认为太过傲慢的"命运"。福特常常对他们说："看到了吗，大楼上写的是我的名字。"他的意思再明确不过了：公司的主人是亨利·福特二世。

如今，耐克公司的几位高管将大量的时间用于讲述品牌故事 [25]。他们反复向人们讲述联合创始人（同时也是俄勒冈州的一名田径教练）比尔·鲍尔曼（Bill Bowerman）将橡胶倒入华夫饼饼铛塑形，用来制作更优质跑鞋的事迹，以此彰显耐克的创新精神。1988 年，在耐克的第一条广告中，一位老人在金门大桥上慢跑。随着广告的结束，那句广为人知的口号"尽管去做吧"（Just do it）首次出现在屏幕上。此后，耐克一直延续着同样的故事，激励每一位不同背景的人努力实现自己的运动目标 ❷。

这样的故事同样萦绕着许多其他组织，为组织的现在赋予厚重的历史，也为其当前的实践赋予合理性 ❷。这些组织故事的主题通常涉及创始人、打破规则的创举、白手起家的成功事迹、裁员经历、员工调动、对过去错误的反思以及应对压力的策略 ❷。员工们也会创造自己的故事，来讲述他们在组织社会化过程中的适应或冲突，比如分享他们第一天上班的故事、与他人交往之初的情形，以及对组织的第一印象 ❷。

## ○ 仪式

仪式（rituals）是一种重复性、序列性的活动，它能够表达和强化组织的核心价值观——例如，哪些目标更重要、哪些人重要或哪些人可有可无 ❸。有的公司会运用不那么传统的仪式来强调其文化价值观。例如，作为《财富》杂志评选出的100家最佳雇主之一，金普顿酒店及餐厅（Kimpton Hotels & Resturants）一直保持着客户导向的文化，它的知名传统是举办"客房服务奥林匹克"，其中的项目有蒙眼铺床和

吸尘比赛 ❸。有的公司还会利用仪式吸引潜在的顾客、客户及投资者。例如，位于安大略寒冷气候带的酿酒商就会用特定的仪式激起葡萄酒爱好者的情感体验，从而使他们将产品看作自己身份的象征 ❸。那么，为什么仪式可以强化价值观，并且抚慰管理者、客户和员工呢？近期的研究表明，这是因为仪式让参与者获得了控制感，进而减轻了他们的焦虑 ❸。

## ○ 符号

公司总部的格局、高管座驾的品牌以及公司有没有专属飞机都属于物质符号（material symbols）的范畴，有时也被称为"文化周边"❸。其他的例子还有办公室的大小、家具的考究程度、福利和着装 ❸。这些符号向员工彰显了不同人物的重要性，传达了管理层对平等的态度，并且规定了适当的行为类型。比如，符号可能会体现出公司的不同特点，包括崇尚冒险、偏向保守、强调权威、鼓励参与、奉行个人主义或重视社会行为等。此外，物质符号也是联系的载体，当员工尝试理解符号时，符号也激发了员工心中的情感 ❸。

某些公司有着"做什么都行"的氛围，对创意文化颇为重视。芝加哥的衬衫制造商无线（Threadless）就是这样的一家企业。它通常在一辆露营车里举行会议，而这辆车则停放在公司改装过的联邦快递仓库里。此外，公司的开

放式办公室里全都是穿着短裤和拖鞋的员工，而且随处可见各个团队自己挑选的迪斯科灯球和其他花里胡哨的装饰品 ❸。另一个例子是爱迪欧（IDEO），在这家公司位于帕洛阿尔托的办公室里，有一扇机翼从墙上赫然穿出。这或许是爱迪欧崇尚试验和自由表达的价值体现 ❸。

有的文化以创设环境、为员工提供福利而闻名，例如谷歌兴建的地滚球场、慧甚研究系统公司（FACTSET Research）办公室的馅饼 / 奶酪 / 纸杯蛋糕车、软件设计公司欧特克（Autodesk）允许带狗上班的办公室、赛仕软件公司（SAS）的免费诊所、微软的有机水疗中心以及户外冒险装备公司安伊艾（REI）的免费设备租赁服务。还有一些公司传递价值观的方式则是为员工留出进行创造性思考的闲暇时间。例如，生物技术行业的领跑者基因泰克（Genentech）和许多其他顶尖公司都会提供带薪休假福利。基因泰克的员工每工作 6 年就会得到 6 周额外带薪假期的奖励，这种政策极大地支撑了组织强调公平和创新思维的文化 ❸。

○ **语言**

很多组织及其内部的工作单元都会利用语言培养成员的文化认同和接受度，并发挥维持文化的作用 ❹。人们常常会用专门的术语来描述设备、管理者、关键人物、供应商、客户以及与业

务挂钩的产品。新员工一开始很容易在大量的缩写和行话中迷失，但只要能够逐渐适应，就会很快成为特定文化圈子的成员和捍卫者。美国的政府部门对专业术语的运用极其频繁和广泛，某图书管理员甚至专门编撰了一部综合词典和指南（*GovSpeak*），用于收录非军事首字母缩略词、缩写和其他专业术语 ❹。

价值观和信念本身就是展示组织文化的窗口，但它们也可以通过故事、仪式、物质符号和语言来传达。例如，一项针对《财富》500 强企业使命陈述的研究发现，那些声称相信人们可以成长和进步的公司会在玻璃门网站上获得更高的文化评分，而那些认为人本性难移的企业则不然。后续有针对《财富》1000 强企业进行的研究发现，这种对组织文化的感知将影响员工对组织的信任和承诺 ❹。

● **打造和延续组织文化**

组织文化不会凭空产生，一旦建立，它也不会轻易消失。那么，文化是如何创造出来的？在文化建立之后，又是什么力量维持并强化了它呢？

○ **文化的源起**

一个组织的习俗、传统和行事风格，很大程度上取决于它历来的做法，以及这些做法取得了多大的成功。据此

推断，组织文化的源头往往可以追溯到其创始人 ❸。创始人总是心怀一个理想组织的图景，也往往有机会在处于发展初期、规模较小的组织中将其付诸实践。

文化的扩造是通过三种方式进行的 ❹。首先，创始人只会雇用那些与他们有着相同想法和感受的员工。其次，他们还会引导员工参与社会化过程，使之形成与组织相协调的思维和感受。最后，创始人还会用实际行动感化员工、博取对方的认同，并让他们将组织的信念、价值观和假设内化成自己的东西。这样一来，等到组织获得成功以后，创始人自身的个性也就深深地嵌入组织整体的文化中了。

举例来说，韩国的商业巨头现代集团（Hyndai）以浓厚的竞争氛围和森严的权威体系著称，而这些组织文化的特点正是来自集团创始人郑周永（Chung Ju-Yung ❺）。此外，微软的比尔·盖茨（Bill Gates）、宜家的英格瓦·坎普拉德（Ingvar Kamprad）、西南航空的赫布·凯莱赫（Herb Kelleher）、联邦快递的弗雷德·史密斯和维珍集团的理查德·布兰森（Richard Branson）这些极具代表性的创始人也都对其所在的组织文化产生了深远的影响。

图 16-1 为我们梳理了组织文化建立和维持的过程。最初，文化源于创始人的思想，这种思想会对公司发展过程中的用人标准产生重要的影响 ❻。社会化的效果既取决于新员工和组织现有员工价值观的匹配程度，也会受到高管对社会化工作承诺高低的影响。后者的行为会直接向员工传递有关价值取向和适当行为的信息，从而直接影响社会化过程并作用于文化本身 ❼。而文化则会持续嵌入组织结构和体系中，并由组织的领导者延续下去。最为全面的一项组织文化研究覆盖了 26 000 个组织的 500 000 多名员工，它发现，文化与现行的领导方式、组织实践和结构之间均有着密切的关联 ❽。

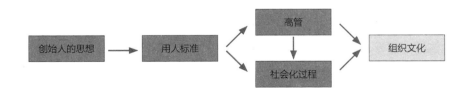

**图 16-1　组织文化的形成过程**

## ○　保持文化的生命力

为了将文化延续下去，组织需要通过一系列实践确保员工持续拥有相似的体验 ❾，比如利用人员选聘过程、绩效评价标准、培训和发展活动乃至晋升程序，吸纳与组织文化契合的新员工，奖励那些支持文化的人并对那些挑战文化的人进行惩罚（甚至开除）[50]。在这一过程中，有三方面的力量在保持文化上发挥着重要作用：人员选聘过程、高管的行动和社会化过程（如新员工的入职、指导和融入环节）。

- **人员选聘过程**

选聘过程的目标很明确，那就是识别出拥有知识、技能和能力从而可以胜任工作的个体并聘用他们。由于最终的聘任决定往往很大程度上取决于决策者对求职者与组织适配程度的判断，因此，通过选拔的人通常也有着许多与组织一致的价值观[51]。此外，选聘过程也为候选人释放了重要信息。那些意识到自身价值观与组织相冲突的人可能便不再继续求职，或是伪装认可，为自己争取工作机会[52]。也就是说，这是一个双向选择的过程，其间雇主和求职者会判断彼此的适配度。例如，戈尔公司（W. L. Core & Associates）刻意设置了非常多轮次的面试，以便更好地判断求职者应对不确定性、灵活性和团队协作能力，而这些都是对胜任公司日常工作来说极其关键的素质。可见，戈尔公司从选聘过程开始就高度强调员工与组织的文化适配度，它能入选《财富》"100 家最佳雇主"榜单（在 2020 年的榜单中位列第 83 位）也是意料之中的[53]。

- **高管的行动**

高管的行动对组织文化的影响是很直接的[54]。高管的一言一行是整个组织的规范和标尺。例如，员工会从中看到组织是否鼓励冒险、管理者愿意给予员工多少自由、工作时有怎样的着装要求、什么样的行为符合组织的期望以及什么样的做法会得到奖励。有趣的是，一项针对数百位首席执行官和其他高管团队成员的研究表明，组织文化和领导力在一定程度上互为补充，而且如果二者的价值立场接近，对组织而言是最有利的[55]。换句话说，组织文化和领导力是可以相互补充的。

- **社会化过程**

招聘和选拔工作做得再好，组织也需要帮助新员工适应它的文化。这个过程就叫社会化（socialization）[56]。社会化可以帮助员工解决他们初来乍到时遇到的一系列不曾考虑到的问题。例如，清楚频道传播（Clear Channel Communications）、脸书、谷歌等公司都在尝试运用最新的入职程序（也就是新员工的融入环节），例如设置"朋辈教练"、举办社交活动、开展个性化的入职培训以及立即分配工作任务等。

我们可以将社会化过程拆分为三个阶段加以理解，分别是：前史阶段、碰撞阶段和蜕变阶段❺。如图16-2所示，这一过程将极大地影响新员工的生产力、对组织使命的承诺以及长期为组织服务的意愿（即离职倾向）。

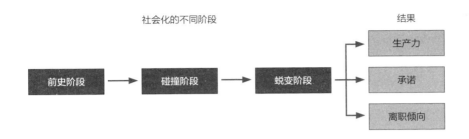

社会化的不同阶段　　　　　　　　　　　　结果

前史阶段　→　碰撞阶段　→　蜕变阶段　→　生产力
　　　　　　　　　　　　　　　　　　　　→　承诺
　　　　　　　　　　　　　　　　　　　　→　离职倾向

图 16-2　社会化过程模型

1. **前史阶段**。在前史阶段（prearrival stage），每个人在进入组织之前都有自己的价值观、态度以及对工作和组织的期望。商学院的主要目的之一，就是让学生通过社会化具备公司期望的态度和行为。面对具有较高知名度和市场地位的组织，新员工格外容易对其中的工作抱有自己的想象❺。例如，员工会认为耐克公司有着充满活力、令人兴奋的职场，而证券公司则是高压与高回报并存的地方。人们的这些判断以及主动型人格特质都是其后续适应效果的关键预测指标❺。

2. **碰撞阶段**。尽管员工在选聘过程中已经对组织形成了初步的了解，但在正式加入组织以后，员工仍然会经历一个碰撞阶段（encounter stage），即在接触工作、同事、上级和组织整体的过程中发现与预期不符的情形❻。在理想的情况下，员工对组织的固有期望会在这一阶段得到印证，然而现实通常不会如此。有时，期望与现实的差异甚至会非常极端，令新员工在失望之下选择辞职。当然，如果选聘过程能够设计得更加得当，这种情况发生的可能性会大大减小。组织也可以鼓励新员工在组织中建立友谊，这样可以在同事的友好帮助下尽快"摸清门路"❻。说到底，这一阶段最重要的任务就是学习新知，抛弃旧习，结识新人❻。如果员工不能主动了解组织、提供力所能及的帮助，如果上级和同事没有尽心尽力地帮助新员工完成社会化过程，或者如果新老员工无法良性互动，那么新员工都有可能感到大失所望❻。不过，组织文化可能也默许了某些不当行为（如反生产工作行为），而这也会在碰撞阶段向新员工渗透。

3. **蜕变阶段**。最后，当新员工开始处理碰撞阶段出现的问题时，他们就会发生改变，进入蜕变阶段（metamorphosis stage）❻。表16-3列举了一些设计蜕变阶段的考量。从研究来看，蜕变阶段的社会化实践主要有两"派"❻。一派的管理

**表 16-3 社会化活动的设计考量**

| 正式 vs 非正式 |
| --- |
| 正式的社会化活动会将新员工与日常工作环境隔离开来，强调其新员工的独特身份，例如设置专门的入职手续和培训环节。非正式的社会化活动则让员工直接投入正式工作，而且不会对他们的身份给予特殊关注 |

| 个体 vs 集体 |
| --- |
| 组织可以以个人为单位对新员工进行社会化，很多专业机构就是这样做的。另一种选择是开展集体的社会化活动，让员工像军训一样经历统一的流程 |

| 固定 vs 变化 |
| --- |
| 新员工从外部人士过渡到内部人士的过程既可以遵循固定的时间进程，也可以有不同的节奏。如果组织设计了标准化的过渡流程，那么社会化进程就是固定的。例如，有的会计或律师事务所就会设置 8～10 年的"助理"考查期。如果组织没有专门设计特定的过渡流程，那么新员工的社会化进程就更加灵活多变。企业的晋升体系就是非常典型的例子，员工只有在"达到要求"以后才有机会被提拔到级别更高的职位上 |

| 连续 vs 随机 |
| --- |
| 连续社会化的特点是让新员工跟着模范员工接受训练，获得鼓励，如学徒制和导师制。随机社会化则不会分配这样的模范员工，而是让新员工"各凭本事"来适应新环境 |

| 认可 vs 解离 |
| --- |
| 如果组织认为员工自身的素质和能力是其在工作上取得成功的关键，就会采用认可型社会化，对此加以肯定和发扬。相反，解离型社会化旨在抹除新员工的某些特质，并将其塑造成符合组织角色期望的样子。大学社团或兄弟会的"新人培训"就是解离型社会化的典型例子，这些团体通常会要求新成员改变自己，以满足特定的角色要求 |

者倾向于采用正式的、集体的、既定的一系列社会化环节，促使员工与固有的习惯和经验"解离"，消除差异，代之以标准化且可预测的行为。这种体制化的实践在警察部门、消防部门和其他重视规则和秩序的组织中很常见。

另一派更偏好非正式的、个性化、多变和随机的社会化措施，这种做法强调的是"认可"，也更容易使员工充分地感知到自己的工作角色和方法。这种个人化的实践常见于研发、广告和电影制作等创意领域[66]。大部分研究表明，体制化实践能够促进个体与组织的适配、提升员工的承诺水平并界定清晰的角色，而个人化实践则能激发更多角色创新、提高员工的工作动力并促进他们进行社会整合[67]。

研究者通常会在员工入职的前几个月进行多次测试，以此捕捉其社会化过程中的态度变化。不少研究都发现，新员工会先后经历"蜜月期"和"游离期"，这意味着他们的工作满意度会在最初的适应过程中发生剧烈波动，因为理想中的状态很容易遭遇冰冷的现实[68]。新员工可能会发现，当时间一周周地过去，上级和同事会逐渐恢复到平常的工作状态，不再像一开始那样提供大量的支持[69]。因此，在这段时间，新员工容易面临角色冲突和角色过载，如果这类问题太严重，他们对组织的承诺和满意度就会大幅下降[70]。至少在短期内，新员工往往会面对越来越多的适应要求，遇到越来越多棘手的问题。那么，上级和同事可以如何帮助他们渡过"游离期"呢？研究指出，"过量"的社会化活动可能会使情况变得更糟糕，但充分的社会支持则有助于新员工应对新的要求，形成积极的态度 ❼。

## ● 文化有什么用

### ○ 文化的作用

文化就是"游戏规则"。为什么这么说呢？第一，文化界定了组织的边界，将不同的组织相互区别开来。第二，文化为组织成员创造了身份认同。第三，文化能激励个体超越个人利益，对宏伟的目标产生承诺。第四，文化也能增强社会系统的稳定性，它可以指导员工的言行，像一种黏合剂一样将组织的各个部分凝聚在一起。最后，文化还是实现意义建构和控制的机制，它塑造着员工的态度和行为。在组织行为学的语境下，文化的这种作用尤为重要 ❼。

强文化可以确保员工行事方式统一，行为可控。有研究发现，良好的组织文化能够显著改善员工的态度，并提升组织吸引和保留人才的能力 ❼。还有一项 2005 年的研究考察了中国台湾前 100 名的金融企业，研究发现，将创新融入自身文化的组织学习的速度更快、效果更好。

如今，分权是组织设计的大势所趋，文化的重要性变得空前凸显，但讽刺的是，这恰恰使建立强大的文化显得格外困难。分权会削弱正式权威、分化控制体系，而文化则可以取代原有的系统性力量，用共享的意义引领所有人朝着同一个方向前进。另外，在分权程度很高的组织中，组织氛围将扮演非常重要的角色，让文化对实际结果发挥影响，接下来我们就来探讨一下。

### ○ 文化塑造氛围

组织氛围（organizational climate）指成员对组织政策、程序和实践的共同认知 ❼。从表面上看，文化与氛围似乎很难区分，但它们"在组织的叙事中是两个不同的重要组成部分" ❼。在前面的讨论中，我们提到文化常常非常深奥，而且不太容易衡量；在组织中效力多年的员工对组织文化的理解远胜于刚刚接触组织的人。目前，研究者一致认为组织氛围是文化的"行为线索"，也是更容易观察和测量的东西 ❼，因为它将抽象的价值观和信念与更明确的实践、政策和程序直接挂钩。换言之，它将"人们所相信和重视的东西"（比如组织在使命陈述中的抽象描述）与他们实际得到的支持、奖励和采取的实践联系在一起。如果我们用洋葱来比喻组织，那么文化就是它的内核，而氛围则是它的表皮。

我们可以通过一个例子来进一步阐明文化与氛围之间的差异 ❼。假如一艘货船的船长没能按时驶离海港，于是试图加快航速并选择一条笔直的航路来弥补时间的延误。结果,在航行途中,船只不幸搁浅受损,还损坏了船上价值数千美元的昂贵货物。如果我们采访这位船长,他或许会说:"我现在觉得压力巨大,因为我必须把货物按时送到客户手里。在我们公司,准时比什么都重要,上级已经强调过无数次了。"船长的这种反应就体现了公司文化中有关守时的价值观。然而,当谈及安全问题时,这位船长可能只会耸耸肩,表示"这在我们公司并不是重点"。如果企业的安全文化(即重视安全)足够强、安全氛围(例如大家都知道禁止超速和更改路线、应当采用技术检测来防止碰撞、使用恰当的安全设备、对船长进行安全培训等)足够浓,那么类似事故的发生便完全可以避免。

目前的研究已经涵盖了几十种不同维度的氛围,包括创新、创造力、沟通、温暖与支持、员工参与、安全、公正、多元化以及客户服务等[78]。例如,浓厚的安全氛围(例如在前面的例子中描述的那种)对工作满意度、组织承诺和员工健康状况都是有利的[79]。氛围也会潜移默化地影响人们的习惯。在安全氛围浓厚的组织中,人人都会自然而然地穿戴好安全装备,按照安全的程序工作,哪怕他们并没有专门去考虑安全问题。事实也确实如此,很多研究表明,安全氛围有助于减少员工的工伤数量[80]。一项元分析研究发现,总的来说,积极的氛围(如创新、温暖与支持等)与员工个体的工作满意度、参与度、承诺和动机水平密切相关[81]。此外,这些积极氛围也能为组织带来更高的客户满意度和更好的财务表现 [82]。

图 16-3 呈现了组织文化发挥作用的过程。首先,员工会从上级与同事的行为、组织结构以及愿景、价值观、信念、周边物品、故事和符号等线索中形成一种整体的主观感受。这种感受反映了组织的文化,而具有相同感受的人越多,组织的文化就越强。再进一步,文化包含的价值和信念将在氛围中得到体现,而氛围则会直接影响员工的绩效与满意度,并作用于组织的方方面面。

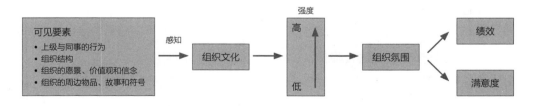

**图 16-3　组织文化影响员工绩效和满意度的过程**

在下面的小节中,我们会详细探讨几类文化(以及与之对应的氛围),并介绍它们对组织成员态度及行为的影响。

## ○ 文化的道德维度

即便组织没有直接设立道德目标，其文化也会具有道德取向，而不是中立的。随着时间的推移，组织会形成自身的道德文化（ethical culture），即人们对不同职场行为正确或错误的共同观念。道德文化可以反映出组织真实的价值观，并且会塑造组织成员的伦理决策[83]。一项针对芬兰公共服务组织的研究表明，道德文化对组织极其重要，它能够缓解员工的工作倦怠，也有助于提升管理者和员工的参与度[84]。

相关研究者提出了道德氛围理论（ethical climate theory，ETC）来捕捉成员对组织道德政策、实践和程序的共同感知[85]。道德氛围既深受管理者对道德行为的价值观与信念的影响，也取决于成员围绕组织道德形成的集体认同[86]。组织的道德氛围在其业务生命周期的不同阶段可能也会有所不同。

道德氛围会极大地影响人们对自己应有表现的看法，甚至能够直接预测组织的一系列结果[87]。当组织的道德氛围充斥着自私自利时，员工实际上并不会"从中获益"，相反，他们的工作满意度和对组织的承诺往往会降低。此外，在这样的氛围中，员工会产生更高的离职倾向，而职场霸凌和偏差行为也会出现得更加频繁[88]。相反，强调相互关心、建立明确规则的道德氛围则可能提升满意度、降低离职倾向并减少霸凌和其他负面行为。研究还指出，在客户服务氛围的支持下，良好的道德氛围对销售增长也有着非常积极的作用[89]。

## ○ 文化与可持续发展

可持续发展（sustainability）是指在采取恰当实践的基础上，确保这些实践不会损坏其自身所依赖的工具或结构，从而能够在长时间内得以维持[90]。杰弗里·霍兰德（Jeffrey Hollender）创立的第七代人（Seventh Generation）组织就是可持续发展理念的生动体现。这个创立于 1988 年的组织得名于易洛魁人的格言："我们每做一件事，都要考虑到它对后七代人的影响。"[91]在商业实践中（如试图推广可持续发展的氛围时），我们需要以可持续的方式来采取行动，确保当前的实践有延续性，并且审慎地使用资源，做到减少浪费、充分利用、节能高效。一个相关的概念是社会可持续性，该理念驱动的实践旨在持续解决组织行动给社会系统造成的矛盾。从这个角度出发，组织应当审视其劳动组织方式对人的长期影响，这包括工作设计（如工作时长）对员工压力和健康的影响，以及减员政策和健康保险制度对员工福祉的影响等[92]。

一项调查显示，大部分高管认为可持续发展是取得未来成功的一大关键[93]。事实也的确如此。研究表明，可持续实践会影响组织的声誉、生产力、人才吸引与留存、成员参与、成本和效率、创新及财务表现[94]。可持续管理的概念源自环保运动，因此，它首先提倡与自然环境相协调的运行方式。例如，澳大利亚的农民一直在共同践行可持续的发展理念，他们努力提高水资源的利用效率、减少土壤侵蚀，并选择有助于农场业务长期延续的耕作和收获方法 ⑨⑤。又如，在一个完全不同的情境中，西门子公司以联合国的可持续发展目标为指导，制定了一个全面的可持续发展战略，旨在改善人们的健康与福祉，推广清洁能源的使用，参与气候行动，并在全球范围内促进教育、和平与公正的发展 ⑨⑥。作为一家企业，西门子公司的可持续发展工作竟做得如此全面，难怪它会被《福布斯》选为 2018 年度全球十大最具可持续性的公司 ⑨⑦。

要想真正实现可持续发展，组织就必须打造能够长期延续的文化，并将它的价值观渗透到组织氛围中，从而使其落地 ⑨⑧。换句话说，可持续的发展离不开同样可持续的系统！一项研究发现，在一家试图减少能耗的企业中，比起仅仅向员工发放强调节能重要性的宣传资料，当企业主动征求各团队的反馈时，节能效果将显著提升 ⑨⑨。这告诉我们，发起对节能问题的探讨，使相应的价值观融入组织文化，便可能让员工的行为发生积极的变化。在这个过程中，领导者的作用也是很关键的：一项对英国和意大利文创产业组织的研究显示，领导者可以运用多种不同的行为打造可持续的组织文化 ⑩⓪。与其他方面的文化

一样，可持续文化的培育和发展也需要足够的时间。

## ○ 文化与创新

创新能力最强的企业通常有着开放、反传统、协作、愿景驱动和持续加速的文化 ⑩①。初创企业的文化往往是创新的，因为它们通常小而敏捷，需要专注于解决问题来谋求生存和增长。例如，广告公司 Droga5（卓加 5）近期被埃森哲成功收购。这家初创企业的追求是"重新定义广告，实现病毒式传播，打造营销和娱乐的结合体，永不成为'令人望而生厌的商业硬广'（比如恼人的强制广告和弹窗）"。⑩② 埃森哲和 Droga5 都被列入了最具创新性的公司榜单，所以二者的结合是很明智的 ⑩③——既然彼此的组织文化非常接近，它们应该很有可能继续发挥初创企业的创新能力。针对类似企业的研究发现，对创新友好的实践（如支持新想法、鼓励变革、为创新提供资源等）将提升员工在工作中的创造力，鼓励员工提出与实施创意，并提升员工绩效 ⑩④。

如果初创企业只代表了一类特殊情况，那么我们可以再考虑一下奈飞公司的例子。虽然早已成为传统 DVD 邮件订购业务的巨头，奈飞公司还是及时转向了视频点播市场。如哈佛教授加里·皮萨诺（Gary Pisano）所言，奈飞公司有着一种"不，事情不

是非要那样做"的文化。在很多人眼里，此举无疑会"将一手好牌打烂"，但奈飞公司最终却成功了❶。此外，创新也有可能从亚文化中产生。例如，在 2013 – 2018 年，研究者在 NASA 的约翰逊航空中心发现了一个亚文化群体"海盗团"。这个群体以直接挑战 NASA 早期的等级观念闻名，它变革性地改变了员工管理任务控制中心的方法，并推动了一种创新和成本导向的文化形成❶。

## ○ 文化的益处

如上所述，组织文化能在氛围的传导下将价值观付诸行动，从而营造积极的职场环境。而且，文化对组织的盈利也有着诸多好处❶。

我们来看一个典型的例子。儿童网络（ChildNet）是佛罗里达州的一家非营利儿童福利机构，其"愁云惨淡"的文化从 2000 年（一名寄养儿童失踪）一直延续到了 2007 年（首席执行官因欺诈和造假指控被解雇）。一名员工玛姬·蒂勒利（Maggie Tilelli）表示："我们不知道自己会不会丢掉工作，还是有谁会接管我们。"然而，经过一场重大的文化变革后，ChildNet 仅用 4 年就成了佛罗里达州最顶尖的机构之一，并在 2012 年获得《劳动力管理》杂志（*Workforce Management*）颁发的综合卓越奖❶。

ChildNet 的例子展现了组织文化带来的积极结果。不过，迪什网络的案例则体现了将某些积极的文化应用于特定行业或组织的难度❶。无论用哪一种眼光来看，迪什网络似乎都不可谓不成功：它是美国第二大卫星电视供应商，它的一名创始人也因之跃升为世界上最富有的人之一。然而，迪什网络曾被评为美国最差的公司之一，在它的员工看来，这种结果是组织文化造成的。据员工回忆，组织的氛围相当令人不快，日常工作充斥着强制加班、精确到分钟的指纹打卡、上级的当众斥责、管理层的傲慢和不信任、每季度末"腥风血雨"的裁员，而且没有居家办公的选项。在网络上，一名员工甚至建议另一位求职者："你会变成这个恶毒环境的一部分……去找份能发挥自己才华的工作吧，而不是来这里为虎作伥。"

组织文化的变革使 ChildNet 的绩效发生了积极的变化，而倘若迪什网络也能对有毒的文化进行变革，它或许本可以取得更大的成功。研究表明，文化之所以能影响组织的绩效，一个重要的原因是它会改变客户的满意度。有学者对近百家汽车经销商进行了为期 6 年的研究，发现积极的组织文化能够提升客户满意度，进而提高销售业绩❶。

## ○ 文化的弊端

文化可以增强成员对组织的承诺，提升员工行为的一致性，它对组织的好处不言而喻。同样，文化界定了不同事物的重要程度，它对员工也有很大的价值。但是，我们也不应该忽视文化（特别是强文化）的弊端。惠普公司一度是最知名的计算机制造商，但由于其高管团队的失职，公司迅速失去了巨大的市场份额和利润，员工也丧失了投入感和创造力，他们无法得到认可，并且明显感到组织的环境变得非常割裂⓫。下面，我们就从体制化问题开始，考察一下组织文化的主要弊端。

- **体制化**

　　当组织经历了 体制化（institutional-ization） 时，它便在创始人和成员之外拥有了自己的生命——自此，产品和服务不再是它价值的基础，它的存在本身就有价值⓬。即便偏离了最初的目标，体制化的组织往往也不会倒闭。在这样的组织中，成员的行为规范非常明晰，虽然这种情况也有一定的可取之处，但它也意味着所有行为和习惯都不容易受到质疑。这样一来，以维护组织和文化本身为目的的实践终将扼杀创新。

- **变革的障碍**

　　当成员共享的价值观不再有利于组织的效能时，文化就会变成一种负担。当组织所处的环境发生急剧变化，令根深蒂固的文化不再适用时⓭，这样的结果是很常见的。员工行为的一致性在稳定的环境中对组织非常有利，但在动荡的环境中反而可能变成累赘，让组织难以应对变化。不过，组织是有可能对文化进行变革的⓮。例如，在员工队伍不堪重负之际，通用汽车及时向丰田公司抛出了合作的橄榄枝。随后，在不到一年的时间里，通用汽车的产品质量就得到了显著的提升，员工的缺勤率下降了 18%，频繁的罢工平息了，反生产工作行为减少了，而且公司上下都热情洋溢地接受了这一系列的变化⓯。

- **多元化的障碍**

　　从文化的角度来看，雇用在种族、年龄、性别、残障情况或其他特征上不同于大多数人的员工是存在悖论的⓰。首先，组织此举是希望为不同的员工提供个性化的支持，但在其融入组织时，组织又需要他们接受统一的核心文化。其次，强文化消除差异的优势在这里可能会变成一种劣势。组织在同化员工的过程中，其实也会丧失多元化本身的独特优势。最后，当强文化开始助长偏见，或让人对差异不再敏感时，正式的多元化政策或多元的员工队伍将不再能充分发挥积极的作用⓱。我们可以从社区层面入手，化解文化对多元化的阻碍。例如，一项针对美国近 150 家零售银行网点的研究发现，网点所处社区的人口构成是一种重要的信号，它奠定了网点文化和氛围的基础，最终也会成为文化和氛围的一部分⓲。此外，包容的文化和氛围似乎也能消除一部分多元化的障碍。当组织环境足够包容时，多元化的种子就可以自由生长，员工也会对组织产生更深的承诺⑲。不过从另一个角度看，不同背景的人对组织的文化和氛围可能也会有不同的感受，这样一来，文化和氛围的积极作用可能就不那么强了⑳。

· **有毒和失调的文化**

我们目前讨论的大多是基于一套正面的价值观及信念的文化，这种文化是组织前进的强大动力。然而，源于负面共识或功能失调型价值观的文化同样可能产生强大的作用，这是一种有毒的、令人堕落的力量。例如，一项针对美国某大型银行 862 名员工的研究发现，分行经理的冲突管理风格会塑造该分行的冲突文化㉑。合作式文化（即鼓励用积极、有建设性和合作的方式化解冲突）能增强分行的凝聚力、提升员工的满意度并降低员工倦怠水平。相反，支配式文化（即主张正面对抗和激烈竞争）会降低凝聚力，损害客户服务绩效。最后，具有回避式文化（即对冲突消极回避）的分行往往创造力较低。

· **收购与并购的障碍**

过去，管理者在制定收购和并购决策时，往往认为财务增长潜力和双方的产品协同性是最关键的考量因素。不过，近年来，文化的兼容性成为最主要的关注点㉒。在其他条件相同的情况下，收购和并购的成功似乎很大程度上取决于双方文化的适配性；一旦无法兼容，二者原有的文化都会成为新组织的负累。贝恩公司的一项研究表明，70%的并购并没有为股东带来实际的价值。合益集团（Hay Group）也发现，在欧洲有超过 90% 的并购并不能实现最初的财务目标㉓。对于如此低迷的成功率，德勤咨询的劳伦斯·贾（Lawrence Chia）谈到了自己的观察："最大的问题在于人。A 公司的人是这么做事情的，但 B 公司可能就不这么办……于是，你会发现双方的目标根本没有共同点。"某创意公司在被另一家大型企业收购后，它的一名员工就表示，公司发生的变化"更多只是形式上的，就像一个充满创想的青少年按要求系上了领带"。㉔ 对于成功的收购或并购行动而言，文化整合是重中之重，而灵活性和员工技能的互补性也不容忽视（你可以回想并参考我们在群体行为和工作团队部分谈到的成员多样性问题）㉕。

## ● 影响和改变组织文化

我们前面谈到，组织的文化源于它的创始人，而且一经确立就很难改变。在理想的情况下的确如此：强大的创始人事先就对组织文化做好了规划。然而，这种绝对的情形并不常见，在现实中，组织的文化也会随着时间的推移有机地发展。如果我们将文化的发展看作通过员工的一言一行持续演进的过程，那么，我们也就有了令组织的环境更加符合道德、积极向上或具有灵性的思路，这也是我们接下来要讨论的内容。

○ **道德文化**

在不同的行业和文化背景下，组织道德文化的内容却是高度共通的❿。因此，各个领域的管理者都可以参考以下原则来打造道德文化，营造道德氛围❿。

> » **让自己成为明显的榜样。**员工通常会将高层管理者的行为视作行为的基准。不过，每个人都可以成为榜样、传递正面的信息，对道德氛围产生积极的影响。
>
> » **传达道德期望。**作为领导者，你始终需要向员工阐明组织的重要价值观，并令他们清楚自己必须遵守的规则和道德原则，尽可能降低道德标准的模糊性。
>
> » **开展道德培训。**举办专题研讨会、工作坊和培训项目，强调组织的行为标准，澄清适当行为的界限，对潜在的道德困境做好预防和准备工作。
>
> » **公开奖励道德行为并惩罚不道德行为。**按照组织的道德规范评估下属所做的决策。对组织行为的目的与手段加以审查。公开奖励行事道德的人，并明确惩罚行事不道德的人。
>
> » **建立保护机制。**提供正式的制度保障，令每一个人都可以参与有关道德困境的讨论，举报不道德行为且不必担心受到惩罚。例如，可以设置道德顾问、监察员或伦理审查官等负责调停道德问题的专门角色。

道德氛围的推行始于组织的顶层❿。当高层管理者极力强调道德的价值观时，组织各层级的管理者才更有可能践行道德型领导行为。当组织能将道德期望明确地传达到基层时，员工的偏差行为将大大减少，合作与帮助行为则会明显增加。若干研究的整体结论也正是如此：高层管理者的价值观是员工道德行为良好的预测指标。例如，一项针对审计师的研究发现，当领导者向员工施压，逼迫其从事不道德行为时，员工自身采取不道德实践的意图将显著增加❿。显然，不合理的组织文化对员工道德行为的影响是很恶劣的。相反，道德型领导行为能够促进团队的道德建言。也就是说，这种领导行为能够改善道德氛围，从而提供了安全的环境、鼓励员工在发现伦理问题时及时上报❿。最后，与所在部门具有相似道德观念的员工更有机会得到晋升，鉴于此，我们可以认为道德文化也可以自下而上地流动❿。

## ○ 积极文化

说到打造积极的组织文化，你的第一反应可能是觉得这只不过是学者一厢情愿的天真想象，又或是怀疑这是不是某种反讽。不过，随着管理实践和组织行为研究日趋融合，我们有理由相信，这种文化在未来会越来越有市场。积极的组织文化（positive organizational culture）看重员工的长处，倾向于奖励而非惩罚，并鼓励个体充满活力地成长❶❷。我们可以分别看看这几个要素。

### • 发挥员工的优势

积极的组织文化并不意味着对问题视而不见。不过，这种文化的突出特点的确在于它努力帮助员工发挥自身的优势。管理大师彼得·德鲁克（Peter Drucker）曾说："大部分美国人根本不知道自己的特长是什么，如果你去问，他们要么茫然地看着你，要么就凭着主观感想胡乱说些错误答案。"无论如何，如果组织文化能够帮助你发现自己的特长并充分利用它，这难道不是一件好事吗？

### • 赏多于罚

很多组织非常关注外在奖赏，例如工资和晋升，但它们常常忽略很多看似微小（而且廉价）的奖赏，比如认可和表扬。打造积极文化的一个环节就是"当场捕捉员工的优秀表现"。很多管理者在表扬上惜字如金，生怕员工因此飘飘然，或在习以为常之后就不把表扬当回事了。而且，由于员工通常不会主动索要表扬，因此管理者很难意识到表扬不足造成的损失。

### • 重视活力与成长

如果组织只把员工当成"螺丝钉"，就不可能让他们展现出最好的一面。积极的组织文化能看到工作和事业的区别。它不仅促使员工对组织做出更大的贡献，也会支持员工更有效地发展自己和职业。

### • 积极文化的局限性

说了这么多，积极文化是不是一种万能药呢？尽管很多公司已经进行了一些打造积极文化的尝试，但这个概念本身还相当新，我们并不确定它在什么情况下能够发挥最大的作用。

并不是所有的国家都像美国一样重视积极文化，而且，即便是在美国国内，很多界限也是组织不应该触碰的。有的界限是行业或社会划定的。例如，英国保险公司艾德茂（Admiral）在它的客服中心设立了"乐趣部"，专门组织诗歌写作、桌上足球、板栗大赛（一种英国传统游戏）和奇装异服日等活动，但这种做法显然不适用于很多更严肃的文化环境❶❸。此外，打造积极文化的出发点是好的，但实施起来很容易带有强制性。有人就曾批评道："一旦将某些理想的状态和特征奉为社会正统，那些不符合相应标准的人便很可能承受污名。"[134] 积极的组织文化固然很好，但物极必反，组织也需要客观地对待它。

## ○ 灵性文化

西南航空、惠普、福特、男士服装屋（The Men's Wearhouse）、泰森食品（Tyson Foods）、韦瑟里尔（Wetherill Associates）和美国缅因州的汤氏（Tom's）这些公司有什么共同点呢？答案是，他们都拥有灵性职场文化。

### • 何谓灵性

职场灵性（workplace spirituality）并不是在组织中开展宗教活动。它无关宗教或神学，而是希望建立起友好的社区，让人的内心得到工作意义的滋养，并反哺工作本身[135]。崇尚灵性文化的组织认为，人们希望在工作中找到意义和人生的目的，并与他人建立起有益的联系，成为社区的一分子。我们讨论过的很多主题，例如工作设计和企业社会责任，都与灵性文化有着密切的关系。如果组织履行承诺，以可观的价格（即高于市场价）购买第三世界供应商的产品（星巴克就是这么做的），或是鼓励员工用电子邮件祝福和激励彼此（如州际电池系统公司），便可能促进灵性文化及氛围的发展[136]。

### • 为什么现在谈灵性

我们在情绪与心境一章中提到，崇尚理性的观点认为，运行良好的组织能起到消除人们情感的作用。那些完美无瑕的理性模型从来不会关注员工的内心世界。然而，有关情绪的研究大大丰富了我们对组织行为的理解。同样，更充分地认识灵性，将有助于我们理解员工的行为。

当然，人人都有内心世界。那么，为什么对意义感和目标感的需求在当今才变得如此迫切呢？我们在表 16-4 中总结了几种可能的原因。

**表 16-4 为什么我们现在越来越关注灵性**

| 原因 |
| --- |
| 灵性文化可以让人在紧张的生活节奏中找回平衡。现代生活方式（如单亲家庭、地域流动、临时性工作、新兴技术）加大了人与人的距离，令许多人无法体验到社区的温暖，催生了大量人际连接的需求 |
| 愈发繁重的工作要求让职场变成了很多人的生活重心，但人们常常会叩问工作的意义 |
| 人们希望将个人生活的价值感与职业生涯结合在一起 |
| 越来越多的人意识到，无止境的物质追求并不能带来真正的满足 |

### • 灵性组织的特征

我们可以从前面关于价值观、道德、动机和领导力的探讨出发，理解灵性文化这一概念。尽管相关研究才刚刚起步，但灵性组织往往会展现以下价值观 ⓛ。

> » **仁慈**。灵性组织重视向他人释放善意，并关注员工和其他利益相关者的幸福。
> » **强烈的使命感**。灵性组织通常围绕一个有意义的使命打造自身的文化。利润很重要，但绝对不是首要的。
> » **信任与尊重**。灵性组织的员工相互信赖、诚实且开放。员工会尊重彼此，维护每一个人的尊严。
> » **开放的心态**。灵性组织重视员工的灵活思维和创造力。

- 在组织中培养灵性

对灵性感兴趣的组织数不胜数，但能将它成功落实的却不多。几类不同的做法都有助于促进灵性氛围 ⓛ，如帮助员工实现工作与生活的平衡。领导者可以通过自己的言行传递正面的价值观和态度，激发员工的内在动机，令他们从工作中获得使命感 ⓛ。组织还需要鼓励员工思考自身工作的意义，探索培养灵性的路径，而这常常会通过团体辅导活动或由组织发展部门牵头完成。

- 对灵性的批评

针对组织发展灵性的批评主要围绕三个关注点 ⓛ。首要的关注点在于，灵性究竟真的具备坚实的科学基础，还只是一个时髦的新词？其次，对灵性的强调可能会令部分员工感到不安。传统组织，特别是商业公司，或许不应该给员工强加精神价值 ⓛ。这种批评在某种程度上是合理的，因为有时灵性在职场中甚至会带上宗教色彩。不过，如果灵性只是为了帮助员工找到工作和生活的目标与意义，那么它至少无伤大雅。最后，对于投资者来说，灵性与利润是否兼容是一个很重要的问题。尽管相关的研究还不多，但确实有针对服务业员工的研究发现，灵性能够缓解情绪劳动的负面影响 ⓛ。另一项研究指出，鼓励员工发展灵性的组织会取得更优异的绩效 ⓛ。还有一些研究发现，灵性与创造力、员工满意度、工作投入和组织承诺是正相关的 ⓛ。

## ● 组织文化的全球背景

我们在人格与价值观一章已经讨论了有关全球文化和价值观的内容（如集体主义与个人主义、权力距离等）。现在，我们将关注范围缩窄一些：全球背景会如何影响组织文化呢？组织文化有时非常强大，甚至能超越国界和地界 ⓛ，但这并不意味着组织就可以忽视国家或地区的文化。

对于美国员工来说，首要任务是培养自身的文化敏感性。在商业和文化领域，美国都具有一定的引导性力量。

于是，一位美国高管表示："全球都将我们视为最傲慢、最自私自利、嗓门最大的人。"因此，美国的员工需要意识到自己都做出了哪些行为，了解他人对这些行为的感受，并且在发言或行动前考虑别人的背景、想法和感情。

国家和地区文化与企业文化可能在对道德行为的管理上产生冲突❿。美国的管理者与员工通常信奉自由市场的力量，并认为这就是组织的道德义务。在这种世界观下，贿赂、裙带关系和对圈内人的偏袒是非常不道德的。此外，美国人也追求利润最大化，因此任何偏离这一目标的行为都有可能是不当甚至腐败的。相反，一些国家的管理者更倾向于在社会情境中进行决策。也就是说，对一些管理者来说，帮家人和朋友"走后门"不但是可以接受的，甚至还可能是一种道德责任。此外，很多国家的管理者对资本主义相当怀疑，认为工人的利益与股东的利益同样重要。这样一来，利润最大化可能就不是首要的追求了。当部分员工彼此的母国存在固有的竞争关系时，跨国性质的组织文化可能会导致这些员工之间发生冲突。由此可见，当本土企业尝试走出国门、需要雇用国外的员工时，高层管理者必须考虑要在多大程度上沿用原有的组织文化和标准化设计。对此，最佳的处理方式尚无定论，但无论如何，对不同的文化规范保持敏感都是重要的。

## ● 本章小结

　　文化对组织行为有着巨大的影响。尽管描述一个组织的"本质"很困难，但我们可以研究组织共享的价值观和信念、物质符号、仪式、故事和语言，从而深入了解组织生活。大量研究已经证明，价值观和信念对组织取得的结果有着实质性影响，不同的价值观会带来不同的战略结果。文化也可以分化组织，因为不同的人对组织文化有着不同程度的认同，这些差异则可能催生亚文化，令不同分支机构、部门或团队的员工采取截然不同的做事方法。

　　创始人对组织文化有着不可否认的强大影响。创始人奠定了组织的基调，构建了价值观的基础，并雇用拥有相似观念的人（以及排斥那些意见相左的人）。随着时间的推移，高层管理者和社会化过程将延续组织的文化，让它变得难以动摇。

　　对于组织来说，文化有几类重要的作用。它划定了组织的边界，为成员构筑身份认同，促使人们对超越自身利益得失的事物产生承诺，并增强了社会系统的稳定性（构成了组织的"黏合剂"）。文化会通过塑造氛围、政策、实践和程序根植在组织中。这些文化的产物进而将影响组织的产出结果，例如员工绩效和工作态度。值得注意的是，目前的组织行为研究已经涵盖了多种不同的文化和氛围，其中最重要的维度是安全、道德、可持续发展和创新。此外，文化和氛围既有好处，也有弊端，其实际影响取决于具体的价值观和实践。要想充分发挥文化的价值，管理者和员工应当共同努力，打造积极、道德和灵性的文化与氛围，构建令人满意、积极向上的职场环境。此外，在道德问题上，你始终需要考虑国家文化与组织文化之间的潜在冲突。

请扫描二维码
获取书中参考文献

## ● 对管理者的启示

- 认识到文化是组织研究中极其复杂的、描述性的、信息丰富的领域。它对诸多重要结果影响巨大，而且在短期内相对稳定。要想改变文化，就要让高管参与进来，为文化和氛围变革制订长期计划。

- 雇用与组织价值观一致的人（除非你的目标是引入多元的视角）。这样的员工通常会拥有更高的承诺和满意度。毋庸置疑，那些与组织"不匹配"的员工离职率明显更高。

- 员工的绩效和社会化效果离不开他们对组织价值排序和具体实践的了解。充分培训员工，让他们了解工作角色的变动。

- 管理者可以有针对性地制定政策、实践和程序来巩固特定的价值，将文化打造成理想中的状态。

- 你需要意识到，文化的变革通常需要从管理者开始，因为文化的核心在于人。你需要让员工成为组织文化积极的参与者，只有这样，你才能更好地创造、延续或改变文化。

- 需要留意的是，你的公司目前的组织文化不一定能直接"移植"到其他国家。你要了解清楚组织中文化规范与当地文化的关系，在做出新动作前好好考虑文化适用性。

# 第 17 章

---

# 组织变革与压力管理

● **本章学习目标**

» 对比受到外部力量驱动的变革和有计划的变革；

» 阐述克服变革阻碍的不同方法；

» 对比管理组织变革的 4 种主要方法；

» 阐述主动促成变革的 3 种方式；

» 指出可能造成工作压力的环境、组织和个人因素，并分析其中存在的个体和文化
差异；

» 描述工作压力引发的生理、心理和行为症状；

» 阐述从个体和组织层面应对工作压力的办法。

## ● 变革

2016 年第四季度，苹果手机的销量为 7700 万台，三星手机的销量为 7680 万台❶。也就是说，比起 2015 年第四季度，苹果手机的销量大幅提升（原仅有 7150 万台），三星手机的销量则显著下滑（原为 8340 万台）❷。与此同时，中国手机品牌 Oppo 及其母公司正在快速占领市场：其市场份额只比三星和苹果少 6%❸。在短短数年之内，手机行业曾经的霸主诺基亚、黑莓等公司的市场规模已经大幅缩水。同样，在其他许多市场中，随时都有竞争者涌入和离场，随时也都有人在获取或丧失市场份额。可见，无论在什么样的环境中，变革都应是常态。

### ○ 变革的动力

现代职场中存在着几类驱动变革的力量。我们在此总结了其中 6 种：

1. **劳动力性质的持续变化**。这一问题在诸多产业中都格外突出。我们在本书中反复提到，几乎所有组织都必须适应跨文化环境、人口构成的变迁、移民潮和外包热。

2. **技术**。它持续改变着工作和组织❹。例如，机器学习和人工智能技术颠覆了组织的方方面面，包括业务操作模式、决策方法、信息收集与处理方式乃至组织的结构本身❺。在虚拟技术面前，实体办公室也即将过时❻。

3. **经济冲击**。它对组织的影响是直接且重大的，可能造成失业、倒闭等问题，而且令组织不得不经历漫长而艰难的恢复期。例如，2007 – 2009 年的经济衰退对世界范围内的组织都是一次巨大的打击❼。经济冲击是组织乃至整个社会变革的强大动力。例如，正是受到经济波动的影响，苏丹、布隆迪和津巴布韦境内爆发了殃及 1000 万人的食物短缺危机❽。"冲击"恰如其名，它很难预测，而且总是事发突然。正如前美联储主席本·伯南克（Ben Bernanke）所说："在我看来，不断扩张的经济体从来不会自然衰亡……它们是被'谋杀'的。"❾ 扼杀组织的罪魁祸首包括国内或国际的危机（如新冠疫情的流行）、过度建设、剧烈的通货膨胀、投机性的定价以及巨额的债务累积（以及由此导致的支出紧缩）❿。

4. **竞争**。它直接预示着变革。如今，组织的竞争者既可以近若比邻，也可能远在海外。成功的组织能够迅速采取行动，不断开发新产品并迅速推向市场。换句话说，这些组织极具灵活性，而且往往拥有一支能够实现这种灵活响应的员工队伍。德勤合伙人朱丽叶·波尔克（Juliet Bourke）也曾提到，适当的多元化策略将令组织变得格外灵活和敏捷（这些组织的创新性和敏捷性甚至高达其余组织的 6 倍）⓫。

5. **社会趋势**。社会的变迁永不停息。因此，组织必须不断调整自身的产品与市场战略，以敏锐地捕捉不断变化的社会趋势。例如，当今的大部分顾客都期望获得个性化的消费体验 ⓬。一项调查发现，个性化体验能使消费者的购买率提高80%⓭。唐恩都乐公司运用地理围栏技术向靠近竞争对手咖啡店的路人发送个性化广告和优惠券，他们发现，1/3 的人会点击优惠券，而且其中有相当一部分的人会保存优惠券，甚至立即到店使用它⓮。另外，消费者、员工和领导者也开始越来越深切地关注环境问题。时至今日，"绿色"行动已经不再是一种选择，而是一种必需 ⓯。

6. **国际政治**。政治因素也可能让组织发生变化。近年来，哪怕是最热衷于国际时政的人，恐怕也预料不到国际政治局势能变化得如此剧烈。我们见证了一系列大范围的金融危机、世界性大流行病 ⓰ 以及阿拉伯地区政治格局的剧变。例如，英国脱欧事件（以及相关的一系列政治动荡）就对世界范围内的很多组织造成了影响 ⓱。

## ○  响应式变革与计划式变革

顾名思义，变革（change）意味着事物变得不同于过去。通常变革是自然发生的，但在特定情况下，当我们带着明确的目标和意图，主动采取行动，努力促成改变时，我们进行的就是计划式变革（planned change）⓲。

计划式变革希望实现怎样的目标呢？首先，它旨在提高组织适应环境变化的能力。其次，它也期望能够改变员工的行为。

在组织中，由谁负责管理变革活动呢？答案是变革推动者（change agent）⓳。这样的人有着不同寻常的远见，能看到组织不一样的未来，并描绘、传递与实施这样的愿景 ⓴。变革推动者可以是管理者和新老员工，也可以是外部顾问。有的变革推动者为传统行业谋求转型，帮助其建立新的能力、满足新的需求。例如，桑迪·珍（Sandy Jen）、卡梅伦·林（Cameron Ring）、莫妮卡·罗（Monica Lo）和塞斯·斯滕伯格（Seth Sternberg）等人正合作建立在线社交市场业务，并得到了知名众筹平台 Kickstarter 的支持。他们的团队创新性地推出了一项名为"荣耀"的老年人护理服务 ㉑。与传统服务不同，他们将对接年长者家庭与服务资源的环节放到了线上平台进行，并不依赖实体康养机构。

## ● 变革的阻力

人的自我是如此脆弱，竟常常下意识地将变革视作威胁。即便有翔实的证据表明变革的必要性，人们也会抓住每一根救命稻草，想要证明现状一切正常，没有发动变革的必要 ㉒。当员工对变革抱有负面的看法时，他们可能会对其视而不见，甚至因此离开组织。这样的反应会在关键时刻消耗组织的能量 ㉓，因为对变革的抵触将大大消耗员工的情感 ㉔。

阻力的来源并不只有组织的底层。在很多情形中，高层管理者也会压制下属倡议的变革，特别是当他们只关注组织当前的绩效时。相反，如果足够看重学习和探索，那么领导者将更愿意倾听和采纳下属的变革建议 ㉕。此外，用缓慢的过渡代替迅猛的变化，有助于减少收购期间员工和中层管理者对变革的抵触 ㉖。

如果能促成开放的探讨和辩论，变革的阻力同样可以发挥积极的作用 ㉗。表达抵触情绪比漠不关心或沉默不语更可取，它至少表明组织成员认真参与了变革过程，也令变革推动者有机会向反对者更充分地解释变革的出发点。此外，变革推动者还应该对这些阻力保持关注，从而不断调整变革的实施方法，适应组织成员的偏好。

阻力有着不同的表现形式。它有时是显性的，有时是隐性的；可能即时出现，也可能延迟浮现 ㉘。显性和即时的阻力是最容易处理的，如投诉、拖延或罢工威胁。隐性或延迟的阻力则是不小的挑战，因为这些反应往往更加微妙和难以识别，如丧失忠诚和工作动机、更频繁的差错及缺勤。此外，当反对的声音在数周、数月甚至数年之后才缓慢出现时，变革推动者将更难以厘清变革活动与员工反应之间的联系。此时，任何看似微不足道的小事都有可能成为压垮骆驼的最后一根稻草，因为变革的阻力可能从早期一直累积至今。

表 17-1 汇总了变革的主要抵制性力量。按其来源分类，知觉、个性和需求等人的特征源于成员个体，而结构性因素则源于组织本身。

**表 17-1　变革阻力的来源**

| 个体来源 | |
|---|---|
| 习惯 | 我们依赖习惯（即程序化的反应）来应对生活的复杂性。不过，在变革面前，这种惯性反而会成为一种阻力 |
| 安全感 | 对安全感有较高需求的个体更容易感到变革的威胁，因此更有可能抵制变革 |
| 经济因素 | 工作任务或既定程序的变化可能引起部分人对经济方面的担忧。当人们担心自己无法遵照新的任务和程序要求达到与过去相同的表现标准，特别是这一表现与薪酬密切相关时，就更倾向于抵制变革 |
| 对未知的恐惧 | 变革会带来模糊性，引发对未知的恐惧 |
| 选择性信息加工 | 个体会倾向于选择性地加工信息，以确保自己固有的知觉不被挑战和动摇。人总是偏听偏信、忽略与既有认知相冲突的信息 |

| 组织来源 | |
|---|---|
| 结构惯性 | 维持稳定是组织内部体系（如流程和规章制度）的固有倾向。面对变革，这种倾向会形成一种抵抗的力量 |
| 变革焦点的局限性 | 组织是由多个相互依存的子系统组成的。发生在局部系统的变化不一定能对其他系统产生影响。因此，有限范围内的变革很可能会被更大的系统抵消 |
| 群体惯性 | 个体即便有改变自身行为的意愿，也不容易摆脱群体规范的制约 |
| 对专业性的威胁 | 组织模式的变化可能会对特定的专业群体构成威胁 |
| 对既定权力格局的威胁 | 任何决策权力的重新分配都有可能威胁到组织中长期存在的势力 |

## ○　克服变革的阻力

下面，我们将介绍 8 种不同策略，帮助变革推动者化解其面临的阻力 ㉙。

- **沟通**

变革时期的沟通尤为重要。一项针对德国企业的研究表明，当公司传达的变革理由照顾到了各方的利益（股东、员工、社区、客户），而非仅仅服务于股东时，变革才最为有效 ㉚。另外一项深入观察菲律宾某企业变革过程的研究发现，开展正式的信息发布会有助于减少员工对变革的焦虑，而高质量的变革信息则能提升员工对变革的承诺 ㉛。以适当的框架描述变革也是很重要的。例如，有法国和西班牙的研究指出，当用威胁性的框架来描述变革，而且人们确实从中感到威胁时，变革就很难得到人们的遵从。相反，当以挑战性的框架来传达变革时，那么变革就更容易得到人们的支持和遵从，令人们积极投身相关的活动 ㉜。

- **参与**

一旦亲身参与其中，我们便很难再拒绝变革了。争取具有专业知识的人参与变革不仅可以令其做出有意义的贡献，也可以减少变革阻力、获得人们对变革的支持，并提升决策的质量。不过，参与式策略也有自身的局限性：组织有可能设计出非常糟糕的参与方案，并耗费大量的时间。

- **建立支持与承诺**

如果管理者和员工对变革没有足够的情感承诺，他们便倾向于抵制变革、维持现状 ㉝。相反，当人们对组织具有较强的承诺时，他们就更容易接受变革 ㉞。因此，组织应该向员工提供支持（如开展立对变革的辅导和培训），营造积极的氛围，从而令其对变革产生情感承诺，不再固守现状 ㉟。心理咨询和治疗、新技能培训或短期带薪休假等手段都有助于缓解员工面对变革时产生的恐惧和焦虑。

- **建立正面的关系**

当员工信任和认可变革的推动者时，他们将更容易接受变革 ㊱。一项研究对荷兰一家大型住房企业的 235 名员工进行了调研，结果发现，那些与主管关系更好、认为职场环境支持个人发展的员工对变革过程有着更积极的看法 ㊲。作为对比，一项针对某大型酒店的研究发现，如果前领导低效、暴虐或放任不管时，人们更愿意拥护新领导的变革。此外，我们也要意识到社会情境的重要性。有研究表明，即便有的人倾向于抵制变革，但当他们能感受到同事的支持、处在鼓励冒险的环境中时，其实也会愿意接受不同的想法和观点 ㊳。

- **保障变革实施过程的公平性**

尽可能减少阻力的一种方法，是确保变革实施过程对同事、组织和各方的公平性 ㊴。我们在动机一章中已经了解到，面对负面的结果时，员工将格外看重程序公平。也就是说，组织需要让

员工了解变革的出发点，并相信变革是一视同仁的 ㊵。

- **操纵与共谋**

操纵是一种形式隐蔽的影响 ㊶。在变革的语境下，为了提升吸引力而扭曲事实，进行虚假陈述，隐瞒关键信息，用谣言欺骗员工接受变革，这些行为都属于操纵。例如，被曝光了欺诈行为的弗莱音乐节（Fyre Festival）联合创始人比利·麦克法兰（Billy McFarland）就曾对员工说："这份工作就是你的家。"而一名员工对此是这么评价的："我跟你才不是一家子呢！你从不告诉我们一句真话。"㊷共谋则是有参与性的操纵，它会用重要的职位来利诱反对派成员，或是征求他们对变革的建议，但这么做并不是真的为了寻求更好的解决方案，而是为了获得对方的支持。例如，像三星这样的公司会与某些"权威维修机构"合作，让顾客可以到这些公司维修产品。然而，三星仍然可以随时不承认这些维修，或是变更维修条款。这种现象引起了广泛的不满，并催生了反对制造公司垄断产品维修权的"维修权利运动"。该运动的领导者内森·普罗克托（Nathan Proctor）表示："起初它对你视而不见，随后它对你大肆嘲笑，再来它便试图把你打倒……不过，到了强弩之末，它们会提出与你合谋。"要想扭转反对者的态度，操纵与共谋都是成本很低的手段。不过，这

种做法很可能适得其反，因为一旦对方发现自己受到了愚弄，便很有可能产生更加激烈的反抗。而且，如果这种阴谋被曝光出来，变革推动者的信誉就会化为乌有。

- **选择接受变革的人**

研究表明，对变革的接受度和适应性与人格特质有关，有的人可能天生就更乐于见到变革[43]。经验开放性高、愿意冒险、心态灵活的人是变革的理想人选[44]。一项针对美国、欧洲和亚洲管理者的研究发现，拥有更积极的自我概念以及对风险容忍度更高的个体更善于应对组织变革。一般心智能力也有助于促进工作中个体的学习以及对变革的适应[45]。总之，大量证据告诉我们，组织可以有针对性地吸纳容易接受变革的员工，令变革的实施更加顺利。

- **强制**

最后，强制也是克服变革阻力的手段之一，它指的是对异见者进行威胁或施加压力（见第 13 章：权力与政治）[46]，例如强制调动、阻挠晋升、故意压低绩效评价或在推荐信中大肆诋毁员工。强制手段并不是对所有人都奏效。例如，有的员工可能会公开拒绝强制性的调动安排。不过，这同时也会让其他员工切身感受到在晋升道路上被"穿小鞋"的可能性，从而起到威慑的效果。

### ○ 变革的政治

如果不谈政治，我们对变革的阻力就不会有完整的认识。变革对现状的威胁是不可避免的，而这就是政治活动的动因。

从政治的角度来看，外部变革发起者、刚刚加入组织的员工（这些人几乎没有付出沉没成本）或适当远离权力中心的管理者更容易推动变革。相反，在组织工作的时间越长或取得的职位越高，人们对变革的抵触就越大。当然，你可能已经猜到，哪怕不得不进行变革，当权者也倾向于循序渐进地实施和适应。正因如此，当董事会希望发动快速和激进的变革时，它通常会聘请外部人士作为变革的领导者[47]。

## ● 管理组织变革的方法

了解了变革的动力和阻力，我们接下来就开始探讨 4 种管理变革的方法，它们分别是：勒温的经典三阶段变革模型、科特的八步变革计划、行动研究和组织发展。

### ○ 勒温的三阶段模型

库尔特·勒温（Kurt Lewin）认为，成功的组织变革都应遵循三个步骤：改变现状（解冻）、向理想状态推进，以及将变革后的状态重新冻结，让它持续下去[48]（见图 17-1）。

**图 17-1 勒温的三阶段变革模型**

现状本身就是一种均衡状态。因此，要想打破这种均衡、减轻个体的抵抗与群体的压力，必须通过以下方式进行解冻（见图 17-2）：一方面，你可以增强变革的**驱动力**（driving forces），让人们的行为从现状偏离；另一方面，你可以为变革扫清限制（restraining forces），移除人们改变行为的阻力。最后，你也可以将两者结合起来。当公司有着成功的历史，其变革就更容易遭到阻挠，因为过往的成功会让人们质疑变革的必要性 ❹。

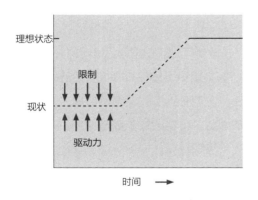

**图 17-2 解冻现状**

进入推进阶段后，保持势头就变得非常重要。当组织迅速进入并度过推进阶段，而非缓慢发动变革时，它们将

取得更加良好的效果。当变革完成时，组织必须将状态重新冻结，令其长久地维持下去。否则，在昙花一现的变革之后，员工又会回到过去的均衡状态中。

近年来，勒温的模型遭到了部分学者的批评 ❺。首先，与马斯洛需求层次理论（见第 7 章：动机）的设想类似，勒温认为变革必定遵循着一定的顺序逐步发生。其次，该模型默认管理者的决策能力和行动范围是不受限制的。然而，变革推动者真的能始终知道变革进行到了哪一步，组织成员走到了哪一步，接下来又要去往何方吗？鉴于组织是高度流动的，这种假设对于现实来说显然太过理想了。最后，还有人认为，"冻结"这种提法不太妥当。时间不会停滞，比起所谓的冻结和解冻，真实的情况应该是新的变革动态地发展和延续当前的变革。的确，当代的变革理论将更充分地考虑时机、步调、节奏和变革推动者等因素的影响 ❺。

## ○ 科特的八步计划

约翰·科特（John Kotter）拓展了勒温的三阶段模型，制定了更详细的变革实施方案 ❺。科特首先列出了管理者在尝试发动变革时常犯的错误。比如，他们可能没有充分传达变革的紧迫性，未能建立管理变革过程的强大联盟，或未能向人们描绘出变革的愿景。再如，他们也许缺乏有效沟通，未能将变革嵌入组织的文化当中。此外，他们可能无法消除实现愿景的障碍，或没有设置变革过程中短期的、可实现的目标。最后，这些管理者还有可能高兴得太早，从而提前宣布胜利。

为了克服这些难题，科特设计了 8 个连续的变革步骤。从表 17-2 中，我们可以看到，科特提出的前四个步骤本质上是对勒温"解冻"阶段的延伸，步骤 5、6、7 详细描述了推进阶段的内容，而最后一步则与"重新冻结"相对应。科特的贡献在于，他为管理者和变革推动者提供了更详细的变革指南。

### ○　行动研究

行动研究（action research）是一种以系统的数据收集与分析为基础的变革过程❺❸，它为计划式变革提供了科学的管理方法。行动研究包括五个步骤（瞧瞧它们与科学研究多么对应！）：诊断、分析、反馈、行动与评估。英国有医疗机构成功应用行动研究改善了护理人员的参与度❺❹，并提升了供应链系统的可持续性❺❺。美国的一家医疗保健公司 Optum 也开展了行动研究，在专家的参与下找到了更高效的客户服务和互动方式❺❻。

行动研究至少可以起到两方面的作用。一方面，它是问题导向的。在行动研究中，变革推动者会客观地识别问题，并根据问题的性质决定变革行动的类型。另一方面，行动研究有助于减小变革的阻力，因为它令员工深度参与了

**表 17-2　科特实施变革的八步计划**

| 八个步骤 |
| --- |
| 1　提出强有力的理由来支持变革的必要性、建立紧迫感 |
| 2　组建拥有实权的联盟来领导变革 |
| 3　打造全新的愿景，指引变革的方向，并制定实现愿景的战略 |
| 4　将愿景传递给整个组织 |
| 5　消除变革的阻碍，授权人们根据愿景采取合适的行动，并鼓励冒险和用创造性方式解决问题 |
| 6　制定短期目标，并奖励短期胜利，推动组织一步一步朝着新愿景前进 |
| 7　巩固成功的改进，时常重新评估变革计划，做出必要的调整 |
| 8　强调和彰显新的做法与组织成功的关联，巩固变革成果 |

**资料来源：** 杜普莱西斯，《在高等教育机构重新实施个人绩效管理系统作为变革干预：克服员工抵触》，第 7 届欧洲管理领域领导力与治理会议论文集，2011 年，105-115 页。

变革的计划和管理过程。当员工积极参与反馈环节时，变革过程通常就可以自行发展。不过，如果组织自身的合法性存疑，那么行动研究就很难推动了❺❼。

### ○　组织发展

组织发展（organizational development，OD）集合了一系列以提高组织效能、改善员工福祉为目的的变革方法❺❽。组织发展重视人与组织的成长、协作式和参与式的过程以及探索的精神❺❾。当代组织发展理念从后现代哲学中汲取养料，关注人们在工作环境中对事物主观的感知和理解。尽管变革推动

者可能会起到领导作用，但组织发展本身更重视合作。

　　能够带来变革的组织发展技术或干预措施都有哪些呢？下面，我们介绍其中 6 种。

- **敏感度培训**

　　敏感度培训（sensitivity training）是一种利用非结构化的小组互动改变行为的方式，它的名目还有很多，如实验室培训、相遇小组和 T 组（培训小组）等[60]。这种方式正是如今组织广泛采取的多元化培训、高管辅导和团队建设练习等干预措施的前身。无论形式如何，组织都必须确保这些非结构化团体不会对正式工作关系造成威胁、损害，使其产生混乱。

- **收集反馈**

　　组织可以利用调查收集反馈（survey feedback）评估成员的态度，以及识别和处理其感受的分歧[61]。通常，组织会有计划地从各工作单元收集数据，用于识别和讨论问题，进而指导这些单元采取各种措施来解决问题。

　　用调查方法收集反馈可以让决策者更好地了解员工对组织的态度。不过，个体在调查过程中可能受到诸多因素的影响，因而没有提供足够可靠的反馈。因此，在运用此方法时，管理者应当关注组织当前的重要事件，并跟进员工的响应率。

- **过程咨询**

　　很多管理者感觉自己部门的绩效还有提升的空间，却不知从何入手。对此，过程咨询（process consultation, PC）令管理者（即咨询的客户）可以在外部顾问的协助下"努力理解'正在发生的事情'……决定接下来何去何从"。[62] 过程咨询的分析对象可能包括工作流程、成员间的非正式关系以及正式沟通渠道等。

　　与敏感度培训类似，过程咨询认为组织可以通过处理人际问题及强调员工参与来提升组织效能，只是相对更关注任务。此外，外部顾问不直接为组织解决问题，只是辅导或指导客户找到需要改进的地方，随后自己采取措施。管理者在这一过程中所习得的能力在顾问离开后还将继续发挥作用，帮助组织持续分析内部问题。由于组织自身积极参与了识别问题和制定解决方案的过程，因此它几乎不会抵触变革行动。

- **团队建设**

　　我们在全书中反复强调，当今的组织对团队的依赖性越来越高。团队建设（team building）指设置互动性较强的小组活动来培养团队成员对彼此的信任，令个体变得更加开放，改善协作效果，从而提升团队绩效 [63]。例如，许多公司会组织员工参加"密室逃脱"游戏（成员必须在特定主题的房间合作解开谜题，以"逃出生天"）[64]。美国巴尔的摩市的一名员工在参与该活动后表示："这次经历让我更加依赖我们彼此的关系和社区了……从你走进房间的那一刻起，团队氛围和乐趣就把你淹没了。"❻❺

团队建设的宗旨包括目标设定、角色分析（明确每位成员的职责）和团队过程分析，不过具体的内容和侧重点则取决于团队建设的核心目的，以及团队面临的具体问题。无论采取怎样的形式，归根到底，这种做法旨在通过促进成员之间的互动来增强信任感和开放性。鉴于如今团队在组织中承担着如此关键的功能，团队建设的重要性便不言而喻了。

- **群体间关系发展**

组织发展的一大关注点是群体间的冲突和功能丧失。针对这一问题，群体间关系发展（intergroup development）的目标是改变群体对彼此的态度、刻板印象和成见❻❻。此类培训课程与多元化培训类似，但它关注的不是人口统计学特征的差异，而是组织内专业间、部门内或部门间的差异。如果组织能识别出造成分歧的关键差异，便可以促进群体整合，制定方案来改善群体之间的关系。例如，可以从发生冲突的群体中抽调成员组成专门的调查小组，令其合作诊断问题，寻找解决方案。

要改善群体之间的关系，一种常用的方法是强调解决问题（而非各执一词，争论不休）❻❼。各小组可以先分别独立会面，列出自身和另一小组的观点，并尝试分析对方对这些内容的感受。随后，这些小组可以分享各自讨论的成果，坐在一起探讨双方的差异和共同点，并寻找分歧的源头。

- **欣赏式探询**

大部分组织发展技术关注的都是问题：先找到一个或一批问题，再找到解决方案。欣赏式探询（appreciative inquiry，AI）则不同，它关注积极的一面❻❽。比起寻找亟待解决的问题，这种技术旨在发掘组织独特的优势和特长，使组织成员在此基础上提升绩效。多家组织已经成功运用欣赏式探询发动了变革，如通用电话电子公司（GTE）、路向快递（Roadway Express）、美国运通（American Express）❻❾。此外，美国乳制品行业也通过这种做法提升了可持续发展的成效，其中有价值近 3 亿美元的项目被挑选出来，成为其他行业学习和模仿的范本 ❼⓿。

欣赏式探询通常由变革推动者主导并在大型集会中进行，通常包含四个阶段：发现、梦想、设计和实现。发现阶段指理解员工对组织优势的认识。员工会回忆他们眼中组织表现的"高光时刻"，或是自己在工作中满意度最高的瞬间。随后，在梦想阶段，员工会在发现阶段汇总得到的信息基础上畅想未来，例如设想五年后组织会变成什么样子。进入设计阶段，所有参与者会共同寻找组织未来的愿景，并达成一致意见。最后，众人会探讨如何在组织中实现，分析实现梦想的路径，并制订行动计划和实施策略。

## ● 主动促成变革

目前为止，我们对组织适应变革的方式已经进行了很多探讨。不过，部分组织行为学者近来也开始关注更为主动的变革模式，即通过改变组织的文化来令其拥抱变革。在本节中，我们会介绍 3 种主动促成变革的方式：悖论管理、激发创新和打造学习型组织。随后，我们还会引入组织变革中的压力问题。

### ○ 悖论管理

悖论理论（paradox theory）对管理者可能相当有启发性 [71]。该理论认为，管理工作中最大的悖论可能在于，很多时候组织的问题其实根本没有最优解 [72]。面对悖论，我们在行动过程中需要平衡资源稀缺导致的各种紧张关系 [73]。这种寻找平衡点、维持平衡状态的过程是持续的，是在不断变化的优先级条件下逐步实现的 [74]。具体来说，随着环境条件和成员情况的变化，不同要素对组织的重要性也会发生改变。例如，遵循既往的成功路径有时是很有用的，有时却会阻碍进步。有证据表明，

整体性思维以及对悖论因素的认识能够提高管理者的效能，尤其能促进员工的适应性和创造力 [75]。不过，采取悖论式管理方法的领导者有可能掉进承诺升级的陷阱（见第 6 章：知觉与个体决策），因为他们可能会过于乐观地相信当前的困境一定可以迎刃而解 [76]。

### ○ 激发创新

组织如何才能变得更创新呢？虽然没有万无一失的公式，但已有的研究在富有创新性的组织中发现了很多结构、文化和氛围方面的共同特征（见第 16 章：组织文化）。不过，我们首先要弄清楚创新的定义。

- 创新的定义

我们已经提到，变革是使事物变得与过去不同。作为变革的一种特殊形式，创新（innovation）指促成产品、过程或服务的改进 [77]。因此，所有创新都伴随着变革，但并不是所有变革都会引入新的想法或带来明显的改进。创新既可以是渐进式的改善（如发明平板计算机），也可以是突破性的进展（如创造电动汽车）。

- 创新的源泉

结构是创新的重要源泉 [78]。从既有研究中，我们能得到以下主要结论：

　　» 有机式结构对创新具有积极意义。

有机式组织的层级较少，规范化和集权程度较低，这有助于促进灵活性、适应性和多部门协同，为创新提供条件 ㉙。

» **权变式奖赏能够激励创新。** 奖励创造力的公司往往更具创新性。如果在员工自主完成工作之余给他们提供绩效反馈，这种激励作用还将进一步增强 ㊿。

» **富裕的资源是创新的温床。** 在资源充足的条件下，组织将有能力引进或主导创新，为这一过程的成本和失败兜底 ㊪。

» **创新型组织部门之间的沟通渠道畅通无阻。** 这样的组织大量应用委员会、任务小组、跨职能团队和其他机制来促进部门之间的互动 ㊫。

· 情境对创新的影响

国家文化会影响组织的创新活动 ㊭。一项研究深入分析某众包公司的全球数据，发现国家强大的社会规范和对偏离行为的低容忍将压制创新 ㊮。此外，本地文化的多样性也会对创新产生影响。当个体与不同文化背景（如具有外派工作经历）的人建立了亲密关系（包括爱情与友谊）时，往往会产生更强的创新和创业精神 ㊯。

在组织文化一章中，我们提到创新型组织会鼓励试验，奖励成功，包容失败 ㊰。可惜的是，很多组织实际上"不求有功，但求无过"，这样的文化很容易扼杀创新和冒险精神 ㊱。创新型组织有着强烈的使命感 ㊲和极强的凝聚力，其成员相互支持，而且也会因创新受到鼓励 ㊳。这样的组织通常会积极推动成员的培训和个人发展，使他们保持在领域的前沿，并且也会提供充分的工作保障，以鼓励员工成为变革的倡导者，不必担心自己会因为失败而丢掉饭碗 ㊴。类似的实践同样应该深入到团队层面。一项针对高科技企业的研究涵盖了 200 多个团队的 1059 名员工，发现强化组织对员工承诺的工作体系能提升团队创造力 ㊵。如果团队的凝聚力很高，这一效果将更加突出。此外，一项西班牙的研究也表明，当创新能得到组织的支持时，酒店的团队便可以获得更大的授权，能够以最佳的方式满足客人的个性化需求，从而提升为客户服务的质量 ㊶。

· 创意先锋对创新的影响

创意先锋（idea champions）会提出新想法，并积极推广它们，争取各方支持，克服种种阻挠，最后让这些想法变成现实 ㊷。这样的人往往有着相似的个性 ㊸：充满自信、富有毅力、精力旺盛并热爱冒险。此外，这些先锋也可能有着变革型领导者的特征，能够用创新的愿景和强大的个人信念鼓舞他人。管理者或变革推动者应该注意，员工对创意的态度可能是不同的。例如，天生的怀疑者可能永远不会接受新想法，转变者可能会越来越喜欢某个创意，而反叛者则可能越来越讨厌它 **95**。因此，变革型领导者应该根据不同的受众调整传达信息的方式，以争取最理想的结果。

情境也会影响创意先锋在变革中的作用。例如，当工作角色和社会环境鼓励创业者展现自身富有创造性的一面时，这些人将对变革表现出极大的热情。相反，让具有创造力的人承担循规蹈矩或事务性的工作，则会大大损害其对变革的热情，进而降低变革的成功率 **96**。创意先锋善于取得他人的承诺，为自己的工作赢得更大的决策自主权，营造更有利的环境来发动和实施创新 **97**。

不同文化中的创意先锋都是怎么做的呢？一般来说：集体主义文化中的人更倾向于争取不同职能部门对创新的支持；高权力距离文化中的人在发动创新前会与权威建立密切的联系，获得相应的批准；在高度规避不确定性的社会背景中，创意先锋则应该在组织既定的规则和程序内开展创新活动 **98**。

## ○ 打造学习型组织

主动发起变革的另一种方式是让持续成长成为组织文化的一部分，也就是打造学习型组织 **99**。

### • 何谓学习型组织

个体可以不断学习，组织亦然。学习型组织（learning organization）具有持续适应和变革的能力。参考国际上广泛采纳的多维《学习型组织问卷》，我们可以评估一个组织在多大程度上践行了学习型组织的重要原则 **100**。表17-3 总结了学习型组织成员的5个基本特征，概括一下就是：成员能够抛开过去的成见；学会了坦诚相待；深入了解组织的运作过程；形成一致的愿景；共同努力让愿景成为现实 **101**。

**表 17-3　学习型组织的成员特征**

| 成员特征 |
| --- |
| 1　形成一致认可的愿景 |
| 2　能够抛弃旧有的思维习惯、解决问题的惯性或完成工作的既定程序 |
| 3　认识到组织是一套由过程、活动、职能与环境构成的互动系统 |
| 4　进行开放的沟通（跨越纵向或横向的边界），不对彼此进行批评和惩罚 |
| 5　超越个人和各部门的利益，共同努力促使组织实现愿景 |

资料来源：圣吉，《第五项修炼：学习型组织的艺术与实践》，纽约：双日出版社，2006 年。

### • 管理组织学习

管理者应该怎样做才能使公司向着学习型组织转变呢？以下是一些建议：

» **制定一套专门的战略。**管理层需要对变革、创新和持续改善形成足够强的承诺。

» **重新设计组织结构。**正式结构可能严重地阻碍学习。组织应该让结构更加扁平化，消除或合并某些部门，组建跨职能团队，增强成员和团队的互依性，以及减少边界的限制。

» **重塑组织文化。**要打造学习型组织，管理者必须用行动鼓励敢于冒险的精神，展现对失败的容忍态度，使冒险和试错的人可以得到奖励。此外，管理者也应当适当鼓励有建设性的冲突。

## ○　组织变革与压力

回想一下，你什么时候会在工作或生活中感到明显的压力呢？在怎样的情况下，其他方面的压力会影响到你的工作（比如因为早高峰迟到）？有没有巨大的压力让你久久不能平复？对于很多人而言，最大的压力都是由组织变革引起的。研究者近来越来越关注变革对员工的影响，他们致力于明确具体的影响因素，并寻找可能缓解压力的途径，以帮助组织更高效地管理变革 ⑩。总体上，研究证据表明，在变革管理中结合组织行为学的视角，关注人们对变革压力的反应，比仅仅依靠制订变革计划这种客观手段要来得更有效 ⑩。

## ●　工作中的压力

工作中的很多因素都会给人带来压力。例如，种族歧视就是一种特别恶劣的压力来源，它让千千万万像杰西卡·杰克逊（Jessica Jackson）这样的专业人士都不堪重负。杰克逊在退役军人事务部工作，她是一名临床心理学家，同时也是一名非洲裔人。在高中时期，杰克逊的老师就总是说她走错了教室，而且故意给她比别人更低的分数（哪怕是在完成小组作业的时候）。从那时起，杰克逊就一直在努力证明自己的能力，总是活在紧张、沮丧的阴影里 ⑩。

从其字面意义上看，压力就是一种让人"喘不过气"的东西。如果看到相关的统计数据，你可能会感到震惊 ⑩。一份统计年鉴显示：（1）美国有83%的员工都感到有压力；（2）每年，压力会给美国造成3000亿美元的损失；（3）60%～80%的职场事故与压力有关；（4）压力每天会导致100万人因病缺勤；（5）29%的员工（近1/3）表示，他们曾因为压力太大想要殴打同事 ⑩。哈里斯与罗森伯格国际（Harris, Rothenberg International，一家员工援助机构）指出，如今精神崩溃、需要专业介入的员工比例比以往任何时候都高 ⑩。事实上，如表17-4所示，工作是人们最大的压力来源之一。最近的调查还显示，缺乏医疗服务等问题也是造成压力的重要原因⑩。那么，压力有哪些成因和后果呢？对此，个人和组织又能做些什么呢？

**表 17-4 工作是人们最大的压力来源之一**

| 你生活的哪些方面给你带来了最大的压力？ | |
| --- | --- |
| 生活的不同方面 | 造成最大压力的比例 |
| 国家的未来 | 63% |
| 金钱 | 62% |
| 工作 | 61% |
| 政治局势 | 57% |
| 犯罪（如暴力） | 51% |

**资料来源：** 美国心理学会，《美国压力：我们国家的现状》，2017 年 11 月 1 日。

## ○ 压力是什么

压力是一种心理过程。当人们发现，与自身愿望密切相关的机会、要求或资源将会产生重要的结果，但该结果具有不确定性时，人们就会产生压力（这些造成压力的因素就是压力源）⑩。面对这样的情况，人们会感到**紧张（strain）**，即在评估压力源后产生的不愉快的心理与生理反应⑩。简言之，暴露在令人紧张的压力源之下就会给我们造成压力。尽管我们通常认为压力是负面的（因为它大多时候确实是有害的），但它也有积极的一面，例如让我们在紧张之下爆发出巨大的能量（就像运动员冲过终点线时那样），或是在挑战面前超常发挥，提升工作的质量。

- 压力源

在学者们看来，**挑战性压力源（challenge stressors）** 与**障碍性压力源（hindrance stressors）** 的作用是截然相反的。前者代表工作负荷、任务压力或时间限制等与目标实现相关的压力性因素，而后者则代表官僚主义、办公室政治、工作职责不清等阻碍目标实现的压力性因素⑪。证据显示，这两种压力源都会导致紧张⑫，但障碍性压力源引起的紧张往往更强烈。此外，挑战性压力源（尤其当它随着时间推移逐渐稳定下来时）有助于提升工作动机、投入度和绩效⑬，而障碍性压力源则会对安全实践、工作投入、满意度、组织承诺、绩效和心理脱离水平产生不利影响⑭。

研究者还致力于区分形成这两种不同压力源的条件。时间压力和学习要求似乎都属于挑战性压力，能够帮助员工在组织中学习和成长⑮。不过，如果员工需要完成很多非必要的任务，那么原本的挑战性压力（如时间限制）可能就无法产生积极的影响⑯。此外，我们应该将妨碍目标实现的障碍性压力源（例如没有足够的资源来完成工作任务）与可能造成人身伤害的实际威胁（例如管教人员担心遭到囚犯的攻击）区分开来⑰。有意思的是，近期有研究表明，当存在特定的风险因素时，这两类压力源的负面影响都会被放大（例如挑战性压力源与饮酒结合，障碍性压力源与贪食或抽烟结合），损害人们的健康 [118]。

- **工作要求与工作资源**

通常，压力与工作要求和工作资源有关。工作要求（demands）指个体在职场中面临的责任、压力、义务和不确定性。工作资源（resources）则是个体可以用来满足这些要求的东西。我们可以详细探讨一下这个要求–资源模型的含义 [119]。

当即将接受年度绩效评估时，你可能会倍感压力，因为这时你既面临着新的机会，也背负着绩效指标。如果得到了良好的评级，你可能会马上得到晋升并将承担更多责任，也可以获得更高的薪水。相反，如果评级很糟糕，那么你不但会与升职的机会失之交臂，甚至还有可能丢掉工作。此时，倘若你可以应用适当的资源来满足要求（如为评估做好准备、跟进评估的情况、争取社会支持），那么你的压力大概率会得到缓解 [120]。事实上，最后这种资源（也就是社会支持）长期来看可能是最重要的。总之，从要求–资源的角度看，在压力问题上，要求和资源的地位是相当的；前者的存在会带来压力，后者则可以为你减轻负担 [121]。

- **应变稳态**

至此，你可能会形成这样一种感觉：个体总是在努力达到要求与资源完美匹配的稳定状态。早期的研究的确非常强调这种稳态或平衡的观点，但如今看来，单一的理想状态是不存在的。对理想状态更准确的阐述应该是"应变稳态"，即系统根据要求和资源的变化不断应对新的失衡 [122]。在应变稳态（allostasis）中，我们会不断改变自身的态度和行为来寻求稳定，而改变的限度则取决于应变稳态负荷（allostasis load），即在一定的资源条件下压力累积的程度 [123]。例如，倘若你对自己的能力有信心，并且得到了他人的支持，你可能就不太排斥紧张状态，也更有能力调动资源，这是应变稳态负荷较小的情形。然而，如果负荷过大、持续时间过长，我们便有可能在身心上出现压力症状。

## ○　工作中可能造成压力的因素

什么因素会造成压力呢？对于压力的成因，我们可以参考图 17-3 中的模型。

- **环境因素**

环境的不确定性不但会影响组织设计，也会影响员工的压力水平。实际上，不确定性正是使员工难以应对组织变革的最大原因，也是导致人们在压力之下做出错误决策的重要因素 [124]。环境的不确定性主要有三类：经济不确定性、政治不确定性和技术革新。

商业周期的变化将带来经济不确定性。例如，当经济紧缩时，人们会对

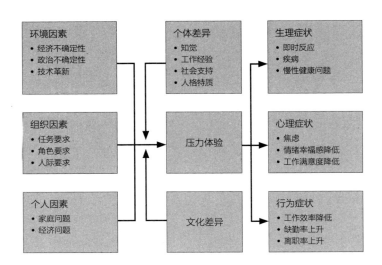

图 17-3 压力模型

自身工作的保障产生更深的忧虑。政治不确定性存在很大的地区差异，例如北美人与海地或委内瑞拉人面对的政治不确定性就截然不同。其中的原因显而易见：美国和加拿大的政治体系相对较为稳定，因此变革可以更加有序地实施。不过，政治上的威胁和挑战对于任何国家来说都是重大的压力。由于创新有可能让员工的技能和经验在一夜之间过时，对于当今的工作者而言，紧跟新应用、机器人、自动化乃至其他技术革新的步伐带来了巨大的挑战，自然也造成了空前的压力。不过，研究发现，相较而言，人们更难接受机器人取代那些具有情感属性的工作[125]。此外，有研究指出，人们实际上倾向于将那些"更费脑筋"的工作外包给其他国家的员工，这与上述结论形成了有趣的对比[126]。

- 组织因素

    组织中存在着很多可能导致压力的因素。例如在有限的时间内赶工和避免出错、工作过量、苛刻且没有同理心的上司以及不好相处的同事。在此，我们将组织层面的压力因素围绕任务、角色和人际关系来分类。

1. 任务要求与个体自身的工作有关，它涉及工作设计（自主性、任务多样性和自动化程度）、工作条件以及工作环境的布局等方面。在这一类别中，最常造成压力的因素是工作量，其次是紧张的截止时间[127]。此外，如果工作环境过度拥挤、充满干扰，员工也很容易产生焦虑和压力[128]。

2. 角色要求与个体在组织中扮演的角色有关 ❷。角色冲突会使员工面对难以调和或满足的期望。承担过多任务可能会使员工的角色过载。当角色期望不明确时，员工则会面临角色模糊，不知道自己该做什么的情况。雪上加霜的是，当角色具有很强的情境约束时（如必须在固定的时间出勤，或需要承担过多的工作职责），那么人能主动采取的应对方式（如通过休息来缓解压力）将会非常有限 ❸。

3. 人际关系要求员工之间的互动。很多压力的存在是意料之内的事情，然而，越来越多的证据表明，同事和主管的负面行为（如争吵、霸凌、无礼、种族歧视）格外容易造成巨大的压力 ❸。遭受他人的苛待可能引发员工的生理反应，例如，有实验研究发现，不公平的遭遇会让人分泌更多的皮质醇（一种参与压力反应过程的激素）❷。如果长期受到来自多个方面的歧视或社会排斥，无论其天生的幸福感如何，个体都将产生更大的压力 ❸。此外，职场内外的人际要求可能相互影响；也就是说，你在工作中的体验会影响你的家庭生活，而家庭生活的状态又很容易渗透到工作中，让你产生全方位的高压感受 ❸。

- 个人因素

通常，一个人每周只有 40 ～ 50 小时在工作。然而，在剩下的大约 120 小时中产生的问题却有可能对工作造成很大的影响。例如，个体的睡眠质量和长度都会影响其工作中的压力水平 ❸。因此，我们在本节继续讨论员工个人生活中的压力来源：家庭问题和经济问题。

一项全国性的调查显示，大部分人都非常热爱自己的家庭 ❸。无论好坏，家庭问题都有可能对个体产生显著的影响，造成巨大的压力 ❸。这一类问题通常与工作 - 生活冲突密切相关，而后者恰恰是紧张心理的罪魁祸首 ❸。

无论收入水平如何，人们似乎都不会停止对财务问题的忧虑。年入 10 万美元的人在理财方面并不比年入 2 万美元的人更轻松。不过，近期的研究表明，总体上，年收入在 5 万美元以下的人确实会承受更大的压力 ❸。如果经济负担过于沉重，那么个人经济问题就会造成切实的压力，令人们无法安心工作。

- 压力是累积的

孤立看待不同的压力源很容易使我们忽略压力的累积问题 ❹。例如，同事或顾客的无礼举动可能把你气得一整晚没睡，而缺乏睡眠又会让你不堪重负的状态雪上加霜 ❹。每一个新的或持续存在的压力源都会提高个体的压力水平。尽管某个特定的压力问题可能无关紧要，但如果压力一直积累下去，你可能就会被压垮。要想衡量一个人所承受的全部压力，我们就得找出所有的压力源，逐一分析其带来压力的严重性，这显然是很难操作的。因此，管理者必须考虑用更加系统的方式来了解员工面临的潜在压力。如果你能对员工表示足够的关心，他们也会很愿意诉说自己在工作中承受的压力。

## ○ 压力问题的个体差异

有的人能够在重压之下茁壮成长，有的人则会被压力击垮。是什么因素造成了人们应对压力的能力差异呢？哪些个人因素会影响潜在的压力源与实际压力水平之间的关系？相关的因素至少有下面四种，它们分别是知觉、工作经验、社会支持和人格特质。

- 知觉

我们在知觉与个体决策一章中已经了解到，比起现实本身，员工对现实的知觉更能影响他们的反应。因此，知觉有可能调节压力源与员工实际感受之间的关系。例如，同样是面对裁员，有的人可能会害怕丢掉工作，而有的人则觉得自己可以从中获取一大笔遣散费，用来开启新的事业。有些人有着更长远的眼光，将压力事件当作一个个小插曲（而且坚信"这都会过去""时间能治愈一切"），不会对它们过度关注，这样的人往往更擅长应对压力[142]。因此，员工感受到的压力的大小并不在于客观情形，而在于员工自身对这些情形的解读。

- 工作经验

工作经验通常与工作压力呈负相关。为什么会这样呢？存在两种解释[143]。首先，这是双向选择的结果。人们面临的压力越大，就越有可能主动离职。因此，那些长期留在组织中的员工可能更具有抗压能力，或是更擅长处理该组织中的压力。其次，人们应对压力的能力是可以慢慢培养的。因此，越是资深的员工越有可能具有成熟的压力应对机制，从而感受到相对较小的压力。

- 社会支持

社会支持（例如与同事或上级的坚实关系）可以起到缓解压力的效果[144]，这也是相关研究中证据最翔实的结论之一。社会支持就像一种缓和剂，连从事极度高压工作的个体都可以从中受益[145]。

- **人格特质**

最后，工作压力还有可能源于人格特质[146]。对此，学者最常研究的特质可能是情绪稳定性，这是我们在人格与价值观一章中已经介绍过的特质。你肯定已经想到了，情绪稳定性低的个体更容易产生心理压力[147]。有证据显示，由于这些人倾向于在环境中感受到威胁，工作中的事物便更容易成为他们的压力源。此外，他们运用的适应机制也更少，往往寄希望于回避而非尝试解决问题[148]。另一种与压力水平相关的特质是"工作狂"属性[149]。"工作狂"们对工作有着强烈的执着，他们会在其中投入大量的时间，即使不工作时也总想着工作上的事情。这一类人会为自己创造额外的工作责任，以满足内心对更多工作的急切渴望。

## ○ 压力问题的文化差异

研究表明，造成压力的工作条件也存在一定的文化差异。不过，文化对压力的影响并不明显。一项针对来自 20 个不同国家的 5270 名经理人的研究显示，比起来自集体主义国家（如亚洲和拉丁美洲国家）的个体，来自个人主义国家（如美国、加拿大和英国）的人由于工作 - 家庭冲突产生的压力更大[150]。作者认为，这可能是因为集体主义文化将加班视作为家庭做出的牺牲，而个人主义文化则将工作视为实现个人成就（但牺牲陪伴家人的时间）的手段。

# ● 工作压力的后果

压力的表现形式有很多种，例如高血压、溃疡、烦躁不安、难以对日常事务做出决策、食欲不振、多发事故等。参考图 17-3，这些症状可以划分为三大类：生理症状、心理症状与行为症状。

- **生理症状**

许多关于压力的早期研究主要集中在生理症状上，这主要是因为当时的大部分研究者都是健康和医疗学科的专家领域。他们得到的结论是，压力会改变人们的新陈代谢速率，加快心跳和呼吸频率，使血压升高，带来头痛现象以及导致心脏病发作[151]。现有证据清楚地表明，压力还有其他有害的生理影响，如背痛、头痛、视觉疲劳、睡眠障碍、头晕、倦怠、食欲减退和肠胃问题[152]。此外，有研究发现，总体而言，压力可能会损害情景记忆（尽管它能够增强对压力事件本身的记忆）[153]。

- **心理症状**

压力最明显的心理症状是对工作的不满。不过，我们也可以从其他心理状态中找到压力的踪迹，例如紧张、焦虑、烦躁、烦闷、拖延等。一项研究追踪了员工在一段时间内的生理状况后发现，工作任务繁重所导致的压力会损害情绪健康 **❶**。

多重任务要求、任务冲突或者划分不清的工作权责都会增加员工的压力和不满 **❶**。同样，工作自主性越低，人们对工作进度的控制力越弱，压力和不满也会越多。工作单调、重要性低、独立性低、缺乏反馈和岗位认同的工作会让员工产生紧张感，并降低员工的满意度和工作参与度 **❶**。然而，并非所有人对自主性都有着同样的感受和需求。对那些外控型的个体来说，给予他们更多自主控制工作的权力只会令他们倍感压力和疲倦 **❶**。

- **行为症状**

压力的行为症状已经在不同国家、不同时间段内得到了证明，相关结论总体上是比较统一的。在行为方面，压力可能令工作效率降低、缺勤率和离职率上升，并造成个人饮食习惯的变化、吸烟或饮酒的频率增加、说话急促、坐立不安和睡眠障碍 **❶**。研究人员还对挑战性和障碍性压力源做了区分，发现二者对工作行为，特别是工作绩效有着相反的影响。一项汇总了超过 35 000 名样

本数据的元分析研究显示，角色模糊、角色冲突、角色过载、工作不安全感、环境不确定性和情境限制都与工作绩效呈负相关 **❶**。此外，还有证据表明，挑战性压力在支持性的工作环境中能改善工作绩效，但障碍性压力在任何环境下都会损害绩效 **❶**。

## ● 管理压力

员工和管理者对适当的压力水平显然有着不同的看法。在管理层眼里，能"刺激肾上腺素持续分泌"的压力水平无疑是最理想的，但会使员工不堪重负。在接下来对个体和组织层面压力管理方法的讨论中，请你时刻牢记这一点 **❶**。

### ○ 个体层面的方法

员工自己应该主动采取恢复措施。这样做不仅能够缓解眼下的压力，而且对未来的工作也有益，例如提升工作绩效、促进组织公民行为、减少反生产工作行为并改善工作态度和健康状况 **❶**。研究表明，心理韧性，即个体对压力和紧张的抵抗能力，是可以通过引导、培训和实践逐渐培养的 **❶**。对此，有效的个人应对措施包括：掌握时间管理技巧、增强体育锻炼、运用放松技巧以及扩展社交网络 **❶**。不过，管理压力也应适度：你不应该只考虑怎样预防或避

免压力，而更应在压力产生时积极地应对，学会提神和放松的技巧❻。

• 时间管理技巧

很多人管理时间的能力很差。在同样的时间里，富有条理的人完成的工作量可能是丢三落四的人的两倍。高效的时间管理技巧可以让你专注眼前的目标，并让你更有动力完成不那么让人愉快的任务，减少拖延行为❻。此外，有些心理技巧可以帮你暂时排除未来压力源的干扰，从而更好地应对时间压力❻。

• 体育锻炼

根据医生的建议，进行有氧运动，如散步、慢跑、游泳、自行车等非竞技性体育锻炼有助于减轻压力。这些活动能减少压力引起的不良生理反应，并帮助我们更快地恢复到正常的身心状态❻。

• 放松技巧

你还可以借助正念、冥想、催眠和深呼吸等放松技巧来缓解紧张的心情❻。这些技巧能促进身体的深度放松，释放肌肉的紧张❻。当你想要哭泣时，做几个深呼吸、慢慢调整心率可以帮助你安抚自己的心情❻。每天进行 15 ～ 20 分钟的深度放松能够有效释放紧张的情绪，让你拥有平静的心绪，并显著改善血压、心率等生理指标❻。

研究表明，定期进行放松活动，如午休、在公园散步等，可以显著提升心理恢复水平、减轻压力，并改善工作表现，如果能辅以其他放松技巧则效果更佳❻。针对数千名员工的研究结果表明，放松技巧有助于人们管理压力、减少倦怠❻。此外，在白天使用放松技巧（前提是没有经历糟糕的事件）能让你在回到家时感到更放松；否则，即使下班回家，你可能也很难真正放松下来❻。

• 社会支持系统

如前所述，在压力过大时，朋友、家人或同事都可以成为你释放情绪的出口❻。扩大自己的社交支持网络能让你拥有可以倾听自己问题的人，并获得更客观的视角。不过，这样的支持网络也可能起到反效果：如果网络比较局限，而你总是与同样承受着巨大压力的朋友一起反刍这些事情，那么你就很容易陷入负面循环❻。因此，在倾诉之余，主动解决造成压力的问题是很重要的。而且，比起反复咀嚼压力，家人、朋友和配偶也可以支持你从压力中走出来，这对双方都更有好处❻。

○ **组织层面的方法**

导致压力的很多组织因素（特别是任务和角色要求）都是由管理层控制的。相应地，在组织层面，可以考虑的压力管理策略包括改善选人用人的过程、开展培训、设定目标、进行工作再设计、强化组织沟通和员工参与，以及为员工提供休假、健康计划等福利。

- **选聘、任用和培训**

  有的工作天然具有较大的压力。不过，不同人承受压力的能力也是不同的。我们已经了解到，缺乏经验的人或外控型的人更容易被压力击垮。当然了，管理者不能只雇用内控型或有经验的个体，但也需要意识到这一类人可能更适应、更胜任压力较大的工作。此外，组织也应该开展培训，提高员工的抗压能力，帮助其减轻工作压力[179]。

- **目标设定**

  我们介绍动机的概念时提到，具有挑战性的目标、有关目标实现进展的反馈能改善人们的表现。目标设定有助于减轻压力和增强动力[180]。那些高度投入目标并在工作中找到意义感的员工，更可能将压力源视为挑战而非阻碍，因此他们也更少受到压力的困扰。此外，目标的类型选择也很重要：在提供负面反馈之后，设置发展性的学习目标比设置绩效目标更容易改善员工的表现[181]。员工自身的个性特点也有一定影响：设定目标和目标导向的领导方式对尽责性较高的员工更为有益，但对情绪稳定性低的员工则不然[182]。

- **工作再设计**

  当员工压力过大时，组织应当进行工作再设计，赋予员工更大的责任、更多的意义感、更高的自主权并加强反馈，因为这些因素使员工能够更大程度地掌控自己的工作，并减少对他人的依赖[183]。不过，并不是每一位员工都希望让自己的工作变得更加丰富。对于成长需求较低的员工，工作再设计应当考虑减少职责、加大专业化程度。如果员工偏好结构化程度高的常规工作，那么减少技能的多样性应该有助于降低不确定性和员工压力水平。

- **员工参与**

  角色压力在很大程度上是有害的，因为它增大了目标、期望、评估过程等方面的不确定性。对此，管理层可以让员工直接参与可能影响自身绩效的决策，征求员工的意见，从而增强员工的控制感，减少他们的角色压力。管理者应当郑重考虑员工参与问题，因为证据已经明确显示，授权能显著地减轻员工心理压力[184]。

- **组织沟通**

  增设员工与组织的正式沟通渠道有助于减少角色模糊性、缓解角色冲突，从而降低不确定性[185]。由于知觉对员工在压力中的反应也有着非常重要的影响，管理者还可以通过有效的沟通来塑造员工的知觉。你需要站在员工的角度，了解他们工作中的要求、威胁或机会分别意味着什么；你还需要明白，员工对这些因素的理解很有可能受到管理层自身的行为和传达的符号的影响。

- **员工休假**

偶尔，员工也需要从紧张的工作节奏中抽离出来。基因泰克、货柜商店（The Container Store）、安伊艾、普华永道（Pricewaterhouse Coopers）、高盛、起司工坊（The Cheesecake Factory Inc.）、威睿（VMware）和阿都比系统（Adobe Systems）等企业已经开始允许员工自愿延长休假的时间[186]，利用额外的假期（为期几周到几个月不等）旅行、放松或投身于自己感兴趣的项目。一项针对大学教员的研究表明，休假能增加工作资源，提升员工幸福感；如果员工对假期的用途有很大的自主权，那么这种积极作用将会更加显著[187]。

- **健康计划**

最后，我们还建议组织发起健康计划（wellness programs），关注员工的整体身心状况，帮助员工戒烟、戒酒、减重、健康饮食并培养定期锻炼的习惯。有的计划能有效改善员工的心理健康[188]。例如，一项汇总了36项不同的压力减轻计划（包括健康计划）的元分析研究发现，帮助员工重新理解压力情境并采取积极应对策略的干预措施显著地降低了员工压力水平。[189]当然，归根结底，在健康计划中，员工需要为自己的身心健康负责，而组织所能做的只是为其提供实现健康目标的手段。

大部分公司在发起健康计划后受益颇丰。强生公司称，它的健康计划在十年间为组织节省了 2.5 亿美元的医疗成本。研究表明，有效的健康计划明显降低了大部分组织的员工离职率[190]。实施此类计划的组织取得了以下成效：（1）每在计划上投入 1 美元，组织在其他方面平均能节省 5.93 美元；（2）医疗成本和员工索赔金额分别降低了 26% 和 30%；（3）员工休病假天数减少了 28%[191]。然而，健康计划的收效还取决于员工在其中实际的投入程度、参与程度和态度[192]。

## ● 本章小结

在本章中，组织对变革的迫切需要贯穿始终。变革触及了组织的方方面面，在态度、动机、工作团队、沟通、领导力、组织结构和组织文化等领域发挥着关键作用。如果环境是完全静态的，员工的技能与能力始终处于最前沿且永不退化，明天总是和今天别无二致，那么变革对组织和管理者便没有意义。然而，看看现实的世界吧，它一天比一天动荡。所以，如果组织和成员要在激烈的竞争中保持出色的表现，就必须不断变革。变革带来的变化可能会带来很多压力，但只要管理得当，让压力成为有益的挑战，那么组织的成员将收获更强的参与感和成就感，从而取得更卓越的绩效。而这，正是组织行为学追求的主要目标。

## ● 对管理者的启示

- 作为组织中的变革推动者，你的所有决策、你的所作所为都将成为员工的标杆，塑造组织的变革文化。
- 组织政策和管理实践将决定组织持续学习和适应环境变化的能力。
- 适当的压力是有益的。工作中的自主性和责任是一种挑战，虽然会带来一定的压力，但也会增加成就感和满足感。官僚主义和人际冲突等障碍性压力源则完全是负面的，应该予以消除。
- 给员工分配合理的工作量、提供应对压力的资源，并回应他们的关切。这将减轻员工的工作压力，避免更有害的影响。
- 如果组织的绩效普遍下降、离职率大幅上升、与健康问题有关的缺勤情况显著增加、员工的敬业度严重下滑，你需要意识到，员工承受的压力可能已经濒临极限。然而，当这些问题已经如此突出时，通常为时已晚。因此，你应该保持警惕，如果发现早期的压力迹象，应主动采取措施。

请扫描二维码
获取书中参考文献

# 后记

　　至此，本书已经进入尾声，想必诸位读者与作者有着相同的感受：成就感满满，同时也松了一口气。此时此刻，不计其数的组织行为学概念历历在目，所以我们也该趁热打铁，回味一下这段漫长的旅程，并回顾我们出发的理由。

　　本书希望传达出一个核心的观点：组织行为并非无序发生，员工的态度和行为可以在一定程度上被预测和解释。在研究中，我们会从个体、群体和组织系统三个层次来看待组织行为。

　　我们首先从个体层次入手，借助大量重要的心理学研究，尝试理解员工为何"为其所为"。我们发现，许多个体差异可以被系统地分类，进而得到一般化的模式和结论。例如，我们了解到，具有传统型人格的个体胜任的工作，可能不同于具有探索型特质的人。因此，我们需要将员工安排到与其人格特质相匹配的岗位上，让他们更加高效、满意地工作。

　　紧接着，我们转向了群体层次的分析。我们意识到，群体行为并不等同于个体行为的加总，而是要复杂得多；这是因为人们在群体中的表现时常与独处时大相径庭。在这个层次上，我们依次展现了角色、规范、领导风格、权力关系以及其他群体因素对员工行为的影响。

　　最后，在个体与群体行为知识的基础上，我们引入了组织系统层次的变量，希望对组织行为形成更深刻的理解。在这一部分，我们特别强调了组织的结构、设计和文化对员工态度及行为的影响。

　　也许有人会觉得本书太过强调理论概念、不够贴近实务。我想，正如心理学家库尔特·勒温所说："没有什么比一个好理论更实用的东西了。"当然，这句话的另一种说法是，没有什么比一个没有指明出路的好理论更不实用的东西了。因此，为了尽可能呈现理论的指导性，本书包含了大量实例和图表，并时不时停下脚步，探讨这些理论对管理实践的意义。读完本书，你首先收获了众多概念工具，每一个概念都可以为你提供某些特定的组织行为见解。不过，更重要的是，这些概念共同为你打造了一个复杂的系统。借助这个系统，你将有能力解释、预测和控制组织行为。